KB091375

구글 애널리틱스

구글 애널리틱스

GA4 데이터를 통합하는 방법

유동하 **옮김**   마크 에드먼슨 **지음**

i!i
에이콘

에이콘출판의 기틀을 마련하신 故 정완재 선생님 (1935-2004)

옮긴이 소개

유동하(dongha.yoo@gmail.com)

디지털 분석 기업 넷스루에서 전략 기획을 담당하며, 구글 애널리틱스^{Google} ^{Analytics} 공식 인증 파트너가 되도록 기여했다. 서울과학종합대학원^{aSSIST}과 한국외국어대학교 경영대학원에서 웹 마이닝 과목을 가르쳤다. 그 외에도 네이버 사내 강의와 검색 광고주 대상으로 웹 분석과 관련된 강의를 했으며, 대학에서 인터넷 마케팅을 강의했다. 국내외 게임 회사와 인터넷 쇼핑몰, 금융권, 공공기관 등의 웹 분석 프로젝트를 수행했으며, 월간지에 데이터 마이닝과 웹 마이닝 주제로 강좌를 연재했고 인터넷 광고 측정에 관한 칼럼을 쓰기도 했다. 옮긴 책으로는 『데이터 과학자가 되는 핵심 기술』(에이콘, 2017), 『데이터 과학 효율을 높이는 데이터 클리닝』(에이콘, 2023)이 있다.

옮긴이의 말

구글 애널리틱스^{GA, Google Analytics}는 웹 사이트나 모바일 앱 방문자들의 행동과 상호작용을 추적하고 분석하는 디지털 분석 도구다. GA는 다양한 데이터를 수집하고 이를 시각적으로 표현하면 웹 사이트의 성과를 평가하고 개선하는 데 도움을 준다. GA가 다른 분석 플랫폼에 비해 갖는 장점은 구글 마케팅 플랫폼^{GMP, Google Marketing Platform}과 잘 어울린다는 것이다. 구글의 검색, 디스플레이, 쇼핑, 동영상, 앱 광고 등을 관리하는 구글 애즈^{Google Ads} 또는 다른 디지털 마케팅 미디어 도구를 사용하는 경우 GA는 미디어 활성화 프로세스의 소스이자 허브가 된다. GA의 설정을 통해 구글의 다른 제품과 연결하고 잠재 고객 및 전환 데이터를 공유할 수도 있다.

GA의 기존 버전인 유니버설 애널리틱스^{Universal Analytics}와 다른 새로운 버전의 구글 애널리틱스인 GA4^{Google Analytics 4}는 디지털 마케팅 분석에 사용할 수 있는 가장 최신 데이터 모델이다. GA4는 단순히 데이터를 분석하는 것이 아니라 분석 결과에 따라 조치를 취할 수 있다. 예를 들어 잠재 고객 기능은 사용자를 분류하고 리마케팅, 타겟팅, A/B 테스트, 개인화를 위한 잠재 고객을 만들 수 있다. GA4의 가장 큰 장점은 샘플링되지 않은 원시 데이터를 빅쿼리^{BigQuery}로 무료로 내보낼 수 있다는 것이다.

빅쿼리는 구글 애널리틱스 또는 GMP 전용이 아닌 구글 클라우드 데이터 웨어하우스다. 빅쿼리를 사용하면 구글 애널리틱스 데이터뿐만 아니라 소유하고 제어하는 모든 데이터를 데이터 웨어하우스로 내보낼 수 있다. 데이터가 구글 클라우드에 있으면 자유롭게 다른 데이터베이스로 보내고, 구글 애널리틱스 외부의 데이터와 통합하고 다른 도구에서 고급 리포팅을 수행할 수 있다. 빅쿼리는 고급 데이터 조작을 가능하게 하며 데이터 통합 문제 및 교차 플랫폼 데이터 수정에 탁월하다.

GA4를 빅쿼리와 통합하면 세분화된 데이터를 GA4에서 빅쿼리로 원활하게 전달할 수 있다. 따라서 원하는 방식으로 데이터를 분석하고 원하는 기간 동안 데이터를 보관하며 다른 데이터 소스를 가져와 웹 분석을 강화할 수 있다. 이처럼 GA4와 구글 클라우드 통합은 웹 사이트에서 단순히 무슨 일이 일어났는지 리포팅하는 것이 아니라 더 많은 데이터 활성화를 가능하게 해 모든 스트림에서 온라인 및 오프라인 데이터를 연결해 엔드투엔드^{End-to-End} 마케팅 데이터를 제공한다.

이 책은 GA4와 빅쿼리 통합이 복잡한 데이터를 어떻게 단순화하고 마케팅 캠페인을 위한 실행 가능한 통찰력을 얻는 데 어떻게 도움이 되는지 안내하는 책이다. 또한 GA4와 구글 클라우드가 통합되는 방식과 이에 필요한 기술 및 리소스, 사용 사례에 대해 설명한다. 독자는 GA4와 구글 클라우드의 통합을 위한 데이터 흐름을 설계하는 프로세스를 알게 됨으로써 데이터에 기반을 둔 디지털 마케팅의 미래를 준비하게 될 것이다.

지은이 소개

마크 에드먼슨[Mark Edmondson]

15년 이상 디지털 분석 분야에서 일해 왔으며, 디지털 분석으로 달성할 수 있는 범위를 확장하는 오픈소스 작업과 블로그를 통해 업계 전반에 걸쳐 기여자로 알려져 있다. 업무를 위해 개발한 **googleAnalyticsR** 및 **googleCloudRunner**를 비롯해 Google API를 다루는 여러 R 패키지의 개벌자다. 킹스 칼리지 런던[King's College London]에서 물리학 석사 학위를 취득한 후 세계적인 기업과 함께 디지털 마케팅의 모든 분야에서 일했으며, 현재 클라우드, 머신러닝 및 데이터 과학을 사용해 데이터를 정보와 통찰력으로 전환하는 데 관심을 갖고 있다. 머신러닝, 클라우드 컴퓨팅, 데이터 프로그래밍 등의 개념에 대한 국제적인 연사로 활동하고 있으며, 구글 애널리틱스 및 구글 클라우드의 구글 개발자 전문가[Google Developer Expert] 프로그램의 일원으로 활동하게 된 것을 영광으로 생각한다. 덴마크 코펜하겐에서 아내, 두 자녀, 고양이와 함께 살고 있다.

ga4-book@markedmondson.me로 연락할 수 있다.

감사의 말

나에게 격려와 믿음을 준 산느[Sanne]와 나의 가장 놀라운 딸 로즈[Rose]에게 감사를 전하고 싶다.

IIH 노르딕[IIH Nordic]은 내가 이 책을 쓰는 데 중요한 역할을 했다. 지원을 아끼지 않은 스텐[Steen], 헨릭[Henrik], 로버트[Robert]에게 많은 감사를 드린다.

#measure 커뮤니티가 나에게 모든 영감을 줬다. 커뮤니티의 아이디어는 내가 무엇인가를 쓸 수 있게 했다. 특히 수년 동안 친절하게 대해준 시모[Simo]에게 감사를 표하고 싶다.

귀중한 피드백을 제공한 기술 검토자 다르샨 파톨[Darshan Patole], 데니스 골루보브스키[Denis Golubovskyi], 멜린다 쉬에라[Melinda Schiera], 저스틴 비즐리[Justin Beasley]에게도 감사의 마음을 전한다.

차례

들어가며

GA4는 웹에서 사용되는 가장 인기 있는 디지털 마케팅 도구인 구글 애널리틱스 Google Analytics의 가장 큰 발전이다. BuiltWith.com은 상위 10,000개 웹 사이트 중 약 72%가 구글 애널리틱스를 사용하고 있으며, 이러한 모든 웹 사이트는 향후 몇 년 내에 기존 유니버설 애널리틱스 Universal Analytics에서 GA4로 업그레이드할 것으로 예상한다. GA4의 새 데이터 모델로 인해 구글 애널리틱스의 최신 버전은 이전에 어친 Urchin에서 유니버설 애널리틱스로 업그레이드할 때와 달리 이전 버전과 호환되지 않는다. 오래된 시스템은 결국 퇴출될 것이므로 몇 년 안에 GA4가 지구상에서 가장 인기 있는 분석 솔루션이 될 것 이라고 말하는 것이 현실적이다.

GA4는 새로운 디지털 마케팅 패러다임을 제공한다. 즉, 분석 도구가 데이터 활성화를 통해 발생할 일에 영향을 미치는 방향으로 이동하는 것이다. 데이터 활성화는 웹 사이트에 긍정적인 영향을 미치므로 분석을 통해 실제 비즈니스 영향을 확인할 수 있다. 지난 몇 년 동안 디지털 마케팅의 추세는 웹 사이트, 앱 또는 소셜 미디어 활동비용을 정당화하는 데 도움이 되도록 더 빠른 의사 결정을 내리는 방향이었다. 디지털 분석은 전자상거래가 호황을 누리면서 경쟁이 치열한 분야에서 예산을 올바르게 할당하고자 더욱 중요해졌다.

GA4의 전신인 어친 및 유니버설 애널리틱스가 2005년에 출시된 이후 인터넷은 모바일 앱, IoT, 머신러닝, 개인정보 보호 이니셔티브, 새로운 비즈니스 모델을 통합하도록 변화했다. 이 모든 것에는 데이터 처리 방식의 발전이 필요하다.

GA4는 이러한 새로운 데이터 스트림을 지원하는 기능을 통합하고 디지털 마케팅의 미래를 준비한다.

구글 마케팅 스위트^{Google Marketing Suite}의 구글 애즈^{Google Ads}, 구글 옵티마이즈^{Google Optimize}, 캠페인 매니저^{Campaign Manager}와 같은 많은 기본 통합과 함께 GA4의 구글 클라우드 플랫폼^{Google Cloud Platform} 및 파이어베이스^{Firebase}의 사용 확대는 이제 디지털 마케터가 상상할 수 있는 거의 모든 데이터 흐름을 구축하고 이를 10억 명의 사용자로 확장할 수 있는 능력을 갖게 됐음을 의미한다. 이러한 부분을 조정하는 방법을 배우면 디지털 마케터는 분석을 좀 더 쉽게 사용해서 동일한 데이터 소스를 기반으로 데이터 애플리케이션을 생성해 자신의 웹 사이트에 대해 더 빠르고 가시적인 결과를 얻을 수 있다.

이러한 새로운 기회에는 기존의 디지털 마케터에게는 생소할 수 있는 학습 기술이 필요하므로 이 책의 목표는 GA4 구현이 그 잠재력을 발휘하고 속도를 높일 수 있도록 도움을 주는 것이다. GA4 데이터 활성화에 대한 일반적인 사용 사례를 시연하고 이를 구현하는 방법에 대한 단계별 지침을 제공할 뿐만 아니라 맞춤형 애플리케이션을 구축하는 데 도움이 되는 아이디어와 개념을 소개한다. 자신만의 데이터 활성화 프로젝트를 만들고자 하는 독자에게 영감을 줄 수 있기를 바란다. 몇 가지 템플릿을 제공하는 코드 예제와 데이터 스토리지, 데이터 모델링, API, 서버리스 기능 등 다양한 클라우드 구성 요소에 대한 소개가 포함돼 있어 어떤 기술을 활성화할지 평가하는 데 도움이 될 것이다.

이 책을 읽고 나면 다음 내용을 이해할 수 있다.

- GA4 통합으로 가능한 잠재적 사용 사례
- GA4 통합에 필요한 기술 및 리소스
- 타사 기술이 충족해야 하는 기능
- 구글 클라우드가 GA4와 통합되는 방식

- 사용 사례를 구현하는 데 필요한 GA4 데이터 캡처의 양

- 데이터 저장, 모델링 및 활성화에 이르는 전략에서 데이터 흐름을 설계하는 프로세스

- 사용자의 개인정보 보호 선택을 존중하는 방법과 그 방법이 중요한 이유

현재 할 수 있는 일의 잠재력은 거의 무한하다. 따라서 지금은 디지털 분석 분야에서 일하기에 가장 흥미로운 시대일 것이다. 클라우드는 10년 전만 해도 개인이나 소규모 기업이 할 수 없었던 일을 가능하게 했고, 이러한 혁명의 한계는 여러분이 얼마나 큰 야망을 갖고 있느냐에 달렸다. 이 책이 단 한 사람이라도 그 야망을 실현하는 데 도움이 된다면 보람 있는 모험이 될 것이다.

이 책의 대상 독자

이 책을 읽고 있다면 디지털 분석 환경을 가진 디지털 마케터일 가능성이 높다. 전자상거래 브랜드나 웹 퍼블리셔와 같은 대행사 또는 디지털 마케팅 부서에서 일하고 있을 수도 있다. 유니버설 애널리틱스에서 GA4로 업그레이드하는 것을 고려 중이거나 이미 전환해 고급 기능을 사용하려고 할 수 있다. 이 책의 목표는 기술 지식이 없는 독자에게 가능한 것에 대해 영감을 주고, 기술적인 독자가 책 내에서 사용 사례를 구현하고 기본 구성 요소를 사용해 자신만의 맞춤형 통합을 만들 수 있게 충분한 실용적인 정보를 제공하는 것이다.

디지털 마케팅 분야에서 1~2년의 경험으로 습득할 수 있는 기본 사항을 넘어 GA4의 통합 기능에 대해 교육하는 것이 이 책의 목표다. 독자는 웹 사이트에서 태그를 구현하거나 기본 GA 보고서를 읽는 데 익숙할 것이다. 더 많은 기술 사용자는 구글 API를 사용한 경험과 자바스크립트, 파이썬, R, SQL 지식 및 클라우드 경험이 있을 수 있다.

이 책은 GA4 기능을 전체적으로 정리하지 않았다. 대신 구글 클라우드 플랫폼 _{Google Cloud Platform}을 사용해 GA4 구현에서 비즈니스 가치를 추출하고자 현재 할 수 있는 일에 초점을 맞춘다.

편집 규약

이 책에서는 다음과 같은 표기법을 사용한다.

고정폭 글자

변수 또는 함수 이름, 데이터베이스, 데이터 유형, 환경 변수, 명령, 키워드와 같은 프로그램 요소를 참조하고자 단락 내에서뿐만 아니라 프로그램 목록에 사용한다.

이 요소는 팁이나 제안을 의미한다.

이 요소는 일반적인 참고를 의미한다.

이 요소는 경고나 주의를 나타낸다.

코드 예제 사용

보충 자료(코드 예제, 연습 등)는 다음 깃허브(https://github.com/MarkEdmondson1234/code-examples)에서 다운로드할 수 있다.

에이콘출판사의 도서정보 페이지 http://www.acornpub.co.kr/book/ga4-google-analytics에서도 동일한 코드를 다운로드할 수 있다.

기술적인 질문이 있거나 코드 예제 사용에 문제가 있는 경우 bookquestions@oreilly.com으로 이메일을 보내주기 바란다.

일반적으로 이 책과 함께 예제 코드가 제공되는 경우 프로그램 및 문서에서 사용할 수 있다. 코드의 상당 부분을 복제하지 않는 한 허가를 위해 당사에 연락할 필요가 없다. 예를 들어 이 책에 있는 여러 코드 덩어리를 사용하는 프로그램을 작성하는 데는 권한이 필요하지 않다. 오라일리 책의 예제를 판매하거나 배포하려면 허가가 필요하다. 이 책을 인용하고 예제 코드를 인용해 질문에 답하는 것은 허가가 필요하지 않다. 이 책의 상당한 양의 예제 코드를 제품 설명서에 통합하려면 허가가 필요하다.

문의

이 책에 관한 의견이나 문의는 출판사로 보내주기 바란다.

이 책의 오탈자 목록, 예제, 추가 정보는 책의 웹 페이지인 https://oreil.ly/learning-google-analytics를 참고한다. 한국어판의 정오표는 에이콘출판사의 도서정보 페이지 http://www.acornpub.co.kr/book/ga4-google-analytics에서 확인할 수 있다.

이 책의 기술적인 내용에 관한 의견이나 문의는 메일 주소 bookquestions@Oreilly.com으로 보내주기 바란다. 그리고 한국어판에 관해 질문이 있다면 에이콘출판사 편집 팀(editor@acornpub.co.kr)이나 옮긴이의 이메일로 연락주길 바란다.

표지 설명

표지에 등장하는 동물은 마른숲 족제비 여우원숭이로도 알려진, 흰발 족제비 여우원숭이(레필레무르 루코푸스^{Lepilemur Leucopus})다.

이 중간 크기의 여우원숭이는 마다가스카르^{Madagascar} 남부에 서식하며, 주로 가시잎 다육식물이 가득한 용수과^{Didiereaceae} 숲이나 강변을 따라 이어지는 열대 갤러리 열대우림에 서식한다. 용수과 숲은 가장 건조하고 예측하기 어려운 기후를 가진 곳으로 알려져 있다. 이 지역에는 비가 내리기는 하지만 토양에서 수분이 빠르게 빠져나가기 때문에 수년간 가뭄이 지속되기 쉽다.

흰발 족제비 여우원숭이는 긴 팔다리와 꼬리를 갖고 있어 나무 사이를 오르고 뛰어다닐 수 있다. 주로 갈색과 회색을 띠는 털은 서식지와 잘 어울린다. 등, 상지, 어깨, 허벅지는 짙은 갈색이다. 꼬리는 짙은 회갈색이고 배는 옅은 회색에서 크림색의 흰색까지 다양하다. 가장 눈에 띄는 특징 중 하나는 검은색으로 윤곽이 그려진 커다란 주황색 눈이다. 이 때문에 아이라이너를 두껍게 그린 것처럼 보인다고 말하는 사람들이 많다.

야행성 동물로서 밤에는 먹이를 찾고 낮에는 잠을 자거나 자신의 영역을 방어한다. 서식지 특성상 영양분이 적은 잎이 많은 식단을 주로 먹지만 자원이 부족할 때는 꽃과 과일로 보충하기도 한다. 영양이 부족한 식단은 에너지 수준이 낮다는 것을 의미하므로 먹이 지역을 이동하는 데 에너지 소비가 매우 적다.

2000년부터 2080년 사이에 개체 수가 80% 감소할 것으로 예상된다. 흰발 족제비 여우원숭이의 생존을 위협하는 주요 원인은 가축 목초지 개발과 숯 생산, 목재와 판자 생산을 위한 나무 벌채로 인한 서식지 손실이다.

흰발 족제비 여우원숭이는 서식지에서 살도록 특별히 적응된 동물로, 포획된 상태에서는 생존하지 못하기 때문에 숲이 줄어들면 생존 가능성이 크게 줄어든다. 이러한 요인으로 인해 현재 멸종 위기에 처한 종으로 간주된다. 오라일리 표지에 나오는 많은 동물은 멸종 위기에 처해 있으며, 모두 전 세계에 중요한 존재다.

표지는 카렌 몽고메리^{Karen Montgomery}의 작품으로, 포유류^{Mammalia}의 고풍스러운 선 판화를 바탕으로 제작했다.

새로운 구글 애널리틱스 4

1장에서는 새로운 구글 애널리틱스 4^{GA4, Google Analytics 4}를 소개하고 개발된 이유를 살펴본다. 구글이 이전 버전인 유니버설 애널리틱스^{Universal Analytics}에서 부족하다고 느꼈던 부분과 GA4가 새로운 데이터 모델의 기반을 통해 이러한 영역을 강화하는 방법을 알아본다.

또한 구글 클라우드 플랫폼^{GCP, Google Cloud Platform}과 GA4의 통합으로 기능이 어떻게 향상되는지 살펴보고, GA4의 새로운 기능을 설명하며 자체 데이터 프로젝트를 시작하는 데 도움이 되는 사용 사례를 먼저 살펴본다.

GA4 소개

구글 애널리틱스 4는 베타 버전으로 출시됐으며, 2021년 초에 새로운 구글 애널리틱스로 소개됐다. 베타 이름인 '앱+웹^{App+Web}'에서 GA4로 대체됐다.

GA4의 발표 게시물에서 강조된 GA4와 유니버설 애널리틱스의 주요 차이점은 머신러닝 기능, 웹과 모바일 전반에 걸친 통합 데이터 스키마, 개인정보 중심의 설계였다.

구글은 공개 발표 이전부터 수년 동안 GA4의 출시를 계획해왔다. 출시 후 구글 애널리틱스는 가장 인기 있는 웹 분석 시스템이 됐지만 2021년에도 GA4의 디자인은 여전히 지난 15년의 디자인 목표를 반영했다. 플랫폼은 전담 구글 애널리틱스 팀에 의해 수년에 걸쳐 개선됐지만 해결하기 더 어려운 몇 가지 현대적인 문제가 있었다. 구글 클라우드^{Google Cloud}는 머신러닝 기술의 선두주자였지만 머신러닝은 GA 데이터 모델과 통합하기가 쉽지 않았고, 분석 데이터가 흐르는 위치를 좀 더 엄격하게 제어해야 하는 사용자 개인정보 보호에 대한 우려가 커지고 있었다.

2005년, 처음 출시됐을 때 구글 애널리틱스는 이전에 유료 엔터프라이즈 제품에서만 사용할 수 있었던 모든 기능을 갖춘 무료 버전을 제공함으로써 분석 업계에 지각 변동을 일으켰다. 웹마스터가 자신의 트래픽에 대해 더 많이 알수록 애드워즈^{AdWords}(현재는 구글 애즈^{Google Ads})에 투자할 가능성이 높다는 점을 인지한 구글 애널리틱스는 웹 사이트를 탐색하는 사용자의 의견에 모두가 액세스할 수 있는 윈윈 투자였다.

2020년까지 분석 환경은 많이 달라졌다. 경쟁사 분석 제품은 데이터 소스에서 작동할 수 있고 머신러닝 및 개인정보 보호(필수 사용자 기능)에 더 적합한 더 간단한 데이터 모델로 출시됐다. 클라우드를 사용해 분석 시스템을 좀 더 개방적으로 만들고 분석 전문가에게 더 많은 제어 권한을 부여할 수 있었다. 경쟁 분석 솔루션이 구글의 자체 클라우드 인프라에서 실행될 수도 있으며, 이는 빌드나 구매의 경제성을 변경했다. 이상적인 분석 솔루션은 빠른 시작을 원하는 사용자를 위해 합리적인 기본값을 제공하되 좀 더 모험적인 고객의 요구 사항을 충족할 수 있도록 사용자 정의와 확장성이 뛰어나야 한다.

모바일과 웹 분석의 통합

이전 이름인 '앱+웹'은 출시 당시 GA4로 대체됐지만 폐기된 이름은 GA4가 다른 이유를 더 잘 보여준다.

2019년 말 종료될 때까지 모바일 앱(Android/iOS)용 구글 애널리틱스에는 웹 분석과 구별되는 별도의 자체 분석 시스템이 있었다. 이러한 소프트웨어 개발 키트 SDK, Software Development Kits는 앱 분석에 더 적합한 다른 데이터 모델을 사용했다. 여기서 페이지 뷰, 세션, 사용자와 같은 개념은 모두 약간 다른 것을 의미하므로 웹 수치와 쉽게 비교할 수 없다. 앱과 웹을 모두 방문한 사용자는 일반적으로 연결되지 않았다.

GA4의 데이터 모델은 모바일 앱에 채택된 맞춤 설정 가능한 이벤트 전용 구조를 따른다. 유니버설 애널리틱스는 데이터 범위 지정으로 알려진, 데이터를 결합할 수 있는 시기에 제한을 뒀다. 즉, 마케터는 데이터가 사용자, 세션 또는 이벤트와 같은 범위에 어떻게 부합하는지 생각해야 했다. 구글에서 이것을 미리 결정했기 때문에, 이러한 데이터 모델을 채택해야 했다. GA4의 이벤트 전용 접근 방식을 사용하면 원하는 데이터 표시 방식을 더 유연하게 결정할 수 있다.

2019년에 이전 모바일 SDK용 구글 애널리틱스가 종료됐을 때 구글은 사용자에게 파이어베이스Firebase SDK로 전환하도록 권장했다. 파이어베이스는 이제 웹 분석을 포함해서 처음부터 모바일 앱을 만들기 위한 통합 모바일 SDK와 함께 iOS 및 안드로이드용 완전한 모바일 개발자 환경으로 개발됐다. 새로운 GA4는 맨 위에 추가되는 데이터 스트림인 새로운 웹 스트림을 나타낸다. iOS, 안드로이드, 웹 스트림이 모두 동일한 시스템을 사용한다는 것은 이제 모든 소스에서 진정으로 연결된 디지털 분석을 측정할 수 있는 방법을 갖게 됐음을 의미한다.

파이어베이스와 빅쿼리: 클라우드로의 첫걸음

많은 마케터에게 GA4는 GA4 운영에 필수적인 새로운 클라우드 제품인 파이어베이스와 빅쿼리BigQuery를 처음 소개하는 자리다.

파이어베이스와 빅쿼리는 구글이 모든 방식의 클라우드 서비스에 제공하는 광범위한 서비스인 GCP 내의 제품들이다. 이 책은 데이터 분석 클라우드에서 제공하는 일부 제품에 중점을 두지만 전체 클라우드 플랫폼의 하위 집합에 불과하다는 점에 유의해야 한다.

파이어베이스는 이제 구글 애널리틱스를 포함하는 광범위한 모바일 개발 프레임워크다. 또한 모바일 개발자는 파이어베이스를 사용해 앱 스토어에 다시 게시하지 않고 배포된 앱의 코드를 변경하는 원격 구성, 예측 모델링, 인증, 모바일 알림, 구글 애즈^{Google Ads} 통합과 같은 머신러닝 API처럼 유용한 기능을 사용해서 모바일 앱에 서버리스 기능을 제공한다. 파이어베이스는 GCP 서비스의 하위 집합으로, 기본 GCP 제품의 리브랜딩인 경우도 있다. 예를 들어 파이어베이스 클라우드 펑션^{Firebase Cloud Functions}은 GCP 클라우드 펑션^{GCP Cloud Functions}과 동일하다.

빅쿼리는 GCP의 보석 중 하나로 간주될 수 있다. 다른 클라우드 공급자에서 실행되는 동급 제품과 비교할 때 가장 매력적인 제품 중 하나로 인식된다. 빅쿼리는 분석 워크로드를 위해 맞춤 제작된 SQL 데이터베이스며 사용 가능한 최초의 서버리스 데이터베이스 중 하나다. 여기에는 데이터를 저렴하게 저장하는 가격 책정 모델과 같은 혁신이 포함되며 쿼리 요청에 따라 요금을 부과하고, 경우에 따라 MySQL에 비해 100배 빠른 속도를 제공하는 드레멜^{Dremel}에서 실행되는 초고속 쿼리 엔진과 같은 혁신을 포함한다. GA360 라이선스를 구입한 경우에만 샘플링되지 않은 원시 데이터를 빅쿼리로 내보낼 수 있기 때문에 GA360 사용자는 이미 이 기능에 익숙할 것이다(저자가 클라우드를 처음 접했을 때다). GA4에서 빅쿼리 내보내기는 모든 사람이 사용할 수 있다. 빅쿼리 자체가 GCP의 나머지 부분으로 연결되는 관문이기 때문에 매우 흥미로운 일이다. 이 책에서는 빅쿼리의 많은 부분을 다룬다.

GA4 배포

이 책은 GA4 구현에 대한 완전한 가이드가 아니다. 이를 위한 더 나은 내용은 10장에 설명한 리소스가 될 것이다. 이 책은 데이터 수집에서 비즈니스 가치에 이르기까지 전체 그림을 제공하는 일반적인 구성을 다룬다.

웹 사이트의 데이터 수집을 구성하는 방법에는 기본적으로 gtag.js, analytics.js, 구글 태그 관리자^{GTM, Google Tag Manager} 세 가지가 있다. 거의 모든 경우에 GTM을 통해 구현하는 것이 좋다. 자세한 내용은 3장에서 확인할 수 있다. 유연성과 분석 구성 측면에서 데이터레이어^{dataLayer} 작업을 분석 구성에서 분리해 웹 사이트 HTML 내에서 필요한 개발 작업의 양을 최소화할 수 있기 때문이다. 개발자 리소스는 GA4나 구글 태그뿐만 아니라 모든 추적 요구 사항을 충족하므로 GTM에 깔끔한 데이터레이어를 구현하는 것이 가장 효과적일 것이다. 추적 구성에 대한 추가 변경 사항은 각각의 사소한 편집을 위해 귀중한 개발 시간을 다시 투입할 필요 없이 GTM의 웹 인터페이스 내에서 수행할 수 있다. GTM 서버 사이드^{SS, Server Side}의 도입으로 가능한 구성에는 HTTP 호출의 요청 및 응답 수정과 함께 구글 클라우드 및 백엔드 시스템과의 직접 통합을 포함할 수 있어 최고의 유연성을 제공한다.

유니버설 애널리틱스와 GA4 비교

GA4는 이전 제품인 유니버설 애널리틱스(GA4 출시 이후 일명 GA3)의 발전된 버전이라고 하는데, 실제로는 어떻게 다를까?

사람들이 GA4에 대해 들을 때 가장 먼저 하는 질문 중 하나는 "내가 변경하고 싶을 만큼 충분히 다른 점은 무엇인가?"이다. "지난 15년 동안 잘 작동한 시스템을 개조하고, 재교육하고, 재학습해야 하는 이유는 무엇인가?" 이것이 핵심 질문이며 이 절에서는 그 이유를 살펴본다.

구글 애널리틱스 고객센터(https://oreil.ly/G0ePW)에서도 이 질문을 다룬다.

새로운 데이터 모델

첫 번째 큰 변화는 데이터 모델 자체에 있으며, 이후 'GA4 데이터 모델' 절에서 다룬다.

유니버설 애널리틱스는 웹 사이트 측정 항목에 중점을 둬 사용자, 세션, 페이지 뷰와 같은 개념을 좀 더 쉽게 정의할 수 있다. 그러나 이러한 개념은 모바일 앱 및 서버 히트와 같은 다른 데이터 소스에 대해 정의하기가 더 까다로웠다. 특정 소스에서 데이터를 가져온 경우 해결 방법을 통합해야 하거나 보고서에서 일부 측정 항목을 무시해야 하는 경우가 많았다. 또한 일부 측정 항목이 잘 작동하지 않거나 쿼리할 수 없음을 의미했다.

GA4는 강제적인 데이터 스키마에서 벗어나 훨씬 더 자유로운 방식으로 전환해 이제 모든 것이 이벤트가 된다. 이러한 유연성 덕분에 자신만의 측정 항목을 더 쉽게 정의할 수 있지만, 이러한 수준의 세부 사항을 원하지 않는 사용자를 위해 익숙한 측정 항목을 제공하는 기본 자동 이벤트 유형도 제공한다.

또한 링크 클릭과 같이 이전에 별도로 구성해야 했던 일부 데이터를 자동으로 수집할 수 있으므로 GA4를 올바르게 구현하는 데 더 적은 경험이 필요해서 새로운 디지털 분석 사용자의 진입 장벽을 낮추는 데 도움이 된다. 세션 지표와 히트 지표의 차이와 같은 전문 지식이 덜 중요해졌다.

측정 항목에 대한 좀 더 유연한 접근 방식

GA4 이벤트는 전송된 후 수정할 수 있다(https://oreil.ly/rtmxb). 이렇게 하면 추적 스크립트를 수정할 필요 없이 추적 오류를 수정하거나 이벤트(판매sale 대비 거래transaction) 를 표준화할 수 있어 훨씬 쉽게 작업할 수 있다.

사용자 고유의 이벤트에 대한 사용자 정의를 만들 때 기억해야 할 미리 정의된 스키마가 없다. 선택적 매개변수로 이벤트를 만들고, GA4 인터페이스에 등록 하면 해당 이벤트가 보고서에 표시된다.

빅쿼리 내보내기

이전에 GA360 기능이었던 빅쿼리 내보내기는 이제 GA4 엔터프라이즈 버전에 대한 비용을 지불하지 않아도 사용할 수 있다. 모바일용 파이어베이스 애널리틱스Firebase Analytics는 출시 당시 이 기능을 갖고 있었고, GA4는 여기에 추가된 것일 뿐이므로 웹 분석에도 이 기능이 있다.

일반적으로 데이터 프로젝트의 가장 어려운 부분은 쉽게 작업할 수 있는 방식으로 애플리케이션 아래의 원시 데이터에 액세스하는 것이기 때문에 이는 게임 체인저다. GA4 빅쿼리 내보내기에서는 몇 가지 웹 양식만 작성하면 빅쿼리 SQL을 사용해서 분석할 준비가 된 거의 실시간으로 데이터 흐름을 얻을 수 있다.

빅쿼리는 GCP의 나머지 부분과 긴밀하게 통합돼 있기 때문에 Pub/Sub, 데이터 플로Dataflow, 데이터 스튜디오Data Studio[1]와 같은 나머지 GCP 데이터 스택과도 긴밀하게 통합돼 있다. 이러한 서비스를 사용하면 빅쿼리에서 직접 데이터를 파이프할 수 있으며, API가 개방돼 있으므로 많은 타사 서비스의 인기 있는 소스 또는 처리 장소가 된다.

이 모든 것은 필요한 데이터가 기업 정책이 다른 데이터베이스 뒤에 잠겨 있던 오래된 데이터 사일로 문제를 이제 하나의 대상인 빅쿼리로 전송해서 솔루션에 대한 경로를 갖게 됐음을 의미한다. 이를 통해 영업과 마케팅을 연결하거나 일기 예보와 같은 유용한 2차 데이터를 좀 더 쉽게 가져올 수 있다. 내 경험에 따르면 모든 유용한 데이터를 한곳으로 이동하면 가장 일반적인 장애물 중 하나인 "데이터를 어떻게 얻을까?"가 해결돼 고객의 디지털 성숙도에 가장 큰 변화를 가져왔다.

---

1. 데이터 스튜디오(Data Studio)는 루커 스튜디오(Looker Studio)로 최근에 이름이 변경됐다. - 옮긴이

샘플링 없음: 모든 것이 실시간

GA360 빅쿼리 내보내기의 동기는 샘플링되지 않은 데이터를 얻을 수 있는 방법 중 하나였으며, 이제 GA4에도 적용할 수 있다는 것이다. 웹UI^{WebUI} 내에서 샘플링 제한이 개선되는 동안 그 아래의 데이터는 항상 샘플링되지 않고 실시간으로 사용할 수 있었다. 샘플링되지 않은 내보내기가 필요한 경우 빅쿼리나 무료 데이터 API로 사용할 수 있었다. 이는 높은 정확도와 실시간 분석 데이터 소스가 필요한 일부 사용 사례에 대한 데이터를 보유하고자 GA360에 비용을 지불하는 장벽을 제거한 것이다.

개인정보 보호와 디지털 분석 데이터

요즘 사용자는 데이터의 가치를 훨씬 더 잘 알고 있으며 개인정보 보호는 업계에서 뜨거운 주제가 됐다. 사용자는 데이터 사용처에 동의할 때 충분한 정보를 바탕으로 정보에 입각한 선택이 필요하며, 이러한 데이터의 신뢰와 올바른 가치에 대한 웹 사이트의 신뢰를 얻고 해당 데이터의 가치를 올바르게 평가할 책임이 있다. 이를 돕고자 구글 동의 모드^{Google Consent Mode}를 사용해서 쿠키 및 저장된 개인 식별자를 제거할 수 있으므로 사용자가 동의할 때까지 구글 애널리틱스에서 쿠키^{Cookie}를 사용할 수 없다. 그러나 개인 데이터가 아닌 데이터는 여전히 유용할 수 있으며 GA4는 사용자가 데이터 제공에 100% 동의하는 경우 데이터 세션과 전환이 어떻게 표시되는지 모델링하는 방법을 제공한다. 대부분의 신규 고객은 아직 여러분의 웹 사이트를 신뢰하지 않거나 동의하지 않을 가능성이 높기 때문에 이는 여러분의 성과를 개선하는 데 도움이 되는 귀중한 정보가 될 수 있다.

GA4가 필요한 경우

GA4의 변경 사항을 감안할 때 자주 묻는 질문에 도움이 되도록 GA4가 유니버설 애널리틱스에 비해 제공하는 기회를 요약하면 다음과 같다.

- 디지털 분석 데이터를 GCP와 통합해서 데이터가 GA4 서비스 이상으로 작동하게 하려면 어떻게 해야 하는가?(이 책의 대부분 내용)

- 모바일 앱과 웹 사이트를 포함해서 모든 디지털 자산에서 추적 사용자를 통합하는 방법은 무엇인가?

- 기본값보다 더 쉽게 맞춤형 분석을 구현하려면 어떻게 해야 하는가?

- 머신러닝 모델에 반영하려면 디지털 분석 데이터에 어떻게 액세스할 수 있는가?

- 개인정보 보호 선택을 존중하면서도 웹 사이트 성능에 대한 데이터를 어떻게 보유할 수 있는가?

이 절에서는 GA4를 사용하는 이유와 유니버설 애널리틱스와의 주요 차이점을 살펴봤다. 이러한 변화의 근본 원인은 GA4가 새 데이터 모델에 데이터를 기록하는 방식이며, 다음 절에서 자세히 살펴본다.

GA4 데이터 모델

GA4 데이터 모델은 유니버설 애널리틱스와 차별화된다. 이 새로운 데이터 모델로 GA4는 고급 기능을 제공할 수 있다. 이 절에서는 데이터 모델과 작동 방식을 자세히 살펴본다.

데이터 모델의 핵심 요소는 다음과 같다.

단순성^{Simplicity}

모든 것은 동일한 유형의 이벤트다. 데이터에 임의의 관계가 부과되지 않는다.

더 간단한 데이터 모델이 주어지면 이벤트 처리가 줄어들어 모든 작업을 실시간으로 수행할 수 있다.

유연성^{Flexibility}

할당량 한도(기본값 500)까지 이벤트 이름을 지정할 수 있다. 각 이벤트에 매개변수를 첨부해서 해당 메타데이터를 미세 조정할 수 있다.

이제 본격적으로 GA4 이벤트 히트가 어떻게 생성되는지 구문을 살펴보자.

이벤트

이벤트는 GA4에서 데이터 수집의 원자 단위다. 구성에 따라 웹 사이트에서 사용자가 수행하는 각 작업은 구글 서버로 이벤트를 전송한다.

다음은 하나의 이벤트다.

```
{"events": [{"name": "book_start"}]}
```

단순히 "book_start" 이벤트 수를 세는 것만으로도 얼마나 많은 사람이 책을 읽기 시작했는지, 하루 평균 책 읽기 수 등과 같은 유용한 정보를 얻을 수 있다.

이벤트 모음이 한 사용자와 연결되게 하려면 해당 이벤트에 공통 ID가 필요하다. GA4에서 이는 일반적으로 GA4 쿠키 내에서 발견되는 가명 ID^{pseudonymous ID}인 client_id를 보내는 것을 의미한다. 이는 일반적으로 처음 생성됐을 때 첨부된 타임스탬프가 있는 난수로 구성된다.

```
{"client_id":"1234567.1632724800","events": [{"name": "book_start"}]}
```

이 행은 GA4 계정으로 전송되는 이벤트에 필요한 최소 데이터다.

 타임스탬프(Timestamp)는 일반적으로 유닉스 에포크 시간(Unix epoch time) 또는 1970년 1월 1일 자정 이후의 초로 제공된다. 예를 들어 1632724800이 포함된 쿠키는 2021년 9월 27일 월요일 08:39:56 CEST(Monday, September 27, 2021, 08:39:56 CEST)(내가 이 문장을 쓰는 순간)로 변환된다.

이 예는 이벤트를 전송하는 한 가지 방법인 측정 프로토콜 v2^{Measurement Protocol v2}에서 가져온 것이다. 훨씬 더 일반적인 방법은 웹 사이트나 iOS 또는 안드로이드 앱에서 GA4 추적 스크립트를 사용해 이러한 이벤트를 만들고 생성하는 것이다. 하지만 해당 스크립트가 무엇을 하는지 아는 것이 유용하다.

gtag()를 사용해 웹 추적기에서 보낸 동일한 이벤트는 다음과 같다.

```
gtag('event', 'book_start')
```

GA4 자바스크립트 라이브러리는 client_id를 제공하고자 쿠키를 처리하므로, 맞춤 이벤트 이름만 제공하면 된다.

GA4 추적 스크립트를 사용할 때 라이브러리는 자동으로 수집된 이벤트(https://oreil.ly/fe6V8)를 제공해서 일반적인 이벤트 유형을 구성하지 않게 도와준다. 여기에는 페이지 뷰, 비디오 뷰, 클릭, 파일 다운로드, 스크롤과 같은 유용한 이벤트가 포함된다. 이전에는 구성해야 했던 것이 이제 GA4에서는 표준으로 제공되므로, 유니버설 애널리틱스에 비하면 편리하다. 구성이 적을수록 구현이 빨라지고 버그 가능성이 줄어든다. 이러한 자동 이벤트를 사용하려면 향상된 측정 설정(https://oreil.ly/NHRpH)을 통해 설정할 항목을 선택할 수 있다.

사용자가 구현하는 이벤트지만 구글에서 권장하는 이름 지정 구조를 따르는 이벤트인 권장 이벤트도 있다. 이는 여러분의 웹 사이트에 더 적합하며 여행, 전자상거래, 직업 웹 사이트와 같은 업종에 대한 권장 사항을 포함한다. 또한 향후 보고서에서 새로운 기능을 표시하고자 이러한 명명 규칙에 의존할 수 있으므로 이를 고수할 가치가 있다. 일반 권장 이벤트(https://oreil.ly/JZo7Q)에는 사용자 로그인, 구매, 콘텐츠 공유가 포함된다.

이러한 자동 및 권장 이벤트는 표준화돼 있으므로 사용자 정의 이벤트를 수집하는 경우 이름이 중복되지 않게 해서 충돌과 혼란을 방지해야 한다. 각 구현에 대해 사이클로 다시 돌아갈 필요가 없도록 합리적인 기본값으로 표준화를 제공하려는 시도에서 시스템의 유연성을 볼 수 있기 바란다.

맞춤 매개변수

이벤트 수만으로는 유용한 분석 시스템에 충분하지 않다. 각 이벤트에 대해 추가 정보를 제공하는 매개변수가 없거나 많을 수 있다.

예를 들어 로그인 이벤트는 웹 사이트의 로그인 수를 제공하지만 사용자가 로그인하는 방식(이메일이나 소셜 로그인)으로 분류하고 싶을 수 있다. 이 경우 권장 login 이벤트는 다음을 지정하기 위한 method 매개변수도 제안한다.

```
gtag('event', 'login', {
  'method': 'Google'
})
```

좀 더 기본적인 측정 프로토콜을 사용하면 다음과 같이 표시된다.

```
{
  "client_id":"a-client-id",
  "events": [
    {"name": "login",
      "params": {
        "method": "Google"
      }
```

```
    }]
  }
```

추가 정보와 함께 params 배열을 추가했다.

전자상거래 항목

맞춤 매개변수의 특수 클래스는 모든 항목 정보를 포함하는 맞춤 매개변수 내에 중첩된 배열이다. 전자상거래는 일반적으로 여러 항목, 활동 및 데이터가 판매와 연결돼 있기 때문에 가장 복잡한 데이터 스트림을 나타낸다.

그러나 원칙은 대개 동일하다. 이 경우 맞춤 매개변수는 item_id, price, item_brand와 같은 일부 권장 필드를 포함하는 배열이다.

```
{
  "items": [
    {
      "item_id": "SKU_12345",
      "item_name": "jeggings",
      "coupon": "SUMMER_FUN",
      "discount": 2.22,
      "affiliation": "Google Store",
      "item_brand": "Gucci",
      "item_category": "pants",
      "item_variant": "Black",
      "price": 9.99,
      "currency": "USD"
    }]
}
```

이를 purchase 및 일부 기타 매개변수와 같은 권장 전자상거래 이벤트와 결합하면 전체 이벤트 페이로드^payload는 다음과 같다.

```json
{
   "client_id": "a-client-id",
   "events": [{
      "name": "purchase",
      "params": {
         "affiliation": "Google Store",
         "coupon": "SUMMER_FUN",
         "currency": "USD",
         "items": [{
            "item_id": "SKU_12345",
            "item_name": "jeggings",
            "coupon": "SUMMER_FUN",
            "discount": 2.22,
            "affiliation": "Google Store",
            "item_brand": "Gucci",
            "item_category": "pants",
            "item_variant": "Black",
            "price": 9.99,
            "currency": "USD",
            "quantity": 1
         }],
         "transaction_id": "T_12345",
         "shipping": 3.33,
         "value": 12.21,
         "tax": 1.11
      }
   }]
}
```

이 코드는 GA4로 전송되는 가장 복잡한 이벤트 중 일부를 나타내지만 기본 모델의 단순성을 이해할 수 있기를 바란다. 이벤트와 매개변수만 사용하면 웹 사이트에서 복잡한 상호작용을 수집하도록 GA4를 구성할 수 있다.

사용자 속성

이벤트 수준 데이터 외에도 사용자 수준 데이터(https://oreil.ly/hrmQv)를 설정할 수도 있다. 레코드에 있는 **client_id** 또는 **user_id**와 관련된 데이터다. 이는 고객 분류 또는 언어 기본 설정을 지정하는 데 사용할 수 있다.

 여기에서 사용자 개인정보 보호 선택을 존중하도록 주의해야 한다. 특정 사용자의 정보를 추가하는 경우 EU 일반 데이터 보호 규정(GDPR, General Data Protection Regulation)과 같은 법률에 따라 명시된 목적을 위해 데이터를 수집하려면 사용자의 동의를 받아야 한다.

사용자 속성을 전송하는 것은 이벤트를 전송하는 것과 거의 동일하지만 **user_properties** 필드와 전송하려는 모든 이벤트를 대신 사용한다.

```
{
  "client_id":"a-client-id",
  "user_properties": {
    "user_type":{
      "value": "bookworm"
    }
  },
  "events": [
    {"name": "book_start",
      "params": {
        "title": "Learning Google Analytics"
    }}
  ]
}
```

gtag()를 사용하면 다음과 같다.

```
gtag('set', 'user_properties', {
  'user_type': 'bookworm'
});
gtag('event', 'book_start', {
  'title': 'Learning Google Analytics'
});
```

이 절에서는 측정 프로토콜 및 **gtag**와 같은 다양한 방법으로 GA4 이벤트를 보내는 방법과 매개변수 및 사용자 속성을 사용해 이벤트를 보내는 구문을 살펴봤다. 이제 GCP와의 통합을 통해 GA4에서 나오는 이벤트를 처리하는 방법으로 넘어간다.

구글 클라우드 플랫폼

구글 클라우드 플랫폼^{GCP}은 이제 기존 데이터 분석 시스템을 통해 GA4 시스템에 확고하게 내장될 수 있다. 사용할 때만 비용을 지불하는 실시간, 머신러닝 확장형 서비스를 제공하는 동시에 유지 관리, 보안, 업데이트와 관련된 지루한 작업에서 벗어날 수 있다. 기업은 전문 분야에 집중하고 핵심이 아닌 작업은 클라우드가 처리하게 해야 한다. 클라우드의 종량제 결제 구조를 통해 소규모 팀도 이전에는 더 많은 인력과 IT 리소스가 필요했던 서비스를 만들 수 있다.

이 절에서는 GA4와 통합할 때 가장 많이 사용하게 될 GCP 서비스, 팀에서 이러한 도구를 활용하는 데 필요한 기술과 역할, 시작하는 방법, 비용 관리 방법, 적합한 클라우드 서비스를 선택하는 방법을 살펴본다.

관련 GCP 서비스

이 책은 GCP의 데이터 애플리케이션 서비스에 더 중점을 두지만 이는 여전히 지속적으로 업데이트되는 방대한 서비스다. 이 책의 범위를 벗어나는 전체 개요를 보려면 발리아파 락쉬마난이 쓴『구글 클라우드 플랫폼상의의 데이터 과학』(O'Reilly, 2018)을 추천한다.

다음과 같은 주요 클라우드 서비스는 이 책의 뒷부분에 나오는 사용 사례에서 사용되며 일반적인 작업에서 필수적이다. 다양한 클라우드 서비스가 있으며 올바른 서비스를 선택하는 것은 시작할 때 다소 당황스러울 수 있다. 여기에서 시작하기에 유용한 서비스로 강조 표시된 서비스를 살펴보는 것이 좋다.

대략적인 유용성 순서대로 나열했고 이 책에서 다음 서비스에 익숙해질 것이다.

빅쿼리^{BigQuery}

이미 언급한 바와 같이 빅쿼리는 분석 및 데이터 워크로드의 대상 및 소스로 크게 기능할 것이다. 빅쿼리 머신러닝^{BigQuery ML}을 사용한 모델링 기능도 있다.

클라우드 펑션^{Cloud Functions}

서비스 간의 접착제 역할을 하는 클라우드 펑션을 사용하면 서버리스 환경에서 파이썬^{Python}과 같은 작은 코드 조각을 실행할 수 있다.

Pub/Sub

Pub/Sub는 대기열을 통해 전송되는 전체 인터넷을 처리할 수 있는 규모로 각 메시지가 최소 한 번 전달되도록 보장하는 메시지 대기열 시스템이다.

클라우드 빌드^{Cloud Build}

클라우드 빌드는 깃허브 푸시에 대한 응답으로 일괄 도커^{Docker} 컨테이너를 트리거할 수 있는 CI/CD(지속적인 통합/지속적인 배포) 도구다. 클라우드 빌드는 내가 만든 솔루션 뒤에 숨은 일꾼이다.

클라우드 컴포저/에어플로 Cloud Composer/Airflow

클라우드 컴포저/에어플로는 스케줄링을 포함해서 복잡하고 상호 의존적인 데이터 흐름을 안정적으로 생성할 수 있게 해주는 조정자다.

데이터플로 Dataflow

데이터플로는 많은 GCP 서비스와 잘 통합되는 실시간 데이터용 일괄 스트리밍 솔루션이다.

클라우드 런 Cloud Run

클라우드 런은 클라우드 펑션과 유사하지만 원하는 코드가 포함된 도커 컨테이너를 실행할 수 있다.

일반적으로 필요한 것을 만드는 몇 가지 방법이 있으며, 그 차이는 미묘할 수 있지만 실용적이고 먼저 작동하는 것을 얻은 다음 나중에 실행하는 데 더 나은 정확한 서비스를 최적화하는 것이 좋다. 예를 들어 빅쿼리 예약 쿼리에서 매일 데이터 가져오기를 실행할 수 있지만 요구 사항이 복잡해지면 가져오기를 조정하는 데 클라우드 컴포저가 더 나은 도구임을 알게 된다.

그러나 이러한 모든 도구는 포인트 앤 클릭 방식이 아니다. 필요한 것을 제공하려면 코딩이 필요하므로 다음 절에서 기능을 제공하는 데 필요한 기술을 살펴본다.

코딩 기술

이러한 통합을 적용할 때 가장 어려운 측면 중 하나는 컴퓨터 프로그래머만이 갖고 있다고 생각할 수 있는 기술을 요구한다는 것이다. 여러분은 자신이 '비기술적'이라고 생각할 것이다.

나도 같은 생각을 하곤 했다. 경력 초기에 "나는 자바스크립트를 모른다."고 말하면서 개발자가 웹 사이트에서 5줄짜리 코드를 만들 수 있도록 6주간의 여유를 두고 기다렸었다. 일단 시간과 의향이 맞으면 나는 스스로 시작했고, 그 과정에서 많은 실수를 했다. 또한 전문가들도 많은 실수를 저질렀다는 것을 배웠고 유일한 차이점은 계속할 동기가 있다는 것이다. 또 다른 깨달음은 내가 엑셀Excel에서 수행하는 많은 작업이 업무에 더 적합한 도구를 사용하는 것보다 실제로 더 복잡하고 어렵다는 것이다. 예를 들어 엑셀에서 작업을 해결하려면 R에서 작업을 수행하는 것보다 더 많은 두뇌 능력이 필요했다.

그러니 의향이 있다면 계속 해야 한다. 어렵다면 재능이 없어서가 아니라 처음에는 누구에게나 낯설기 때문이다. 어떤 경우에는 코딩이 엄청나게 까다로워 보일 수 있으며 ';'을 하나라도 놓치면 일이 잘못될 수 있다. 그러나 한 영역을 배우면 다음 영역이 좀 더 쉬워진다. 나는 엑셀의 고급 사용자로 시작해 파이썬과 자바스크립트를 배웠고, R과 사랑에 빠졌고, SQL과 배시bash를 이해하는 방법을 배워야 했고, 지금은 Go 언어에 손을 대고 있다. 프로그래밍의 본질은 배우고 나아질수록 6개월 전에 본 코드가 끔찍하게 보인다는 것이다. 이는 자연스러운 일이다. 중요한 것은 되돌아보고 진행 상황을 볼 수 있다는 것이다. 일단 작동하는 것을 얻으면 그것이 경험이며, 10년 후 앉아서 그에 관한 책을 쓸 때까지 천천히 성장한다.

오픈소스는 나의 기술을 연마하는 방법이기도 했다. 코드를 공개하고 피드백을 받는 것이 내가 해당 코드를 실행한 경험에 더해 몇 배 증가되기 때문이다. 이것이 내가 오늘 깃허브 또는 다른 곳에서 받는 모든 피드백에 대해 매우 감사하는 이유다. 이 책의 코드는 책과 함께 깃허브 리포지터리에서도 사용할 수 있으며 계속 업데이트하고 버그가 없게 노력할 것이다.

같은 논리로, 내 코드를 읽고 더 나은 방법에 대한 피드백이 있다면 연락주길 바란다. 나는 여전히 항상 배우고 있다.

이 책의 사용 사례에는 다음과 같은 언어를 다루는 코드 예제가 포함돼 있다.

자바스크립트^{JavaScript}

자바스크립트는 HTML과 관련된 모든 웹 페이지 기반 추적에 필수적이며 태그를 통한 데이터 수집에 가장 일반적으로 사용된다. 또한 사용자 정의 템플릿을 생성하고자 GTM 내에서 많이 사용된다.

파이썬^{Python}

다양한 플랫폼에서 지원되는 매우 인기 있는 언어인 파이썬은 모든 것에 대해 두 번째로 좋은 언어로 간주될 수 있으므로 알아두면 유용하다. 고급 구현 작업을 하지 않는 한 필요하지 않을 수도 있지만 강력한 머신러닝 표현도 있다.

R 언어

파이썬을 사용하는 것만으로도 해결할 수 있지만 R 언어의 데이터 과학 커뮤니티는 내 생각에 R 언어를 데이터 과학을 위한 최고의 언어로 만든다. 라이브러리와 오픈소스 커뮤니티는 데이터 수집부터 대화형 대시보드와 보고서를 통한 데이터 활성화까지 모든 것을 다룬다. 데이터 워크플로에 접근하는 방법에 대한 내 생각의 대부분은 R 언어에서 얻은 사고방식에서 비롯된 것이기 때문에 직접 사용하지 않더라도 프로젝트에 영향을 미친다.

배시^{bash}

클라우드 서버와 상호작용할 때 윈도우^{Windows}와 같은 그래픽 인터페이스가 아닌 배시를 사용해서 작동하는 우분투^{Ubuntu} 또는 데비안^{Debian}과 같은 리눅스^{Linux} 기반 시스템을 사용할 가능성이 높다. 또한 다른 언어로 쉽게 가져올 수 없는 매우 큰 파일을 처리할 때 일부 커맨드라인 배시 프로그래밍을 알고 있으면 편리하다. gcloud 및 다른 CLI도 셸 스크립팅에 대한 지식을 갖고 있지만 가장 인기 있는 것은 배시다.

SQL

대부분의 경우 작업 중인 원시 데이터는 데이터베이스에 있으며, 이를 추출하는 가장 좋은 방법은 SQL이다. 또한 SQL은 유용한 데이터 객체에 대한 사고방식을 제시한다.

빠른 작업을 위해 복사해서 붙여 넣는 것도 가능하지만 적어도 코드의 각 섹션 이 무엇을 하는지 한 줄씩 살펴보고 이해하는 것을 추천한다.

이제 여러분의 기술이나 팀의 기술을 통해 일부 코딩을 사용할 수 있다고 가정 하고, 이제 GCP를 시작하고 첫 번째 코드를 클라우드에 배포하는 방법으로 이 동한다.

GCP에 온보딩

GCP는 구글 비즈니스의 주요 구성 요소이며, 탐색 방법을 배워야 하는 구글 애널리틱스와 완전히 별개의 흐름이 있다.

무료로 시작할 수 있지만 가장 먼저 알아야 할 점은 클라우드 사용에 대한 지불 카드를 추가해야 한다는 것이다. 그러나 사용 가능한 온보딩 바우처를 몇 개월 동안 사용할 수 있다.

구글 클라우드의 시작 페이지(https://oreil.ly/9e6Hn)에서 첫 번째 로그인을 안내한다.

 기존 구글 클라우드 프로젝트가 있는 경우 최신 버전의 API로 활성화되도록 이 책의 예제에 대해 새 프로젝트를 생성하는 것을 권장한다. 예를 들어 구글 애널리틱스 리포 팅 API(Google Analytics Reporting API), 구글 애널리틱스 어드민 API(Google Analytics Admin API), 클라우드 빌드 API(Cloud Build API)를 활성화하고 빅쿼리 API(BigQuery API)가 기본적으로 활성화돼 있는지 확인해야 한다.

클라우드 비용

클라우드는 무한한 가능성을 제공하지만 대가가 따른다. 클라우드 서비스에 대한 많은 무료 할당량이 있지만 비용이 빠르게 합산될 수 있으므로 비용을 주시해야 한다. 예상보다 훨씬 많은 데이터를 사용하는 빅쿼리 SQL 쿼리가 매일 예약된 후 사용자가 휴가를 간 사례를 본 적이 있다. 몇 주 후에 확인했 을 때 작업 비용은 수천 달러였다. 더 나쁜 시나리오는 중요한 인증키를 실수로 게시하는 것이다. 각각 수천 달러에 달하는 고가의 GPU 지원 비트코인 채굴기를 시작하고자 봇이 이러한 키를 선택하는 것을 적어도 세 번 이상 봤다.

무료 등급은 일반적으로 실험하기에 적합하고 가격 책정 모델은 일반적으로 매우 관대하지만 GCP 가격 계산기(https://oreil.ly/XOWeS)를 사용하거나 제한된 버전의 앱을 먼저 실행해서 생산 비용을 평가하는 것이 좋다. 서비스 비용은 사용해야 하는 클라우드 애플리케이션에 큰 영향을 미칠 수 있다.

또한 결제 알림을 설정하고 인증키를 보호하는 데 능동적으로 대처해야 한다.

그러나 이러한 모든 경고에도 기업은 일반적으로 클라우드 비용이 가치에 비해 얼마나 작은지에 대해 놀란다. 빅쿼리에 데이터를 저장하는 기업은 일반적으로 처음에는 한 달에 100달러 미만의 청구서를 받고, 여러 요소의 가치를 더 많이 제공하는 좋은 사용 사례를 만든 후에야 더 큰 청구서를 받는다. 실제 사용 사례가 준비될 때까지는 5달러 수준이 될 가능성이 높지만 고객에게 100달러를 제시하는 경향이 있으므로 고객은 100달러 미만이면 매우 놀랄 것이다.

비용에 영향을 미치는 요소는 이동되는 데이터의 양, 컴퓨팅 시간, 애플리케이션의 실시간 정도다. 클라우드 비용 절감은 일반적으로 서비스에 대해 정액 요금을 지불하는 것이 아니라 실제 작업이 수행된 후에만 청구되기 때문이다. 그러나 여러분이 사용하는 서비스에 따라서도 크게 영향을 받는다. 일반적으로 특정 문제를 해결하는 방법에는 여러 가지가 있으므로 일반적으로 로컬 환경에서 수행하는 방법을 복제하는 방법과 '서버리스 피라미드 위로 이동' 절에서 설명하는 클라우드 지원 서버리스 기술을 사용하는 저렴한 방법이 있다.

서버리스 피라미드 위로 이동

클라우드의 힘을 진정으로 활용하려면 클라우드의 강점을 사용해서 IT 문제를 해결하는 방법에 대한 생각의 진화가 필요하다. 기업의 클라우드 첫 번째 단계는 일반적으로 로컬 MySQL 데이터베이스를 MySQL을 실행하는 클라우드 서버로 대체하는 것과 같이 클라우드 내에서 로컬로 실행했던 것을 단순히 복제하는 '리프트 앤 시프트lift and shift' 모델을 포함한다. 또 다른 전략은 예를 들어 MySQL의 관리형 인스턴스인 구글 클라우드 SQL 내에 MySQL 데이터베이스를 배치하는 '이동 및 개선move and improve'이다.

그러나 '리프트 앤 시프트' 모델은 클라우드의 전체 잠재력에 비해 미미한 이점만 제공한다. 기업이 진정한 디지털 트랜스포메이션을 달성하려면 컴퓨팅 및 스토리지의 기본 위에 구축된 더 높은 수준의 메타서비스를 수용해야 하며, 그렇게 하면 해당 클라우드 공급자의 서비스에 좀 더 많은 제약을 받게 된다.

클라우드 기업들은 이러한 서비스를 사용하도록 유도하고자 구축된 서비스를 유지 관리, 패치, 개발하는 데 필요한 IT 리소스를 줄이고 대신 그 위에 구축된 애플리케이션을 좀 더 온디맨드 방식으로 사용하는 데 투자할 수 있다는 점을 강조한다. 의심할 여지없이 이 모델 덕분에 이 책을 쓸 수 있었다. 클라우드 컴퓨팅 없이는 자체 서비스를 만드는 것이 훨씬 더 복잡하고 솔루션을 실험할 수 있는 능력이 제한되기 때문이다. IT 자원이 효과적으로 아웃소싱되면 결과를 달성하고자 훨씬 더 작은 팀이 필요하다.

이에 대한 예는 빅쿼리다. 자신만의 빅쿼리 서비스를 만들려면 대규모 서버 팜server farms을 준비하는 데 투자해야 한다. '대규모 쿼리'를 위한 리소스가 필요하지만 유휴 상태일 때는 비용이 든다. 동일한 쿼리에 빅쿼리 서비스를 사용하면 해당 리소스가 필요에 따라 온라인으로 구매되며 실제로 실행 중인 시간(초)에 대해서만 비용을 지불하면 된다.

이를 설명하는 데 그림 1-1의 서버리스 피라미드 다이어그램이 도움이 된다.

여기에는 사용 사례를 실행할 서비스를 선택할 때 얻을 수 있는 일부 서비스와 장단점이 요약돼 있다.

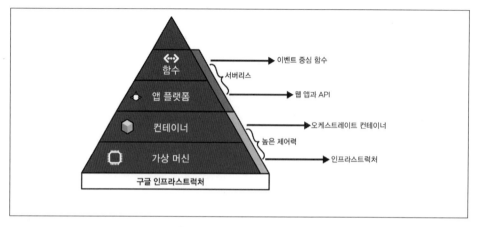

그림 1-1. GCP 피라미드 계층 구조

맨 아래 레벨에는 기본적으로 데스크톱에서 실행되는 컴퓨터의 클라우드 버전인 가상머신과 스토리지가 있다. 구성을 완벽하게 제어하려면 백업, 보안, 패치와 같은 일부 클라우드 이점을 사용해서 이를 실행할 수 있다. 이 계층을 서비스형 인프라스트럭처^{IaaS, Infrastructure as a Service}라고도 한다.

다음 레벨에는 가상머신과 스토리지를 실행하지만 필요한 구성에 대해서만 걱정할 수 있게 추상화하는 서비스가 있다. 앱 엔진^{App Engine}이 이에 대한 예며, 이 계층을 서비스형 플랫폼^{PaaS, Platform as a Service}이라고도 한다.

그 이상의 레벨에서는 동등한 PaaS 위에서 실행되는 또 다른 추상화 레벨이 있다. 이러한 서비스는 일반적으로 역할 기반이므로 분석 데이터 웨어하우징(빅쿼리)과 같은 서비스를 사용할 수 있다. 이를 서비스형 데이터베이스^{DBaaS, DataBase as a Service}라고도 한다.

그리고 그 위에는 일부 구성을 빼서 더욱 편리하게 사용할 수 있는 서비스를 제공할 수 있다. 실행해야 하는 코드나 변환하려는 데이터만 제공하면 되는 경우가 많다. 클라우드 펑션^{Cloud Functions}이 그 예다. 함수가 코드를 실행하는 방법을 알 필요는 없지만 실행 방법을 지정하기만 하면 된다. 이를 서비스형 함수^{FaaS, Functions as a Service}라고 한다.

이를 염두에 두고 애플리케이션이 어디에 있어야 하는지 판단할 수 있다. 피라미드 맨 위에 있는 서비스는 일반적으로 실행당 비용이 더 높지만 특정 볼륨이나 구현 비용에 미달하는 경우 여전히 막대한 비용 절감 효과를 나타낸다. 더 많은 인프라를 소유하거나 확장해야 하는 경우 피라미드 아래로 이동해서 더 많은 제어권을 갖는 것을 고려할 수 있다.

이 책에서 소개하는 사용 사례는 가능한 한 피라미드 상단에 위치하는 것을 목표로 한다. 이러한 서비스는 일반적으로 가장 최근에 개발되고 가장 빠르게 시작할 수 있는 서비스며 최대 10억 명의 사용자에게 서비스를 제공할 수 있는 규모를 제공한다.

그리고 이제 진정으로 도달할 수 있는 범위에 있다. 이제 서비스를 선택할 때 고려해야 할 사항은 글로벌 구글 규모까지 포함될 수 있는 사용량이다. 지금 당장은 필요하지 않을 수도 있지만 애플리케이션이 예상치 못한 성공을 거둬 다시 엔지니어링해야 하는 경우를 대비해 고려해볼 가치가 있다.

이러한 서비스에는 일반적으로 자동 확장 프로비저닝이 있으므로 피라미드에서 훨씬 위쪽에 있는 것이 도움이 된다(그림 1-1 참고). 비용이 많이 드는 실수를 피하고자 이러한 옵션은 제한돼야 하지만 기본적으로 예산이 있다면 10억 명의 사용자와 비슷한 성능을 천 명의 사용자에게 기대할 수 있어야 한다. 계층 구조가 더 아래로 내려가면 여전히 옵션이 있지만 해당 규모를 적용해야 하는 시기와 위치의 구성에 더 많이 관여해야 한다.

GCP 소개 마무리

지금까지 클라우드가 왜 그렇게 강력한지 그리고 그 힘이 GA4 구현에 어떻게 적용될 수 있는지 간단히 살펴봤다. 불과 몇 년 전만 해도 대규모 IT 팀이 필요했던 자원을 클라우드가 어떻게 손에 쥐어주는지에 대해 이야기했고, 이에 접근하는 방법에 대해 서버리스와 리프트 앤 시프트 모델의 개념에 대해서도 이야기했다. 여기에는 이러한 서비스를 지원하는 코딩 언어를 포함하도록 디지털 역할의 확장이 포함되며, 이러한 기술에 투자하면 전반적으로 더 효과적인 디지털 마케터가 될 것이라는 약속이 있다. 이 책의 대부분은 바로 지금 할 수 있는 일에 대한 몇 가지 사용 사례와 함께 이를 실행하는 방법을 다룬다.

사용 사례 소개

이 책은 GA4 통합과 관련된 모든 개념과 기술을 소개하지만 이론과 계획은 여기까지만 가능하다. 이 책에서 다룬 기술을 실제로 배우는 방법은 애플리케이션을 구현하는 것이다. 나는 그 과정에서 실수를 했지만 그러한 실수는 종종 가장 가치 있는 학습 경험이었다. 일단 문제가 왜 발생했는지 디버깅하면 문제를 바로잡는 방법을 더 잘 이해할 수 있기 때문이다.

여러분의 여정을 바로 시작할 수 있도록 2장에서 애플리케이션에 필요한 모든 기본 구성 요소를 소개한 후 7장, 8장, 9장의 사용 사례에서는 비즈니스 사례 생성, 기술적 요구 사항, 사용할 기술에 대한 결정 등 코드 예제를 포함해서 GA4 데이터 애플리케이션의 전체 라이프 사이클을 자세히 설명하는 기술 사용 사례에 전념한다. 모든 것을 순서대로 따라가다 보면 마지막에는 제대로 작동하는 통합이 이뤄질 것이다.

실수로 특정 단계를 건너뛰고 뒤로 돌아가서 놓친 부분을 주의 깊게 읽어야 할 수 있다. 또한 특정 사용 사례를 구현할 때까지 기술이 약간 변경돼 업데이트가 필요할 수 있다.

완벽하게 구현된 예가 있더라도 자신의 비즈니스 요구 사항이나 우선순위를 정해야 하는 것과 정확히 일치하지 않을 수 있다. 사용 사례는 일반적인 고객 문제에 대한 나의 경험을 다루지만 여러분의 경우는 의심할 여지없이 약간 다를 것이다. 자신의 필요에 맞게 사용 사례를 조정해야 할 가능성이 높기 때문에 수행할 작업뿐만 아니라 다른 방식이 아닌 특정 방식으로 수행하는 이유를 이해하는 것이 중요하다. 그런 다음 자신의 우선순위에 더 잘 맞게 프로세스를 조정할 수 있다.

개별 요구 사항에도 이러한 프로젝트에 접근하는 방법과 관련해서 일부 공통 주제를 함께 묶을 수 있다. 2장에서는 내가 작업한 모든 성공적인 데이터 통합 프로젝트의 공통적인 프레임워크를 다룬다. 사용 사례는 이 프레임워크를 따라 이를 적용하는 연습을 제공한다. 4가지 주요 영역은 데이터 수집, 저장, 모델링, 활성화다. 그러나 사용 사례에서 묻는 질문은 이 모든 것의 주요 동인이다. 비즈니스에 실제로 도움이 되지 않는 문제를 해결하려고 하면 전체 노력이 원하는 만큼 효과적이지 않을 것이기 때문이다. 해결해야 할 올바른 문제를 찾는 것은 자신의 비즈니스에 중요하므로 2장에서는 문제를 정의하는 데 도움이 되는 몇 가지 질문도 살펴본다.

연습 사용 사례를 통해 실제 구현 작업에만 집중할 수 있다. 학습하는 가장 좋은 방법은 단순히 읽는 것이 아니라 따라하고 구현하는 것이다. 또한 한 솔루션의 측면을 다른 솔루션 내에서 재사용할 수 있기 때문에 자체 사용 사례를 구현할 때 참조 역할을 할 수도 있다. 예를 들어 이 책의 모든 사용 사례는 GA4를 데이터 수집 소스로 사용한다. 또한 사용 사례는 광범위한 애플리케이션을 다루고자 여러 가지 다른 기술을 사용하려고 시도한다.

사용 사례: 예측 구매

7장의 첫 번째 사용 사례는 이 책의 뒷부분에 나오는 더 복잡한 사용 사례와 구조를 공유하는 전반적인 접근 방식에 익숙해지는 데 도움이 되는 기준선이다. 우리는 GA4라는 하나의 플랫폼만 사용할 것이다. 좀 더 관련된 사용 사례에도 동일한 원칙이 여전히 적용되지만 GA4를 여러분의 요구 사항을 더 잘 충족하는 다른 애플리케이션으로 교체할 수 있는 방법도 보여줘야 한다. 이 사례에서는 머신러닝과 잠재 고객 내보내기를 포함해서 GA4의 몇 가지 새로운 기능을 사용한다.

예측 구매는 모델링을 사용해서 사용자가 미래에 구매할지 여부를 예측한다. 이는 해당 사용자에 대한 사이트 콘텐츠나 광고 전략을 변경하는 데 사용할 수 있다. 예를 들어 사용자가 구매할 확률이 90% 이상이면 이미 작업이 완료됐기 때문에 해당 사용자에 대한 마케팅을 억제해야 한다. 반대로 구매 가능성이 30% 미만이면 해당 사용자를 손실 원인으로 간주해야 한다. 이러한 정책을 제정하면 구매 여부에 관계없이 60%의 사용자만 대상으로 예산 할당을 이동할 수 있다. 이렇게 하면 취득당 비용^{CPA, Cost Per Acquisition}이 낮아지고 잠재적으로 판매 수익이 증가한다.

이를 위해 GA4를 사용해서 다음을 수행한다.

- 웹 사이트에서 전환 이벤트를 포함한 데이터 수집

- 필요한 모든 데이터 저장

- 구매 및 확률과 같은 예측 측정 항목을 사용해서 데이터 모델링 제공

- GA4의 잠재 고객을 사용해서 활성화하고자 구글 애즈로 내보내기

이 프로세스는 그림 1-2의 간단한 데이터 아키텍처 다이어그램에 설명돼 있다.

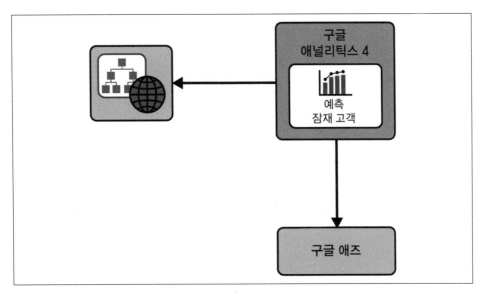

그림 1-2. 예측 잠재 고객 사용 사례를 위한 데이터 아키텍처

이를 제정하는 데 프로그래밍이 필요 없으며, 모든 구성은 UI 내에서 수행된다.

예측 측정 항목^Predictive metrics^은 GA4에 통합된 기능으로 구글의 머신러닝 기능을 직접 활용해서 비즈니스 운영 방식을 실질적으로 변화시킨다. 그러나 여러분의 웹 사이트가 특정 기준을 충족해야 예측 측정 항목 기능을 사용할 수 있으므로 기능을 사용할 수 있는 시기를 제어할 수 없다. 예측 측정 항목을 사용할 수 없는 경우에도 자체 데이터를 사용하고 모델을 직접 구축한 다음 나중에 구글 애즈 통합을 사용할 수 있다. 다음 절에서 이를 다룬다.

사용 사례: 잠재 고객 세분화

8장의 잠재 고객 세분화 사용 사례는 고객의 총체적인 행동을 더 잘 이해하는 방법을 보여준다. 해당 세그먼트에 더 나은 서비스를 제공하고자 선택할 수 있는 일반적인 트렌드나 행동은 무엇인가? 얼마나 많은 유형의 고객이 있는가? 발견한 데이터 기반 세그먼트가 비즈니스의 가정과 일치하는가?

이러한 세분화 프로젝트는 역사적으로 해당 사용자에 대한 마케팅 메시지를 개인화하는 데 사용했다. 예를 들어 특정 고객은 교차 판매 제품을 구매할 가능성이 더 높은 것으로 식별될 수 있으므로 해당 고객에게만 마케팅 메시지를 제한해서 캠페인 비용을 줄이고 짜증을 낼 수 있는 고객에게 불필요한 메시지를 보내는 것을 방지할 수 있다.

다양한 기준으로 세분화할 수 있다. 인터넷 이전의 성공적인 방법은 사용자의 최신성, 빈도, 금전적 행동을 살펴보고 각 부문에서 유사한 점수를 가진 사람들을 분류하는 RFM 모델이다. 이제는 사용 가능한 풍부한 데이터를 통해 수백 개의 필드로 다른 모델을 만들 수 있다. 선택한 모델은 주로 사용 사례의 비즈니스 요구 사항과 개인정보 보호 고려 사항에 따라 결정된다. 모델 내에 데이터를 포함하고자 사용자의 동의를 수집해야 할 수 있으므로 여기에서 개인정보 보호가 중요하다. 동의를 얻지 않고 타깃이 된 고객은 짜증을 낼 수 있다.

이 예를 사용해서 구글 애즈 비용이 더 효율적이기를 바란다. 이러한 맥락에서 구글 애즈는 사용자 행동을 변경하고자 데이터를 보내는 곳이므로 데이터 활성화 역할을 맡게 된다. 우리의 비즈니스 사례는 메시징을 좀 더 촘촘하게 맞춤화할 수 있다면 비용을 절감하고 매출을 높이는 것이다.

당사는 고객의 웹 사이트 행동과 구매 내역에 대한 데이터를 사용해서 특정 광고를 표시해야 하는지 여부를 결정하려고 한다. 이를 위해 다음을 사용한다.

- GA4 및 고객 관계 관리[CRM, Customer Relationship Management] 데이터베이스를 데이터 소스로 사용
- 클라우드 스토리지와 빅쿼리를 데이터 스토리지로 사용
- 세그먼트 생성을 위한 빅쿼리
- 해당 세그먼트를 GA4 사용자에게 실시간으로 푸시하는 파이어스토어[Firestore]
- GA4 데이터를 보강하기 위한 GTM 서버 사이드

- 구글 애즈로 해당 세그먼트를 전달할 GA4 잠재 고객

이러한 서비스 간의 상호작용은 그림 1-3에 나와 있다.

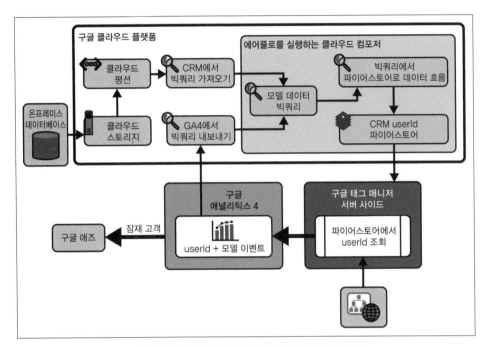

그림 1-3. 사용자 세분화 사용 사례를 위한 데이터 아키텍처

또한 그 과정에서 개인정보 선택이 존중되고 개인 데이터가 필요하지 않은 곳으로 내보내지거나 전송되지 않게 할 것이다.

다음 서비스에 사용할 기술은 나중에 관련 장에서 자세히 다룬다.

- 웹 측정용 GA4

- 사용자 구매 내역을 위한 프로덕션 데이터베이스

- 클라우드 스토리지, Pub/Sub, 클라우드 펑션을 통해 가져오기

- 세분화 모델 생성을 위한 빅쿼리

- 업데이트 예약을 위한 클라우드 컴포저

- 세그먼트를 GA4로 가져오기 위한 클라우드 스토리지, Pub/Sub, 클라우드 펑션

- 잠재 고객 생성을 위한 GA4

파이썬 및 SQL에 대한 기술과 GA4, 구글 클라우드 콘솔 및 구글 애즈 내에서 일부 구성 작업이 필요하다. 또한 개인정보를 준수하는 방식으로 웹 활동을 CRM 데이터와 연결할 수 있도록 GA4 내에서 올바른 데이터를 수집하고 있는지 확인해야 한다.

사용 사례: 실시간 예측

9장의 사용 사례는 실시간 예측 애플리케이션 생성에 관한 것이다. 실시간 분석은 종종 기업이 분석을 시작할 때 가장 먼저 묻는 질문이지만 일반적으로 해당 데이터 스트림에 실시간으로 대응할 수 없다는 사실을 발견하면 우선순위가 낮아진다. 그러나 실시간으로 대응할 수 있다면 즉각적인 이점을 볼 수 있기 때문에 작업하기에 흥미로운 프로젝트다.

이 사용 사례의 좋은 예는 게시하거나 홍보할 기사를 선택할 때 낮 동안 실시간 이벤트에 반응하는 게시자 뉴스룸이다. 클릭수와 조회수가 수익을 의미하는 기업에서 소셜 미디어의 입소문 히트는 비즈니스에 큰 영향을 미칠 수 있다. 인기를 얻으려면 홈페이지에서 반복적인 시도, 편집, 프로모션, 유행하는 소셜 미디어 주제 및 정서에 대한 지속적인 실시간 피드가 필요하다. 여기에서 자세히 설명하는 사용 사례는 해당 웹 분석 데이터 스트림을 사용하는 방법과 현재 사용량을 기반으로 해당 트래픽이 수행할 작업을 예측하는 방법을 보여준다. 고객의 다양한 세그먼트를 식별하도록 설정된 GA4 잠재 고객에 대해 이러한 예측을 할 수 있다.

이 사용 사례는 도커^{Docker}를 사용해서 R의 샤이니^{Shiny} 웹 애플리케이션 패키지를 실행하는 클라우드 런^{Cloud Run}에서 대시보드 솔루션 실행을 처리하는 방법을 보여준다. 도커를 사용하는 주요 이유는 컨테이너 내에서 실행 중인 코드를 다른 언어로 교체할 수 있으므로 파이썬, 줄리아^{Julia} 또는 다른 미래 데이터 과학 언어로 대체할 수 있기 때문이다. 이 프로젝트의 데이터 역할은 다음과 같다.

- API를 통한 데이터 수집

- 애플리케이션 내에서 데이터 저장

- R의 데이터 모델링

- R의 샤이니 대시보드를 통한 데이터 활성화

이 사용 사례를 달성하려면 다음이 필요하다.

- 실시간 웹 이벤트 스트림을 수집하는 GA4

- 대시보드를 실행하는 클라우드 런

- 예측할 수 있는 유용한 세그먼트가 있는 GA4 잠재 고객

그림 1-4는 이러한 리소스가 서로 연결되는 방식을 보여준다.

일부 R 기술을 사용해서 실시간 피드 및 모델링을 만들고, 일부 대시보드 시각화 기술을 사용해서 대시보드를 만들 것이다.

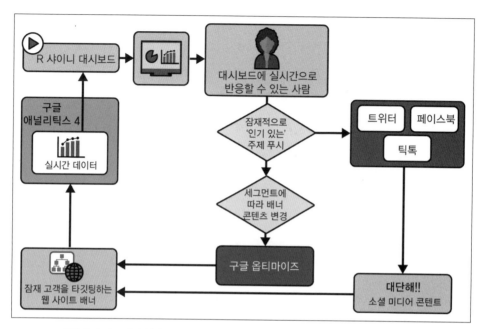

그림 1-4. GA4에서 실시간 데이터를 가져오고 구글 옵티마이즈(Google Optimize)를 통해 소셜 미디어 및 사이트 배너용 콘텐츠의 우선순위를 지정하는 데 도움이 되는 예측이 생성

요약

1장에서는 GA4를 사용해서 디지털 분석의 구현을 발전시키는 주요 방법을 소개했다. GA4가 만들어진 이유와 더 단순한 새 데이터 모델을 사용해서 유니버설 애널리틱스와 어떻게 다르고 개선됐는지 살펴봤다. 또한 GCP와의 통합으로 파이어베이스 및 빅쿼리와 같은 서비스가 포함된 완전히 새로운 애플리케이션 세계에 디지털 분석을 제공하는 방법을 살펴봤다. 이러한 새로운 클라우드 서비스를 사용하려면 코딩과 같은 새로운 기술이 필요하지만 클라우드의 새로운 서비스는 이전보다 더 쉽게 접근할 수 있다. 서버리스 아키텍처를 통해 컴퓨팅 서비스를 구성하고 확장하는 데 필요한 많은 작업을 추상화할 수 있다. 시작할 때 일반적인 권장 사항은 진입 장벽을 가능한 한 낮게 유지하고자 가능하면

아키텍처에서 서비스를 사용하는 것을 목표로 하는 것이다.

지금은 기술이 나와 있지만 어떻게 접근하고 가장 잘 활용하느냐는 클라우드를 사용해 본 적이 없는 디지털 마케터에게는 생소할 수 있는 핵심 스킬이기 때문에 2장에서는 많은 프로젝트에서 반복될 수 있는 성공적인 데이터 분석 프로젝트를 만들기 위한 일반적인 프레임워크와 전략을 설정한다. 이후 장에서는 실제 구현을 위해 전략적 관점에서 데이터 수집, 데이터 모델링, 데이터 활성화의 역할을 개발한다.

데이터 아키텍처와 전략

2장에서는 구성이나 코딩을 시작하기 전에 수행해야 하는 단계를 살펴본다. 필자의 관점은 주로 디지털 마케팅 컨설팅에 기반을 두고 있기 때문에 그러한 성격의 프로젝트에 편향돼 있을 수 있지만 프로세스가 품질, 비용, 빠른 결과, 리소스 제어에 의해 동기 부여된다는 것은 다른 종류의 비즈니스에도 공감을 불러일으킬 수 있다는 의미이기도 하다. 관련 이해관계자의 열정과 동의를 이끌어내는 방법을 살펴보고, 다양한 접근 방식의 장단점을 고려한 다음, 실행 방법에 대한 로드맵을 마련할 수 있도록 필요한 조치와 요구 사항의 범위를 정하는 데 도움을 줄 것이다. 또한 프로젝트의 성공 여부를 정의하는 방법도 살펴본다.

목표 달성을 위한 환경 조성

디지털 분석 프로젝트의 비기술적인 측면은 실제로 비즈니스 성과를 창출하는 데 매우 중요하기 때문에 개요를 최소한 일부 다루고 싶다. 비즈니스 자체의 지지를 얻지 못하면 아무것도 얻을 수 없으며 애초에 프로젝트 수행을 정당화하고, 범위를 정하고, 승인을 얻는 것이 가장 어려운 작업인 경우가 많다. 이해관계자를 프로젝트에 참여시키고 실제 비즈니스 가치를 입증하는 민첩한 사용 사례 중심의 계획을 수립하고, 회사의 디지털 성숙도가 이러한 프로젝트를 수행할 준비가 돼 있는지 평가해 장기적으로 프로젝트의 이점을 누릴 수 있게 하는 방법을 살펴볼 것이다. 회사가 디지털 성숙도가 높지 않은 경우, 예를 들어 직원들이 데이터 사용을 꺼린다면 아무리 좋은 데이터 제품이라도 아무런 영향을 미치지 못할 것이다.

이해관계자 동의

데이터 과학 애플리케이션을 개발하기 시작했을 때 나는 '구축하면 따라 올 것'이라는 태도를 가졌다. 애플리케이션의 우수성이 채택을 정당화할 것이라고 생각했고, 전사적으로 사용할 수 있도록 작동하는 개념 증명만 보여주면 된다고 생각했다.

현실은 매우 운이 좋지 않는 한, 고도로 기술적인 애플리케이션의 혜택을 받을 사람들과 협력해서 개발하지 않은 애플리케이션은 채택되지 않는다. 요즘에는 데이터를 다룰 사람들이 처음부터 참여해야 하며, 그들이 프로세스를 소유하고 비즈니스 이점을 인식해야 상사(및 상사의 상사 등)에게 편안하게 설명할 수 있다는 것을 잘 알고 있다.

이를 위한 최선의 과정은 참여할 모든 사람을 모아 달성하고자 하는 것에 대해 이야기하는 것이다. 비즈니스 가치는 비기술적 참여자로부터 나올 가능성이 높다. 이는 일반적으로 데이터 사일로의 정책이 프로젝트의 주요 걸림돌이 되기 때문에 부서 전체에서 데이터를 사용할 때 더욱 중요하다. 자신의 관점에서만 어떤 데이터 애플리케이션이 가장 좋을지 생각하는 것은 가장 비즈니스 친화적인 아이디어가 아니라 기술적으로 가장 흥미로운 아이디어에 끌릴 수 있기 때문에 위험하다.

또 다른 주요 이슈는 일반적으로 IT 개발 프로젝트와 관련이 있다. 지금까지의 디지털 분석은 기업의 마케팅 부서에서 시작됐으며 일반적으로 GA4/빅쿼리를 클라우드로 처음 도입하는 경우, 특히 자체 퍼스트파티 데이터를 사용할 계획이라면 IT 부서의 동의를 얻는 데 큰 장애물이 있을 수 있다. 장기적인 관점에서 성공하려면 IT 부서의 동의를 얻어야 하며, 그렇지 않으면 IT 부서는 배제된 것으로 인식될 수 있는 제한 사항을 우회하고자 '섀도우 IT[1]' 프로세스를 생성할 위험이 있다. 이는 지속 가능하지 않다.

이 분야의 첫 번째 프로젝트인 경우 두 번째 목표는 회사 내에서 투자할 만한 가치가 있는 분야라는 신뢰를 얻는 것이다. 첫 번째 프로젝트는 클라우드 인프라를 처음으로 소개하고 로컬 개발과 어떻게 다른지 보여줄 것이므로 크고 복잡한 프로젝트(또는 '우주선' 프로젝트)가 아니라 작지만 여전히 유용한 애플리케이션부터 시작하는 것이 좋다. 성공은 모든 것이 작동하고, 비용이 적당하며, 회사의 디지털 성숙도를 개발할 수 있는 건전한 기반이 있다는 것을 보여줄 것이다.

우주선 문제를 피하기 위한 사용 사례 중심 접근 방식

경험상 사용 사례 중심 접근 방식은 이러한 프로젝트를 완료하는 가장 좋은 방법이었다. 사용 사례는 모든 사람에게 목표로 삼을 대상을 제공하고 프로젝트를 수행하는 이유에 대한 답을 제공한다. 사용 사례가 없으면 막연하게 도움이 될 것 같다는 이유만으로 기술 솔루션을 도입할 수 있다. 초기의 열정이 시들해진 후 특정 내부 챔피언이 떠나거나 프로젝트 운영으로 인한 첫 번째 비용이 발생하면 프로젝트가 위험에 처할 수 있다.

성공하려면 프로젝트를 세분화하고 범위를 최대한 제한하는 것이 중요하며, 6개월 이내에 완료하는 것이 좋다. 그보다 더 길어지면 사람들이 떠나면서 집중력을 잃을 위험이 있으며, 비즈니스 성과는 보이지 않고 리소스만 많이 소모하는 나쁜 평판을 얻는 크고 비용이 많이 드는 프로젝트(우주선)로 변할 수 있다.

---

1. 큰 조직에서 섀도우 IT(Shadow IT)는 중앙 IT 부서가 아닌 다른 부서에서 배포한 정보 기술 시스템을 말하며, 중앙 정보 시스템에서 인식되거나 실제적인 단점을 해결한다. 섀도우 IT는 종종 보안 및 규정 준수 문제를 야기한다. — 옮긴이

프로세스에 대한 신뢰를 잃으면 전체 분석 이니셔티브가 중단될 수 있으므로 빠른 성과를 보여줄 수 있어야 데이터에 대한 신뢰를 얻을 수 있다.

목표와 작업이 명확하게 정의된 프로젝트에서 작업하는 것이 훨씬 더 좋다. 초기 작업이 완료된 후 불필요한 기능을 2단계로 밀어 넣는 것을 두려워하지 말고 프로젝트를 진행하면서 범위가 늘어나는 것을 염두에 둬야 한다. 이상적으로는 프로젝트의 기술적 요구 사항을 충분히 참조하고 프로젝트가 끝날 때 마무리할 수 있어야 한다.

비즈니스 가치 입증

사용 사례 중심 접근 방식과 밀접하게 연결된 것은 프로젝트에서 달성할 실제 비즈니스 수익이나 비용 절감을 계산하는 것이다. 이를 더 잘 정의할수록 제시하는 예산에 대해 더 확신을 가질 수 있다.

일반적으로 이 가치를 다음과 같은 다양한 방법으로 표시할 수 있다.

- 자동화가 포함된 경우 직원이 현재 작업하고 있는 월별 시간을 확인하고 솔루션이 설치된 후 평균 시간당 비용 절감액을 계산한다.

- 주요 지표를 늘리려면 가능한 한 수익이나 비용 절감과 밀접하게 연관된 지표를 선택한다. 과거에는 '페이지 속도 개선' 지표를 사용했지만 많은 비즈니스 담당자가 실제 비즈니스 가치와는 너무 거리가 멀다고 생각했다. '총 전환수 개선'은 평균 목표 값에 곱해서 점진적인 상승 수치를 얻을 수 있기 때문에 훨씬 더 좋았다.

- 비용 절감은 일반적으로 동일한 예산을 유지하면서 더 효율적으로 만드는 데 사용되지만 비즈니스가 어느 단계에 있는지에 따라 다르다. 성장에 중점을 둔 신생 기업은 일반적으로 비용 절감에 전혀 관심이 없는 반면 시장 점유율이 감소하는 오래된 기업은 비용만 본다.

사용 사례에 어느 정도 현금 가치를 부여한 후에는 솔루션이 가져올 가치를 결정할 수 있다. 이 평가 후에 솔루션 비용이 너무 많이 든다는 사실을 깨닫게 될 수 있다. 이 경우 다른 좀 더 가치 있는 프로젝트에 투입할 수 있는 많은 시간과 노력을 절약할 수 있다.

디지털 성숙도 평가

또 다른 핵심 요소는 작업하는 사용 사례가 당시 기업의 디지털 성숙도에 따라 달성 가능해야 한다는 것이다. 좋은 등산화 한 켤레도 없이 산기슭에 내려와 있는데, 산꼭대기를 목표로 삼아봤자 아무 소용없다.

마찬가지로 현재 이탈률을 핵심성과지표^{KPI, Key Performance Indicator}로 사용하고 있는 기업에 고급 실시간 머신러닝 프로젝트를 약속하면 정중한 인정을 받을 수 있지만 실제 프로젝트로 전환되는 경우는 거의 없다. 기업의 여정에서 다음 단계가 무엇인지 확인하려면 많은 질문을 하고 평가를 수행해야 한다. 개선을 고려해야 하는 이유에 대한 영감으로 그 산꼭대기를 염두에 두자. 그러면 수년에 걸친 디지털 성숙도 로드맵을 만들 수 있다.

사용 사례의 우선순위 지정

이제 작업할 아이디어를 결정하는 단계로 넘어간다. 우선순위를 정하는 과정을 통해 필요한 리소스의 양이나 예상되는 매출 영향 등의 기준에 따라 프로젝트를 선택할 수 있다.

다음은 디지털 마케팅 로드맵의 우선순위를 정하는 데 도움이 되는 몇 가지 질문이다.

- 작업 목표에 필요한 주요 데이터 소스는 무엇인가?

- 데이터 활성화를 위한 주요 채널은 무엇인가?

- 현재 할 수 없는 데이터로 무엇을 할 수 있기를 바라는가?

- 사용할 수 있어야 하지만 사용할 수 없는 데이터는 무엇인가?

- 현재 데이터 작업에 어떤 기술을 사용하고 있는가?

- 주요 비즈니스 KPI는 무엇인가?

고객과 함께 작업할 때는 모든 이해관계자로부터 브레인스토밍한 사용 사례의 짧은 목록을 작성한 다음, 비즈니스에 미치는 영향과 예상 실행 시간을 기준으로 각 사례를 평가한다. 그런 다음 시장 출시가 빠르고 영향력이 큰 아이디어의 우선순위를 정한다.

기술적 요구 사항

모든 이해관계자가 프로젝트에 대해 열의를 보이면 내가 가장 좋아하는 단계인 실행 범위와 기술적 요구 사항을 만드는 작업을 시작할 수 있다. 이렇게 하면 프로젝트를 완료하는 방법에 대한 로드맵이 마련되며, 필요한 만큼 기술적인 세부 사항까지 다룰 수 있다(지금까지의 계획은 더 높은 수준이었을 수 있다). 모든 데이터 프로젝트에는 작업 단계를 세분화하는 데 도움이 되는 다음 네 가지 요소가 있다.

데이터 수집
대부분 원시 상태의 데이터가 도달하는 방법 결정

데이터 저장
조인, 변환, 집계를 통해 데이터를 저장하고 사용할 수 있는 방법 결정

데이터 모델링
원시 데이터를 유용한 것으로 전환

데이터 활성화

유용한 데이터를 가져와 비즈니스에 영향을 미칠 수 있는 시스템으로 전달하는 실제 기술은 불가지론적이므로 그 역할은 도움이 된다.

대부분의 클라우드는 서로 교체하고 일치할 수 있는 서비스를 제공한다. 예를 들어 빅쿼리를 사용하는 사용 사례를 구현했지만 구글 클라우드 대신 애저^Azure 또는 AWS 내에서 복제하려는 경우 빅쿼리의 데이터 스토리지 역할을 다른 클라우드 제공업체의 대안(스노우플레이크^Snowflake, 애저 시냅스 애널리틱스^Azure Synapse Analytics 또는 레드시프트^Redshift)으로 대체할 수 있다.

이 책은 특히 GA4에 관한 책이므로 사용 사례에는 항상 GA4를 포함할 것이다. 가장 일반적인 역할은 데이터 소스지만 실제로 다른 모든 역할도 수행하는 기능이 있다. 맞춤 데이터 가져오기 또는 측정 프로토콜^Measurement Protocol과 같은 GA4 데이터 가져오기 기능을 사용하는 경우 데이터 스토리지 역할을 수행할 수 있다. 예측 측정 항목을 사용하는 경우 데이터 모델링 기능을 사용하는 것이다. 그런 다음 데이터 활성화를 위한 잠재 고객을 통해 해당 측정 항목을 내보낼 수 있다. 또한 이 책은 GA4의 통합을 통해 이러한 기능을 확장해서 유연성과 강력함을 보여줄 것이다.

기대치를 설정하는 데 도움이 되고자 새로운 실무자는 데이터 모델링 역할이 프로젝트 내에서 대부분의 시간을 차지할 것이라고 생각하는 것이 일반적이다. 실제로는 시간이 가장 적게 걸릴 것 같다. 데이터 모델링 구현 시간은 일반적으로 데이터 준비로 인해 더 짧아진다. 대략적인 경험에 비춰볼 때 소요 시간은 대략 다음과 같을 것으로 예상된다.

- **데이터 수집:** 20%
- **데이터 저장:** 50%
- **데이터 모델링:** 10%
- **데이터 활성화:** 20%

올바른 작업을 위한 올바른 도구

데이터 흐름 여정의 한 부분을 전문으로 작업하지만 모든 작업을 수행할 수 있는 도구를 자주 접하게 될 것이다. 전문 분야가 아닌 다른 도구를 사용할 때는 주의해야 한다. 데이터를 시각화할 뿐만 아니라 가져오고 변환할 수 있는 데이터 시각화 도구를 예로 들 수 있다. 이러한 도구는 간단한 데이터 소스에 편리하지만 더 복잡한 데이터 흐름에 도달하는 즉시 어려움을 겪을 수 있으며, 작동하게 하는 데 시간을 낭비하게 된다. 도구의 강점을 활용하고 데이터 흐름의 다른 부분에 다른 도구의 강점을 사용한다. 빅쿼리는 데이터 저장과 변환을 위한 훨씬 더 나은 장소이므로 이를 사용해서 시각화를 위해 데이터 스튜디오로 내보낼 수 있다. 데이터 스튜디오는 가벼운 작업에는 적합하지만 복잡한 조인이나 집계에는 적합하지 않은 데이터 변환 기능이 있다.

데이터 수집

데이터 여정의 첫 번째 단계인 사용 가능한 다양한 소스에서 데이터를 수집하는 것부터 시작해본다. 데이터 수집에서는 웹 사이트 상호작용, 소셜 미디어 활동 또는 이메일 클릭과 같이 데이터가 생성된 위치에서 원시 데이터를 수집한다. GA4와 GCP의 사용 사례에 대한 데이터 수집을 처리하는 방법은 3장에서 살펴본다.

데이터를 수집하는 방법은 일반적으로 데이터를 소유하거나 제어하는 사람과 관련이 있다.[2]

퍼스트파티 데이터 First-party data

퍼스트파티 데이터 또는 자사 데이터는 여러분의 개인 데이터다. 여러분의 웹 분석 및 내부 판매 또는 마케팅 시스템은 모두 이 데이터 클래스에 속한다. 자신의 디지털 성숙도와 데이터 시스템 선택은 이 데이터를 얼마나 쉽게 사용할 수 있는지에 대한 주요 요인이 될 것이다. 데이터의 품질로 인해 사

---

2. 퍼스트파티 데이터는 내가(기업이) 직접 수집한 고객의 데이터이고, 세컨드파티 데이터는 다른 기업이 직접 수집한 고객의 데이터를 내가 산 경우를 뜻한다. 서드파티 데이터는 특정한 주체가 아닌, 인터넷의 여러 소스로부터 수집되는 데이터를 말한다. – 옮긴이

용할 수 없는 경우가 매우 일반적이므로 사전 프로젝트 작업에서 데이터를 정리해서 사용할 수 있게 해야 한다. 예를 들어 캠페인 태그나 고객 관계 관리^{CRM} 데이터베이스를 정리할 수 있다. GA4 데이터는 이 범주에 속한다. 디지털 데이터의 경우 일반적으로 GA4의 수집 API를 활용해서 맞춤 이벤트, 데이터레이어^{dataLayer} 푸시 또는 측정 프로토콜과 같은 첫 번째 대상으로 데이터를 전송하는 것이 가장 쉽다. 그러나 구글은 개인 식별 정보^{PII, Personally Identifiable Information}를 GA4로 전송해서는 안 된다고 규정하고 있다. 즉, 자신의 시스템에서 PII 데이터를 직접 스트리밍하는 것을 고려할 것이다. 퍼스트파티 데이터를 내보내거나 통합하는 것이 얼마나 쉬운지가 투자할 시스템을 결정하는 데 점점 더 중요한 요인이 되고 있다. 기업의 레거시 시스템은 기능적으로 문제가 없다면 교체하는 경우가 거의 없지만, 다른 시스템에서 데이터를 추출해서 사용할 수 없기 때문에 데이터를 실질적으로 소유할 수 없는 폐쇄적이고 벽으로 둘러싸인 정원에 불과하다는 점이 가장 큰 불만 사항으로 꼽힌다.

세컨드파티 데이터^{Second-party data}

세컨드파티 데이터는 다른 회사의 퍼스트파티 데이터다. 예를 들어 구글 서치 콘솔^{Google Search Console}의 SEO 키워드에 대한 노출 데이터를 들 수 있다. 일반적으로 해당 회사와 계약을 체결하고 API 또는 데이터 내보내기를 통해 데이터를 제공할 수 있다. 자신의 데이터를 다른 사람과 공유하지 않고도 퍼스트파티 데이터를 향상시키는 데 유용할 수 있다. 이 데이터는 일반적으로 서비스에 대한 API 호출을 통하거나 FTP 내보내기를 통해 액세스할 수 있다. 이 경우 데이터를 가져오는 코드를 호스팅하는 방법을 살펴봐야 한다. 빅쿼리 트랜스퍼^{BigQuery Transfer} 서비스와 같은 경우에는 적절한 사용자가 양식을 작성하기만 하면 된다. 데이터 연결을 위해 슈퍼메트릭^{Supermetrics}, 파이브트랜^{Fivetran} 또는 스티치데이터^{StitchData}와 같은 SaaS 솔루션을 종종 사용할 수 있다. 다른 경우에는 API 호출을 직접 빌드한 다음 스케줄링에 따라 실행한다. 일반적으로 클라우드 스케줄러, 클라우드 펑션, 클라우드 런 또는 클라우드 컴포저의 조합을 사용한다.

서드파티 데이터^{Third-party data}

서드파티 데이터는 일반적으로 다양한 데이터 소스의 집계 데이터다. 날씨 데이터 또는 벤치마크 데이터는 일반적으로 이 클래스에 속한다. 이러한 종류의 데이터는 실제로 일부 콘텍스트를 자신의 데이터에 추가할 수 있으며, 다른 데이터를 수집할 때 소스에서 수집할 수 있다. 예를 들어 사용자가 방문할 때 날씨 API를 호출해서 창 밖에 태양이 비치고 있는지 여부를 수집하거나 세컨드파티 데이터에 대해 설명한 것과 같이 스케줄링에 따라 API 가져오기를 통해 데이터를 수집한다.

GA4에는 개인 식별 정보(PII)가 없음

이런 점을 강조하고자 여기에는 의도적으로 전송된 데이터뿐만 아니라 실수로 GA4로 전송된 모든 데이터가 포함된다. 일반적으로 양식을 제출할 때 이메일 주소가 포함된 URL, 사용자가 실수로 개인 데이터를 입력하는 검색 상자 등이 그 원인이다. GA4는 과거에 PII 데이터가 수집된 계정을 폐쇄한 적이 있으므로 이러한 위험을 감수하지 않도록 주의하는 것이 좋다.

데이터를 식별하고 가져오는 방법을 확인한 후에는 데이터를 저장할 곳이 필요하다. 이제 데이터 저장 옵션을 고려해 볼 때다.

데이터 스토리지

모든 데이터는 원래 어딘가에 저장되지만 데이터 애플리케이션의 경우 원본을 고수할 수 있는지 또는 제어할 수 있는 다른 시스템으로 데이터를 이동해야 하는지 결정해야 한다. GA4와 GCP 사용 사례의 데이터 스토리지를 처리하는 방법은 4장에서 살펴본다. 사용 사례의 경우 이 질문에 대한 대답은 일반적으로 빅쿼리가 될 것이다. 빅쿼리는 데이터 애플리케이션에 유용한 많은 기술적 기능을 제공하기 때문이다.

- 보관 비용이 최소화된다.

- 실시간 데이터나 일괄 데이터를 수용할 수 있다.

- 테라바이트 규모의 데이터에서 분석 쿼리를 실행하고 합리적인 시간 내에 결과를 반환할 수 있다.

- 다른 시스템과 잘 통합된다.

빅쿼리는 다양한 사용 사례에 적합하지만 모든 애플리케이션에 적합하지는 않다. 조회 쿼리에 대해 1초 미만으로 결과를 찾는 경우(예, 사용자 ID를 찾고 해당 사용자의 속성이 필요함) 빅쿼리는 작업에 적합한 도구가 아니다. 더 빠른 액세스 형식으로 사용할 수 있게 빅쿼리에서 파이어스토어로 데이터를 전송하는 것이 데이터 애플리케이션 데이터 흐름의 일부일 수 있다.

GCP를 사용하지 않거나 GA4를 사용하지 않는 경우에 사용해야 하는 데이터 스토리지 솔루션을 어떻게 결정할까? 이 절의 목표는 그러한 결정을 내리는 데 도움을 주는 것이다.

데이터 스토리지는 다음과 같은 질문을 고려해야 한다.

데이터가 정형인가, 아니면 비정형인가?

데이터가 데이터베이스 내에 보관할 수 있는 형식(예, CSV 또는 JSON)이거나 이미지, 동영상, 바이너리 파일, 사운드 웨이브, CSV/JSON과 같이 설정된 스키마 없이 쉽게 쿼리할 수 없는 형태로 돼 있는가? 요즘 좋은 기능 중 하나는 이러한 형식 중 일부에 대해 머신러닝을 실행하는 것이다. 예를 들어 이미지 파일에 태그를 지정해서 구조화된 데이터로 변환할 수 있다는 것이다.

데이터에 대한 분석을 실행해야 하는가?

분석 워크로드는 빠른 계산 수행을 선호하는 반면 웹 사이트 서비스와 같은 비분석 데이터는 빠른 개별 레코드 액세스를 선호한다. 데이터베이스가 데이터를 저장하고자 열이나 행을 사용하는지 여부를 고려할 수 있다. 열은

SUM 및 COUNT에 대해 더 빠르고, 행은 하나의 개별 레코드를 반환하는 데 더 빠르다.

트랜잭션 스타일의 데이터로 업데이트해야 하는가?

예를 들어 금융 거래에 대한 데이터 업데이트는 사용자의 은행 잔고를 시간 당 수천 번 업데이트할 수 있는 반면 대출 결정은 일주일에 한 번만 대량 업데이트가 필요하다. ACID[3] 준수가 필요할 수 있다.

결과에 짧은 대기 시간이 필요한가?

1초 미만의 시간에 결과가 필요한 경우 분석 데이터베이스가 이상적인 선택 이 아닐 수 있다.

데이터를 모바일 SDK와 통합해야 하는가?

구글에는 모바일 데이터용 전용 파이어베이스 제품군이 있어서 다른 모바일 친화적인 서비스를 통합할 수 있다.

얼마나 많은 데이터를 사용할 것인가?

MB, TB 또는 PB 범위에 있는지 파악하면 옵션에 영향을 미칠 수 있다.

데이터 수집/모델링/활성화 요구 사항과 얼마나 잘 통합되는가?

데이터 스토리지가 다른 모든 요구 사항을 충족할 수 있지만 잘못된 위치에 있거나 다른 단계와 함께 작동할 수 없는 경우(또는 비용이 많이 드는 경우) 적합하지 않을 수 있다. 예를 들어 하나의 애플리케이션에 대해 여러 위치의 클라우드 에서 데이터를 가져오려는 경우가 해당될 수 있다. 대부분의 클라우드는 애 플리케이션을 만들 수 있지만 클라우드 간에 가져오기/내보내기를 해야 하 는 경우 비용이 많이 든다.

이러한 질문에 답을 한다면 그림 2-1이 GCP 제품군에서 적합한 도구를 선택하 는 데 도움이 될 수 있다.

---

3. ACID: Atomicity, Consistency, Isolation, Durability(원자성, 일관성, 고립성, 지속성)

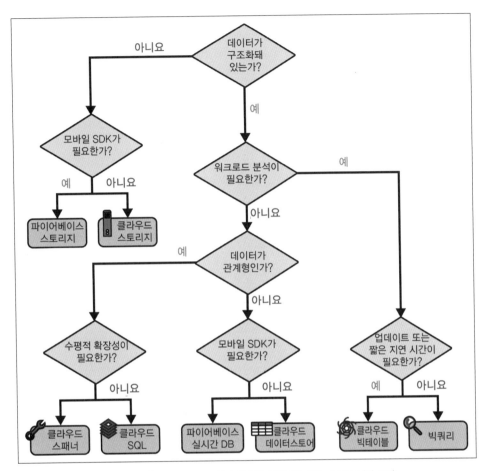

그림 2-1. 올바른 GCP 스토리지 옵션을 선택하기 위한 순서도 결정 트리

이제 대부분의 GCP와 GA4 사용 사례에 대해 빅쿼리가 해답인 이유를 확인했다. 몇 가지 일반적인 분석 워크플로를 통해 그림의 질문에 답을 해본다.

- 데이터가 정형 데이터인가, 아니면 비정형 데이터인가? 대부분의 분석 데이터는 정형 데이터다.

- 데이터에 대한 분석을 실행해야 하는가? 예

- 트랜잭션 삽입이 필요한가? 아니요

- 짧은 결과 지연 시간이 필요한가? 분석 워크플로에는 필요하지 않다.

- 데이터를 모바일 SDK와 통합할 것인가? 아니요

- 얼마나 많은 데이터를 사용할 것인가? 모든 범위, 상관없다.

- 데이터 수집/모델링/활성화 요구 사항과 얼마나 잘 통합되는가? GA4는 빅쿼리와 기본적으로 통합돼 있다.

이러한 질문에 대한 답을 통해 빅쿼리가 좋은 선택인 이유를 알 수 있다. 답이 다르다면 다른 솔루션을 찾게 될 수도 있다.

그러나 일부 데이터 활성화 시나리오의 경우 다음과 같이 다른 솔루션에 도달하게 된다.

- 데이터가 정형 데이터인가, 아니면 비정형 데이터인가? 정형 데이터다.

- 데이터에 대한 분석을 실행해야 하는가? 아니요. 모델링 단계에서 이미 완료됐다.

- 트랜잭션 삽입이 필요한가? 아마도 필요하다.

- 짧은 결과 지연 시간이 필요한가? 예. 사용자에게 라이브돼야 한다.

- 데이터를 모바일 SDK와 통합할 것인가? 아마도 통합할 것이다.

- 얼마나 많은 데이터를 사용할 것인가? 일반적으로 TB 범위 미만이다.

- 데이터 수집/모델링/활성화 요구 사항과 얼마나 잘 통합되는가? 응답 시간이 빠른 실시간 API가 필요하다.

이는 파이어스토어로 연결된다.

선택한 데이터 스토리지 솔루션으로 데이터가 유입되면 해당 데이터의 형태에 대해 생각할 수 있다. 여기에서 가치 창출을 시작해서 사용 사례를 해결할 데이터 모델을 알려준다.

데이터 모델링

데이터 모델링은 데이터 수집 단계를 통해 데이터 스토리지의 데이터를 가져와 사용 사례에 사용할 수 있게 수정하는 프로세스다. 수정에는 필터링, 집계, 통계 실행 또는 머신러닝이 포함된다. 데이터 모델링 단계는 대부분의 프로젝트에서 마술이 일어나는 곳이며 종종 가장 맞춤화된다. 이상적으로는 데이터 과학자의 시간과 같은 대부분의 전문 리소스를 여기에 사용해야 한다. 5장에서 이 책의 사용 사례를 자세히 설명한다. 모델링에는 광범위한 활동을 포함하며 깨끗한 집계 테이블을 제공하는 것처럼 간단할 수도 있고, 실시간 딥러닝 신경망처럼 복잡할 수도 있다. 모든 경우에 목표는 원시 데이터를 일반적으로 데이터 활성화 채널에서 사용할 수 있는 멋진 플랫 테이블로 바꾸는 것이다.

모델 성능 대비 비즈니스 가치

먼저 모델에 필요한 성능을 고려해본다. 처음에는 성능이 최대한 정확해야 한다고 생각할 수 있지만 실제로는 그렇지 않을 수 있다.

첫 번째 주요 관심사는 모델 성능에 대한 '충분히 좋은' 측정 항목을 정의하는 것이다. 당연히 데이터 과학 팀은 가능한 한 가장 높은 점수를 목표로 하겠지만, 수확 체감^{diminishing returns}의 법칙에 따르면 95%에 도달하는 것이 80%에 도달하는 것보다 2배 더 어려울 수 있고, 99%는 10배 더 어려울 수 있다. 사용 사례에 99%의 정확도가 필요한가? 프로젝트가 1년 더 길어지더라도 필요한가?

락 락슈마난^{Lak Lakshmanan}은 그의 블로그 게시물 <텍스트 분류를 위해 텐서플로/케라스, 빅쿼리 ML 및 AutoML 자연어 중에서 선택^{Choosing Between Tensorflow/Keras, BigQuery ML and AutoML Natural Language for Text Classification}>(https://oreil.ly/rPpcY)에서 이에 대한 주요 예시를 제공했다.

락은 구글 클라우드 팀의 뛰어난 데이터 과학자이자 『구글 클라우드 플랫폼 상의 데이터 과학』(O'Reilly, 2018)의 저자다. 그는 표 2-1에서 볼 수 있는 것처럼 세 가지 머신러닝 방법 중에서 선택하도록 성능 대비 리소스 요구 사항을 비교했다.

표 2-1. 락 락슈마난의 연구에서 채택된 다양한 머신러닝 방법에 대한 정확도 대비 성능 대비 리소스 요구 사항

모델 유형	방법	시간	정확성	클라우드 비용
클라우드 ML 엔진에서 학습된 케라스	파이썬 코딩	1주일 ~ 1개월	ML 기술에 따라 낮음에서 매우 높음	중간에서 높음
빅쿼리 ML	빅쿼리의 SQL	약 1시간	보통에서 높음	낮음
AutoML	미리 만들어진 모델	약 1일	높음	중간

이러한 옵션이 주어지면 사용 사례의 범위를 지정해서 필요한 성능을 지정하는 것이 좋다. 더 높은 정확도는 더 높은 수익을 의미할 수 있지만 정량화할 수 있다면 데이터 과학 팀이 모델에 대해 작업해야 하는 시간을 할당하는 데 도움이 될 수 있다.

대부분의 경우 작업 모델을 기본으로 시작해서 신속하게 실행한 다음, 나머지 시간을 성능 향상에 사용하는 것이 좋다. 모델이 성공적으로 시작되면 향후 프로젝트를 다시 돌아보며 더 정확한 모델에 더 많은 리소스를 할당할 수 있다.

데이터의 최소 이동 원칙

프로젝트의 데이터 모델링 섹션의 복잡성은 얼마나 많은 데이터를 여러 곳으로 파이프해야 하는지에 따라 영향을 받는다. 웹 분석 데이터가 수집되는 방식 때문에 모델 단계에서는 구조화된 데이터만 사용할 가능성이 높으며, 이 데이터는 SQL 데이터베이스일 가능성이 높다. SQL로 복잡한 통계나 머신러닝 모델을 구현하는 것은 잘 알려지지 않은 기술이며 데이터 과학자는 파이썬, R 또는 줄리아와 같은 좀 더 전용 데이터 과학 언어로 작업하는 것을 선호할 가능성이 높다.

그러나 이 목표를 달성하는 데 도움이 되도록 데이터 이동의 장단점을 따져봐야 한다. 일반적인 원칙은 가능한 한 적은 양의 데이터를 이동하고 절대적으로 필요한 데이터만 이동해야 한다는 것이다. 이 지침을 따르면 값비싼 청구서 및 데이터 개인정보 보호 문제를 피하는 데 도움이 되며, 데이터 과학자가 데이터 정리에 더 많은 시간을 소비하지 않게 소스에서 데이터 정리를 강제할 수 있다.

정보 출력에 대한 원시 데이터 입력

본질적으로 데이터 모델러를 위한 간략한 개요는 모델링 프로세스의 다른 쪽 끝에서 나올 것으로 예상되는 데이터 스키마 목록과 예상 데이터 형식을 제공한다. 그 사이에 조인, 집계, 통계, 신경망 등을 사용한 머신러닝이 있을 수 있지만 모델의 장치는 입력 데이터와 출력 데이터 세트가 될 것이다.

실제 프로젝트에서 모델러는 종종 이상한 결과를 얻을 때 데이터 내에서 불일치나 오류를 빠르게 발견한다. 그런 다음 데이터 소스에 피드백을 제공하고 반복 프로세스에서 데이터 소스를 정리할 수 있으므로 이는 그 자체로 부수적인 이점이 될 수 있다.

데이터 활성화 채널을 지정하면 프로세스에서 나오는 데이터 형식의 범위를 좁힐 수 있다. 활성화 채널은 특정 형태 또는 특정 시스템에 있어야 활성화할 수 있다. 예를 들어 API 또는 CSV 가져오기를 통해 데이터를 소비해야 할 수도 있다.

데이터 과학자/모델러 지원

데이터 과학자의 업무를 더 쉽게 만드는 주요 작업을 통해 문제에 더 많은 시간을 할애하고 데이터 관련 관리 또는 데이터 정리 작업에 소요되는 시간을 줄일 수 있다. 양호하고 깨끗한 작업 환경을 갖추면 작업이 실행되거나 권한이 부여

될 때까지 기다리지 않고 데이터 세트에서 자유롭게 작업할 수 있다.

데이터 과학자에게 유용한 요약 자료에는 다음 요소가 포함된다.

- 각 데이터 포인트가 무엇을 나타내는지 자세한 데이터 카탈로그와 함께 예상되는 데이터 입력 형식

- 모델링된 데이터에서 원하는 출력 지표나 차원

- 프로젝트의 성공 지표에 대한 대략적인 임곗값(예, 비즈니스 가치를 보려면 예측이 80% 이상 정확해야 함)

- 새 모델 예측이나 업데이트가 필요한 빈도

- 첫 번째 모델이 QA에 있어야 하는 기한

- 모델이 배포될 위치와 기대되는 이점에 대한 설명

- 실시간 또는 일괄 처리를 통해 예측이 필요한 경우

자신의 삶을 더 쉽게 만드는 것이 무엇인지 물어볼 수 있는 사람들은 당연히 문제를 해결하는 사람들이지만 앞의 목록은 여러분이나 여러분의 리소스를 최적의 효율성으로 작업하고자 해결해야 하는 문제에 대한 체크리스트를 유지하는 데 도움이 되기를 바란다.

모델 KPI 설정

특히 머신러닝 모델링의 범위를 정할 때 성공 여부를 측정하는 데 사용할 항목에 대한 주요 질문이 있다. 일반적인 예는 전환율 예측과 같은 불균형 데이터 세트에 정확도를 사용하는 것이다. 전환율은 일반적으로 1%에서 10% 범위에 있기 때문에 모든 사람이 전환하지 않을 것이라고 예측하는 90%에서 99%의 정확한 모델을 얻을 수 있다. 모델의 성능을 측정하는 올바른 방법을 신중하게 선택하는 것은 데이터 과학자가 하는 일이지만 모델 결과가 사용될 콘텍스트를

아는 것이 중요한 이유이기도 하다. 이전 예의 경우 관찰된 전환수에 대한 예측 전환의 비율인 재현율이 더 나은 척도다.

일단 모델이 프로덕션에 사용되면 일반적으로 시간이 지남에 따라 성능이 저하된다. 이는 데이터가 진화함에 따라 자연스러운 현상이다. 따라서 새 데이터에 대한 재학습이나 새로운 접근 방식으로 전체 모델을 다시 재검토해야 할 시기를 결정하고자 모델 KPI의 임곗값 설정도 살펴봐야 한다.

모델링의 최종 위치

모델이 생성되면 데이터 활성화가 예측을 위해 실제로 모델에 액세스하는 방법을 결정해야 한다. 모델을 '프로덕션'하는 데 도움이 되는 몇 가지 새로운 제품이 있다. 이는 5장에서 자세히 살펴본다.

핵심 문제는 새 데이터를 모델과 연결해서 예측이나 정보를 출력할 수 있게 하는 것이다. 모델을 학습시키는 데이터는 클 수 있지만 결과를 트리거하는 실제 데이터는 일반적으로 매우 작다(예, 사용자 ID 또는 방문한 페이지). 모델을 사용하는 일반적인 추세는 다음과 같다.

데이터가 있는 곳에 모델 만들기

데이터베이스는 더욱 정교해졌으며 이제는 데이터베이스 내에서 실제로 모델을 생성할 수 있다. 학습 및 프로덕션 워크플로 간에 데이터 이동이 필요하지 않다. 빅쿼리 ML이 그 예다.

데이터가 있는 위치에 모델 업로드

모델의 출력은 데이터베이스가 있는 위치에 업로드할 수 있는 실행 파일이나 바이너리일 수 있다. 데이터베이스에서 구체적으로 지원해야 한다. 빅쿼리 ML의 텐서플로^{Tensorflow} 가져오기 기능이 그 예다.

데이터를 모델로 가져오기

모델은 어딘가에 호스팅되며 예측을 출력하고자 데이터를 업로드한다. 구글의 AutoML 서비스가 그 예다.

모델에 액세스하기 위한 API 개발

필요한 데이터로 ping을 할 때 모델 결과를 반환하는 API를 개발한다. 음성 인식 API^{Speech-to-Text API}와 같은 머신러닝 API가 그 예다. 이점은 HTTP와 통신할 수 있는 모든 것과 상호작용할 수 있다는 것이다.

프로젝트가 여기까지 진행되면 이제 스토리지 솔루션에 데이터 수집이 돼야 하며, 사용 사례에 대한 답변과 이를 전달하는 방법에 대한 데이터 세트를 생성해야 한다. 다음 절에서는 측정 가능한 비즈니스 가치를 생성해서 모델 생성에 투입한 노력을 어떻게 정당화하는지 알아본다.

데이터 활성화

마지막으로 중요한 것은 데이터 활성화다. 데이터 활성화는 매우 중요하므로 사용 사례의 초기 범위 내에서 결정해야 하는 반면 다른 단계는 범위가 제공된 후에 해결될 수 있다. 이는 6장에서 자세히 살펴본다.

이 절에서는 GA4가 항상 활성화 준비가 된 인사이트의 소스이기 때문에 디지털 마케팅과 관련된 다양한 데이터 활성화 가능성을 고려할 것이다.

대시보드가 아닐 수도 있다

데이터 프로젝트를 작업할 때 데이터 활성화는 종종 "대시보드를 만들자"라고 여기지만 대시보드를 만드는 과정을 거쳐 6개월 후 아무도 로그인조차 하지 않는 것을 알게 된 사람으로서 대시보드가 여러분의 노력을 전달하는 가장 좋은 방법이라고 결코 당연하게 여기지 말 것을 당부한다.

대시보드에 대한 문제점은 작성자가 종종 자신의 작업이 완료되면 해당 대시보드를 본 사람들은 항상 데이터에 따라 행동할 것이라고 가정한다는 것이다. 대시보드에 표시되는 지표와 추세가 대시보드를 본 사람들에게 깨달음을 주고 그들이 서둘러 실행에 옮겨 비즈니스 가치를 보여줄 것으로 기대한다. 이것이 바람직한 결과라면 대시보드는 비즈니스, 교육, 워크숍에서 그 약속을 이행하는 데 도움이 되도록 고정돼야 한다. 이 작업은 지속적인 작업이며 대시보드는 비즈니스 요구 사항에 따라 발전해야 한다.

"절대 대시보드는 안 돼!"라는 입장에서 약간 후퇴했지만 진정한 데이터 활성화의 첫 번째 단계에만 관여해야 한다고 생각한다. 내가 본 프로젝트 중 가장 큰 영향을 미치는 프로젝트는 데이터 모델링 정보가 디지털 마케팅 채널의 행동을 직접적으로 변경한 프로젝트다.

마케팅 스택의 다른 쪽 끝을 살펴보자. 마케팅 자동화 도구, 고객 데이터 플랫폼^{CDP, Customer Data Platform} 또는 모델링의 통합을 수락하는 CRM 이메일 전송이 있을 수 있다. 특히 GA4의 경우 잠재 고객은 구글 마케팅 스위트^{Google Marketing Suite} 내의 유료 미디어 채널이나 구글 옵티마이즈로 내보낼 수 있기 때문에 데이터 활성화 채널이다. 데이터 모델링을 해당 활동에 좀 더 직접적으로 연결할 수 있다면 측정 가능한 결과로 킬러 사용 사례를 입증할 가능성이 훨씬 더 높아진다.

최종 사용자와의 상호작용

디지털 마케팅에 초점을 맞추고 있는 만큼 영향력을 발휘할 수 있는 수단은 모두 디지털 마케팅 채널에 있다. 다음은 데이터가 어떤 영향을 미칠 수 있는지에 대한 몇 가지 제안과 함께 주요 채널이다.

자연 검색^{Organic search}과 SEO

키워드 조사, 검색어 콘텐츠 매칭, 랜딩 페이지 콘텐츠 생성, 클릭 유도

유료 검색

키워드 조사, 품질 점수 최적화, 트렌드 대응, 고객 세분화

이메일

잠재 고객 세분화, 개인화, 콘텐츠 조사

웹 사이트와 같이 소유한 미디어 콘텐츠

전환율 최적화, 페이지 로드 경험, 개인화

소셜 미디어

트렌드 파악, 개인화, 콘텐츠 조사

디스플레이 광고

배치 품질 평가, 세분화

고객에게 서비스를 제공하는 것 외에도 동료와 내부 이해관계자가 업무를 좀 더 효율적으로 수행하게 도울 수 있다. 이를 위한 일반적인 방법은 다음과 같다.

대시보드

데이터 흐름을 기반으로 정보를 제공해서 직원을 위한 의사 결정 지원 제공

이메일

데이터 인사이트가 포함된 유용한 개인화된 이메일을 직원에게 발송

오토메이션

직원들이 좀 더 생산적인 일에 시간을 할애할 수 있게 반복 작업 제거

인적 자원^{HR, Human Resources}

프로세스 병목 현상에 많은 시간을 소비하는 경우와 같이 직원에게 도움이 필요한 시기를 평가

재고 수준

마케팅 활동에서 제공하는 수요 예측을 기반으로 제품 주문 시기를 최적화

데이터 모델링이 활성화되면 사용 사례 수익의 원래 목표와 다시 연결하고 그 영향을 평가할 수 있어야 한다. 그러나 최근 몇 년 동안 가장 중요한 고려 사항이 하나 더 있다. 바로 사용자 개인정보 보호다.

사용자 프라이버시

데이터로 작업하는 모든 솔루션에서 더 이상 사용자 개인정보를 무시할 수 없다. 나는 유럽 연합의 일반 데이터 보호 지침^{GDPR, General Data Protection Regulation} 및 이 프라이버시^{ePrivacy} 법적 배경 내에서 일하는 데 익숙하며, 이제 이러한 표준이 전 세계적으로 채택되기 시작했다. 사용자 개인정보 보호를 입증하는 것은 이제 경쟁 우위로 간주될 수 있으므로 생성하는 솔루션은 사용자가 신뢰할 수 있음을 입증하는 동시에 사용자에게 권한을 부여하는 경우 사용자에게 유용한 결과를 생성할 수 있어야 한다.

일반적으로 EU에서 GDPR이 도입된 원칙은 사용자 데이터의 활용을 제한하는 것이 아니라 시민의 존엄성을 보호하기 위한 것이다. 개인의 데이터 가치가 높아질수록 자신도 모르는 사이에 자신들의 운명을 결정하는 알고리듬의 목적을 달성하게 된다. 특히 자신의 이익이 아닌 기업의 이익을 위해 자신도 모르게 데이터를 무료로 포기한 경우에는 더욱 그렇다.

전 세계 다른 지역도 같은 경로를 따르고 있다. 2020년에 중국과 브라질에서도 유사한 법안이 제정됐다. 미국은 연방 수준의 보호가 없지만 캘리포니아와 같은 주에서는 GDPR과 겹치는 개인정보 보호법을 도입했으며 다른 주에서도 이를 따르려고 한다

사용자 개인정보 보호에 대한 핵심 요구 사항은 사용자와 관련된 다양한 유형

의 데이터를 아는 것이다. 이러한 유형은 법적 처리에서 지역마다 약간 다르다. 나의 경험은 EU 내에서 이뤄졌기 때문에 카테고리는 일반적으로 모든 지역에 적용할 수 있지만 자신의 지역에 대한 세부 사항을 살펴보기 바란다.

익명 데이터^{Anonymous data}

익명 데이터는 여러분이 수집한 정보와 결합해서 사용자를 재식별하는 데 사용할 수 없다. 여기에는 사용자를 좁히고자 연결하거나 결합할 수 있는 데이터(예. 우편번호)가 포함되며, 이러한 데이터는 그 자체로는 식별할 수 없지만 연령 및 성별과 같은 인구통계와 연결하면 개인을 식별할 수 있다. 동기가 부여된 해커가 모든 시스템에 침입한 경우 보유한 데이터에서 사용자를 재구성할 수 없어야 한다. 동기가 부여된 해커는 데이터 보안을 테스트하지만 일상적인 시나리오는 기업이 의도하지 않게 데이터베이스를 공개하거나 비밀 인증키를 게시해서 실수로 해당 데이터를 유출하는 것이다.

가명 데이터^{Pseudonymous data}

가명 데이터는 다른 데이터와 결합될 때 사용자에 대한 더 많은 개인 데이터를 드러내는 사용자와 연결된 ID다. 전형적인 예는 사용자의 이름, 주소, 전화번호를 자세히 설명하는 데이터베이스와 연결될 수 있는 사용자 ID다. 동기가 부여된 해커가 ID와 내부 시스템에 액세스할 수 있다면 사용자를 식별할 수 있다.

개인 식별 정보^{PII, Personally Identifiable Information}

이름, 이메일, 신용카드 번호 등 사용자를 직접 식별하는 데이터다. 동기가 부여된 해커는 사용자를 식별하고자 PII 데이터에만 액세스하면 된다. 여기에는 IP 주소와 같이 암시적으로 수집된 데이터도 포함된다.

데이터 애플리케이션을 설계할 때 사용자에게 실제로 필요한 데이터가 무엇인지 고려해야 한다. 익명 데이터는 ID에 연결된 개별 사용자 행동이 아닌 콘텍스트 기반 세분화를 제공하기에 충분할 수 있다. 이렇게 하면 사용자 선택을 존중하고 더 나은 성능의 모델을 제공하고 법적 위험을 줄일 수 있지만 사용할 수 있는 데이터의 양이 크게 변경된다.

잠재적으로 수집할 수 있는 데이터 유형을 알게 되면 수집하는 데이터가 규정을 준수하는지 어떻게 확인할 수 있을까? 다음 절에서 살펴본다.

사용자 프라이버시 선택 존중

다른 사람의 데이터를 사용하는 방법과 데이터 제공에 동의한 목적을 아는 것이 중요하다. 일부 실무자는 의도보다는 시스템의 기술에 사로잡혀 있다. 예를 들어 사용자가 쿠키를 사용해서 개인 데이터를 추적하는 데 동의하지 않은 경우에도 브라우저의 로컬스토리지^{localStorage}와 같은 쿠키 대체 기술을 사용해서 사용자를 추적해서는 안 된다. 법의 정신은 존중받아야 한다.

동의를 수집할 때 여러 유형의 사용에 대한 권한을 수집하는 것이 일반적이다. 이러한 유형은 일반적으로 필수, 통계, 마케팅 역할로 나뉜다. 예를 들어 통계에 대한 사용자의 동의를 얻은 경우 해당 데이터를 마케팅에 사용해서는 안 된다.

PII 또는 가명 데이터 사용에 대한 동의를 수집할 때 사용자의 결정을 추적하고자 해당 동의와 동의가 제공된 시기/방법을 데이터 세트에 포함해야 한다. 사용자는 나중에 권한을 철회할 수 있으므로 그에 따라 기록을 업데이트하려면 권한 날짜가 있어야 한다.

설계에 의한 프라이버시

가능하다면 많은 법적 문제가 적용되지 않도록 익명 데이터를 사용하는 것이 좋다.

PII 데이터를 피할 수 없는 경우 가명 데이터를 대신 사용하는 방법을 살펴봐야 한다. 이는 GDPR 및 캘리포니아 소비자 개인정보 보호법^{CCPA, California Consumer}

^{Privacy Act}에 따라 권장된다. 가명 데이터의 경우 데이터 유출이 발생할 때 기업이 연결된 사용자 ID의 조회 테이블과 개인정보를 확보한 경우, 사용자의 이름이나 이메일 대신 ID를 사용해서 사용자를 어느 정도 보호한다.

또한 가명 ID는 데이터 삭제나 이동과 같은 요청에 대한 사용자 선택을 존중하는 것이 훨씬 더 쉽다는 것을 의미한다. 이러한 경우 중앙 PII 데이터베이스를 업데이트할 수 있으며, 익명 ID는 사용자 데이터를 삭제하고자 많은 시스템을 통해 데이터 흔적을 따라갈 필요 없이 단순히 작동을 중지한다.

PII 데이터를 가져오는 경우 사용자 개인정보 보호 조치가 이미 설정됐을 수 있다. 이 경우 예를 들어 30일 이내로 데이터 만료를 설정하는 것이 유리할 수 있다. 즉, 데이터 가져오기가 중지되면 GDPR에 따른 법적 기간 내에 모든 클라우드 데이터가 제거된다. 원본 데이터의 권한이 업데이트되면 가져오기에 결국 해당 변경 사항이 반영되며, 가져오기에서 삭제해야 하는 데이터를 포함할 위험이 없다.

데이터에 대한 액세스 보호

피해야 할 또 다른 주요 영역은 개인 데이터 유출이다. 이는 은행 및 건강 기록과 같은 민감한 데이터일수록 더욱 엄격해진다. 그러나 암호화되지 않은 암호의 데이터베이스조차도 우리 삶의 대부분이 온라인에 있는 만큼 사용자에게 피해를 주고 비용이 많이 드는 결과를 초래할 수 있다.

GA4 데이터 애플리케이션 프로젝트에 대한 전략을 고안할 때 많은 상위 수준 고려 사항을 다뤘다. 다음 절에서는 대부분의 프로젝트에서 사용하는 몇 가지 유용한 도구를 간략하게 살펴본다.

유용한 도구

이 절에서는 원활한 운영에 필수적이라고 생각하는 GA4 또는 GCP 외부의 다른 도구를 살펴본다. 그런 도구들을 사용하지 않고도 프로젝트를 실행하는 것은 가능하지만 여기에서 강조된 도구들은 장기적으로 작업을 훨씬 쉽게 만들어줄 것이다.

gcloud

gcloud는 커맨드라인 및 bash 프로그래밍을 통해 구글 클라우드 웹 콘솔에서 수행할 수 있는 모든 작업(및 그 이상의 작업)을 수행할 수 있는 커맨드라인 도구다. 항상 자동화 경로가 있으므로 GCP로 작업하는 데 도움이 되는 필수 키트라고 보면 된다. GCP 웹 콘솔에 로그인할 때 브라우저에서 사용할 수 있는 클라우드 셸 내에서 제공되므로 원하지 않으면 설치할 필요가 없다.

GCP의 웹UI는 실제로 모든 GCP 서비스가 작동하는 기본 GCP API의 애플리케이션 중 하나일 뿐이다. GCP는 모든 기능을 먼저 API에서 사용한 다음, gcloud 나 기타 SDK와 같은 도구에서 사용할 수 있는 API 우선 접근 방식을 취한다. 설치하려면 gloud CLI 개요 페이지(https://oreil.ly/E3bOB)를 방문하기 바란다.

버전 관리/깃

대규모 팀의 일원이 아니더라도 깃^{Git}과 같은 버전 제어 시스템을 사용하는 것은 원활한 운영에 매우 중요하다. 코드, 문서와 절차에 대한 무한 '실행 취소' 기능은 장점 중 하나다. 기계 사이에 안정적으로 작업을 복제할 수 있는 것은 또 다른 문제다. 코드에 대한 응답으로 애플리케이션을 자동으로 확인하고 배포하는 워크플로를 설정하면 시간이 크게 절약된다. 둘 이상의 개발자가 코드 기반을 유지 관리할 때 이러한 장점이 배가된다.

지금까지 웹에서 가장 인기 많은 호스팅된 깃 리포지터리는 깃 전용 공개 웹 사이트인 깃허브^{GitHub}다. 깃랩^{GitLab} 및 비트버킷^{Bitbucket}과 같은 다른 시스템도 널리 사용되며, 구글은 코드 리포지터리^{Code Repositories}를 통해 자체적으로 보유하고 있다. 워크플로와 가장 잘 통합되는 것을 선택하되 하나를 선택한다.

통합 개발 환경

처음 시작했을 때 메모장이나 텍스트 파일을 사용해서 코드를 개발했는데, 프로그래밍이 필요 이상으로 힘들고 어려워보였다. 통합 개발 환경^{IDE, Integrated Development Environments}은 본질적으로 미화된 텍스트 편집기지만 코드를 더 쉽게 실행, 테스트, 디버깅할 수 있게 하는 많은 특정 기능이 있는 프로그램이다. 나는 코드가 수행해야 하는 기능에 따라 여러 IDE를 사용한다. R스튜디오^{RStudio}는 R 워크플로에 훌륭하고, 파이참^{PyCharm}은 파이썬 애플리케이션에 널리 사용되며, VS 코드^{VS Code}는 SQL 스크립트 생성과 같은 작업을 수행하기 위한 플러그인이 매우 많기 때문에 다른 모든 작업에 적합하다.

컨테이너(도커 포함)

현재 일상 업무에 필수적이라고 생각하는 또 다른 기술은 도커^{Docker}다. 도커를 사용하면 다른 운영체제(예, 윈도우에서 실행되는 리눅스)가 있는 컴퓨터에서 실행되는 컨테이너를 만들 수 있다. 도커는 코드가 실행되는 환경을 유지 관리하는 표준 방법으로 작동하며, 이는 코드와 워크플로가 배포될 수 있는 위치에 대해 훨씬 더 불가지론적임을 의미한다.

도커는 미니 가상머신처럼 작동하는 작은 ZIP 파일을 만드는 데 도움이 된다. 전체 운영체제는 코드를 실행하는 데 필요한 정확한 종속성과 함께 그 안에 상주한다.

클라우드 회사는 자체 시스템 내에서 로컬 컴퓨터의 시스템을 쉽게 복제할 수 있고 여러 제품이 인프라를 관리하므로 코드만 걱정하면 되기 때문에 도커를 채택한다. 1장의 '서버리스 피라미드 위로 이동' 절을 참고하기 바란다.

도커에 코드를 배치하면 GCP와 같은 동일한 클라우드 내에서도 구현할 수 있는 클라우드 서비스를 빠르게 발전시킬 수 있다는 이점을 경험했다. 처음에는 많은 워크로드가 구글 컴퓨트 엔진^{Google Compute Engine} 인스턴스에서 실행됐다. 클라우드 런 및 클라우드 빌드와 같은 서비스가 나왔을 때 코드를 전혀 업데이트할 필요 없이 서버리스 환경에서 동일한 코드를 실행하고자 완전히 동일한 도커 이미지를 사용하도록 전환했다.

이러한 새로운 도구로 작업하는 재미 중 하나는 커뮤니티가 삶을 더 편리하게 만들고자 어떤 도구를 사용하고 있는지 최신 정보를 얻는 것이다. 내가 언급한 도구는 사용 가능한 도구 중 일부에 불과하며 좋은 출발점이 될 것이다. 특히 이 도구들을 선택한 이유는 프로젝트에 대한 새로운 사고방식을 도입하기 위함이다.

요약

2장에서는 코드를 만지거나 애플리케이션을 구성하기 전에 고려해야 할 모든 사항을 설명했다. 또한 나머지 장의 구성 방식을 제어할 프레임워크도 소개했다. 수집, 모델링, 활성화를 자세히 살펴본 후 '사용 사례' 장들에서 이러한 역할을 함께 사용한다. 또한 사용자 개인정보 보호가 애플리케이션에 얼마나 중요한지 설명하고 일상 업무를 더 쉽게 만들어줄 몇 가지 도구도 살펴봤다. 순수한 디지털 마케팅 배경을 가진 사람이라면 몇 년 동안 배우고 개발해야 할 새로운 기술이 있을 수 있으며, 내 경험에 비춰볼 때 이는 가치 있는 방향이었다. 2장에서 설명하는 모든 측면을 마스터하면 디지털 분석 분야에서 미래의 경력을 쌓을 준비가 된 것이다.

3장에서는 첫 번째 데이터 역할인 데이터 수집을 살펴본다. 특히 필요한 데이터를 얻고자 GA4와 새로운 기능을 구성하는 방법에 중점을 둘 것이다.

데이터 수집

3장에서는 데이터 분석 프로젝트의 첫 번째 단계인, 작업할 수 있게 데이터를 시스템으로 가져오는 단계를 살펴본다. 이 책의 경우 항상 GA4를 포함하지만 이에 국한되지는 않는다.

그러나 보완 시스템을 병합할 수 있고 일반적으로 데이터에서 얻는 인사이트가 더 강력하기 때문에 여러 소스에서 데이터를 수집하는 기능이 있으면 강력하다. 목표를 달성하는 데 도움이 되도록 다음 절에서는 이러한 다양한 시스템에서 데이터를 가져오는 방법을 자세히 살펴본다.

데이터 사일로 해체

데이터 소스가 많을수록 프로젝트가 더 복잡해진다. 이는 공통 조인 키를 찾는 것과 같은 기술적인 이유뿐만 아니라 비즈니스 조직 내에서 서로 다른 데이터를 제어하는 이해관계자가 더 많이 참여함에 따라 회사 정책으로 인해 발생한다. 이는 종종 조직이 좋은 데이터를 많이 갖고 있을 수 있지만 연결되지 않고 다른 시스템에 있어서 사용하기 어려운 데이터 사일로^{data silo}에 있는 상태라고 한다. 데이터 병합의 정책은 일반적으로 가능한 한 빨리 이해관계자를 참여시켜야만 해결할 수 있다. 이상적으로는 처음에 해당 데이터를 사용하기 위한 비즈니스 사례를 생성할 때다.

이것은 처음 시작할 때 오를 수 없는 산처럼 느껴질 수 있다. 첫 번째 단계를 수행하는 좋은 방법은 실제로 필요한 것보다 더 많은 데이터를 요청하지는 않았는지 확인하는 것이다. 경우에 따라 모든 개별 원시 데이터 포인트를 병합하려는 초기 꿈보다는 집계된 데이터로 시작해도 충분하다.

적은 것이 더 많은 것

여러 시스템에서 데이터를 가져오려고 할 때 일반적으로 생각하는 것은 '만일을 대비해서' 모든 것을 가져오려고 시도하는 것이다. 대신 필요한 데이터를 지정한 다음 해당 데이터만 가져오는 명확한 사용 사례가 있을 것이다. 나중에 다른 사용 사례가 발생하면 그때 가져오기를 변경하면 되지만 무엇을 내보내야 할지 다시 추측하면 프로젝트가 더 복잡해지고 가져오기를 통해 줄일 수 있었던 기술 부담이 지속되는 경우가 많다.

데이터 사양이 있는 데이터만 가져와야 한다. 오래된 데이터베이스에는 오래 전에 이직했고 아무도 무엇을 하는지 몰랐던 동료가 넣은 열이 있는 것이 일반적이다. 특히 오래된 데이터베이스는 일반적으로 데이터 레이블에 대한 레거시 제한으로 인해 XB_110과 같이 설명이 없는 열 이름을 사용하기 때문이다.

또한 데이터 소스에 있는 데이터의 유형이나 구조를 고려해야 한다. 새로운 데이터 가져오기는 날짜 형식이나 통화 형식의 모호성을 정리하고 null 또는 말도 안 되는 레코드를 제거하기에 좋은 시기다.

 올바른 날짜 기준은 YYYY–MM–DD뿐이다. 이를 채택하기로 한 경우 여러분의 임무는 마주칠 수 있는 다른 모든 것을 제거하는 것이다. 자세한 내용은 ISO 8601을 참고하기 바란다.

데이터를 가져올 때 데이터를 실제로 알 수 있는 첫 번째 기회이므로 사용 중인 특성이나 데이터 스키마의 범위를 지정하는 것이 그 자체로 가치가 있다. 모든 사람이 같은 데이터 포인트를 같은 이름으로 부르도록 기업 전체에서 조정하는 것만으로도 초기 가치 동인이 될 수 있다.

데이터 스키마 지정

스키마를 자동으로 감지하는 옵션이 있을 수 있지만 가져올 때 스키마를 정교하게 발전시킬 수 있는 방법이 없다면 프로덕션 환경에서 가져온 데이터에서 표시할 내용을 정확히 지정하는 것이 좋다. 개발 단계에서는 자동 감지가 도움이 될 수 있지만 열의 이름과 유형을 엄격하게 지정하면 향후 오류를 신속하게 포착할 수 있다. 일반적으로 데이터 품질을 다룰 때 가장 좋은 접근 방식은 잘못된 데이터 포인트가 프로덕션 시스템으로 보이지 않게 필터링되는 것보다 예상치 못한 것을 발견하는 즉시 데이터 오류를 빠르게 발견하고 수정하는 것이다. 이는 데이터 프로젝트에 대한 신뢰를 높이는 데 도움이 된다.

GA4에는 구글에서 정의한 자체 스키마가 있으며 웹 사이트에서 데이터를 수집하도록 구성할 때 살펴보겠다. 여기에서는 GA4를 최대한 활용하고자 구체적으로 구성하는 방법을 살펴본다.

GA4 구성

이 책은 구글 애널리틱스 책이므로 이제 데이터 수집을 위한 GA4 구성을 자세히 살펴본다. 책에 설명된 모든 사용 사례에서 GA4 데이터를 사용할 것이므로, GA4가 무엇을 할 수 있고 데이터 수집 기능에 대한 최적의 사용법을 파악하면 전체 다운스트림 데이터 프로젝트가 구체화된다.

GA4 계정으로 들어오는 이벤트를 구성할 수 있는 방법은 여러 가지가 있으므로 데이터 스트림을 설계할 때 어떤 옵션을 적용해야 하는지 알 수 있도록 다음 절에서는 각 구성 옵션에 대한 간략한 개요를 살펴본다.

GA4 이벤트 유형

GA4의 핵심 데이터 요소는 이벤트이며 이를 수집하는 방법에는 자동 이벤트, 향상된 측정 이벤트, 추천 이벤트, 맞춤 이벤트 등 다양한 구성이 있다. 구글은 쉬운 기본값과 원하는 위치를 사용자 정의할 수 있는 기능을 모두 제공해서 사용자가 신속하게 진행하고 맞춤형 디지털 분석 추적 솔루션을 빠르게 만들 수 있도록 노력해왔다.

자동 이벤트

자동 이벤트는 구성할 필요가 없는 GA4 이벤트다. 기본적으로 전송되며 GA4 기본 보고서에 기본 제공된다. 자동 이벤트는 웹 추적에 대한 가장 일반적인 요구 사항을 다루고 있으며 웹 사이트에 GA4 추적 스크립트를 삽입하는 것 외에 활성화할 구성이 필요하지 않은 고유한 상태를 갖고 있다. 이를 수집할 때 사용자 정의 코드는 필요 없다.

자동 이벤트는 유니버설 애널리틱스에서 기본적으로 추적되는 것보다 더 많은 영역을 다룬다. 여기에는 page_view와 같은 일반적인 이벤트 및 이전에는 사용자가 직접 구성해야 했던 유용한 이벤트도 포함된다. 이제 페이지 스크롤 및 비디오 재생 또는 검색 결과 페이지를 추적하는 코드를 추가하는 대신 자동으로 수집된다.

GA4 문서(https://oreil.ly/EmECs)에서 현재 수집되는 목록을 발견할 수 있다.

향상된 측정 이벤트

자동 이벤트 데이터 수집은 기본적으로 설정돼 있지만 보고서에 표시할 필드를 선택할 수 있다. GA4 웹 인터페이스 내에서 스위치를 켜기만 하면 사용할 수 있다. 이는 일반적으로 계정 생성 중에 웹 스트림 구성에서 수행된다.

해당 스위치를 전환하면 코드를 변경할 필요 없이 보고서에 자동 이벤트가 표시된다.

그림 3-1. 새 웹 스트림에 대한 향상된 측정 구성 설정

단일 페이지 애플리케이션^{single-page applications}(브라우저 기록 이벤트의 변경 사항)에서 페이지 뷰가 트리거되는 방법이나 사이트 검색에 사용하려는 검색 매개변수와 같은 고급 구성 설정을 위한 옵션도 있다. 그림 3-1의 스크린샷에 있는 링크를 통해 이를 확인할 수 있다.

추천 이벤트

추천 이벤트는 자동으로 수집되지는 않지만 따르도록 권장하는 명명 구조 및 스키마가 있는 이벤트다. 일부 사용자 정의를 허용하지만 맞춤 이벤트만큼 자유로운 형식은 아니다('맞춤 이벤트' 절 참고).

추천 이벤트에 대한 내용은 구글 문서(https://oreil.ly/A62Pf)에 있다.

추천 이벤트는 전자상거래 제품 이름과 같이 웹 사이트 고유의 데이터를 사용하므로 구성에 사용자의 입력 없이 자동으로 수집될 수 없지만 GA4 내의 전용 보고서에 표준화된 방식으로 표시되도록 특정 스키마를 따라야 한다. 이러한 권장 사항을 자유롭게 무시하면 GA4 인터페이스와 API 내에서 해당 기능을 잃게 된다.

권장 사항에 표시돼 있지만 따르지 않으면 일부 GA4 기능이 작동하지 않기 때문에 해당 권장 사항을 따르도록 강력히 제안한다. 예를 들어 예측 측정과 전자상거래에서 자체 매개변수 및 항목 구문과 함께 제공되는 구매와 같은 전자상거래용 권장 스키마를 사용하지 않으면 작동하지 않는다. 그러나 나중에 GA4의 이벤트 수정 기능을 사용해서 전송된 이벤트를 수정할 수 있는 기회가 있으므로 실수로 잘못 구성하거나 전체 조직에 표준을 적용하는 데 어려움을 겪을 때 도움이 될 수 있다.

맞춤 이벤트

자동으로 수집되는 이벤트이나 추천 이벤트를 넘어서는 요구 사항이 있으면 맞춤 이벤트를 통해 얻을 수 있다.

디지털 측정 여정을 막 시작하는 기업이라면 GA4 기본값으로 시작하는 것이 좋다. 그러나 비즈니스 영향력을 제공하고자 데이터에 대한 기업의 의존도가 점점 더 높아짐에 따라 맞춤형 커스터마이징의 필요성이 증가하며, 이 경우 GA4 내에서 좀 더 성숙한 디지털 사용 사례에 맞는 자체 이벤트를 제공할 수 있는 유연성을 확보해야 한다. 비즈니스에 고유한 맞춤형 요구 사항이 필요하며, 이를 통해 경쟁업체와 차별화할 수 있다.

생성하는 각 맞춤 이벤트는 최대 25개의 이벤트 매개변수로 만들 수 있다. 이렇게 하면 GA4를 사용자에게 맞출 수 있는 여지가 많이 남는다. 맞춤 이벤트를 만든 후 보고서에서 실제로 보려면 GA4 인터페이스 내에서 해당 이벤트에 의해 정의되는 맞춤 측정 기준을 만들어야 한다.

맞춤 이벤트의 필요성에 대한 예로 9장에서는 기사에 대한 더 많은 메타정보를 찾고 있는 온라인 출판사를 살펴볼 것이다. 이 출판사가 찾고 있는 페이지 분류 데이터는 자동 또는 추천 이벤트에 포함되지 않는다.

기업의 사용자 정의 데이터를 추가하려면 분석에 도움이 되는 식별된 차원, 즉 기사 작성자, 기사 카테고리, 게시된 시기, 댓글 또는 소셜 미디어 공유를 통한 사용자와 상호작용하는 양을 수집하는 추가 코드 구성이 필요하다.

예제 3-1은 이러한 사용자 정의 데이터가 GA4 데이터 컬렉션에서 인코딩되는 방법을 자세히 보여준다. article_read 맞춤 이벤트의 간단한 카운트는 총 페이지 뷰 수와 별개로 총 기사 독자 수를 제공한다. 맞춤 매개변수는 웹 사이트의 백엔드 시스템에서 채워진 데이터와 함께 이 데이터 포인트에 다른 정보를 추가하는 데 사용되며, 데이터는 GA4 맞춤 이벤트에 푸시된다.

예제 3-1. article_read 이벤트에 대한 데이터를 수집하는 gtag()의 예

```
gtag('event','article_read', {
    'author':'Mark',
    'category':'Digital Marketing'
    'published': '2021-06-29T17:56:23+01:00',
    'comments': 6,
    'shares': 50
});
```

다른 기본 매개변수는 이벤트와 함께 자동으로 수집되므로 보고서의 나머지 부분에 표시되게 복제에 대해 걱정할 필요가 없다. ga_session_id, page_title 등 필수 필드는 자동으로 수집된다. 맞춤 이벤트에 대한 GA4 웹UI의 디버그뷰 DebugView 또는 실시간 보고서를 검토하면 이를 확인할 수 있다.

그림 3-2는 article_read 맞춤 이벤트의 예를 보여준다. 스크린샷에서 표준 매개변수가 포함된 것을 볼 수 있다.

수집할 수 있는 GA4 이벤트 데이터에는 다양한 유형과 수집 방법이 있으며 자세한 내용은 10장에서 확인할 수 있다. GA4 이벤트 데이터를 수집하는 가장 일반적인 방법 중 하나이자 내가 가장 많이 사용하는 방법은 GTM이다. 다음 절에서 이를 다룬다.

그림 3-2. 맞춤 이벤트와 해당 매개변수

GTM으로 GA4 이벤트 수집

예제 3-1에서는 구글 애널리틱스의 기본 자바스크립트 라이브러리 **gtag()**를 사용해서 수집할 데이터를 설명하지만 GA4 이벤트를 수집하는 좀 더 일반적인 방법은 GTM과 해당 GA4 이벤트 템플릿을 사용하는 것이다. 추적 태그로 작업할 때 광범위한 이점과 유연성을 제공하기 때문에 일종의 태그 관리자를 사용하지 않는 웹 사이트에서 작업한 적은 거의 없다.

GTM은 구글 애널리틱스를 보완하는 GMP 내의 서비스다. GTM은 사용자가 각 태그를 개별적으로 처리하지 않고 하나의 중앙 위치에서 웹 사이트에 배포된 태그를 제어할 수 있게 도와준다. 디지털 마케터는 일반적으로 GTM을 통해 구글 애널리틱스를 구성한다. GA와 기타 태그에 대한 변경 사항을 구현하고자 웹 사이트 개발 팀과 주고받는 일이 적기 때문이다. GTM을 사용한다는 것은 데이터 수집이 GTM 데이터레이어로 추상화돼 데이터를 GA4 및 활성화하려는 다른 태그(예, 페이스북 또는 구글 애즈)로 전달함을 의미한다.

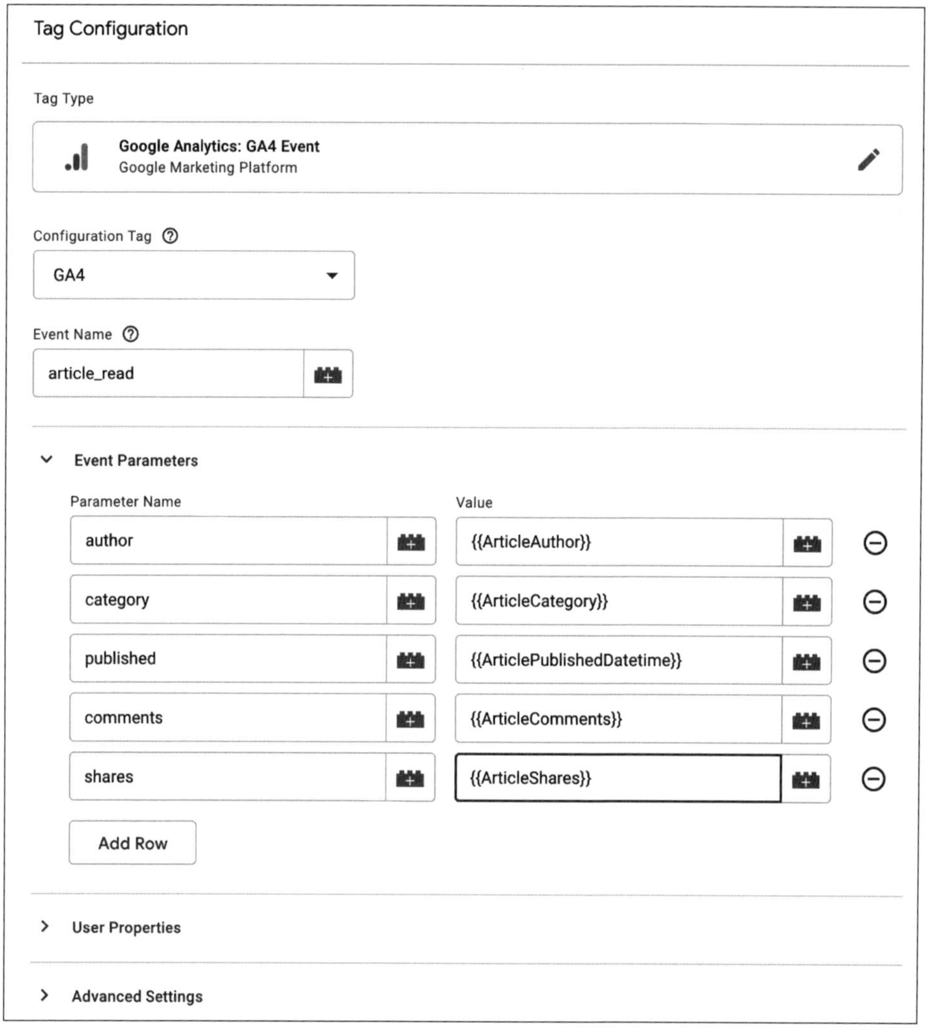

그림 3-3. GA4 맞춤 이벤트를 보내고자 제안된 GTM 구성: article_read

그림 3-3은 해당 구성이 어떻게 보이는지 보여주는 예다. 자바스크립트 코드를 작성하는 대신 GTM 인터페이스 내에서 웹 양식을 작성해 태그를 구성할 수 있으므로 프로세스가 더 간단해지고 태그를 구성하고자 자바스크립트를 알아야 할 필요성이 줄어들며 코드 표준을 충족하고 데이터 스키마 표준을 좀 더 쉽게 충족시킨다.

웹 사이트에서 수집된 대부분의 디지털 마케팅 데이터가 데이터레이어를 통해 GTM으로 푸시하는 것이 이상적이지만 데이터레이어를 채우기 위한 코딩 업데이트 없이 페이지에서 데이터를 가져올 수 있게 GTM의 다양한 웹 스크래핑 도구를 사용할 수도 있다.

 데이터레이어가 선호되는 이유는 웹 사이트에서 예기치 않은 변경이 발생할 때 데이터가 손상될 가능성이 적기 때문이다. 페이지의 테마나 레이아웃이 변경되면 GTM의 웹 스크래핑 선택기가 손상될 수 있다. 이를 방지하는 가장 장기적이고 강력한 방법은 GTM에만 의존하지 않고 데이터 분석 프로세스에 웹 개발 팀을 참여시켜 데이터레이어를 업데이트하는 것이다. GTM은 웹 개발 팀을 우회하기 위한 방법으로 간주돼서는 안 되며, 웹 개발 팀이 웹 추적 작업을 더 쉽게 지원할 수 있게 하기 위한 것이다.

그림 3-4는 내 블로그에서 GTM을 통해 문서 객체 모델^{DOM, Document Object Model}을 선택하는 예를 보여준다. 이 블로그의 테마는 기사 게시 날짜와 시간을 출력한다. 이 특정 데이터의 경우 블로그 게시 날짜는 CSS 선택자 `.article-date > time:nth-child(2)`를 통해 사용할 수 있다.

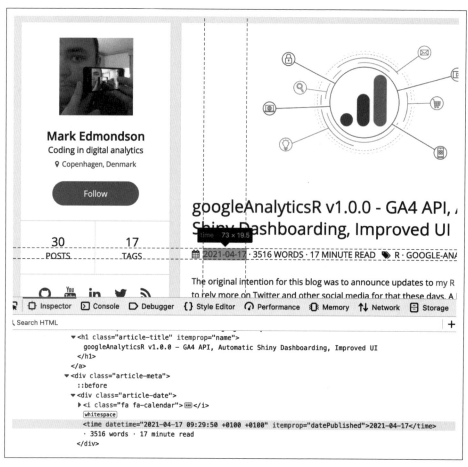

그림 3-4. 블로그 게시물의 게시 날짜는 페이지 HTML에서 확인할 수 있음

GTM의 DOM 요소 변수를 사용하면 GA4 및 기타 태그와 함께 사용하도록 데이터를 표시할 수 있다. CSS 선택자 코드는 그림 3-5와 같이 구성 내에 배치된다.

그림 3-5. 데이터의 CSS 코드는 GA4 및 기타 태그와 함께 사용하도록 GTM의 DOM 요소 변수 내에서 사용할 수 있다.

디버깅을 더 쉽게 하려면 GTM의 GA4 구성 태그에서 "debug_mode" = true라는 필드를 설정한다. 그러면 구성 섹션에 있는 GA4의 디버그뷰에 조회수가 표시된다.

이 책에 나오는 대부분의 예는 내가 사용하고 디지털 분석 커뮤니티 내에서 가장 인기 있는 옵션인 GTM을 사용한다고 가정한다. 이제 사용자 정의 필드를 만들어 들어오는 이벤트를 실제로 볼 수 있도록 GA4를 구성하는 방법을 살펴본다.

사용자 정의 필드 구성

이벤트를 수집한 후 GA4 인터페이스나 API 내에서 이벤트를 보려면 이벤트 데이터를 기록하게 사용자 정의 필드를 구성해야 한다.

 GA4 문서(https://oreil.ly/nYDWc)에서 맞춤 측정 기준과 측정 항목을 자세히 알아볼 수 있다.

전체 원시 맞춤 이벤트 데이터는 GA4의 빅쿼리 내보내기 내에서 추가 구성없이 사용할 수 있으므로 SQL을 사용해 데이터를 복제할 수도 있지만 웹 인터페이스와 데이터 API 내에서 사용하려면 해당 데이터를 어떻게 해석할지 GA4에 알려주는 사용자 정의 필드를 구성해야 한다.

이 예에서는 article_read 이벤트를 매핑해서 유용한 맞춤 측정 기준과 측정 항목을 여러 개 생성한다. 그림 3-6과 같이 GA4의 웹 인터페이스를 사용해 '맞춤 정의' 구성 화면에서 이 작업을 수행한다. 여기에서 article_read 이벤트를 선택한 다음 맞춤 측정 기준을 채울 매개변수를 선택한다.

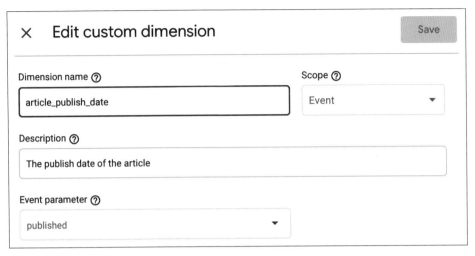

그림 3-6. `article_read` 이벤트에서 맞춤 측정 기준 구성

이벤트 등록이 완료되면 GA4에서 24시간이 소요되며, 그 이후에는 GA4의 웹UI와 데이터 API에서 사용할 수 있다.

맞춤 이벤트를 수집하고 맞춤 측정 기준에 올바르게 매핑한 경우 이제 보고서와 API 응답에서 이벤트를 볼 수 있다. 경우에 따라 데이터 수집을 완전히 제어할 수 없거나 변경할 때마다 개발자 리소스를 예약해야 할 수 있다. 이를 돕고자 GA4에는 추적 스크립트를 매번 업데이트하지 않고도 변경할 수 있는 구성 옵션이 있다.

사용할 수 있는 몇 가지 유용한 차원은 사용자의 `client_id`와 `session_id`다. 시모 아하바^{Simo Ahava}는 GTAG **GET** API 태그 템플릿을 사용해서 이러한 값을 수집하도록 GTM을 구성하는 방법에 대한 가이드(https://oreil.ly/vFrxS)를 제공한다. 이 템플릿은 그림 3-7에서 실제로 볼 수 있다.

그림 3-7. 시모(Simo)의 블로그 게시물, 〈클라이언트 ID 및 기타 GTAG 필드를 데이터레이어에 쓰기(Write Client ID and Other GTAG Fields Into dataLayer)〉

GA4 이벤트 수정이나 생성

GA4를 사용하면 이벤트를 수집한 후 이벤트를 구성해 필요에 맞게 보고서를 조정하고 보강할 수 있다. 이벤트 수정 기능은 웹 사이트에서 데이터 수집 스크립트를 재구성할 필요 없이 기존 이벤트 데이터 스트림을 사용해서 좀 더 유용하게 만든다. 일단 구성되면 모든 향후 이벤트는 설정한 규칙을 사용해서 처리된다.

예제 3-1의 `article_read` 이벤트를 생각해보자. 여기에는 내 웹 사이트의 기사 태그를 사용하는 카테고리 사용자 정의 매개변수가 포함돼 있지만 데이터가 약간 지저분하고 여러 태그나 카테고리가 기록돼 분석하기가 더 어렵다(그림 3-8 참고).

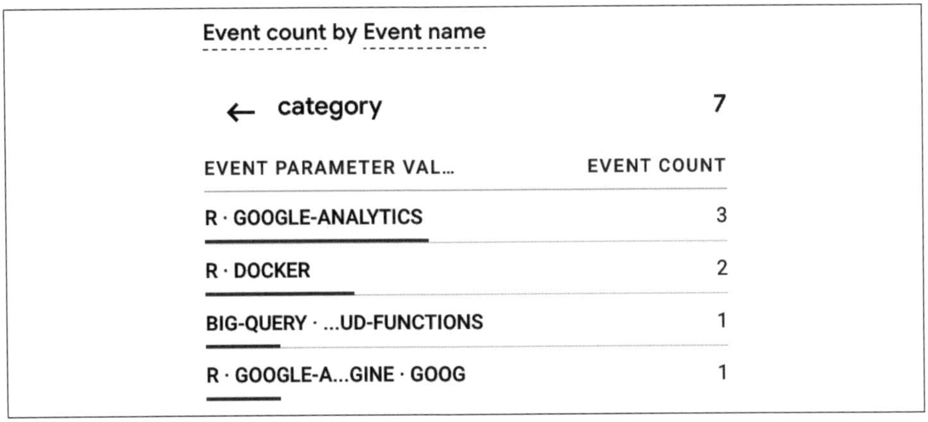

그림 3-8. article_read 이벤트에는 여러 태그가 기록돼 데이터가 지저분한 카테고리 매개변수가 포함돼 있다.

맞춤 이벤트 생성을 시연하고자 각 카테고리에 대해 한 번씩 실행되는 article_read 이벤트를 기반으로 몇 가지를 만들어본다. 예를 들어 article_read 이벤트에 'R' 및 'Google Analytics' 카테고리가 포함된 경우 향후 분석을 위해 더 쉽게 사용할 수 있는 r_viewer 및 googleanalytics_viewer 이벤트도 트리거한다.

GA4의 구성 UI 내에서 '이벤트 만들기Create events'를 사용해서 새 이벤트를 설정하는 예는 그림 3-9에서 보여준다.

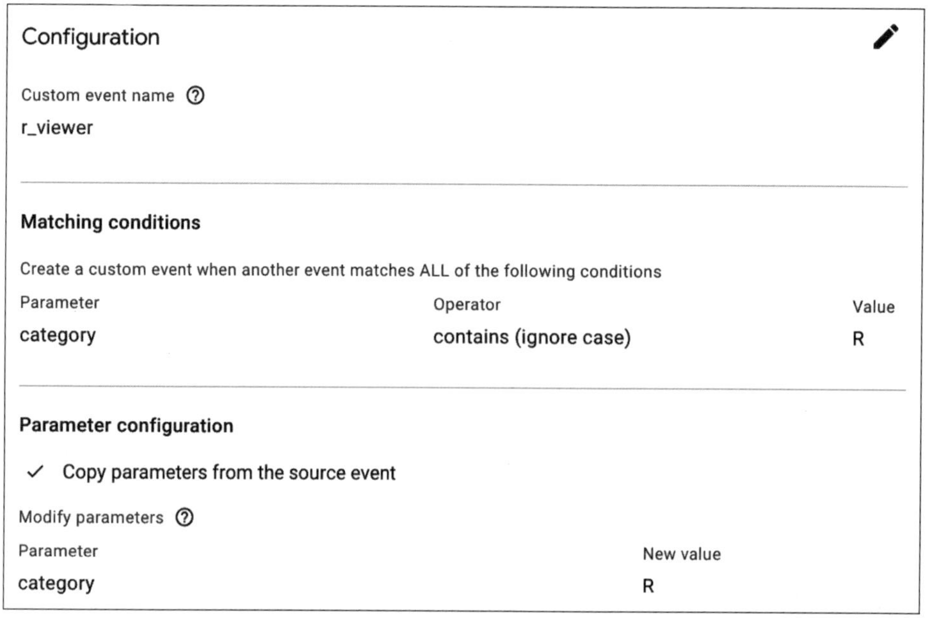

Configuration ✎

Custom event name ⓘ
r_viewer

Matching conditions

Create a custom event when another event matches ALL of the following conditions

Parameter	Operator	Value
category	contains (ignore case)	R

Parameter configuration

✓ Copy parameters from the source event

Modify parameters ⓘ

Parameter	New value
category	R

그림 3-9. 다른 이벤트를 통해 수집된 데이터를 기반으로 맞춤 이벤트 생성: 이 경우 r_viewer는
article_read 이벤트 내의 카테고리 매개변수에서 파생돼 'R' 태그가 포함된 카테고리만 선택

여러 가지 이벤트를 만들 수 있다. 이 예에서는 그림 3-10과 같이 상위 카테고리를 기반으로 몇 가지 추가 이벤트를 신속하게 만들고자 기준을 약간 변경해서 복사했다.

이 기능은 유사한 결과를 얻으려면 GTM, 필터 등을 통해 들어오는 데이터 스트림을 수정해야 하는 유니버설 애널리틱스에 비해 현저하게 개선된 것이다.

이벤트는 히트 단위로 전송하려는 데이터를 포함하지만 사용자를 위해 일부 데이터를 유지할 수도 있다. 이때 사용자 속성이 유용하다.

110

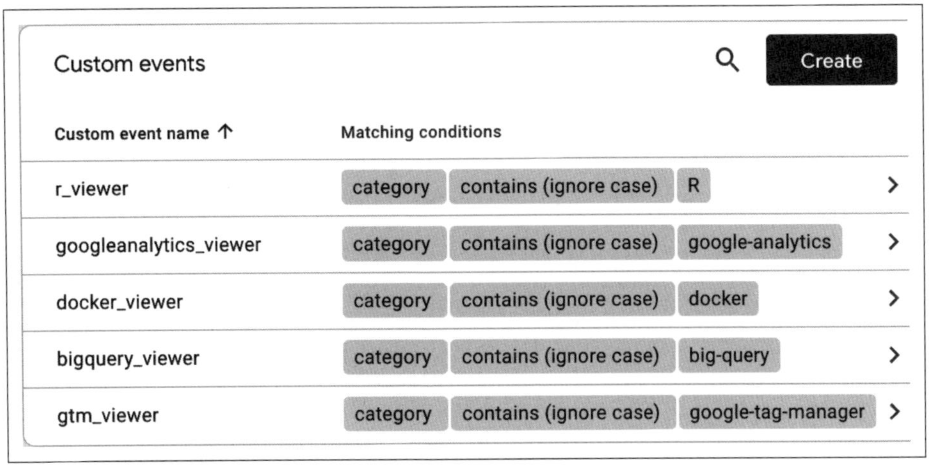

그림 3-10. article_read의 맞춤 카테고리 매개변수를 기반으로 생성된 여러 이벤트 –
'R'과 조인하는 것은 'googleanalytics', 'docker', 'bigquery', 'gtm'

사용자 속성

사용자 속성은 사용자와 관련된 세분화를 추가할 수 있는 기회다. 이벤트 데이터와는 달리 사용자 속성은 한 번만 설정하면 해당 사용자(또는 더 엄밀히 말하면 쿠키와 연결된 사용자 ID)와 연결될 수 있다. 이 데이터의 의도는 예를 들어 히트 수나 페이지 뷰 수보다 더 느리게 변경된다. 이 데이터는 사용자 기본 설정과 같이 히트 모음에 더 많이 연결된 데이터다.

사용자 속성을 수집했지만 개인화된 광고 내에서 절대 사용할 수 없게 하려면 그림 3-11과 같이 사용자 속성을 구성할 때 'NPA로 표시'Mark as NPA,(개인화된 광고 없음no personalized ads) 옵션을 선택할 수 있다.

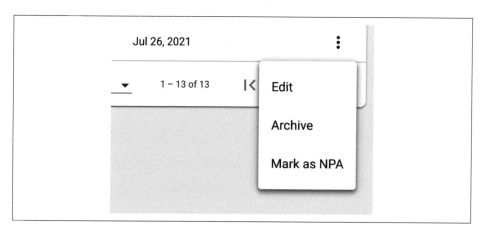

그림 **3-11.** 잠재 고객 타깃팅에 사용하지 않도록 사용자 속성을 NPA로 표시

이에 대한 예는 사용자의 개인정보 동의 선택 기록을 유지하는 것이다. 이를 통해 어떤 사용자가 더 집중된 타깃팅을 선택했는지 또는 선택하지 않았는지 확인할 수 있다. 예를 들어 EU의 경우 통계적 동의는 마케팅이나 개인화 동의와 구별된다.

동의 관리 도구가 해당 고객의 최신 선택으로 업데이트되면 동의 상태를 보낼 수 있다. 예를 들어 마케팅 동의를 받으면 **gtag()**는 다음을 보낼 수 있다.

```
gtag('set', 'user_properties', {
  user_consent: 'marketing'
});
```

동의 솔루션에 따라 다양한 방법으로 이를 활성화할 수 있다. 다양한 쿠키 관리 도구와 통합되는 구글 동의 모드를 사용하는 예제를 통해 작업해본다.

구글 동의 모드^{Google Consent Mode}에는 표 3-1과 같이 다양한 유형의 스토리지 권한이 있다. 이 예에서는 선택 항목을 GDPR 범주에 매핑한다. **ad_storage**에 대한 권한을 부여한 경우 다른 모든 것에 대한 권한도 부여했다고 가정한다. 여러분의 정책에 맞게 수정할 수 있다.

표 3-1. 구글 동의 모드의 동의 유형

동의 유형	설명	GDPR 역할
ad_storage	광고와 관련된 저장(쿠키 등)이 가능	마케팅
analytics_storage	분석과 관련된 저장(쿠키 등)이 가능(예, 방문 기간)	통계
functional_storage	웹 사이트 또는 앱의 기능(예, 언어 설정)을 지원하는 저장이 가능	필요
personalization_storage	비디오 추천과 같은 개인화와 관련된 저장이 가능	마케팅
security_storage	인증 기능, 사기 방지, 기타 사용자 보호 같은 보안과 관련된 저장이 가능	필요

GTM 내에서 이를 사용해 사용자 동의 선택을 출력할 변수 템플릿을 만들 수 있다.

가능한 경우 사용자 정의 HTML이나 사용자 정의 자바스크립트 변수를 통하지 않고, 템플릿을 사용해 GTM 내에서 모든 사용자 정의 자바스크립트를 수행할 것을 권장한다. 템플릿은 사용자 정의 HTML보다 캐싱과 로드에 더 최적화돼 있으며, 조직의 콘텐츠 보안 정책(CSP, Content Security Policy)을 준수할 수 있는 등 보안상의 이점이 있다.

GTM 내에서 이를 활성화하려면 템플릿 섹션으로 이동해서 새 변수 템플릿을 만든 후 템플릿 코드 탭 내에서 예제 3-2에 제안된 코드를 복사한다.

예제 3-2. 사용자 동의를 위한 GTM 변수 만들기

```
const isConsentGranted = require('isConsentGranted');
const log = require('logToConsole');

// 기본값
let consent_message = "error-notfound";

//확인된 가장 높은 동의에 따라 메시지 변경
if (isConsentGranted("functional_storage")){
  consent_message = "necessary";
```

```
}

if (isConsentGranted("security_storage")){
  consent_message = "necessary";
}

if (isConsentGranted("analytics_storage")){
  consent_message = "statistics";
}

if (isConsentGranted("ad_storage")){
  consent_message = "marketing";
}

if (isConsentGranted("personalization_storage")){
  consent_message = "marketing";
}

log("Consent found:", consent_message);

return consent_message;
```

또한 동의 상태에 액세스할 수 있게 템플릿에 대한 권한을 설정해야 한다(그림 3-12 참고).

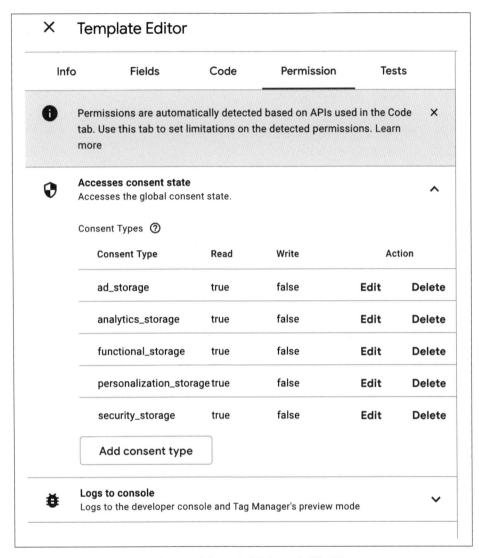

그림 3-12. 예제 3-2의 템플릿 코드에 대한 권한

웹 사이트 쿠키 동의 도구를 통해 반드시 동의를 수집할 필요는 없다. 예를 들어 CRM 시스템 내에서 동의 선택을 제공하거나 '측정 프로토콜 v2' 절에 설명된 대로 측정 프로토콜 히트를 보낼 수 있다.

변수 템플릿이 완료되면 그림 3-13과 같이 변수 인스턴스를 생성할 수 있다.
이제 모든 태그에 사용할 수 있지만 이 예에서는 GA4 태그를 생성한다.

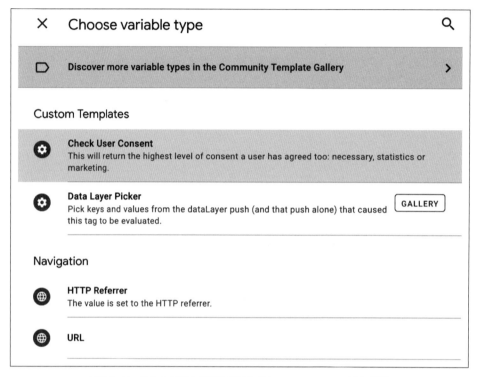

그림 3-13. 예제 3-2에서 생성한 템플릿에서 {{UserConsent}} 변수 생성

GA4 동의는 사용자 동의 선택이나 업데이트 수신 시 트리거해야 하는 자체
GA4 이벤트와 함께 전송된다. 이 동의는 시간이 지남에 따라 변경될 수 있으므
로 이벤트와 사용자 속성으로 전송된다. 사용자 속성 user_consent는 현재 상
태를 반영하고 이벤트 event_consent는 생성된 시점을 추적한다(그림 3-14 참고).

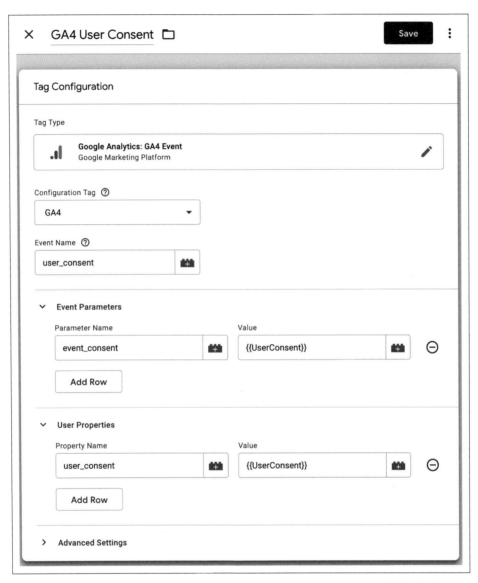

그림 3-14. GA4 이벤트 태그에서 그림 3-13의 동의 변수 사용. 트리거는 동의 도구가 업데이트될 때 동작

마지막으로 데이터는 GA4 인터페이스 내의 맞춤 측정 기준에 매핑돼야 한다. 최신 선택과 사용자 동의 기록을 반영하고자 사용자 동의[User Consent](그림 3-15)와 이벤트 동의[Event Consent](그림 3-16)를 생성한다. 여기서는 정보가 '고정'되는 기간인 각

맞춤 측정 기준의 범위도 결정한다. 사용자 동의 예의 경우 사용자가 머무르는 동안 해당 기본 설정을 기억할 수 있기를 원하므로 범위를 '사용자'로 설정한다. 그러나 동의가 정확히 언제 제공됐는지 알고 싶을 수도 있으므로 해당 단일 이벤트에만 '이벤트 동의'도 사용한다.

사용자 정의 필드를 만들 때 이벤트 매개변수 드롭다운은 GA4 속성에 최대 24시간 전에 전송된 이벤트로 채워진다. 그러나 이벤트가 제안된 항목에 나타날 때까지 기다릴 필요 없이 이벤트를 수동으로 추가할 수 있다.

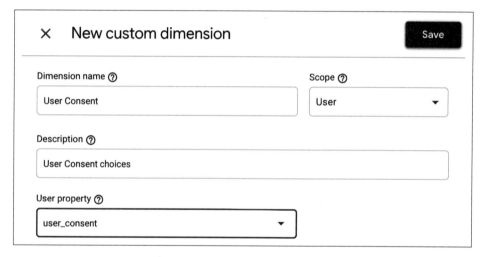

그림 3-15. GA4에서 사용자 동의 매개변수 설정

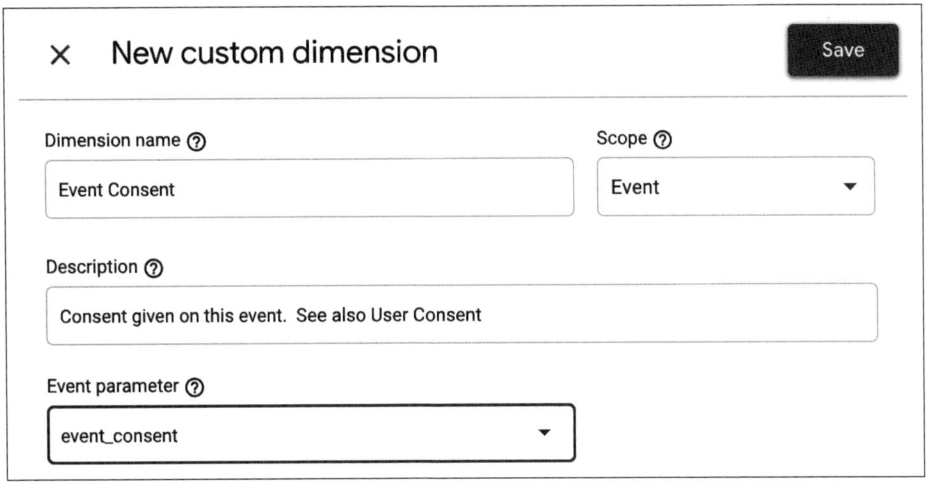

그림 3-16. GA4에서 이벤트 동의 매개변수 설정

이제 사용자가 웹 사이트를 탐색할 때 사용자의 동의 상태를 추적할 수 있다. 이 데이터를 사용해 사용자에게 동의를 요청할 시기를 최적화할 수 있다. 첫 번째 랜딩 페이지는 향상된 권한을 요청하기에 가장 좋은 장소가 아니다. 해당 사용자로부터 신뢰를 얻은 다음 허용할 경우 무엇을 얻을 수 있는지에 대한 정보를 다시 요청하는 것을 생각해봐야 한다.

구글 신호 데이터

GA4의 잠재 고객을 다른 구글 마케팅 스위트 제품에 연결하려는 경우 GA4 구성에서 구글 신호 데이터^{Google Signals}를 사용 설정해야 한다. 이는 여러분의 기업에 적합하지 않을 수 있는 개인정보 보호 의미를 수반하며 활성화하기 전에 개인정보 보호 의미 검토를 수행해야 한다. 관련 문서(https://oreil.ly/M5y7P)에서 구글 신호 데이터를 자세히 알아볼 수 있다.

구글 신호 데이터는 광고 개인화를 사용 설정하고 구글 계정에 로그인한 사용자의 데이터를 연결한다. 이러한 추가 데이터 포인트를 사용하면 교차 기기 보고, 교차 기기 리마케팅, 전환 보고서와 같이 사용자가 탐색하는 웹 사이트

세션 외부의 데이터를 사용해서 주로 연결되기 전보다 더 많은 기능을 사용할 수 있다. 서치 애즈 360^{Search Ads 360}에서 판단한 사용자 인구통계 및 관심사와 같은 추가 데이터도 해당 플랫폼에서 사용할 수 있다.

구글 신호 데이터를 켜면 일부 보고 결과도 발생한다. 주목할 점은 샘플링을 시작하기 전에 데이터 수집에 대한 임곗값 제한에 영향을 미쳐 데이터 품질에 영향을 미칠 수 있으며, 개별 사용자를 식별하는 방법도 조정한다는 것이다. 보고 ID 문서(https://oreil.ly/PrrkU)는 ID 공간으로 알려진 사용자를 식별할 수 있는 몇 가지 구성 가능한 방법을 구분한다.

구글 신호 데이터

구글 신호 데이터가 활성화되면 구글은 자신의 구글 계정을 통해 로그인하고 옵트인^{opted in}한 사람을 식별할 수 있는 자체 데이터 포인트를 사용한다.

사용자 ID

백엔드 시스템을 통해 생성된 고유한 사용자 ID를 제공하고 이를 GA4 히트에 포함할 수 있다.

기기 ID^{Device ID}

쿠키에 기록된 클라이언트 ID 또는 모바일 기기의 ID를 사용할 수 있다. 이것은 유니버설 애널리틱스에 가장 가까운 기술이다.

모델링^{Modeling}

사용자가 여기에 나열된 방법 중 하나를 거부하는 경우 대신 해당 세션을 모델링해서 데이터의 일부 격차를 추론할 수 있다.

그런 다음 이러한 ID 공간은 GA4 구성에서 세 가지 옵션을 통해 결합된다.

혼합됨^{Blended}

사용자 ID를 찾고, 없는 경우 구글 신호 데이터, 기기 ID 또는 모델링을 최종 대체 시스템으로 사용한다.

관찰됨[Observed]

사용자 ID, 구글 신호 데이터 또는 기기 ID를 확인한다.

기기 기반

기기 ID만 보고 다른 모든 ID는 무시한다.

지금까지 사용자가 웹 사이트를 탐색하고 있다고 가정하고 데이터를 GA4로 보냈다. 그러나 웹 사이트 외부 트랜잭션이나 구독과 같은 웹 사이트 외부 이벤 트는 어떻게 할까? 이 사용 사례를 허용하고자 GA4에 대한 서버 간 조회는 측정 프로토콜[MP, Measurement Protocol]을 통해 허용된다.

측정 프로토콜 v2

GA4용 측정 프로토콜[MP](https://oreil.ly/dJczG)은 GA4 데이터 수집 작업을 위한 핵심 도구다. HTTP를 통해 인터넷에 연결할 수 있는 모든 위치에서 데이터를 전달할 수 있다.

MP는 어디에서나 데이터를 보내는 데 사용할 수 있는 개방형 프로토콜인 유니 버설 애널리틱스의 이전 버전인 v1에서보다 범위가 약간 좁아진 서버 간 통신 을 위한 것이다. 이로 인해 불행하게도 스팸 발송자들의 많은 남용이 발생했기 때문에 새로운 MP v2는 신뢰할 수 있는 소스의 데이터만 데이터를 보낼 수 있 게 인증을 도입한다.

그 역할을 설명하고자 MP 문서(https://oreil.ly/A5lQs)의 그림 3-17은 웹 GA UI, 데이 터 추출, 빅쿼리용 다양한 API, 데이터 수집 간의 상호작용을 보여준다.

GA4용 MP는 유니버설 애널리틱스에서 사용할 수 있었던 범위와 약간 다른 범 위를 가지므로 다음 절에서 언제 어떻게 사용해야 하는지 살펴본다.

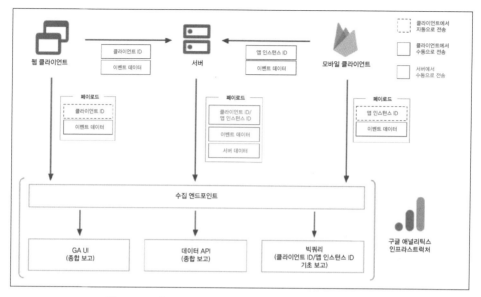

그림 3-17. MP는 데이터 수집 인프라 내에 있으며 중앙의 페이로드는
항상 연결된 클라이언트 ID가 연결돼야 하는 MP 히트에 해당한다.

MP의 역할

MP는 웹 환경에서 떨어져 발생하는 개별 사용자와 관련된 이벤트를 위한 것이다. 일괄 처리된 데이터(예, 사용자 세그먼트)를 가져오려면 데이터 가져오기(https://oreil.ly/R6Mls)가 더 나은 옵션일 수 있다.

그러나 알려진 쿠키 ID나 사용자 ID가 있는 사용자가 웹 사이트나 앱 활동과 연결되도록 유용한 작업을 수행하는 경우 GA4 보고서에도 표시되게 히트를 만들 수 있다. 모든 경우에 정확한 사용자와 이벤트를 연결할 수 있게 쿠키 ID나 사용자 ID가 필요하다.

몇 가지 예는 다음과 같다.

구독 주문

온라인 쇼핑에는 매번 클릭 주문하지 않고도 정기적으로 주문을 반복하는 옵션이 있을 수 있다. 이러한 주문은 구독 설정이나 변경 사항만 추적하기 때문에 전통적으로 GA4에 포함되지 않는다. MP를 사용하면 서버가 구독에서 생성된 주문을 보내도록 할 수 있으므로 웹 사이트와 마케팅 캠페인을 최적화하고자 사용자의 평생 수익에 대한 좀 더 정확한 데이터를 얻을 수 있다.

상점에서의 POS^{Point-Of-Sale} 거래

회원 번호나 이와 유사한 것을 사용해 HTTP POS 지원 판매 레지스터에서 구매 기록을 등록한다. 이를 통해 오프라인 판매가 온라인 판매에 미치는 영향과 그 반대의 영향을 측정할 수 있다.

웹 사이트 외부 거래

콜 센터에 대한 통화에는 발신자의 온라인 판매로 인한 판매가 포함될 수 있다. 이러한 판매를 포함하면 사용자가 구매한 제품을 기반으로 가장 적절한 콘텐츠를 표시하고자 캠페인과 웹 사이트 개인화에 영향을 미칠 수 있다.

CRM 업데이트

사용자가 자신의 상태를 변경하면 각 업데이트가 GA4로 전송돼 사용자가 속할 수 있는 잠재 고객(권한, 특별 제안 등)과 동기화 상태를 유지할 수 있다.

디지털 활동

구글 애즈나 옵티마이즈와 같은 다른 활성화 채널로 내보내는 GA4 잠재 고객에 반영하고 싶은 활동이 있을 수도 있다. 해당 사용자가 이메일을 받거나 소셜 미디어 게시물과 상호작용할 수 있게 이를 세그먼트에 반영할 수 있다.

이러한 역할을 수행하면 여러분은 웹 사이트 활동뿐만 아니라 해당 활동이 오프라인 채널에 미치는 영향을 고려해 디지털 분석 데이터의 '완전한 루프'를 구축할 수 있다. 뿐만 아니라 이러한 활동이 오프라인 채널에 미치는 영향도 고려해서 이를 마케팅 지출과 연관시켜 웹 사이트 트래픽을 처음에 유도할 수 있다. 이를 달성하는 것은 웹 사이트 행동만 조사하는 것보다 마케팅 활동의 효과를 더 완벽하게 파악할 수 있기 때문에 디지털 마케팅의 '성배'라고 할 수 있다.

다음 절에서는 서버 환경에서 MP를 사용해 웹 사이트 외부 데이터를 GA4로 가져오는 방법을 설명한다.

서버 간 가져오기는 GA4로 데이터를 가져오는 한 가지 방법이지만 그 반대로 GA4에서 외부 시스템으로 데이터를 내보내 처리할 수도 있다. 이 경우 다음 절에서 설명하는 GA4 API가 유용하다.

API를 통해 GA4 데이터 내보내기

앞서 GA4로 데이터를 전송하는 방법을 살펴봤지만 이 '데이터 수집' 관련 장에서는 GA4가 데이터 대상이 아니라 데이터 소스인 다른 외부 시스템으로 데이터를 가져오는 방법도 자세히 설명하지 않으면 3장이 완성되지 않는다. 여기서는 일반적으로 데이터 수집 파이프라인의 다음 단계로 넘어가는데, 이 단계에서는 GA4에 원하는 이벤트 데이터가 모두 있지만 사용 사례에 필요한 방식으로 데이터를 처리할 수 없는 경우가 있다. 이 경우 GA4에서 외부 시스템으로 데이터를 내보내는 방법을 살펴본다. 이를 위한 두 가지 일반적인 방법은 GA4의 API와 빅쿼리를 사용하는 것이다.

GA4 데이터만이 애플리케이션에 필요한 유일한 데이터는 아닐 수 있으며, 일반적인 워크플로는 주로 자체 API 구현을 통해 해당 데이터를 다른 타사 시스템의 다른 데이터와 결합하는 것이다. 이를 달성하는 방법은 일반적으로 각 데이터 소스마다 다르다.

타사 API를 통해 데이터를 가져오려면 해당 구현이 얼마나 좋은지에 따라 크게 좌우된다. OAuth2와 같은 일부 표준이 있지만 대부분의 경우 각 API의 형식은 다르고 맞춤형이다. 그렇기 때문에 슈퍼메트릭^{Supermetrics}, 파이브트랜^{Fivetran} 또는 스티치데이터^{StitchData}와 같은 서비스를 사용해 해당 API를 데이터 웨어하우스로 가져오는 것이 더 좋다.

많은 API는 비용 절감 수단으로 직접 구현할 수 있을 정도로 간단하지만 소요되는 리소스를 평가할 때는 수년간의 유지 관리 비용도 포함해야 한다.

이 책에서는 다음 절에서 GA4의 API를 통해 데이터를 내보내는 방법을 살펴보고 빅쿼리 내보내기는 '빅쿼리' 절에서 소개한다.

GA4에는 유니버설 애널리틱스의 하위 항목으로 데이터 API와 어드민 API$^{Admin API}$라는 두 가지 API가 있다. 어드민 API는 GA4 계정을 설정하는 데 사용되며 데이터 API는 수집한 실제 데이터를 추출한다.

 혼동하기 쉽지만 이전 유니버설 애널리틱스 API의 최신 버전은 리포팅 API v4라고 불리지만 GA4에는 이 버전을 사용해서는 안 된다. GA4 내보내기의 올바른 이름은 데이터 API다.

데이터가 충분하면 데이터 API를 통해 추출할 수 있는 몇 가지 옵션이 있지만 R과 **googleAnalyticsR**$^{(https://oreil.ly/hVh5Y)}$ 패키지를 가장 자주 사용한다.

다른 언어용 GA4 Data API SDK

구글은 사용자가 선호하는 SDK가 있는 다른 여러 언어를 지원한다. 다음 목록에 나와 있는 클라이언트 라이브러리 레퍼런스$^{(https://oreil.ly/fWy7O)}$를 참고하기 바란다.

- 자바

- 파이썬

- Node.js

빅쿼리 내보내기는 GA360뿐만 아니라 모든 GA4 속성에 대해 존재하기 때문에 데이터 API를 사용하는 사용 사례는 이전 유니버설 애널리틱스 보고 API와 약간 다르다. 처음에 API를 사용하는 일반적인 이유는 샘플링을 완화하는 데 도움이 됐지만 이제 샘플링 없이 빅쿼리에서 모든 히트를 추출할 수 있으므로 그럴 필요가 없다. 그러나 데이터 API는 훨씬 사용하기 쉽고 가격도 무료다. 응답도 훨씬 빠르므로 실시간 애플리케이션의 경우 API가 빅쿼리 내보내기보다 선호된다.

집계, 계산된 측정 항목, 데이터 형식도 작업하기 더 쉽기 때문에 빅쿼리 예약 SQL과 관련된 복잡한 클라우드 파이프라인 없이 데이터 애플리케이션을 빠르게 시작하려는 경우 데이터 API가 더 좋다. 그러나 개별 히트 수준 데이터를 찾고 있고 빅쿼리 내보내기의 일괄 처리 특성을 처리할 수 있는 경우 데이터 API가 가장 좋은 소스가 될 것이다.

어떤 경우든 API를 사용할 때는 먼저 해당 데이터를 읽을 수 있는 권한이 있음을 증명하고자 인증을 받아야 하는데, 안타깝게도 이 단계가 일반적으로 가장 어렵다. 다음 절에서 자세히 설명한다.

데이터 API로 인증

어떤 데이터 API SDK를 선택하든 데이터를 가져오려는 GA4 속성에 액세스할 수 있는 이메일 주소로 인증해야 한다. 모든 구글 API와 마찬가지로 OAuth2 프로세스를 통해 이 작업을 수행한다.

 gargle(https://gargle.r-lib.org/)와 자체 googleAuthR(https://oreil.ly/2ZqhJ)을 통해 R에서 사용할 수 있는 모든 구글 API에 대한 좀 더 일반적인 OAuth2 라이브러리가 있다.

자신의 이메일 주소로 인증하고 해당 인증 세부 정보를 로컬에 저장할 수 있으므로 매번 인증 단계를 반복할 필요가 없다.

 언급할 또 다른 옵션은 서비스 이메일을 이용하는 것이다. 이는 서버 간 애플리케이션에 더 적합한 구글 클라우드 콘솔에서 만든 이메일이다. 스크립트를 예약하거나 자동화된 방식으로 실행해 자신의 개인 데이터를 노출하지 않으려는 경우에 사용해야 한다. 예를 들어 퇴사했지만 사람들이 여전히 스크립트에 의존한다면 매우 효과적일 것이다. OAuth2 서비스 이메일은 사용자가 생성하는 단일 목적 계정으로, GA4 계정에 사용자로 추가할 수 있다. 또한 인증이 노출된 경우 클라우드 콘솔에서 키를 교체할 수 있고, 이 키는 GA4에만 액세스를 허용하고 컴퓨트 엔진과 같은 다른 고가의 서비스는 허용하지 않게 구성할 수 있기 때문에 더 나은 보안을 제공한다.

googleAnalyticsR 설정 페이지(https://oreil.ly/hBiA8)를 통해 R 라이브러리 설정 방법을 확인할 수 있다.

googleAnalyticsR로 인증을 수행하는 방법의 예는 예제 3-3에 나와 있다. ga_auth()를 처음 사용하면 이메일 자격증명을 생성하라는 메시지가 표시된다. 그런 다음 이메일을 통해 브라우저에서 인증할 수 있다. 다음에 인증하려고 할 때 ga_auth()는 해당 자격증명을 다시 사용할 수 있는 옵션을 제공한다.

예제 3-3. googleAnalyticsR을 사용해 GA4 데이터 API로 인증

```
library(googleAnalyticsR)

ga_auth()
#> googleAnalyticsR 패키지가 구글 계정에 대한 액세스를 요청하고 있다.
#> 사전 승인된 계정을 선택하거나 '0'을 입력해 새 토큰을 받는다.
#> Esc/Ctrl + C 키를 눌러 중단한다.

#> 1: mark@example.com
```

본격적인 프로덕션 작업에서는 자체 구글 클라우드 프로젝트용 클라이언트 키도 만들어야 한다. **googleAnalyticsR**이 사용하는 기본 구글 프로젝트는 다른 사용자와 공유되므로 동일한 할당량(하루 약 200,000 API 호출)이 적용되기 때문이다. 웹 사이트에는 이를 설정하는 방법에 대한 세부 정보가 있으며, 데이터를 다운로드하는 초기 단계에 익숙해지면 설정할 수 있다.

인증이 완료되면 데이터 API를 통해 데이터를 보는 것부터 시작할 수 있다.

데이터 API 쿼리 실행

모든 SDK에 대해 동일한 측정 기준과 측정 항목(https://oreil.ly/v7KAy)은 물론 구성한 모든 사용자 정의 필드에 액세스할 수 있다.

실시간 API에도 액세스할 수 있다. 유니버설 애널리틱스보다 훨씬 낮지만 측정 기준과 측정 항목(https://oreil.ly/BTtuB)의 하위 집합이 더 제한적이다.

모든 경우에 내보낼 날짜 범위, 측정 기준, 측정 항목과 함께 쿼리할 GA4 **propertyId**를 지정해야 한다.

계정의 **propertyId**는 웹UI에서 찾거나 예제 3-4와 같이 어드민 API를 사용해 쿼리할 수 있다.

예제 3-4. ga_account_list()를 통해 GA4 속성을 쿼리한다. propertyId는 데이터 API 호출에 사용된다.

```
ga_account_list("ga4")
# A tibble: 2 x 4
#  account_name    accountId  property_name        propertyId
#  <chr>           <chr>      <chr>                <chr>
#1 MarkEdmondson   47490439   GA4 Mark Blog         206670707
#2 MarkEdmondson   47490439   Another GA4 Property  250021409
```

이제 첫 번째 API 호출에 필요한 모든 것이 준비됐다. 이 예에서는 URL별 페이지 뷰 수를 살펴본다. 예제 3-5와 같이 API의 허용된 측정 기준과 측정 항목(ga_meta("data")을 통해서도 액세스 가능)을 살펴본 다음 이러한 항목과 propertyId를 ga_data() 함수에 제공하면 된다.

예제 3-5. propertyId, 날짜, 측정 항목, 측정 기준을 제공해 첫 번째 데이터 API 호출 만들기

```
ga_data(123456789,
        metrics = "screenPageViews",
        dimensions = "pagePath",
        date_range = c("2021-07-01", "2021-07-10"))
#i 2021-07-10 11:08:12 > 총 [ 52 ] 행 중 [ 52 ] 다운로드됨
# A tibble: 52 x 2
#   pagePath                  screenPageViews
#   <chr>                     <dbl>
# 1 /                         134
# 2 /r-on-kubernetes/         98
# 3 /gtm-serverside-cloudrun/ 81
# 4 /edmondlytica/            79
# 5 /data-privacy-gtm/        73
# 6 /gtm-serverside-webhooks/ 72
# 7 /shiny-cloudrun/          61
# ...
```

```
# 편리한 API 호출은 이벤트를 나열하는 호출이다.
ga_data(
    123456789,
    metrics = c("eventCount"),
    dimensions = c("date","eventName"),
    date_range = c("2021-07-01", "2021-07-10")
)

## A tibble: 100 x 3
#    date        eventName      eventCount
#    <date>      <chr>          <dbl>
# 1  2021-07-08  page_view      239
# 2  2021-07-08  session_start  207
# 3  2021-07-09  page_view      203
# ...
```

계산된 측정 항목, 필터, 집계 생성과 같은 더 많은 기능이 있지만 공간 제약으로 인해 여기에서는 다루지 않겠지만 프로세스는 여기에 표시된 것과 유사하다. 더 많은 애플리케이션은 **googleAnalyticsR** 웹 사이트(https://oreil.ly/tqR6E)를 참고하고 자세한 내용은 구글 데이터 API 문서(https://oreil.ly/HFE6w) 또는 관련 SDK 웹 사이트를 참고하기 바란다.

GA4의 큰 특징은 유니버설 애널리틱스에서 선호하는 많은 API 사용 사례를 다루는 빅쿼리 내보내기를 사용할 수 있다는 점이다. 다음 절에서 이러한 빅쿼리 내보내기를 다룬다.

빅쿼리

빅쿼리는 기존의 MySQL 데이터베이스에 비해 놀랍게 빠른 분석 속도를 보여준 최초의 '서버리스 데이터베이스'였기 때문에 GCP의 핵심으로 간주된다. GCP의 데이터 분석 워크플로 전반에 걸쳐 광범위하게 사용되므로 익숙해지는 것이 좋다. 유니버설 애널리틱스에 비해 GA4의 주요 이점 중 하나는 빅쿼리와의 통합으로, 이를 통해 웹 보고서 아래의 원시 데이터에 접근할 수 있다. 이전에는 GA360을 통해 엔터프라이즈 프리미엄 사용자만 사용할 수 있었다. 이 절에서는 이러한 GA4 내보내기를 빅쿼리로 사용하는 방법을 살펴본다.

빅쿼리와 GA4 연결

구글 애널리틱스 도움말 문서 'BigQuery Export(https://oreil.ly/9srT3)'에는 GA4 속성을 빅쿼리에 연결하는 방법과 이유를 보여주는 동영상이 포함돼 있다.

내보내기를 유지하려는 경우 먼저 GCP 프로젝트에 결제 계정을 추가해서 데이터에 만료 날짜를 지정하는 빅쿼리 샌드박스를 사용하고 있지 않은지 확인해야 한다. 그 외에 빅쿼리 통합 기능이 있는 GA4의 놀라운 점 중 하나는 상당히 사용하기 쉽다는 점이다. 유니버설 애널리틱스 GA360의 빅쿼리 내보내기와 비교할 때 한 가지 눈에 띄는 차이점은 과거 데이터 내보내기가 없다는 것이다. 따라서 포함된 데이터만 사용할 생각이더라도 일찌감치 내보내기를 사용하도록 설정해야 한다.

이 책을 위해 만든 예는 그림 3-18을 참고한다. 나는 주로 EU 및 GDPR 관할 고객을 위해 일하고 있고 앞으로 더 많은 실시간 사용 사례를 열고자 스트리밍을 하기 때문에 EU를 위치로 선택했다. 하지만 이렇게 하면 빅쿼리 요금이 더 많이 부과된다는 점에 유의해야 한다. 또한 쿼리를 좀 더 간결하게 만들고자 나중에 CRM 가져오기가 필요하므로 동일한 GCP 프로젝트에 그것을 배치하게 선택하고 있지만 빅쿼리는 여러 프로젝트와 데이터 세트에 대해 쿼리할 수 있으므로 필수 사항은 아니다.

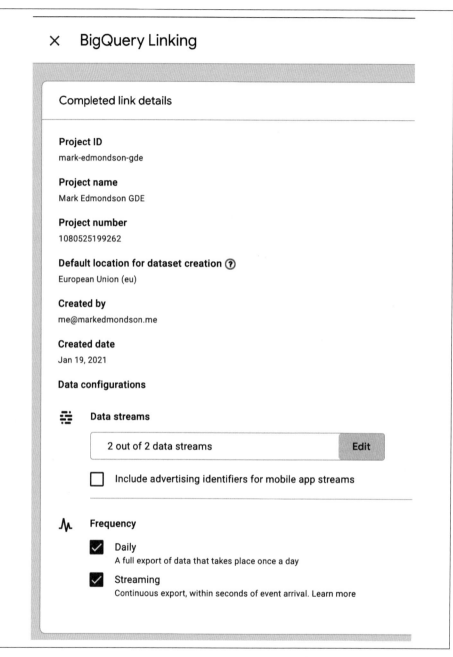

그림 3-18. 데일리 내보내기(Daily exports)와 스트리밍(Streaming)이 모두 선택된
GA4 구성 화면에서 빅쿼리에 대한 완료된 연결의 예

GA4 데이터를 빅쿼리로 내보낼 때 스트리밍(Streaming) 또는 데일리(Daily) 옵션이 있다. 스트리밍은 events_intraday_*tables를 생성하고 데일리는 events_* 테이블을 생성한다. 스트리밍 데이터는 데일리보다 더 실시간이지만 데일리 테이블에서 설명하는 지연된 히트 또는 처리 지연을 포함하지 않기 때문에 데일리보다 신뢰성이 떨어진다.

연결이 완료되면 데이터 세트가 빅쿼리 내에 표시될 때까지 잠시 기다려야 하며, 데이터 세트의 이름은 analytics_{yourpropertyid}다.

빅쿼리 데이터 스키마는 이 GA4 빅쿼리 내보내기(GA4 BigQuery Export) 스키마 문서 (https://oreil.ly/SFxW7)에서 사용할 수 있다. 여기에는 SQL을 통해 쿼리할 수 있는 측정 기준과 측정 항목이 포함돼 있으므로 쿼리를 계획하는 데 사용할 수 있다.

GA4 내보내기의 빅쿼리 SQL

데이터는 가능한 한 세분화되고 원시적이며 이벤트를 마이크로초까지 추적해야 한다. 이론상으로는 여기에서 GA4 사용자 인터페이스의 모든 보고서를 복제할 수 있어야 한다.

GA4 내보내기는 빅쿼리 SQL을 사용해 추출하기 어려운 중첩 데이터 구조를 사용한다. SQL을 처음 접하는 경우 데이터 추출과 관련된 SQL이 더 복잡하기 때문에 어려울 수 있다. 그렇다고 절망할 필요는 없다. 먼저 기존의 플랫 데이터 구조를 사용하는 더 쉬운 데이터 세트에서 SQL을 사용해본다.

데이터 쿼리를 돕고자 요한 반 더 베르켄^{Johan van de Werken}은 GA4 빅쿼리 내보내기에 대한 몇 가지 SQL 예제를 보여주는 멋진 웹 사이트(https://www.ga4bigquery.com/)를 운영하고 있다. 여기에는 GA4 인터페이스에서 볼 수 있는 많은 보고서 예제를 포함하며, 이 책의 범위를 벗어난 예제가 포함돼 있다.

예제 3-6은 그의 사이트에서 수정한 것으로, 모든 page_view 이벤트를 추출하는 방법을 보여준다.

예제 3-6. GA4 빅쿼리 내보내기에서 page_view 이벤트를 추출하는 SQL(요한 반 더 베르켄에서 채택)

```
SELECT
    -- event_date(이벤트가 로깅된 날짜)
    parse_date('%Y%m%d',event_date) as event_date,
    -- event_timestamp(마이크로초 단위, UTC)
    timestamp_micros(event_timestamp) as event_timestamp,
    -- event_name(이벤트 이름)
    event_name,
    -- event_key(이벤트 매개변수의 키)
    (SELECT key FROM UNNEST(event_params) WHERE key = 'page_location') as
event_key,
    -- event_string_value(이벤트 매개변수의 문자열 값)
    (SELECT value.string_value FROM UNNEST(event_params)
        WHERE key = 'page_location') as event_string_value
FROM
    -- GA4 내보내기 - 사용자 위치로 변경
    `learning-ga4.analytics_250021309.events_intraday_*`
WHERE
    -- 쿼리가 이 날짜로 끝나는 테이블을 사용하게 제한한다.
    _table_suffix between '20210101' and
    format_date('%Y%m%d',date_sub(current_date(), interval 0 day))
    -- 이 이벤트만 표시하도록 쿼리를 제한한다.
    and event_name = 'page_view'
```

올바르게 실행되면 그림 3-19와 유사한 결과가 표시된다.

Query complete (0.6 sec elapsed, 7.9 KB processed)

Job information　　Results　　JSON　　Execution details

Row	event_date	event_timestamp	event_name	event_key	event_string_value
1	2021-07-04	2021-07-04 20:05:36.976033 UTC	page_view	page_location	http://code.markedmondson.me/
2	2021-07-05	2021-07-05 03:00:42.436612 UTC	page_view	page_location	https://code.markedmondson.me/r-on-kubernetes-serverless-shiny-r-apis-and-scheduled-scripts/
3	2021-07-05	2021-07-05 03:06:15.170026 UTC	page_view	page_location	https://code.markedmondson.me/gtm-serverside-cloudrun/
4	2021-07-05	2021-07-05 04:29:24.472675 UTC	page_view	page_location	https://code.markedmondson.me/gtm-serverside-webhooks/
5	2021-07-05	2021-07-05 05:17:04.233441 UTC	page_view	page_location	https://code.markedmondson.me/data-privacy-gtm/

그림 3-19. 예제 3-6의 GA4 내보내기에서 빅쿼리 SQL을 실행한 결과 예

기타 데이터 소스용 빅쿼리

빅쿼리의 큰 장점은 여러 데이터 소스에 사용할 수 있고 데이터 사일로를 쉽게 해체할 수 있다는 것이다. 빅쿼리의 API는 대부분의 다른 데이터 소스와의 통합을 허용하는 프로세스에 도움이 된다.

데이터 전송 서비스

빅쿼리에는 기업이 직접 통합을 구축할 수 있는 전용 서비스가 포함돼 있다. 당연히 유튜브 및 구글 애즈와 같은 다른 구글 서비스는 GA4 데이터 옆에 표시되도록 데이터를 내보내는 방법으로 이 서비스를 사용한다.

또한 AWS와 애저 같은 다른 클라우드 공급자(https://oreil.ly/ve57a), 페이스북, 링크드인LinkedIn, 인스타그램Instagram과 같은 디지털 마케팅 서비스를 포함하는 다른 많은 타사 서비스(작성 당시 155개)가 있다. 대부분 비구글인 타사 전송에는 추가 요금이 부과되지만 구글 애즈와 같은 일부 서비스의 경우 무료로 가져올 수 있다. 특히 구글 애즈 가져오기는 구글 애즈 데이터에 액세스하는 가장 쉬운 방법 중 하나다.

기타 전송 서비스

또한 수천 개의 다른 타사 서비스에서 빅쿼리로 전송할 수 있는 다양한 서비스도 있다. 이들 대부분은 빅쿼리 API를 사용해 코딩된 연결을 제공한다. 이러한 서비스는 확실히 데이터 레이크를 시작할 수 있는 경로를 제공하며, 공급자와의 API 변경 사항을 따라잡는 데 안심할 수 있다.

자체 데이터를 쿼리하는 방법을 살펴봤지만 종종 자체 데이터를 공개적으로 사용 가능한 다른 데이터와 병합하는 것도 좋은 가치의 원천이 될 수 있으며, 이러한 데이터의 대부분은 이미 빅쿼리 내에서 사용할 수 있다.

공개 빅쿼리 데이터 세트

빅쿼리 계정이 있으면 원하는 경우 액세스 권한이 있는 모든 빅쿼리 데이터 세트를 쿼리하고 자신의 데이터를 공개할 수 있다. 이렇게 하면 공개 데이터 서비스(https://oreil.ly/VwZCn)를 통해 일반 데이터 세트를 사용할 수 있다. 공개 데이터 서비스는 비즈니스에 유용할 수 있는 유료 및 무료 데이터를 제공한다.

예를 들면 날씨 데이터, 범죄 데이터, 부동산 목록, 인구통계, 국가 통화 코드가 있으며 이 모든 것은 사용자 행동에서 중요한 변수가 될 수 있다(어떤 경우에는 마케팅 캠페인보다 훨씬 더 큰 변수가 될 수 있다).

GTM 서버 사이드

GTM은 GA4 태그를 구성하는 권장 방법이므로 이 책에 이미 잘 나와 있다. 또한 다음을 수행할 수 있으므로 활성화 촉진 도구로도 사용할 수 있다. 콘텐츠를 변경하는 데 사용할 수 있는 데이터를 사용자의 브라우저로 다시 전달할 수 있다. 이 기능은 GCP와의 더 깊은 통합을 가능하게 하는 GTM 서버 사이드[SS, Server Side]를 통해 더욱 향상됐다. 예를 들어 빅쿼리 내보내기를 맞춤 설정하거나 더 실시간으로 내보내려면 어떻게 해야 할까? GTM SS는 빅쿼리에 직접 쓰기를 제어할 수 있도록 지원한다. 이는 다음 절에서 설명한다.

빅쿼리에 서버 사이드 쓰기

GTM SS를 배포하면 태그를 생성하고 수신하는 HTTP 요청을 더 잘 제어할 수 있다. 이를 통해 데이터 거버넌스와 개인정보 보호 기능이 향상된다.

또한 GTM SS에서 실행하는 코드는 공개적으로 사용할 수 없으므로 더 많은 작업을 수행할 수 있다. 즉, 인증된 API 읽기/쓰기를 실행할 수 있다.

이에 대한 첫 번째 사용 사례는 인증키를 노출하기 때문에 GTM 표준에서는 수행할 수 없는 빅쿼리 데이터 세트에 대한 직접 쓰기를 허용하는 것이다.

GTM SS 태그 템플릿은 예제 3-7에 나와 있다. GTM SS 내에서 사용할 수 있는 간소화된 자바스크립트 버전을 사용하는 템플릿의 코드를 보여준다. 이 제한된 샌드박스는 악의적이거나 손상된 코드가 실수로 서버에 유입되는 것을 방지하고자 마련됐다.

예제 3-7. 이벤트 데이터를 빅쿼리에 쓰기 위한 GTM SS의 템플릿 코드

```javascript
const BigQuery = require('BigQuery');
const getAllEventData = require('getAllEventData');
const log = require("logToConsole");
const JSON = require("JSON");
const getTimestampMillis = require("getTimestampMillis");

const connection = {
  'projectId': data.projectId,
  'datasetId': data.datasetId,
  'tableId': data.tableId,
};

let writeData = getAllEventData();

writeData.timestamp = getTimestampMillis();

const rows = [writeData];
log(rows);

const options = {
  'ignoreUnknownValues': true,
  'skipInvalidRows': false,
};

BigQuery.insert(
  connection,
  rows,
  options,
```

```
    data.gtmOnSuccess,
    (err) => {
      log("BigQuery insert error: ", JSON.stringify(err));
      data.gtmOnFailure();
    }
  );
```

템플릿은 템플릿의 인스턴스를 만든 후 채워야 하는 일부 필드를 설정한다. 템플릿 필드는 이미 설정한 빅쿼리 테이블의 `projectId`, `datasetId`, `tableId`를 입력해야 하며 해당 테이블은 보내는 이벤트의 스키마와 일치해야 한다. 이는 전송하는 정확한 이벤트에 따라 다르며 스키마에 지정되지 않은 항목은 자동으로 삭제된다. 따라서 빅쿼리에 표시하려는 정확한 데이터에 대한 GTM SS 미리보기 로그를 검사하는 것이 좋다. 시작하는 데 도움이 되도록 예제 3-8의 빅쿼리 스키마는 대부분의 GA4 `page_view` 유형 이벤트에 대한 데이터를 보관한다.

예제 3-8. GTM SS 데이터를 수신하도록 빅쿼리 테이블을 설정할 때 사용할 수 있는 예시 스키마

```
timestamp:TIMESTAMP,event_name:STRING,engagement_time_msec:INTEGER,
engagement_time_msec:INTEGER,debug_mode:STRING,screen_resolution:STRING,
language:STRING,client_id:STRING,page_location:STRING,page_referrer:STRING,
page_title:STRING,ga_session_id:STRING,ga_session_number:STRING,
ip_override:STRING,user_agent:STRING
```

대개 빅쿼리는 기본 내보내기 및 기타 기능으로 인해 GA4 데이터 흐름의 큰 부분을 차지할 가능성이 높으므로 GA4 웹 인터페이스를 넘어선 디지털 분석에 관심이 있는 경우 빅쿼리 사용에 익숙해지는 것이 훌륭한 다음 단계다. 또한 구글 클라우드와 여러 곳에서 다른 많은 통합에 대한 기회를 제공하며 이것이 클라우드 여정의 시작이다. 제대로 파악하고 싶다면 발리아파 락슈마난[Valliappa Lakshmanan]과 조던 티가니[Jordan Tigani]의 『구글 빅쿼리 완벽 가이드』(책만, 2020)(https://www.oreilly.com/library/view/google-bigquery-the/9781492044451)를 이 책의 좋은 동반자로 추천

한다.

하지만 빅쿼리가 적합하지 않은 경우가 있다(예, 열 형식 구조에 쉽게 맞지 않는 구조화되지 않은 데이터). 이러한 경우 GCP에서 다음으로 가장 일반적인 수집 제품인 클라우드 스토리지로 전환한다.

구글 클라우드 스토리지

구글 클라우드 스토리지^{GCS}는 GCP 내 데이터 저장소의 중추며 실제로 빅쿼리와 같은 다른 많은 애플리케이션의 배후에서 사용된다. GCS는 바이트를 저장하는 한 가지 기능을 잘 수행한다. GCS 자체 내에서는 데이터가 데이터베이스에 있을 때처럼 해당 데이터를 조작할 수 없다.

객체당 최대 5TB의 데이터를 업로드할 수 있으며 GCS의 기본 구조인 버킷 내에서 거의 무제한의 공간을 가질 수 있다. 그러면 URI^{Uniform Resource Identifier} 구문(예, gs://my-bucket/myobject)을 통해 객체에 액세스할 수 있다. 버킷 이름은 전역적으로 고유하므로 버킷이 속한 프로젝트를 지정할 필요가 없다. HTTP URL을 사용해 객체를 공개하도록 선택할 수도 있다. 즉, 웹 서버와 같은 웹 사이트를 호스팅하는 데 GCS를 사용할 수 있다.

또한 GCS는 버킷 내에서 객체를 읽거나 쓸 수 있는 사용자를 세밀하게 제어한다. 이렇게 하면 구글 인증 시스템으로 보호되는 안전한 방식으로 업로드 및 다운로드할 수 있다. 데이터를 GCP로 가져오는 일반적인 방법은 소스 시스템에서 실행되는 서비스키를 사용해 업로드를 허용하는 것이다.

GCS는 다른 시스템으로 가져오기를 방해할 수 있는 스키마나 기타 로드 문제를 걱정할 필요가 없기 때문에 가져온 데이터의 랜딩 패드로 자주 사용된다. 객체에 바이트만 있으면 업로드할 수 있다. 이러한 이유로 데이터가 구조화돼 있고 데이터베이스에 직접 로드할 수 있는 경우에도 가져오기 스키마로 인해 로드가 실패하는 경우에 대비해 원시 백업을 보유하는 것이 좋다.

또한 GCS는 비디오, 사운드 파일 또는 이미지와 같은 구조화되지 않은 데이터를 업로드할 수 있는 유일한 위치다. 다른 많은 GCP 서비스에서는 GCS URI를 파일 작업용 입력으로 사용해 나중에 사용할 수 있는 구조화된 데이터로 변환하는 머신러닝 API와 같은 서비스에 대한 입력으로 GCS에 업로드했다고 가정한다.

GCS 사용에 대한 자세한 내용은 뒤에 나오는 'GCS' 부분에서 확인할 수 있다.

이벤트 기반 스토리지

GCS에는 새 파일, 삭제 또는 편집과 같은 각 변경이나 업데이트 시 Pub/Sub를 트리거하는 이벤트가 있다. 이 이벤트 트리거는 파일 위치와 이벤트 이름을 전달한다. 즉, 클라우드 펑션과 같은 수신 시스템이 해당 메시지를 사용해 작업을 트리거할 수 있다.

이에 대한 예는 CSV 파일을 빅쿼리로 로드하는 것이다. 타사에서 매일 아침 GCS에 업로드하는 가져오기 파일을 업로드해 가져오기 작업을 트리거할 수 있다. 이는 일정 시간보다 늦게 전달되는 것을 방지하기 때문에 크론^{cron} 스케줄보다 선호된다. 이렇게 하면 내보내기 시간의 차이를 허용하고 매일 아침 정해진 시간에만 가져오기 스크립트를 실행하는 것보다 더 강력하다(예를 들어 서머타임이 적용돼도 문제가 발생하지 않음).

클라우드 펑션으로 트리거하는 클라우드 스토리지 Pub/Sub

파일이 클라우드 스토리지에 업로드될 때마다 Pub/Sub에 `FINALIZE/CREATE` 이벤트가 생성된다. 이는 최종적으로 추가될 빅쿼리 테이블의 예상 데이터 스키마와 데이터를 비교하는 클라우드 펑션을 트리거하는 데 사용할 수 있다.

클라우드 펑션은 파이썬이 될 것이며, 이는 구글 API를 사용해 새로운 파일의 저장 위치(해당 URI)를 받은 다음 해당 파일 이름을 사용해 빅쿼리로 로드 작업을 시작한다.

이 예에서는 mark-bucket-of-stuff라는 클라우드 버킷^{Cloud Bucket}에서 파일을 가져오고, my-project:mydataset.my_crm_imports에 빅쿼리 테이블을 로드하는 클라우드 펑션을 설정해본다.

클라우드 스토리지 파일 구조

클라우드 스토리지에 들어오는 파일을 지정할 때 몇 가지 요구 사항이 있으면 작업이 더 쉬워진다. 나는 보통 다음과 같이 지정한다.

- UTF-8 인코딩만 사용한다.

- 합의된 CSV 형식을 사용한다(예, 쉼표 또는 세미콜론으로 구분된 필드 – 일부 시스템은 표준을 지원할 수 없기 때문에 일반적으로 약간 관대함).

- 데이터를 완전히 따옴표로 묶고 이스케이프 처리할지, 아니면 필드를 따옴표로 묶지 않을지 여부를 지정한다.

- 파일 이름을 소문자, 공백 없이 snake_case로 지정한다. 나중에 살펴보겠지만 파일 이름이 빅쿼리 테이블의 이름을 관리한다.

- 업로드한 파일에 날짜(YYYYMMDD) 또는 날짜 시간(YYYYMMDDHHSS)을 적절하게 붙인다.

- 예를 들어 데이터 볼륨이 10GB 미만인 경우 전체 데이터 업로드와 증분 데이터 업로드를 비교한다.

레거시 CRM 시스템의 날짜 형식과 파일 인코딩에 특히 주의해야 한다. 가능한 경우 UTF-8을 지정하지만 다른 인코딩을 처리하고자 클라우드 펑션에서 일부 창의적인 처리가 필요할 수 있다.

이렇게 하면 my_crm_import_20210703.csv와 같은 파일 이름이 생성된다. 끝에 있는 날짜는 기록될 빅쿼리 날짜 파티션을 제어한다.

데이터에 민감한 데이터(일반적으로 CRM 레코드)로 간주되는 항목이 포함된 경우 데이터 개인정보 보호를 위해 이러한 파일은 버킷에서 클라우드 스토리지의 수명 주기 규칙을 사용해 만료되도록 설정된다(그림 3-20 참고).

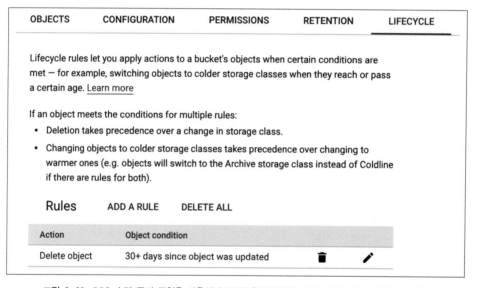

그림 3-20. GCS 수명 주기 규칙을 사용하면 불필요한 데이터가 오래 유지되지 않게 할 수 있음

GDPR은 40일 이내의 응답을 요구하므로 30일 만료 기간은 재해 백업을 위한 버퍼 역할을 하지만 개인 데이터를 너무 오래 보관하지 않게 해야 한다.

GCS에서 빅쿼리로 가져오기 위한 클라우드 펑션 예시

CRM 내보내기 일정을 통해 파일이 클라우드 스토리지에 표시되면 해당 파일을 빅쿼리 테이블로 전환할 수 있다. 클라우드 스토리지 트리거를 사용해 이 작업을 수행할 수 있다.

그림 3-21. GCS에 새로 업로드된 파일에서 트리거할 클라우드 펑션(Cloud Function) 생성

클라우드 콘솔을 통해 클라우드 평션을 만들 수 있다. 버킷 위치와 가장 가까운 이름과 영역을 선택하고 트리거 유형을 '클라우드 스토리지^{Cloud Storage}'로 변경한 다_(그림 3-21 참고).

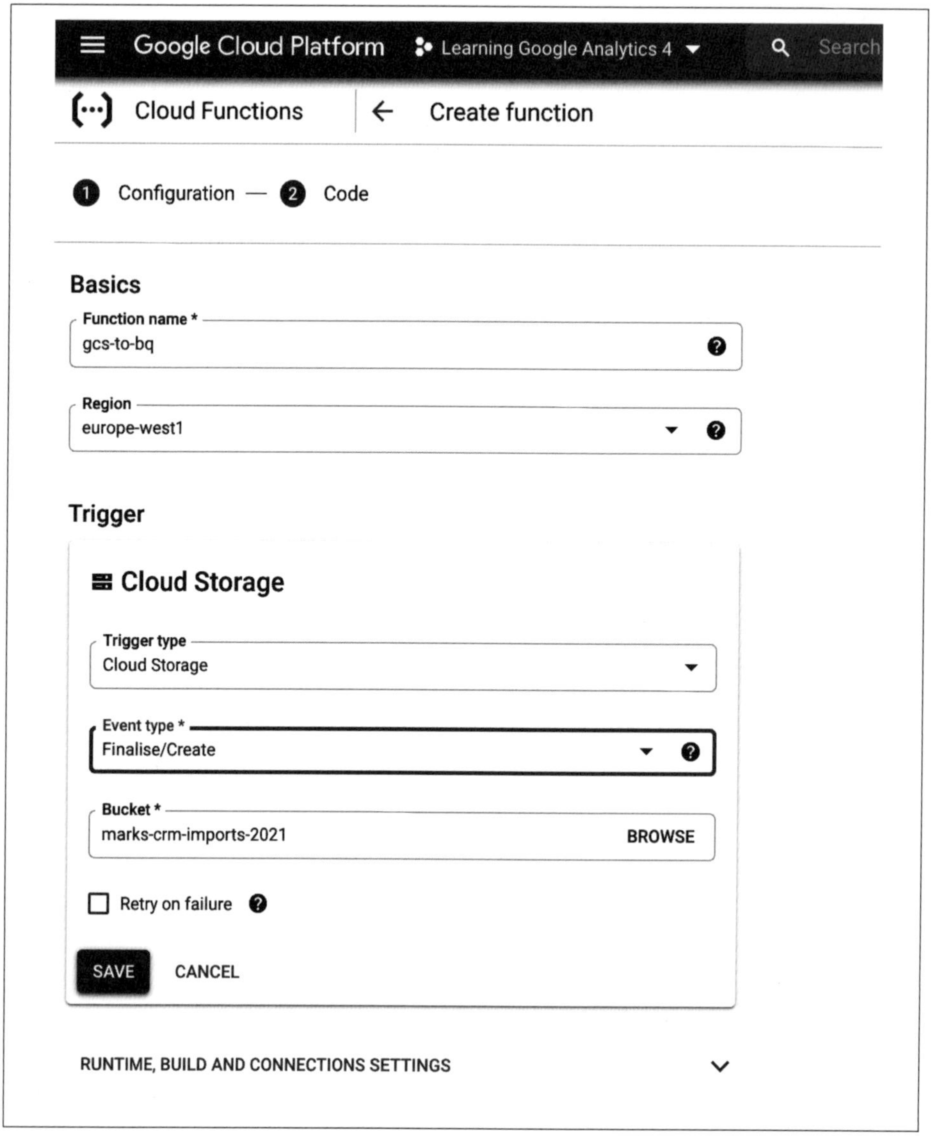

그림 3-22. 이벤트 유형(Finalize/Create) 및 Pub/Sub 이벤트를 보낼 버킷 선택

그런 다음 액세스 권한이 있는 클라우드 스토리지 버킷과 트리거 유형을 선택한다. 이 사용 사례의 경우 파일이 업로드를 완료한 시점(Finalize/Create)을 알고 싶다(그림 3-22).

다음으로 해당 이벤트가 감지되면 트리거할 코드를 추가할 수 있다.

런타임Runtime을 Python으로 선택하면 그림 3-23과 같이 올바른 방향을 가리키는 일부 코드가 이미 채워져 있는 것을 볼 수 있다.

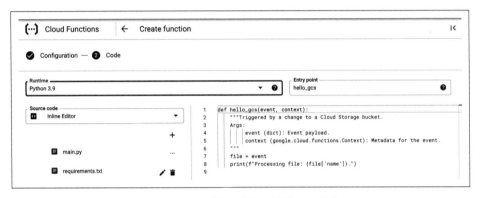

그림 3-23. 파이썬 클라우드 펑션용 코드 추가

스크린샷의 기본 코드는 hello_gcs(event, context) 이벤트를 트리거하고 event['name']을 통해 로그에 파일 이름을 인쇄한다. event['name']은 Pub/Sub 이벤트가 빅쿼리 가져오기 기능을 사용하는 데 필요한 모든 데이터다. 예제 3-9에 있는 자체 코드의 경우 GCS에 로드된 파일의 이름을 가져와 빅쿼리로 구문 분석하도록 코드를 수정한다. 빅쿼리 구성은 파이썬 SDK 설명서(https://oreil.ly/9aHTA)를 따른다.

예제 3-9. GCS 버킷에서 빅쿼리로 CSV를 로드하는 클라우드 펑션 파이썬 코드

```
import os
import yaml
import logging
```

```python
import re
import datetime
from google.cloud import bigquery
from google.cloud.bigquery import LoadJobConfig
from google.cloud.bigquery import SchemaField
import google.cloud.logging

# 로깅 설정 https://cloud.google.com/logging/docs/setup/python
client = google.cloud.logging.Client()
client.get_default_handler()
client.setup_logging()

# config.yaml을 config에 로드
config_file = "config.yaml"

if os.path.isfile(config_file):
    with open("config.yaml", "r") as stream:
        try:
            config = yaml.safe_load(stream)
        except yaml.YAMLError as exc:
            logging.error(exc)
else:
    logging.error("config.yaml needs to be added")

# 스키마 config.yaml 파일에서 SchemaField 객체 목록을 생성한다.
def create_schema(schema_config):

    SCHEMA = []
    for scheme in schema_config:

        if 'description' in scheme:
            description = scheme['description']
        else:
            description = ''

        if 'mode' in scheme:
            mode = scheme['mode']
```

```python
        else:
            mode = 'NULLABLE'

        try:
            assert isinstance(scheme['name'], str)
            assert isinstance(scheme['type'], str)
            assert isinstance(mode, str)
            assert isinstance(description, str)
        except AssertionError as e:
            logging.info(
                'Error in schema: name {} - type {}
                - mode - {} description {}'.format(scheme['name'], scheme['type'],
                                                    mode, description))
            break

        entry = SchemaField(name=scheme['name'],
                            field_type=scheme['type'],
                            mode=mode,
                            description=description)
        SCHEMA.append(entry)

    logging.debug('SCHEMA created {}'.format(SCHEMA))

    return SCHEMA

def make_tbl_name(table_id, schema=False):

    t_split = table_id.split('_20')

    name = t_split[0]

    if schema: return name

    suffix = ''.join(re.findall('\d\d', table_id)[0:4])

    return name + '$' + suffix

def query_schema(table_id, job_config):
```

```python
    schema_name = make_tbl_name(table_id, schema=True)

    logging.info('Looking for schema_name: {} for import: {}'.format(schema_name,
        table_id))
    # 구성 시도 자동 감지가 없는 경우
    # 개발 테이블에만 권장
    if schema_name not in config['schema']:
        logging.info('No config found. Using auto detection of schema')
        job_config.autodetect = True
        return job_config

    logging.info('Found schema for ' + schema_name)

    schema_config = config['schema'][schema_name]['fields']

    job_config.schema = create_schema(schema_config)

    # 표준 CSV 로드 동작은 여기에서 정의할 수 있다.
    job_config.quote_character = '"'
    job_config.skip_leading_rows = 1
    job_config.field_delimiter = ','
    job_config.allow_quoted_newlines = True

    return job_config

def load_gcs_bq(uri, table_id, project, dataset_id):

    client = bigquery.Client(project=project)
    dataset_ref = client.dataset(dataset_id)

    # 가져오기 필요에 따라 아래 구성을 변경한다.
    job_config = LoadJobConfig()
    job_config.source_format = bigquery.SourceFormat.CSV
    job_config.write_disposition = bigquery.WriteDisposition.WRITE_TRUNCATE
    job_config.encoding = bigquery.Encoding.UTF_8
    job_config.time_partitioning = bigquery.TimePartitioning()

    job_config = query_schema(table_id, job_config)
```

```python
    table_name = make_tbl_name(table_id)
    table_ref = dataset_ref.table(table_name)
    job = client.load_table_from_uri(
        uri,
        table_ref,
        location='EU',
        job_config=job_config) # API 요청

def gcs_to_bq(data, context):
    """클라우드 스토리지에 의해 트리거될 백그라운드 클라우드 함수.
    이 함수는 파일 URI를 구성해서 빅쿼리에 업로드한다.

    Args:
        data (dict): 클라우드 펑션 이벤트 페이로드다.
        context (google.cloud.functions.Context): 트리거 이벤트의 메타데이터다.
    Returns:
        None; 출력은 스택 드라이버 로깅에 기록된다.
    """

    object_name = data['name']
    project = config['project']
    dataset_id = config['datasetid']

    if object_name:
        # 파일 이름과 관련된 빅쿼리 테이블을 생성한다.
        table_id = os.path.splitext(os.path.basename(object_name))[0]
            .replace('.','_')
        uri = 'gs://{}/{}'.format(data['bucket'], object_name)

        load_gcs_bq(uri, table_id, project, dataset_id)

    else:
        logging.info('Nothing to load')

    return
```

requirements.txt 파일은 파이썬 3.9 런타임에서 작동하는 것을 확인한 예제 3-10과 같이 지정해야 한다.

예제 3-10. pip에서 로드할 파이썬 모듈에 대한 requirements.txt 파일

```
google-cloud-bigquery==2.20.0
google-cloud-logging==2.5.0
pyyaml==5.4.1
```

 이 책의 모든 코드 조각과 마찬가지로 최신 버전에서 작동하는지 확인하려고 노력했지만 읽으려는 미래의 버전에 따라 코드나 종속성 요구 사항을 조정해야 할 수도 있다.

이 코드는 파이썬 코드와 동일한 폴더에서 찾을 config.yaml 파일에 의존한다. 파일이 있는 경우 이 파일을 사용해 생성하는 빅쿼리 테이블의 스키마를 지정한다. 파일 이름에 대한 스키마가 없으면 자동 감지로 돌아간다. 이를 통해 여러 빅쿼리 테이블을 가져올 수 있다. 구성 파일의 예는 YAML 형식을 사용하는 예제 3-11이다.

예제 3-11. 예제 3-9에 지정된 클라우드 펑션과 함께 사용할 YAML 구성 파일

```
project: learning-ga4
datasetid: crm_imports
schema:
  crm_bookings:
    fields:
      - name: BOOK_ID
        type: STRING
      - name: BOOKING_ACTIVE
        type: STRING
      - name: BOOKING_DEPOSIT
        type: STRING
      - name: DATE
```

```
          type: STRING
        - name: DEPARTURE_DATE
          type: STRING
  crm_permissions:
    fields:
      - name: USER_ID
        type: STRING
      - name: PERMISSION
        type: STRING
      - name: STATUS
        type: STRING
      - name: SOURCE
        type: STRING
      - name: PERMISSION_DATE
        type: STRING
  crm_sales:
    fields:
      - name: SALES_ID
        type: STRING
      - name: SALES_EMAIL
        type: STRING
      - name: SALES_FIRST_NAME
        type: STRING
      - name: SALES_LAST_NAME
        type: STRING
```

예제 3-11의 구성은 가져올 테이블이 3개인 예를 보여준다. 이벤트 기반 가져오기의 장점은 한 번에 많은 함수를 트리거할 수 있다는 것이다.

스키마 섹션에 지정되지 않은 CSV 파일이 업로드되면 스키마 자동 감지와 함께 빅쿼리 로드가 시도된다. 이는 개발에 도움이 되지만 프로덕션 환경에서는 특정 스키마를 사용하는 것이 좋다.

이를 테스트하고자 지정한 스키마를 사용하지 않고(예제 3-12) 또는 지정한 스키마를 사용해(예제 3-13) CSV를 로드할 수 있다.

예제 3-12. 스키마에 지정되지 않은 CSV 파일이 업로드된 예

```
USER_ID,EMAIL,TOTAL_LIFETIME_REVENUE
AB12345,david@email.com,56789
AB34252,sanne@freeemail.com,34234
RF45343,rose@medson.com,23123
```

예제 3-13. 구성 스키마와 일치하는 CSV 파일의 예

```
USER_ID,PERMISSION,STATUS,SOURCE,PERMISSION_DATE
AB12345,Marketing1,True,Email,2021-01-21
AB34252,Marketing3,True,Website,2020-12-02
RF45343,-,False,-,-
```

테스트 CSV 파일을 만들고 클라우드 스토리지 버킷에 업로드한다. 클라우드 펑션의 로그(그림 3-24)에서 빅쿼리 작업이 트리거되고 시작됐는지 여부를 나타내는 함수 내 로그를 볼 수 있다.

2021-07-15 08:41:48.628 CEST	gcs_to_bq	349dxd6e7wpz	Found schema for crm_permissions
2021-07-15 08:41:48.628 CEST	gcs_to_bq	349dxd6e7wpz	Looking for schema_name: crm_permissions for import: crm_permissions_20210704
2021-07-15 08:41:48.617 CEST	gcs_to_bq	349dxd6e7wpz	Function execution started
2021-07-15 08:41:48.435 CEST	gcs_to_bq	ba0v3166k5b6	No config found. Using auto detection of schema
2021-07-15 08:41:48.435 CEST	gcs_to_bq	ba0v3166k5b6	Looking for schema_name: crm_table for import: crm_table_20210704
2021-07-15 08:41:48.421 CEST	gcs_to_bq	ba0v3166k5b6	Function execution started

그림 3-24. 클라우드 펑션 로그를 살펴보면 한 파일은 지정된 스키마로 가져왔고 다른 파일은 자동 감지를 사용했음을 알 수 있다.

그러나 이는 절반에 불과하다. 빅쿼리 로드 작업이 성공했는지 확인하려면 빅쿼리 로그도 확인해야 한다. 그림 3-25에서 스키마가 포함됐고 성공적인 빅쿼리 로드 작업이 수행됐음을 알 수 있다.

152

```
▼ job: {
  ▼ jobConfiguration: {
    ▼ load: {
        createDisposition: "CREATE_IF_NEEDED"
      ▼ destinationTable: {
          datasetId: "crm_imports"
          projectId: "learning-ga4"
          tableId: "crm_permissions$20210704"
        }
        schemaJson: "{
                      "fields": [{
                        "name": "USER_ID",
                        "type": "STRING",
                        "mode": "NULLABLE"
                      }, {
                        "name": "PERMISSION",
                        "type": "STRING",
                        "mode": "NULLABLE"
                      }, {
                        "name": "STATUS",
                        "type": "STRING",
                        "mode": "NULLABLE"
                      }, {
                        "name": "SOURCE",
                        "type": "STRING",
                        "mode": "NULLABLE"
                      }, {
                        "name": "PERMISSION_DATE",
                        "type": "STRING",
                        "mode": "NULLABLE"
                      }]
                    }"
    ▼ sourceUris: [
        0: "gs://marks-crm-imports-2021/crm_permissions_20210704.csv"
      ]
```

그림 3-25. 빅쿼리 로그를 검사해 스키마가 예상대로 지정됐는지 확인

모든 로그를 확인한 후 빅쿼리 자체 내에서 스키마가 지정된 대로(자동 감지를 사용하는 경우에는 그렇지 않음) 테이블이 표시돼야 한다. 그림 3-26을 참고한다.

그림 3-26. 지정된 스키마를 사용해 GCS의 CSV에서 가져온 빅쿼리 테이블

자체 파이프라인 내에서 개발한 스크립트를 사용하려면 이제 CSV 내보내기를 생성하고 자체 데이터에 맞게 config.yaml 파일을 생성해야 한다. 각 CRM 내보내기 또는 대상에 적합한 다양한 구성 설정으로 여러 클라우드 함수를 배포할 수도 있다. 주요 목표는 달성됐다.

이제 최대 5TB(gzip 파일을 직접 로드하는 경우 4GB)에 달하는 CSV에 대해 이벤트 기반 가져오기를 빅쿼리로 수행할 수 있다. 이제 이벤트 중심으로 CSV용 빅쿼리로 가져올 수 있으며, 최대 5TB(gzip 파일을 직접 로드하는 경우 4GB)에 달하는 작업을 수행할 수 있다. 자세한 내용은 설명서(https://oreil.ly/sGo2O)를 참고하기 바란다.

데이터 프라이버시

데이터 프라이버시 관점에서 GCS에서는 개인 데이터를 안전하게 삭제할 수 있는 데이터의 만료 시간을 설정할 수 있다. 이를 정기적인 가져오기와 함께 사용해 데이터 요청의 합법적인 응답 시간보다 짧은 만료 시간을 설정할 수 있다. 즉, 원본 시스템의 기존 데이터 삭제 절차를 클라우드 전체에 복제할 필요 없이 유지할 수 있으며, 기존 시스템에서 데이터 삭제를 요청하는 사용자는 30일 이

내에 해당 요청을 클라우드 데이터로 필터링할 수 있다.

다음 절에서 설명할 CRM과 같은 내부 데이터베이스 내에 있는 개인 데이터를 처리할 때 데이터 프라이버시 문제가 훨씬 더 자주 발생한다.

GCS를 통한 CRM 데이터베이스 가져오기

모든 데이터베이스에 대한 전문가가 될 수는 없기 때문에 나는 보통 고객에게 클라우드 스토리지로 데이터 내보내기는 내가 책임진다고 알려주지만 데이터 내보내기는 고객이 직접 해야 한다. 개발 팀에 대한 실제 요청은 열 A, B, C를 CSV 또는 JSON 파일로 내보내고 gcloud 또는 클라우드 스토리지 SDK(https://oreil.ly/Km9XH) 중 하나를 사용해 GCS에 업로드를 예약하는 것과 같이 간단한 특성을 갖고 있기 때문에 일반적으로 괜찮다. 사내 개발 팀이라면 실제 내보내기가 로컬 MySQL 데이터베이스 등에서 어떻게 생성되고 전달되는지에 더 관여할 수 있다.

빅쿼리에 직접 업로드하지 않고 클라우드 스토리지에 업로드하게 지정하면 내보내기 팀이 특정 스키마를 준수할 필요가 없으므로 쉽게 업로드할 수 있다. 클라우드 스토리지에서 로드할 때 이 작업은 사용자의 몫이다. 또한 이는 편리한 원시 데이터 백업을 제공한다.

로컬 CRM 데이터베이스에서 내보내기 스크립트는 클라우드 스토리지 버킷 역할로만 제한된 서비스키 인증 파일을 사용해 수행하는 것이 가장 좋다. 데이터가 클라우드 스토리지에 도달하면 이전의 '이벤트 기반 스토리지' 절에 설명된 대로 클라우드 펑션을 사용해 데이터를 빅쿼리에 로드할 수 있다.

지금까지 이 장의 모든 코드와 기능을 구현했다면 클라우드 펑션 및 기타 소스에서 코드를 복사해 붙여 넣는 오버헤드가 상당히 많을 수 있는데, 이는 GTM 등으로 작업할 때 더 익숙할 것이다. 하지만 이 방법은 오류가 발생하기 쉽고 과거 변경 사항을 찾는 데 시간을 낭비할 수 있다. 코드를 배포하는 훨씬 더 개발자 친화적인 방법은 CI/CD와 같은 소프트웨어 엔지니어링 모범 사례를 따르는 것이다. 다음 절에서는 이에 대한 구글 클라우드 서비스인 클라우드 빌드에 대한 내용을 다룬다.

깃허브로 클라우드 빌드 CI/CD 설정

일부 데이터 수집 작업에 도움이 될 클라우드 빌드 깃 트리거를 여기에 포함시키겠지만 사실은 데이터 파이프라인 전체에서 도움이 될 것이다. 더 나은 개요를 보려면 이후의 '데이터 스토리지' 절에서 '클라우드 빌드'를 참고한다.

클라우드 빌드는 개발 속도를 높이고 장기적으로 훨씬 쉽게 만들 수 있으므로 프로세스 초기에 클라우드 빌드를 설정하는 것이 좋다.

깃허브 설정

여기서는 깃허브를 예로 들었지만 모든 깃 시스템은 구글의 자체 깃 시스템인 소스 리포지터리와의 미러링을 통해 지원된다. 깃/깃허브 사용 지침(https://oreil.ly/wm0qC)은 이 책에서 다루지 않지만 깃허브는 도움이 될 수 있는 몇 가지 리소스를 제공한다.

깃허브가 있으면 프로젝트의 모든 파일을 보관할 빈 리포지터리를 만든다. 그런 다음 클라우드 빌드용 깃허브 앱(https://oreil.ly/C4mue)을 활성화해야 한다. 나중에 다시 구성할 필요가 없게 모든 리포지터리에 액세스하도록 허용하거나 일부 리포지터리에만 액세스하도록 선택할 수 있다. 선택한 리포지터리가 방금 만든 리포지터리에 포함되는지 확인해야 한다.

클라우드 빌드에 대한 깃허브 연결 설정

깃허브에서 이벤트를 트리거하려면 클라우드 빌드에 권한을 부여해야 한다. 구글 클라우드 콘솔 내에서 클라우드 빌드 섹션으로 이동해서 리포지터리에 연결한다. 깃허브 앱은 활성화된 항목을 추가할 수 있는 옵션을 제공한다. 그림 3-27을 참고한다.

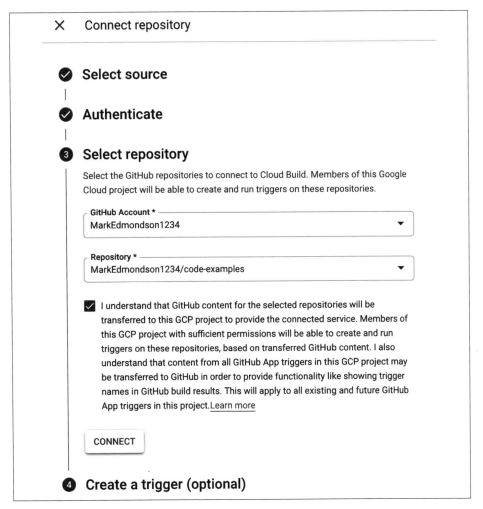

그림 3-27. 파일을 보관하는 깃허브 리포지터리에 클라우드 빌드를 연결

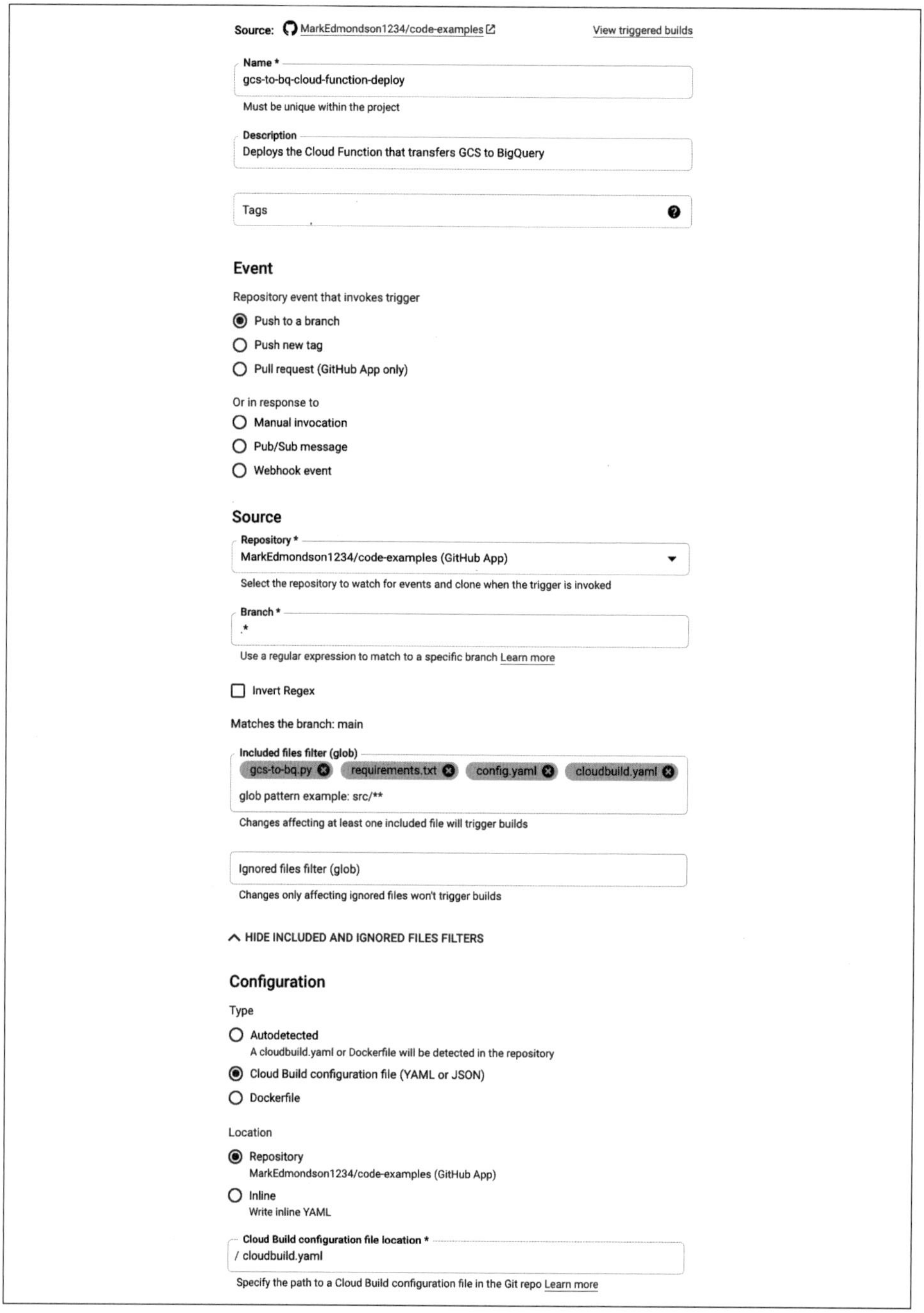

Source: ○ MarkEdmondson1234/code-examples ☑   View triggered builds

Name *
```
gcs-to-bq-cloud-function-deploy
```
Must be unique within the project

Description
```
Deploys the Cloud Function that transfers GCS to BigQuery
```

```
Tags                                                          ❓
```

Event

Repository event that invokes trigger

◉ Push to a branch
○ Push new tag
○ Pull request (GitHub App only)

Or in response to
○ Manual invocation
○ Pub/Sub message
○ Webhook event

Source

Repository *
```
MarkEdmondson1234/code-examples (GitHub App)                  ▼
```
Select the repository to watch for events and clone when the trigger is invoked

Branch *
```
.*
```
Use a regular expression to match to a specific branch Learn more

☐ Invert Regex

Matches the branch: main

Included files filter (glob)
(gcs-to-bq.py ✕) (requirements.txt ✕) (config.yaml ✕) (cloudbuild.yaml ✕)

glob pattern example: src/**

Changes affecting at least one included file will trigger builds

```
Ignored files filter (glob)
```

Changes only affecting ignored files won't trigger builds

∧ HIDE INCLUDED AND IGNORED FILES FILTERS

Configuration

Type

○ Autodetected
   A cloudbuild.yaml or Dockerfile will be detected in the repository
◉ Cloud Build configuration file (YAML or JSON)
○ Dockerfile

Location
◉ Repository
   MarkEdmondson1234/code-examples (GitHub App)
○ Inline
   Write inline YAML

Cloud Build configuration file location *
```
/ cloudbuild.yaml
```
Specify the path to a Cloud Build configuration file in the Git repo Learn more

그림 3-28. 클라우드 빌드 트리거는 깃허브 리포지터리에 커밋할 때마다 cloudbuild.yaml의 콘텐츠를 활성화한다.

이제 트리거를 생성하도록 선택할 수도 있다. 이 트리거는 다음의 '리포지터리에 파일 추가' 절에서 자세히 설명하는 cloudbuild.yaml에 생성된 클라우드 빌드 단계 활성화에 대한 규칙을 제어한다.

트리거를 생성한 후 클라우드 펑션과 관련된 파일이 변경된 경우에만 트리거를 배포하도록 한다. 그림 3-28에 예가 나와 있다.

이 경우 그림 3-29에 표시된 설정 창(https://oreil.ly/6JeRG)에서 설정할 수 있는 클라우드 함수를 배포할 권한이 있는 사용자로 클라우드 빌드 빌더 에이전트를 추가해야 한다.

GCP service	Role ?	Status
Cloud Functions	Cloud Functions Developer	ENABLED ▼
Cloud Run	Cloud Run Admin	DISABLED ▼
App Engine	App Engine Admin	DISABLED ▼
Kubernetes Engine	Kubernetes Engine Developer	DISABLED ▼
Compute Engine	Compute Instance Admin (v1)	DISABLED ▼
Firebase	Firebase Admin	DISABLED ▼
Cloud KMS	Cloud KMS CryptoKey Decrypter	DISABLED ▼
Secret Manager	Secret Manager Secret Accessor	DISABLED ▼
Service Accounts	Service Account User	ENABLED ▼

그림 3-29. 클라우드 펑션 배포를 위한 클라우드 빌드 권한 설정

리포지터리에 파일 추가

클라우드 빌드를 활성화하려면 빌드 대상을 관리하는 추가 파일인 cloudbuild.yaml이 필요하다. 이 예에서 코드를 변경하면 클라우드 펑션의 재배포가 트리거돼야 한다. 클라우드 펑션 설명서를 참고하면 웹 콘솔을 사용하지 않을 때 배포를 트리거하려면 GCP 작업용 커맨드라인 도구인 gcloud를 사용하는 것이

좋다는 것을 알 수 있다. 특히 **gcloud functions deploy**(https://oreil.ly/0pOzR) 명령이 필요하다.

클라우드 펑션과 트리거의 경우 이는 예제 3-14에 표시된 **gcloud** 명령을 실행하는 것으로 변환된다. cloudbuild.yaml의 역할은 이 명령을 복제해 클라우드 펑션 코드가 변경될 때마다 트리거하는 것이다.

예제 3-14. 예제 3-9에 지정된 클라우드 펑션을 배포하기 위한 gcloud 명령

```
gcloud functions deploy gcs_to_bq \
    --runtime=python39 \
    --region=europe-west1 \
    --trigger-resource=marks-crm-imports-2021 \
    --trigger-event=google.storage.object.finalize
```

배포 코드를 클라우드 빌드 YAML 형식으로 변환하면 예제 3-15에 표시된 YAML이 생성된다.

예제 3-15. 예제 3-9의 클라우드 펑션을 배포하기 위한 클라우드 빌드 YAML

```
steps:
- name: gcr.io/cloud-builders/gcloud
  args: [ 'functions',
          'deploy',
          'gcs_to_bq',
          '--runtime=python39',
          '--region=europe-west1',
          '--trigger-resource=marks-crm-imports-2021',
          '--trigger-event=google.storage.object.finalize']
```

예제 3-15에서는 **gcloud**가 설치돼 있는 **gcr.io/cloud-builders/gcloud**라는 이름의 도커 이미지를 사용한다(상상할 수 있듯이 이 이미지는 주변에 두면 편리한 도커 이미지다). 명령은 기본적으로 할당된 깃허브 리포지터리의 루트 폴더에서 실행되므로 모든 구성

이나 requirements.txt 종속성 파일을 포함해 존재하는 모든 파일을 배포한다.

이제 그림 3-30과 같이 '이벤트 기반 스토리지'의 모든 파일과 cloudbuild.yaml 파일이 깃 리포지터리에 포함돼야 한다.

 클라우드 펑션이 포함된 파일 이름이 main.py인지 확인한다.

Name ⌃	Date Modified	Size	Kind
cloudbuild.yaml	Today at 13.39	329 bytes	YAML
config.yaml	Today at 12.33	844 bytes	YAML
crm_permissions_20210708.csv	Today at 12.34	152 bytes	CSV Document
crm_permissions.csv	Today at 12.35	152 bytes	CSV Document
crm_users_20210708.csv	Today at 12.33	130 bytes	CSV Document
main.py	Today at 12.32	4 KB	Python
README.md	Today at 12.39	250 bytes	R Markdown File
requirements.txt	Today at 12.33	72 bytes	Plain Text

그림 3-30. 깃을 사용하게 설정된 폴더의 파일

이전의 '클라우드 빌드에 대한 깃허브 연결 설정' 절에서 트리거가 올바르게 설정된 경우 파일을 커밋하고 깃허브에 푸시하면 빌드가 트리거된다. 그러면 빌드 진행률(https://oreil.ly/5xl9E)을 볼 수 있으며, 구문이 올바른지 확인하는 데 유용하다. 빌드가 성공하면 멋진 체크 표시가 나타난다(그림 3-31). 그런 다음 클라우드 펑션이 변경 사항과 함께 배포됐는지 확인해야 한다.

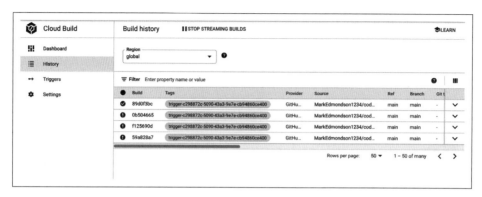

그림 3-31. 클라우드 빌드를 통한 클라우드 펑션의 성공적인 배포;
이전의 실패한 빌드에 주목해야 한다. 우리 모두는 실수를 한다.

이제부터는 웹UI를 사용해 클라우드 펑션을 변경할 필요가 없다. 개발 파일을 로컬에서 변경하고 깃허브에 커밋하면 몇 분 안에 이러한 변경 사항이 배포된 코드에 반영된다. 이를 통해 엄청난 속도 향상을 제공하고 훨씬 더 빠르게 반복 작업을 수행할 수 있다.

요약

3장에서는 책의 모든 사용 사례와 실제 애플리케이션의 약 95%에 필요한 데이터 수집을 살펴봤다. GA4 데이터 스트림을 설정하면 빅쿼리, 클라우드 스토리지, GTM, 내부 시스템의 조합으로 풍부한 데이터 세트가 열린다.

GA4 설정을 개선하는 데 도움이 되는 추가 기술을 찾고 있다면 다음 단계로 클라우드 플랫폼 서비스에 익숙해지는 것이 좋다. 이는 GA4의 지평을 넓힐 수 있는 도구를 갖게 되기 때문이다. 이는 내 경력의 몇 가지 흥미로운 프로젝트를 수행하는 데 있어 중요한 단계였다.

더 많은 내용을 다룰 수 있지만 3장의 둘러보기를 통해 시스템에 데이터를 가져오는 일반적인 방법을 소개하는 데 도움이 됐기를 바란다. 4장에서는 데이터 모델링과 데이터 활성화 단계로 이동하기 전에 필요한 다음 단계인 데이터를 가져온 후 작업하는 방법을 보여준다. 이러한 요소 중 일부는 이미 클라우드 스토리지와 빅쿼리를 통해 다뤘지만 4장에서는 더 많은 원칙을 살펴보고 특히 실시간 또는 예약 스트림을 위해 이를 보완할 수 있는 다른 시스템을 소개할 것이다.

## 4장

데이터 스토리지

애플리케이션의 데이터를 저장하는 위치는 데이터 분석 인프라의 중요한 부분이다. 단순히 GA4의 기본 스토리지 시스템을 사용하는 사소한 문제부터 GA4, CRM 데이터베이스, 기타 디지털 마케팅 채널 비용 데이터 등을 비롯한 여러 데이터 소스를 수집하는 복잡한 데이터 흐름까지 다양할 수 있다. GCP에서 선택한 분석 데이터베이스인 빅쿼리는 분석 관점에서 데이터 작업을 고려할 때 발생하는 문제 유형을 정확하게 해결하도록 구축됐기 때문에 실제로 지배적이며, 이것이 바로 GA4에서 내보내기 옵션으로 빅쿼리를 제공하는 이유다. 일반적으로 모든 데이터를 한곳에 모아 분석 쿼리를 쉽게 실행할 수 있고, 보안을 고려하면서도 민주적인 방식으로 데이터를 필요로 하는 사람이나 애플리케이션이 사용할 수 있게 하는 것이 철학이다.

4장에서는 데이터 스토리지 시스템을 다룰 때 고려해야 할 다양한 결정과 전략을 살펴본다. 내 실수로부터 경험을 얻어 여러분이 실수를 피하고 모든 사용 사례에 대한 견고한 기초를 다질 수 있기를 바란다.

4장은 데이터 분석 프로젝트의 데이터 수집과 데이터 모델링 부분을 연결하는 역할을 한다. GA4 데이터는 3장에서 설명한 원칙에 따라 유입돼야 하며, 2장에서 정의한 사용 사례에 따라 5장과 6장에 설명된 방법을 사용할 목적으로 이 장에 설명된 도구와 기법을 사용해 데이터를 사용한다.

데이터 스토리지 솔루션을 살펴볼 때 고려해야 할 몇 가지 일반적인 원칙부터 시작한 다음 GCP에서 가장 인기 있는 옵션과 내가 매일 사용하는 옵션을 살펴본다.

데이터 원칙

이 절에서는 사용 중인 데이터 스토리지 옵션을 안내하는 몇 가지 일반적인 지침을 설명한다. 데이터를 높은 수준으로 정리하고 유지하는 방법, 비즈니스에 필요할 수 있는 다양한 역할에 맞게 데이터 세트를 구성하는 방법, 데이터 세트를 연결할 때 고려해야 할 사항을 살펴본다.

정리된 데이터

정리된 데이터는 R 커뮤니티 내에서 소개된 개념이며, 모든 데이터 실무자가 그 원칙을 따를 때 이점을 얻을 수 있는 좋은 아이디어다. 정리된 데이터는 다운스트림 데이터 흐름에 가장 유용하도록 데이터를 어떻게 저장해야 하는지에 대한 의견 설명으로, 데이터를 저장하는 방법에 대한 매개변수를 설정해 모든 데이터 프로젝트의 공통 기반을 마련할 수 있게 한다.

정리된 데이터의 개념은 R스튜디오의 데이터 과학자이자 '타이디버스tidyverse, 개념을 고안한 해들리 위컴Hadley Wickham이 개발했다. 개럿 그롤문드Garrett Grolemund와 해들리 위컴의 『R을 활용한 데이터 과학』(인사이트, 2019)(https://learning.oreilly.com/library/view/r-for-data/9781491910382/)에서 원칙 적용에 대한 근거를 확인하거나 타이디버스 웹 사이트(https://www.tidyverse.org/)를 방문하기 바란다.

정리된 데이터는 R의 데이터 사이언스 커뮤니티에서 처음 대중화됐지만 R을 사용하지 않더라도 데이터 처리의 첫 번째 목표로 생각하는 것이 좋다. 이는 위컴과 그롤문드의 책(https://oreil.ly/Z4Faj)에서 인용한 내용으로 요약된다.

행복한 가정은 모두 비슷하다. 불행한 가정은 모든 나름의 방식으로 불행하다.
– 레오 톨스토이[Leo Tolstoy]

정리된 데이터 세트는 모두 비슷하지만 지저분한 데이터 세트는 모두 나름의 방식으로
지저분하다.
– 해들리 위컴

기본 아이디어는 원시 데이터를 데이터 분석에 유용한 보편적인 표준으로 전환하는 방법이 있으며, 이를 데이터에 적용하면 데이터를 처리할 때마다 매번 다시 개발할 필요가 없다.

데이터 세트를 깔끔하게 만드는 세 가지 규칙이 있다.

1. 각 변수에는 고유한 열이 있어야 한다.

2. 각 관측치에는 고유한 행이 있어야 한다.

3. 각 값에는 고유한 셀이 있어야 한다.

그림 4-1에서 이러한 규칙을 확인할 수 있다.

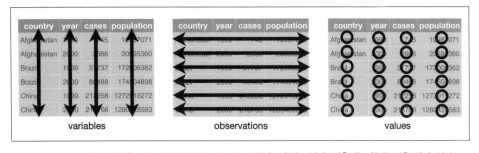

그림 4-1. 세 가지 규칙을 따르면 데이터 세트가 깔끔해진다. 변수는 열에, 관측치는 행에, 값은 셀에 있다
(위컴과 그롤먼트의 『R을 활용한 데이터 과학』).

데이터 정리는 일반적으로 프로젝트에서 가장 시간이 많이 걸리는 부분이기 때문에 시작할 때마다 데이터의 형태를 걱정할 필요 없이 사용 사례의 특정 문제에 대해 작업할 수 있는 정신적 여유를 확보할 수 있다. 원시 데이터를

가져온 후에는 다운스트림 사용 사례에 노출할 해당 데이터의 정리된 데이터 버전을 만들고자 모든 노력을 기울여야 한다.

정리된 데이터 표준은 매번 데이터를 어떻게 만들어야 할지 고민하는 수고를 덜어주며, 다운스트림 데이터 애플리케이션에서 데이터가 항상 특정 방식으로 제공될 것으로 예상할 수 있으므로 표준화할 수 있게 도와준다.

이는 이론이므로 다음 절에서 실제로 어떻게 작동하는지 살펴본다.

GA4 데이터 정리의 예

다음은 정리되지 않은 GA4 데이터로 시작해서 추가 분석을 위해 정리하는 워크플로에 대한 예다. 데이터 정리를 위해 R을 사용하고 있지만 동일한 원칙을 엑셀Excel과 같이 모든 언어나 도구에 적용할 수 있다.

GA4 데이터부터 시작해본다. 예제 4-1은 내 블로그에서 일부 customEvent 데이터를 내보낼 R 스크립트를 보여준다. 이 데이터에는 '구글 애널리틱스(Google Analytics)' 또는 '빅쿼리(BigQuery)'와 같이 각 블로그 게시물을 넣은 카테고리가 포함된다. 이 사용자 정의 데이터는 customEvent라는 이름의 category에서 사용할 수 있다.

예제 4-1. GA4 데이터 API에서 맞춤 측정 기준 category를 추출하기 위한 R 스크립트

```
library(googleAnalyticsR)

# 액세스 권한이 있는 사용자로 인증
ga_auth()

# propertyID를 잊어버린 경우
ga4s <- ga_account_list("ga4")

# 내 블로그 propertyID - 직접 변경해야 한다.
gaid <- 206670707
```

```r
# 사용자 정의 필드 가져오기
meta <- ga_meta("data", propertyId = gaid)

# 필드가 구현된 시점부터 오늘까지의 날짜 범위
date_range <- c("2021-07-01", as.character(Sys.Date()))

# 카테고리가 없는 데이터를 필터링한다.
invalid_category <-
  ga_data_filter(!"customEvent:category" == c("(not set)","null"))

# 사용자 정의 필드의 추세를 확인하기 위한 API 호출: article_read
article_reads <- ga_data(gaid,
  metrics = "eventCount",
  date_range = date_range,
  dimensions = c("date", "customEvent:category"),
  orderBys = ga_data_order(+date),
  dim_filters = invalid_category,
  limit = -1)
```

article_reads의 내용 중 맨 위는 표 4-1과 같다.

데이터 수집의 품질이 다운스트림 데이터 처리에 영향을 미친다는 것을 알 수 있다. 예를 들어 기사 카테고리는 데이터를 더 깔끔하게 만들고자 자체 이벤트로 분할될 수 있다. 이는 '깔끔한' 데이터가 아니다. 모델링에 적합하게 데이터를 정리해야 하는데, 매우 일반적이다. 또한 깔끔한 데이터 수집이 다운스트림 작업을 줄이는 방법을 강조한다.

표 4-1. googleAnalyticsR로 데이터 API를 통해 추출된 GA4 데이터

date	customEvent:category	eventCount
2021-07-01	GOOGLE-TAG-MANAGER·CLOUD-FUNCTIONS	13
2021-07-01	GOOGLE-TAG-MANAGER·GOOGLE-ANALYTICS	12

(이어짐)

date	customEvent:category	eventCount
2021-07-01	R·GOOGLE-APP-ENGINE·DOCKER·GOOGLE-ANALYTICS · GOOGLE-COMPUTE-ENGINE·RSTUDIOSERVER	9
2021-07-01	R·CLOUD-RUN·GOOGLE-TAG-MANAGER·BIG-QUERY	8
2021-07-01	R·DOCKER·CLOUD-RUN	8
2021-07-01	GOOGLE-TAG-MANAGER·DOCKER·CLOUD-RUN	7
2021-07-01	R·GOOGLE-ANALYTICS·SEARCH-CONSOLE	7
2021-07-01	R·DOCKER·RSTUDIO-SERVER·GOOGLE-COMPUTE-ENGINE	6
2021-07-01	DOCKER·R	5
2021-07-01	R·FIREBASE·GOOGLE-AUTH·CLOUD-FUNCTIONS·PYTHON	5
2021-07-01	R·GOOGLE-AUTH·BIG-QUERY·GOOGLE-ANALYTICS·GOOGLE-CLOUD-STORAGE·GOOGLE-COMPUTE-ENGINE·GOOG	4
2021-07-01	GOOGLE-CLOUD-STORAGE·PYTHON·GOOGLE-ANALYTICS·CLOUD-FUNCTIONS	3
2021-07-01	R·GOOGLE-ANALYTICS	3
2021-07-01	BIG-QUERY·PYTHON·GOOGLE-ANALYTICS·CLOUD-FUNCTIONS	2
2021-07-01	DOCKER·R·GOOGLE-COMPUTE-ENGINE·CLOUD-RUN	2
2021-07-01	R·GOOGLE-AUTH	2
2021-07-01	docker·R	2
2021-07-02	R·CLOUD-RUN·GOOGLE-TAG-MANAGER·BIG-QUERY	9
2021-07-02	DOCKER·R	8
2021-07-02	GOOGLE-TAG-MANAGER·DOCKER·CLOUD-RUN	8
2021-07-02	GOOGLE-TAG-MANAGER·GOOGLE-ANALYTICS	8
2021-07-02	R·DOCKER·CLOUD-RUN	6
2021-07-02	R·GOOGLE-APP-ENGINE·DOCKER·GOOGLE-ANALYTICS·GOOGLE-COMPUTE-ENGINE·RSTUDIO-SERVER	6

이전의 '정리된 데이터' 절에서 자세히 설명한 것처럼 이 데이터는 아직 분석할 준비가 된 깔끔한 형태가 아니므로 정리하는 데 도움이 되는 R의 tidyverse 라이브러리 중 일부, 즉 tidyr 및 dplyr를 활용해 데이터를 정리할 것이다.

첫 번째 작업은 열 이름을 바꾸고 카테고리 문자열을 분리해 열당 하나씩 갖게 하는 것이다. 또한 모든 것을 소문자로 만든다. 표 4-1의 article_reads data.frame이 주어졌을 때 tidyverse를 사용해서 이를 수행하는 방법은 예제 4-2를 참고한다.

예제 4-2. 표 4-2와 유사하게 보이도록 tidy 및 dplyr를 사용해서 article_reads 원시 데이터를 정리하기

```
library(tidyr)
library(dplyr)

clean_cats <- article_reads |>
  # 데이터 열 이름 바꾸기
  rename(category = "customEvent:category",
    reads = "eventCount") |>
  # 모든 카테고리 값 소문자화
  mutate(category = tolower(category)) |>
  # 단일 카테고리 열을 6개로 분리
  separate(category,
    into = paste0("category_",1:6),
    sep = "[^[:alnum:]-]+",
    fill = "right", extra = "drop")
```

이제 데이터는 표 4-2와 같다. 그러나 아직 깔끔한 형식에 도달하지 못했다.

표 4-2. 표 4-1의 데이터를 정리한 결과

date	category_1	category_2	category_3	category_4	category_5	category_6	reads
2021-07-01	google-tag-manager	cloud-functions	NA	NA	NA	NA	13
2021-07-01	google-tag-manager	google-analytics	NA	NA	NA	NA	12
2021-07-01	r	google-app-engine	docker	google-analytics	google-compute-engine	rstudio-server	9
2021-07-01	r	cloud-run	google-tag-manager	big-query	NA	NA	8
2021-07-01	r	docker	cloud-run	NA	NA	NA	8
2021-07-01	google-tag-manager	docker	cloud-run	NA	NA	NA	7

데이터를 집계해서 각 행이 하나의 관측치, 즉 하루에 카테고리별로 읽은 횟수가 되게 하려고 한다. 이를 위해 데이터를 현재 '와이드' 형식이 아닌 '롱' 형식으로 피벗해서 집계한다. 데이터가 더 긴 형식이 되면 날짜 및 카테고리 열에 대한 집계가 수행돼(SQL의 GROUP BY와 유사) 카테고리별 읽기 횟수의 합계를 얻는다. 예제 4-3을 참고한다.

예제 4-3. 와이드 데이터를 롱 데이터로 변환하고 날짜/카테고리별로 집계하기

```
library(dplyr)
library(tidyr)

agg_cats <- clean_cats |>
```

```
# 와이드 데이터를 롱 데이터로 전환
pivot_longer(
  cols = starts_with("category_"),
  values_to = "categories",
  values_drop_na = TRUE
) |>
# 집계하고자 하는 차원을 그룹화한다.
group_by(date, categories) |>
# category_reads 측정 항목 생성: 읽은 횟수의 합계
summarize(category_reads = sum(reads), .groups = "drop_last") |>
# 날짜 및 읽은 횟수별로 내림차순 정렬
arrange(date, desc(category_reads))
```

 이 책의 R 예제는 파이프 연산자 |>를 포함하는 R v4.1로 가정한다. 4.1 이전 버전의 R에서는 자체 패키지인 magrittr에서 가져온 파이프 연산자를 볼 수 있으며, %>%와 같이 표시된다. 이 예제에서는 안전하게 교환할 수 있다.

데이터 정리를 통해 실행되면 표 4-3과 유사한 표가 표시된다. 이는 데이터 과학자나 분석가라면 모두 기꺼이 작업할 수 있는 정리된 데이터 세트이자 모델 탐색 단계의 시작점이다.

표 4-3. article_reads 원시 데이터의 정리된 데이터

date	categories	category_reads
2021-07-01	r	66
2021-07-01	google-tag-manager	42
2021-07-01	docker	41
2021-07-01	google-analytics	41
2021-07-01	cloud-run	25
2021-07-01	cloud-functions	23

책에 제시된 예제는 항상 이상화된 것으로 보이며 실험, 버그 수정, 정규식 수정 등 정기적으로 수행해야 하는 작업을 거의 반영하지 않는다고 가정한다. 축소된 예제이긴 하지만 앞의 예제에서 원하는 것을 정확히 얻으려면 몇 번의 시도가 필요했다. 하지만 정리된 데이터 원칙을 염두에 두면 나중에 다시 작업하지 않아도 되는 목표가 생기므로 이 작업은 더 쉽게 처리할 수 있다.

원시 데이터를 수집한 후 첫 번째 단계는 예제에서와 같이 정리된 데이터로 변환하는 방법을 살펴보는 것이다. 그러나 데이터가 깔끔하게 정리돼 있더라도 다음 절에서 다룰 데이터의 역할도 고려해야 한다.

다양한 역할을 위한 데이터 세트

들어오는 원시 데이터는 프로덕션에 사용되거나 내부 최종 사용자에게 노출돼야 하는 상태인 경우가 거의 없다. 사용자 수가 증가함에 따라 이러한 목적을 위해 정리된 데이터 세트를 준비해야 할 이유가 더 많아지겠지만, 더 많은 파생된 데이터 세트가 어떻게 생성됐는지 언제든지 역추적할 수 있게 '진실의 출처source of truth'를 유지해야 한다.

여기에서 데이터 거버넌스, 즉 다양한 유형의 데이터에 누가, 무엇에 액세스하는지 파악하는 프로세스를 생각해보기 시작해야 한다.

여기에는 몇 가지 다른 역할이 제안된다.

원시 데이터

다운스트림에서 문제가 발생할 경우 언제든지 재구축할 수 있도록 원시 데이터 스트림을 그대로 유지하는 것이 좋다. GA4의 경우 이것은 빅쿼리 데이터 내보내기가 될 것이다. 개인 데이터 삭제 요청과 같은 법적 의무가 없는 한 일반적으로 추가 또는 빼기를 통해 이 데이터를 수정하지 않는 것이 좋다. 또한 원시 데이터 세트는 일반적으로 작업하기가 매우 어렵기 때문에 필요하지 않는 한 최종 사용자에게 이 데이터 세트를 공개하지 않는 것이

174

좋다. 예를 들어 GA4 내보내기는 중첩 구조로 돼 있다. 아직 빅쿼리 SQL에 익숙하지 않은 사람에게는 어려운 학습 곡선이 있다. 이는 안타까운 일이다. 어떤 사람은 데이터 엔지니어링을 처음 접하는 것이기 때문에 일반적인 플랫 데이터 세트로만 작업할 때보다 훨씬 더 어렵다고 생각하기 때문이다. 대신 첫 번째 워크플로에서는 일반적으로 이 원시 데이터를 가져와 정리, 필터링, 집계해서 훨씬 더 관리하기 쉬운 형태로 만든다.

정리된 데이터

정리된 데이터는 소비에 적합하게 만드는 첫 번째 단계를 거친 데이터다. 여기에서 잘못된 데이터 포인트를 제거하고 명명 규칙을 표준화하고, 도움이 되는 경우 데이터 세트 조인을 수행하고, 집계 테이블을 생성하고, 데이터를 사용하기 쉽게 만들 수 있다. '진실의 출처' 역할을 할 좋은 데이터 세트를 찾고 있다면 정리된 데이터 세트가 원래의 원시 데이터 소스보다 더 좋다. 이 데이터 세트를 유지 관리하는 것은 지속적인 작업이며 대부분 데이터 세트를 만든 데이터 엔지니어가 수행한다. 다운스트림 데이터 사용자는 읽기 권한만 가져야 하며 포함할 유용한 테이블을 제안해 도움을 줄 수 있다.

비즈니스 사례

정리된 데이터에서 구축할 수 있는 많은 집계에는 많은 다운스트림 애플리케이션의 소스가 되는 일반적인 비즈니스 사용 사례가 포함돼 있다. 예를 들어 미디어 채널의 비용 데이터와 GA4 웹 스트림 데이터를 병합해서 CRM의 전환 데이터와 결합할 수 있다. 이는 마케팅 효과 데이터(비용, 액션, 전환)의 전체 '폐쇄 루프'가 포함하는 일반적인 바람직한 데이터 세트다. 다른 비즈니스 사례는 영업이나 제품 개발에 더 중점을 둘 수 있다. 데이터가 충분하다면 필요에 따라 적절한 부서에서 데이터 세트를 사용할 수 있게 할 수 있으며, 이는 최종 사용자가 일상적인 임시 쿼리를 위한 데이터 소스가 될 것이다. 최종 사용자는 제한된 SQL 지식이나 루커^{Looker}, 데이터 스튜디오 또는 태블로^{Tableau}와 같은 데이터 시각화 도구로 데이터에 액세스할 것이다. 기업의 모든 사람이 이러한 관련 데이터 세트를 사용할 수 있다는 것은 그 기업이 실제로 '데이터 기반 조직'이라는 좋은 신호다(모든 CEO의 약 90%가 열망하지만 실제로 실현할 수 있는 것은 10%에 불과할 것이다).

테스트 플레이그라운드

새로운 통합, 조인, 개발을 시도하고자 스크래치 패드가 필요한 경우도 많다. 예를 들어 데이터 만료일이 90일인 전용 데이터 세트가 있다는 것은 사용자에 대한 흩어진 테스트 데이터를 추적하거나 프로덕션 시스템을 손상시키지 않고도 사람들이 데이터 세트 내에서 작업할 수 있다는 확신을 가질 수 있다.

데이터 애플리케이션

프로덕션 환경에서 실행 중인 각 데이터 애플리케이션은 앞서 언급한 모든 데이터 세트 역할에서 파생된 것일 가능성이 높다. 비즈니스에서 중요한 사용 사례에 전용 데이터 세트가 있는지 확인하면 어떤 데이터가 사용되고 있는지 항상 정확히 알 수 있고, 다른 사용 사례가 나중에 해당 사용 사례에 방해가 되지 않게 방지할 수 있다.

이러한 역할은 데이터 흐름의 대략적인 순서다. 일반적으로 뷰나 예약된 작업은 데이터를 처리하고 각각의 종속 항목으로 복사하게 설정되며, 관리를 위해 다른 GCP 프로젝트에 포함될 수 있다.

GA4의 빅쿼리 내보내기와 같은 데이터 세트를 사용할 때 큰 가치는 이후 '데이터 세트 연결' 절에서 설명하는 대로 해당 데이터를 다른 데이터에 연결하는 것이다.

사용자가 데이터 세트를 즐겁게 사용할 수 있게 하는 데 도움이 되는 몇 가지 사항을 살펴봤다. 사용자가 버튼(또는 SQL 쿼리)을 한 번만 누르면 필요한 모든 것을 얻을 수 있는 방식으로 비즈니스 부서 전체의 데이터를 연결하는 깔끔하고 역할 정의된 데이터 세트의 꿈을 실현한다면 여러분은 이미 수많은 기업보다 앞서 있을 것이다. 예를 들어 많은 사람이 데이터 기반 회사의 전형이라고 생각하는 구글을 생각해보자. 락^{Lak}의 저서인 『구글 클라우드 플랫폼상의 데이터 과학』(에이콘출판, 2019)에서는 구글 직원의 80%가 매주 데이터를 어떻게 사용하는지 다음과 같이 설명한다.

> 예를 들어 구글에서는 거의 80%의 직원이 매달 Dremel을 사용한다(Dremel은 구글 클라우드의 빅쿼리에 대응하는 내부 도구). 일부 직원은 다른 직원보다 더 정교한 방식으로 데이터를 사용하지만 모든 직원은 의사 결정에 정보를 제공하고자 정기적으로 데이터를 접한다. 누군가에게 질문을 하면 실제 답변이 아닌 질문의 빅쿼리 뷰에 대한 링크를 받을 가능성이 높다. "최신 답변을 알고 싶을 때마다 이 쿼리를 실행하세요."라고 생각할 수 있다. 후자의 시나리오에서 빅쿼리는 작업 없이 데이터베이스를 대체하는 것에서 셀프 서비스 데이터 분석 솔루션으로 발전했다.

이 인용문은 많은 기업이 자사의 직원이 사용할 수 있게 노력하고 바라는 것을 반영하며, 이것이 완전히 실현된다면 비즈니스에 큰 영향을 미칠 것이다.

다음 절에서는 인용문에 언급된 구글 도구인 빅쿼리를 살펴본다.

빅쿼리

빅쿼리만 사용하면 데이터 분석에 필요한 모든 것이 해결된다는 것은 자명한 사실이다. 그것은 확실히 내 경력에 큰 영향을 미쳤으며, 인프라에 많은 시간을 소비하고 작업을 로드하는 번거로운 작업에서 데이터 가치를 창출하는 데 더 많은 시간을 집중할 수 있도록 데이터 엔지니어링을 발전시켰다.

3장의 '빅쿼리' 절에서 GA4 빅쿼리 내보내기(이전의 '빅쿼리와 GA4 연결' 절)와 클라우드 스토리지에서 클라우드 스토리지 파일을 가져와 CRM 내보내기에 사용하는 방법(이전의 '이벤트 기반 스토리지' 절)에 대해 이미 설명했다. 이 절에서는 이제 빅쿼리에 있는 데이터를 구성하고 사용하는 방법을 살펴본다.

빅쿼리를 사용해야 하는 경우

빅쿼리는 GCP에서 디지털 분석 작업을 위한 만병통치약과 같기 때문에 사용하지 않을 때를 대략적으로 설명하는 것이 차라리 더 쉬울 것이다. 빅쿼리에는 다음과 같은 기능이 있다. 이 기능은 분석 데이터베이스에도 필요한 기능이다.

- 저렴하거나 무료인 스토리지로 비용 걱정 없이 모든 데이터를 입력할 수 있다.

- 무한한 확장성으로 나중에 페타바이트 규모의 데이터를 투입하더라도 함께 묶일 새 서버 인스턴스 생성에 대해 걱정할 필요가 없다.

- **유연한 비용 구조:** 일반적으로 선택하는 방법은 매달 서버에 지불하는 매몰 비용이 아니라 (쿼리를 통해) 더 많이 사용하는 경우에만 확장되는 것이다. 또는 쿼리 비용 절감을 위해 매몰 비용sunk cost 슬롯을 예약하도록 선택할 수 있다.

- 나머지 GCP 제품군과 통합해 머신러닝 등을 활용해 데이터를 향상시킨다.

- COUNT, MEANS, SUM과 같은 일반적인 SQL 함수를 포함하는 데이터베이스 내 계산은 클러스터링 및 예측과 같은 머신러닝 작업까지 포함하므로, 데이터를 내보내고 모델링한 다음 다시 입력할 필요가 없다.

- 기존의 데이터베이스를 붕괴시킬 만큼 대규모로 확장 가능한 윈도우 기능을 제공한다.

- 수십억 개의 행을 스캔하는 경우에도 결과를 빠르게 반환한다(기존 데이터베이스의 경우 몇 분 또는 몇 시간).

- 많은 개별 테이블이 필요 없이 다대일 및 일대다 데이터 포인트로 작업할 수 있는 유연한 데이터 구조(데이터 중첩 기능)를 제고한다.

- 보안 OAuth2 로그인이 있는 웹 인터페이스를 통해 쉽게 액세스할 수 있다.

- 프로젝트, 데이터 세트, 테이블에서 개별 행과 열에 대해서만 사용자 액세스를 제공하는 기능에 이르기까지 세분화된 사용자 액세스 기능을 제공한다.

- 모든 기능을 포괄하는 강력한 외부 API를 통해 고유한 애플리케이션을 생성하고, 동일한 API를 사용해 유용한 미들웨어를 생성하는 타사 소프트웨어를 선택할 수 있다.

- AWS 및 애저와 같은 다른 클라우드와 통합해서 기존 데이터 스택을 가져오거나 내보낼 수 있다. 예를 들어 빅쿼리 옴니^{BigQuery Omni}를 사용하면 다른 클라우드 공급자에서 직접 데이터를 쿼리할 수 있다.

- 실시간에 가까운 업데이트를 위한 스트리밍 데이터 애플리케이션이다.

- 데이터 스키마를 자동 감지하고 새 필드를 추가할 때 다소 유연하다.

빅쿼리는 궁극적으로 분석 데이터베이스로 설계됐기 때문에 이러한 기능을 제공하는 반면 기존의 SQL 데이터베이스는 열을 조회할 때 속도가 저하되는 빠른 행 트랜잭션 액세스에 중점을 둔다.

빅쿼리는 최초의 분석 전용 클라우드 데이터베이스 시스템 중 하나였지만 2022년 현재 스노우플레이크^{Snowflake}와 같이 비슷한 성능을 제공하는 다른 여러 데이터베이스 플랫폼이 여러 개 등장해서 이 분야의 경쟁이 더욱 치열해지고 있다. 이는 빅쿼리를 비롯한 여러 플랫폼에서 혁신을 주도하고 있으며, 이는 모든 플랫폼 사용자에게 좋은 일이 될 수 있다. 그럼에도 동일한 원칙을 적용해야 한다. SQL 쿼리의 핵심을 살펴보기 전에 이제 빅쿼리 내에서 데이터 세트가 어떻게 구성되는지 살펴본다.

데이터 세트 구성

나는 빅쿼리 데이터 세트로 작업하면서 몇 가지 원칙을 터득했는데, 여기에서 유용할 만한 몇 가지 원칙을 살펴본다.

첫 번째 고려 사항은 사용자와 관련된 지역에 데이터 세트를 배치하는 것이다. 빅쿼리 SQL의 몇 가지 제한 사항 중 하나는 지역에 걸쳐 데이터 테이블을 조인할 수 없다는 것이다. 즉, 유럽과 미국 기반 데이터를 쉽게 병합할 수 없다는 의미다. 예를 들어 EU에서 작업하는 경우 이는 일반적으로 데이터 세트를 만들때 EU 지역을 지정해야 한다.

 기본적으로 빅쿼리는 데이터가 미국에 있어야 한다고 가정한다. 데이터 세트를 만들때 항상 지역을 지정해서 데이터 세트가 어디에 있는지 확인하고 나중에 모든 데이터에 대해 지역 전송을 수행할 필요가 없게 하는 것이 좋다. 이는 특히 개인정보 보호규정 준수 문제와 관련이 있다.

사용자가 원하는 데이터를 신속하게 찾을 수 있도록 데이터 세트에 대한 좋은 이름 지정 구조도 유용하다. 예를 들어 GA4 MeasurementId **G-1234567** 대신 **ga4_tidy**와 같이 숫자 ID가 아닌 해당 데이터 세트의 소스와 역할을 항상 지정하는 것이 포함된다.

또한 조직적으로 합리적이라면 다른 GCP 프로젝트에 데이터를 넣는 것을 두려워하지 말아야 한다. 빅쿼리 SQL은 여러 프로젝트에서 작동하므로 두 프로젝트에 모두 액세스 권한이 있는 사용자가 쿼리할 수 있다(두 테이블이 동일한 지역에 있는 경우). 개발, 스테이징, 프로덕션 프로젝트가 있는 경우 일반적으로 이를 적용한다. 이 책의 주요 주제인 빅쿼리 데이터 세트에서 권장하는 분류는 다음과 같다.

원시 데이터 세트
외부 API 또는 서비스의 첫 번째 대상인 데이터 세트다.

정리된 데이터 세트
정리된 데이터 세트는 집계나 조인을 수행해서 다른 파생 테이블이 '진실의 출처'로 사용할 수 있는 유용한 기본 상태로 만들고자 집계나 조인을 수행한 데이터 세트다.

데이터 세트 모델링

모델 결과를 포함하는 데이터 세트로, 일반적으로 정리된 데이터 세트를 소스로 사용하며 나중에 활성화 테이블을 위한 중간 테이블이 될 수 있다.

활성화 데이터 세트

데이터 세트 대시보드, API 엔드포인트 또는 외부 공급자 내보내기와 같은 활성화 작업을 위해 만든 뷰 및 정리된 테이블을 포함하는 데이터 세트다.

테스트/개발 데이터 세트

나는 일반적으로 개발 작업을 위해 데이터 만료 시간을 90일로 설정한 데이터 세트를 생성해서 사용자에게 프로덕션 준비가 된 데이터 세트를 어지럽히지 않고 테이블을 만들 수 있는 스크래치 패드를 제공한다.

좋은 데이터 세트 이름 지정 구조를 사용하면 빅쿼리 테이블에 유용한 메타데이터를 추가할 수 있는 기회를 갖게 돼, 조직의 나머지 구성원이 원하는 것을 쉽고 빠르게 찾고 교육비용을 절감하며, 데이터 분석가의 자기 관리 기능을 강화할 수 있다.

지금까지 데이터 세트 구성을 다뤘지만 이제 해당 데이터 세트 내 테이블의 기술 사양을 알아본다.

테이블 팁

이 절에서는 빅쿼리 내에서 테이블 작업을 하면서 배운 몇 가지 교훈을 다룬다. 데이터 로드, 쿼리, 추출 작업을 더 쉽게 만드는 전략을 다룬다. 데이터로 작업할 때 다음 팁을 따르면 미래를 대비할 수 있다.

가능한 경우 파티션 및 클러스터

정기적인 데이터 업데이트를 처리하는 경우 데이터를 일별(또는 시간별, 월별, 연도별
등) 테이블로 구분하는 파티션을 나눈 테이블을 사용하는 것이 좋다. 그러면
모든 데이터에 대해 쉽게 쿼리할 수 있으면서도 필요할 때 테이블을 특정
시간 범위로 제한하는 성능을 유지할 수 있다. 클러스터링은 데이터를 더
빠르게 쿼리할 수 있도록 데이터를 구성할 수 있는 빅쿼리의 또 다른 관련
기능이다. 데이터를 가져올 때 이 기능을 설정할 수 있다. 구글의 '파티션을
나눈 테이블 소개Introduction to Partitioned Tables(https://oreil.ly/0zcUK)'에서 두 기능에 대한
자세한 내용과 데이터에 미치는 영향을 확인할 수 있다.

추가하지 않고 자르기

데이터를 가져올 때 데이터 세트에 데이터를 추가하는 APPEND 모델을 피하
고 좀 더 상태 비저장적인 WRITE_TRUNCATE(예, 덮어쓰기) 전략을 선호한다. 이를
통해 데이터를 먼저 삭제할 필요 없이 재실행할 수 있다(예, 상태 비저장 멱등성 워크플
로). 이 방법은 샤딩되거나 파티션을 나눈 테이블에서 가장 잘 작동한다. 매우
많은 양의 데이터를 가져오고 전체 로드를 다시 생성하기에는 비용이 너무
많이 드는 경우에는 이 방법이 불가능할 수 있다.

기본값은 플랫하지만 성능을 위해 중첩

SQL 경험이 적은 사용자에게 테이블을 제공할 때 플랫 테이블은 중첩된 구
조의 빅쿼리보다 훨씬 쉽게 작업할 수 있다. 플랫 테이블은 중첩된 원시 테
이블보다 훨씬 더 클 수 있지만 어쨌든 데이터 볼륨을 줄이고자 집계와 필터
링을 수행해야 한다. 그러나 중첩된 테이블은 데이터 전체에 조인 횟수가
너무 많지 않게 하는 좋은 방법이다. 경험상 항상 데이터 세트를 다른 데이
터 세트와 조인하는 경우 해당 데이터는 중첩된 구조에서 더 잘 형성될 수
있다. 이러한 중첩된 테이블은 원시 데이터 세트에서 더 일반적이다.

이러한 팁을 구현하면 가져오기를 다시 실행해야 할 때 데이터 복제에 대해
걱정할 필요가 없다. 잘못된 날짜는 지워지고 그 자리에 새롭고 신선한 데이터

가 채워지지만 해당 파티션에만 해당되므로 진실의 출처를 확인하고자 전체 데이터 세트를 다시 가져올 필요가 없다.

SELECT*의 비용

경험에 비춰볼 때 많은 비용이 빠르게 발생할 수 있으므로 프로덕션 테이블에서 SELECT*를 사용하지 않는다. 쿼리를 많이 받는 뷰를 만들어 사용하는 경우 더욱 두드러진다. 빅쿼리 요금은 쿼리에 포함된 행수보다 열수와 더 관련이 있으므로 SELECT*는 모든 열을 선택해서 비용이 가장 많이 든다. 또한 열 중첩을 해제하면 요금이 부과되는 데이터양이 증가할 수 있으므로 주의해야 한다.

이 책에는 특정 사용 사례를 다루는 많은 SQL 예제가 있으므로 이 절에서는 SQL이 작동할 테이블의 사양을 자세히 살펴봤다. 일반 원칙은 일단 채택되면 조직 내에서 널리 사용되는 도구가 될 빅쿼리 데이터의 깨끗하고 효율적인 작업을 유지하는 데 도움이 돼야 한다.

빅쿼리는 스트리밍 데이터를 처리할 수 있지만 이벤트 기반 데이터에는 좀 더 전용화된 도구가 필요한 경우가 있는데, 바로 이때 Pub/Sub가 등장한다.

Pub/Sub

Pub/Sub는 수많은 데이터 가져오기에 필수적인 요소다. Pub/Sub는 글로벌 메시징 시스템으로, 데이터 소스 간의 파이프를 이벤트 중심 방식으로 구현하는 방법이다.

Pub/Sub 메시지는 최소 한 번 이상 전달이 보장되므로 파이프라인의 일관성을 보장하는 방법이다. 이는 100% 작동을 기대해서는 안 되는 HTTP API 호출과는 다르다. Pub/Sub는 수신 시스템이 Pub/Sub 메시지를 수신했음을 'ack', 즉 승인해야 이를 달성할 수 있다. 수신 시스템에서 'ack'를 반환하지 않으면 Pub/Sub는 메시지를 다시 보내고자 큐에 대기한다. Pub/Sub를 통해 수십억 건의 히트를 전송할 수 있는 대규모의 작업이 이뤄지며, 실제로 이는 구글 검색을 위해 전체 월드와이드웹을 크롤링하는 구글봇^{Googlebot} 크롤러와 유사한 기술이다.

Pub/Sub는 데이터 스토리지 자체는 아니지만 GCP에서 스토리지 솔루션 간의 파이프 역할을 하므로 여기서는 관련이 있다. Pub/Sub는 토픽을 통해 데이터를 보낼 수 있는 일반 파이프라인처럼 작동하며, 그러면 다른 쪽에서 구독을 통해 해당 데이터를 사용할 수 있다. 하나의 토픽에 많은 구독을 매핑할 수 있다. 또한 서버 설정에 대한 걱정 없이 수십억 개의 이벤트를 전송할 수 있으며, 최소 1회 전송이 보장되는 서비스를 통해 이벤트가 전송될 것이라는 확신을 가질 수 있다. 이러한 보장 서비스를 제공할 수 있는 이유는 각 구독이 전송된 데이터를 수신했음을 확인(또는 메시지 큐에서 흔히 말하는 'ack')해야 하며, 그렇지 않으면 다시 전송하고자 큐에 대기하기 때문이다.

이 토픽/구독^{topic/subscription} 모델은 하나의 이벤트가 여러 스토리지 애플리케이션 이나 이벤트 기반 트리거로 전송되게 할 수 있다는 것을 의미한다. 로깅 필터를 통해서도 트리거할 수 있기 때문에 GCP의 거의 모든 작업에는 Pub/Sub 이벤트 를 전송하는 옵션이 있다. 이것이 내가 처음 사용한 애플리케이션이었다. 빅쿼 리 GA360 내보내기는 매일 항상 같은 시간에 내보내지 않는 것으로 악명이 높기 때문에 일정에 따라 설정된 경우 다운스트림 가져오기 작업이 중단될 수 있다. 로그를 사용해서 빅쿼리 테이블이 실제로 채워진 시점을 추적하면 Pub/ Sub 이벤트가 트리거돼 작업이 시작될 수 있다.

GA4 빅쿼리 내보내기를 위한 Pub/Sub 토픽 설정

유용한 Pub/Sub 이벤트는 GA4 빅쿼리 내보내기가 준비되면 발생하며, 나중에 다른 애플리케이션(예, 이후의 '클라우드 빌드' 절)에 사용할 수 있다.

클라우드 로깅^{Cloud Logging}이라고 하는 구글 클라우드 콘솔의 일반 로그를 사용해 서 이를 수행할 수 있다. 여기에 빅쿼리를 포함해서 실행 중인 모든 서비스에 대한 모든 로그가 저장된다. 모니터링하려는 활동에 대한 서비스 로그 항목으

로 필터링할 수 있는 경우 Pub/Sub 토픽을 트리거하는 로그 기반 측정 항목을
설정할 수 있다.

먼저 GA4 내보내기가 준비됐을 때와 관련된 빅쿼리 활동을 기록하는 클라우드
로깅 항목에서 Pub/Sub 토픽을 만들어야 한다.

예제 4-4는 이에 대한 필터의 예를 보여주며 결과는 그림 4-2와 같다.

예제 4-4. GA4 빅쿼리 내보내기가 준비됐는지 확인하고자 클라우드 로깅 내에서 사용할 수 있는 필터

```
resource.type="bigquery_resource"
protoPayload.authenticationInfo.principalEmail=
    "firebase-measurement@system.gserviceaccount.com"
protoPayload.methodName="jobservice.jobcompleted"
```

이 필터를 적용하면 파이어베이스 서비스키인 firebasemeasurement@system.
gserviceaccount.com이 빅쿼리 테이블 업데이트를 완료했을 때에만 항목이 표
시된다.

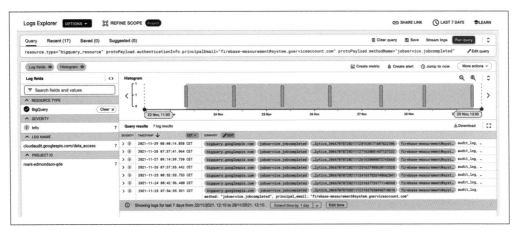

그림 4-2. GA4 빅쿼리 내보내기가 언제 준비됐는지 확인하기 위한
클라우드 로깅 필터로, Pub/Sub 토픽을 생성하는 데 사용할 수 있다.

로그 필터가 만족스러우면 '로그 라우터^{Logs Router}'를 선택해서 Pub/Sub로 라우팅

한다. 설정 화면의 예는 그림 4-3에 나와 있다.

로그가 생성되면 나중에 사용할 수 있는 빅쿼리 내보내기가 준비될 때마다 Pub/Sub 메시지를 받게 된다. 이후 '클라우드 빌드' 절에 자세히 설명된 대로 클라우드 빌드를 사용해서 데이터를 처리하거나 다음 절의 예제에 따라 빅쿼리 파티션을 나눈 테이블을 생성하는 것이 좋다.

그림 4-3. GA4 빅쿼리 로그를 설정해서 ga4-bigquery라는 이름의 Pub/Sub 토픽에 항목을 전송하게 한다.

GA4 내보내기에서 파티션을 나눈 빅쿼리 테이블 생성

기본적으로 GA4 내보내기는 '샤딩된sharded' 테이블로 돼 있으므로 각 테이블이 개별적으로 생성되며 SQL에서 와일드카드를 사용해서 모든 테이블을 가져올 수 있다. 예를 들어 3일 간의 테이블은 events_20210101, events_20210102, events_20210103으로 불리며, SQL 조각 SELECT * FROM dataset.events_*로 쿼리할 수 있다. *는 와일드카드다.

이것은 작동하지만 다운스트림 쿼리를 최적화하려는 경우 테이블을 하나의 파티션을 나눈 테이블로 집계하면 일부 작업 흐름이 더 쉬워지고 일부 쿼리를 최적화해서 속도를 높일 수 있다. 그림 4-3에 설정된 Pub/Sub 토픽을 사용해서 파티션을 나눈 테이블로 테이블을 복사하는 작업을 트리거한다.

이렇게 하려면 Pub/Sub 토픽으로 이동하고 상단의 버튼을 눌러 트리거할 클라우드 펑션을 만든다. 파티션을 나눈 테이블로 테이블을 복사하는 코드는 예제 4-5에 있다.

예제 4-5. 파티션을 나눈 테이블에 GA4 빅쿼리 내보내기를 복사하는 클라우드 펑션용 파이썬 코드

```python
import logging
import base64
import JSON
from google.cloud import bigquery # pip google-cloud-bigquery==1.5.1
import re

# 데이터 세트로 바꾸기
DEST_DATASET = 'REPLACE_DATASET'

def make_partition_tbl_name(table_id):
  t_split = table_id.split('_20')

  name = t_split[0]

  suffix = ''.join(re.findall("\d\d", table_id)[0:4])
```

```python
    name = name + '$' + suffix

    logging.info('partition table name: {}'.format(name))

    return name

def copy_bq(dataset_id, table_id):
    client = bigquery.Client()
    dest_dataset = DEST_DATASET
    dest_table = make_partition_tbl_name(table_id)

    source_table_ref = client.dataset(dataset_id).table(table_id)
    dest_table_ref = client.dataset(dest_dataset).table(dest_table)

    job = client.copy_table(
        source_table_ref,
        dest_table_ref,
        location = 'EU') # API 요청

    logging.info(f"Copy job:
        dataset {dataset_id}: tableId {table_id} ->
        dataset {dest_dataset}: tableId {dest_table} -
        check BigQuery logs of job_id: {job.job_id}
        for status")

def extract_data(data):
    """Gets the tableId, datasetId from pub/sub data"""
    data = JSON.loads(data)

    complete = data['protoPayload']['serviceData']['jobCompletedEvent']['job']
    table_info = complete['jobConfiguration']['load']['destinationTable']
    logging.info('Found data: {}'.format(JSON.dumps(table_info)))
    return table_info

def bq_to_bq(data, context):
    if 'data' in data:
        table_info = extract_data(base64.b64decode(data['data']).decode('utf-8'))
```

```
    copy_bq(dataset_id=table_info['datasetId'],
        table_id=table_info['tableId'])
else:
    raise ValueError('No data found in pub-sub')
```

자체 서비스 계정으로 클라우드 펑션을 배포하고 해당 서비스 계정에 빅쿼리 데이터 소유자^{BigQuery Data Owner} 권한을 부여한다. 가능하면 특정 데이터 세트나 테이블로 제한하는 것이 좋다.

클라우드 펑션이 배포되면 GA4 빅쿼리 내보내기가 다른 데이터 세트의 파티션을 나눈 테이블에 복제된다. 클라우드 펑션은 GA4 내보내기가 준비됐다는 Pub/Sub 메시지에 반응하고 빅쿼리 작업을 트리거해서 테이블을 복사한다. 이것은 샤딩된 테이블에서는 작동하지 않는 데이터 손실 방지 API^{Data Loss Prevention API}와 같은 애플리케이션에 유용하며, 이후의 '데이터 손실 방지 API' 절의 예제 애플리케이션에 나와 있다.

Pub/Sub에 대한 서버 사이드 푸시

GTM SS를 사용하는 경우 Pub/Sub의 또 다른 용도는 데이터 수집 파이프라인의 일부다. GTM SS 컨테이너에서 모든 이벤트 데이터를 나중에 사용하고자 Pub/Sub 엔드포인트로 푸시할 수 있다.

GTM SS 내에서 모든 이벤트 데이터를 HTTP 엔드포인트로 보낼 컨테이너를 만들 수 있다. 해당 HTTP 엔드포인트는 이를 Pub/Sub 토픽으로 전송하는 클라우드 펑션이 될 수 있다. 이를 수행하는 코드는 예제 4-6에 나와 있다.

예제 4-6. GTM SS 이벤트를 HTTP 엔드포인트로 전송해서 Pub/Sub 토픽으로 변환하는 방법을 보여주는 몇 가지 예제 코드다.

```
const getAllEventData = require('getAllEventData');
```

```
const log = require("logToConsole");
const JSON = require("JSON");
const sendHttpRequest = require('sendHttpRequest');

log(data);

const postBody = JSON.stringify(getAllEventData());

log('postBody parsed to:', postBody);

const url = data.endpoint + '/' + data.topic_path;
log('Sending event data to:' + url);

const options = {method: 'POST',
    headers: {'Content-Type':'application/JSON'}};

// POST 요청을 보낸다.
sendHttpRequest(url, (statusCode) => {
  if (statusCode >= 200 && statusCode < 300) {
    data.gtmOnSuccess();
  } else {
    data.gtmOnFailure();
  }
}, options, postBody);
```

GTM SS 이벤트 페이로드와 함께 이 HTTP 엔드포인트를 수신하고 Pub/Sub 토픽을 생성하고자 클라우드 펑션을 배포할 수 있다(예제 4-7 참고).

예제 4-7. GTM SS 이벤트 데이터를 검색하고 해당 콘텐츠로 Pub/Sub 토픽을 생성하는 GTM SS 태그 내에서 가리키는 HTTP 클라우드 펑션

```
import os, JSON
from google.cloud import pubsub_v1 # google-cloud-Pub/Sub==2.8.0

def http_to_Pub/Sub(request):
  request_JSON = request.get_JSON()
```

```python
    request_args = request.args

    print('Request JSON: {}'.format(request_JSON))

    if request_JSON:
        res = trigger(JSON.dumps(request_JSON).encode('utf-8'), request.path)
        return res
    else:
        return 'No data found', 204

def trigger(data, topic_name):
    publisher = Pub/Sub_v1.PublisherClient()

    project_id = os.getenv('GCP_PROJECT')
    topic_name = f"projects/{project_id}/topics/{topic_name}"

    print ('Publishing message to topic {}'.format(topic_name))

    # 필요한 경우 토픽 생성
    try:
        future = publisher.publish(topic_name, data)
        future_return = future.result()
        print('Published message {}'.format(future_return))

        return future_return

    except Exception as e:
        print('Topic {} does not exist? Attempting to create it'.format(topic_name))
        print('Error: {}'.format(e))

        publisher.create_topic(name=topic_name)
        print ('Topic created ' + topic_name)

        return 'Topic Created', 201
```

파이어스토어

파이어스토어는 이전의 '빅쿼리' 절과 같은 제품에서 사용할 수 있는 SQL과 달리 NoSQL 데이터베이스다. 빅쿼리를 보완하는 파이어스토어(또는 데이터스토어)는 빠른 응답 시간에 중점을 둔 대응 제품이다. 파이어스토어는 연결된 데이터를 빠르게 조회하는 데 사용되는 키를 통해 작동한다. 여기서 빠르다는 것은 1초 미만을 의미한다. 즉, 빅쿼리와 다른 방식으로 작업해야 한다. 대부분의 경우 데이터베이스에 대한 요청은 객체(예, 사용자 속성)를 반환하는 키(예, 사용자 ID)를 참고해야 한다.

파이어스토어는 이전에 데이터스토어라고 불렸으며 제품의 리브랜딩이다. 데이터스토어와 파이어베이스 실시간 데이터베이스(Firebase Realtime Database)라는 다른 제품을 최대한 활용하는 파이어스토어는 자동 확장, 고성능 및 손쉬운 애플리케이션 개발을 위해 구축된 NoSQL 문서 데이터베이스다.

파이어스토어는 파이어베이스 제품군에 연결돼 있으며 일반적으로 캐싱, 일괄 처리 등을 통해 모바일을 지원하는 첫 번째 조회가 필요한 모바일 애플리케이션에 사용된다. 파이어스토어의 속성은 사용자 ID와 같은 ID를 제공할 때 빠르게 조회하는 데 이상적이기 때문에 분석 애플리케이션에도 유용할 수 있다.

파이어스토어를 사용해야 하는 경우

나는 일반적으로 사용자 ID가 주어졌을 때 사용자의 속성을 제공하는 것과 같이 초당 여러 번 호출될 가능성이 있는 API를 생성할 때 파이어스토어를 사용한다. 이는 대개 프로젝트의 데이터 활성화 부분을 지원하기 위한 것으로, 몇 마이크로초 내에 ID를 가져와서 파이어스토어를 쿼리하고 속성을 반환하는 가벼운 API를 사용한다.

빠른 조회가 필요한 경우 파이어스토어도 유용하다. 분석 추적에 유용한 예로, 제품의 비용, 브랜드, 카테고리 등을 반환하는 제품 SKU를 조회해서 제품 데이터베이스를 제품 파이어스토어에 보관하는 것이다. 이러한 데이터베이스가 있으면 전자상거래 히트를 SKU만 포함하도록 트리밍하고 데이터를 조회한 후 GA4로 전송해서 분석 컬렉션을 개선할 수 있다. 이렇게 하면 보안, 속도, 효율성 측면에서 이점을 누리면서 사용자의 웹 브라우저에서 훨씬 적은 수의 히트를 전송할 수 있다.

API를 통해 파이어스토어 데이터에 액세스

파이어스토어에 액세스하려면 먼저 데이터를 파이어스토어 인스턴스로 가져와야 한다. 가져오기 API를 통해 가져오거나 웹UI를 통해 수동으로 입력해서 이 작업을 수행할 수 있다. 데이터 세트의 요구 사항은 일반적으로 데이터를 반환하고자 데이터베이스에 보내는 키가 항상 있어야 하고, 그러면 데이터의 중첩된 JSON 구조가 반환된다.

파이어스토어에 데이터를 추가하려면 중첩 구조에 포함될 수 있는 기록하려는 객체와 데이터베이스 내의 해당 위치를 정의해야 한다. 전체적으로 이렇게 하면 파이어스토어 문서가 정의된다. 파이썬을 통해 추가되는 방법의 예는 예제 4-8에 나와 있다.

예제 4-8. 파이썬 SDK를 사용해 데이터 구조를 파이어스토어로 가져오기(이 경우 일부 세부 정보가 포함된 데모 제품 SKU)

```python
from google.cloud import firestore
db = firestore.Client()

product_id = u'SKU12345'

data = {
    u'name': u'Muffins',
    u'brand': u'Mule',
    u'price': 15.78
```

```
    }

# 'your-firestore-collection' 컬렉션에 새 문서 추가
db.collection(u'your-firestore-collection').document(product_id).set(data)
```

이를 사용하면 예제 4-8과 유사한 코드를 사용하는 애플리케이션에서 데이터를 조회할 수 있도록 데이터를 파이어베이스로 가져오기 위한 추가 데이터 파이프라인이 필요할 수 있다.

파이어스토어에 데이터가 있으면 애플리케이션을 통해 데이터에 연결할 수 있다. 예제 4-9는 클라우드 펑션이나 앱 엔진^{App Engine} 애플리케이션에서 사용할 수 있는 파이썬 함수를 보여준다. 이 함수는 product_id가 제공될 때 제품 정보를 조회하는 데 사용한다고 가정한다.

예제 4-9. 클라우드 펑션 내에서 파이썬을 사용해 파이어스토어 데이터베이스에서 데이터를 읽는 방법의 예

```
# pip google-cloud-firestore==2.3.4
from google.cloud import firestore

def read_firestore(product_id):
  db = firestore.Client()
  fs = 'your-firestore-collection'
  try:
    doc_ref = db.collection(fs).document(product_id)
  except:
    print(f'Could not connect to firestore collection: {fs}')
    return {}

  doc = doc_ref.get()
  if doc.exists:
    print(f'product_id data found: {doc.to_dict()}')
    return doc.to_dict()
  else:
```

194

```
print(f'Could not find entry for product_id: {product_id}')
return {}
```

파이어스토어는 디지털 분석 워크플로에 도움이 되는 또 다른 도구로, API에서 호출하거나 사용자가 웹 사이트를 탐색할 때와 같이 실시간 애플리케이션과 밀리초 단위의 응답 시간이 필요하고, 사용자의 여정에 지연을 추가하고 싶지 않을 때 더욱 유용하다. 데이터 분석 작업보다는 웹 애플리케이션 프레임워크에 더 적합하므로 데이터 활성화의 마지막 단계에서 자주 사용된다.

빅쿼리와 파이어스토어는 둘 다 정형 데이터로 작동하는 데이터베이스의 예지만 비디오, 사진, 오디오 또는 처리하기 전에 모양을 모르는 데이터와 같이 비정형 데이터를 접할 수도 있다. 이 경우 스토리지 옵션은 더 낮은 수준의 바이트 단위로 저장해야 하며, 바로 이 점에서 클라우드 스토리지가 등장한다.

GCS

이전의 '구글 클라우드 스토리지' 절에서 CRM 시스템으로 데이터를 수집하고자 GCS를 사용하는 방법을 이미 살펴봤지만 이 절에서는 일반적인 GCS 사용에 대해 자세히 살펴본다. GCS는 여러 역할에 유용하며 바이트를 안전하게 유지하면서 즉시 사용할 수 있는 간단한 작업에 도움이 된다.

GCS는 컴퓨터에 있는 파일을 저장하는 하드 드라이브와 가장 유사한 GCP 서비스 스토리지 시스템이다. 애플리케이션에서 데이터를 열기 전까지는 해당 데이터를 조작하거나 아무 작업도 할 수 없지만 안전하고 액세스 가능한 방식으로 액세스할 수 있도록 TB 단위의 데이터를 저장한다. 내가 사용하는 역할은 다음과 같다.

비정형 데이터

비디오 및 이미지와 같이 데이터베이스에 로드할 수 없는 객체의 경우 GCS는 언제나 도움을 줄 수 있는 곳이다. '블롭blobs'이라는 애칭으로 알려진 버킷에는 바이트 이내의 모든 객체를 저장할 수 있다. 음성을 텍스트로 변환하거나 이미지 인식과 같은 구글 API로 작업할 때 일반적으로 파일을 먼저 GCS에 업로드해야 한다.

원시 데이터 백업

정형 데이터의 경우에도 GCS는 아카이브의 낮은 속도로 저장할 수 있는 원시 데이터 백업으로 유용하므로 중단할 때 언제든지 되돌리거나 재해 복구할 수 있다.

데이터 가져오기 랜딩 패드

이전의 '구글 클라우드 스토리지' 절에서 볼 수 있듯이 GCS는 데이터 스키마나 형식에 구애받지 않기 때문에 데이터 내보내기의 랜딩 패드로 유용하다. 데이터가 도착하면 Pub/Sub 이벤트도 트리거하므로 이벤트 기반 데이터 흐름 시스템을 시작할 수 있다.

호스팅 웹 사이트

HTTP 엔드포인트에서 파일을 공개적으로 사용할 수 있게 선택할 수 있다. 즉, 웹 브라우저에서 지원되는 HTML이나 기타 파일을 배치하면 정적 웹 사이트를 GCS에서 호스팅할 수 있다. 이는 픽셀이나 이미지 추적과 같이 웹 사이트로 가져올 수 있는 정적 자산에도 유용하다.

드롭박스

특정 사용자에게 공개 또는 더 세분화된 액세스 권한을 부여해서 대용량 파일을 안전하게 전달할 수 있다. 객체당 최대 5TB가 지원되며 전체 저장 용량은 무제한으로 제공된다(비용을 지불할 준비가 된 경우). 따라서 로컬에서 엑셀로 가져오려는 동료가 CSV 파일을 사용할 수 있는 등 데이터 처리를 위한 잠재적인 대상이 될 수 있다.

GCS에 저장된 항목은 모두 HTTP 주소(https://example.com)와 유사하지만 자체 프로토콜(gs://)을 사용해서 자체 URI에 저장된다. 일반 HTTP 주소에서 사용할 수도 있다. 실제로 HTML 파일을 호스팅할 수 있으며 GCS가 웹 호스팅 역할을 한다.

사용하는 버킷 이름은 전역적으로 고유하므로 해당 버킷이 다른 버킷에 있더라도 모든 프로젝트에서 액세스할 수 있다. HTTP를 통한 공개 액세스 또는 데이터 애플리케이션을 대신해서 작업하는 특정 사용자 또는 서비스 이메일만 지정할 수 있다. 그림 4-4는 웹UI를 통해서 어떻게 보이는지에 대한 예지만 그 안에 있는 파일은 일반적으로 코드로 액세스한다.

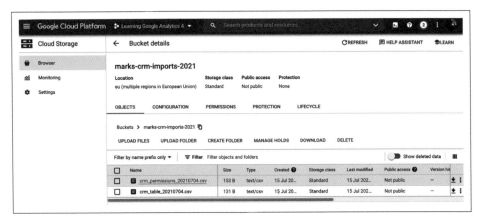

그림 4-4. 웹UI의 GCS 내에 있는 파일

GCS의 각 객체에는 스토리지 요구 사항에 맞게 객체를 조정하는 데 사용할 수 있는 몇 가지 메타데이터가 연관돼 있다. 그림 4-5에 표시된 예제 파일을 통해 무엇이 가능한지 살펴본다.

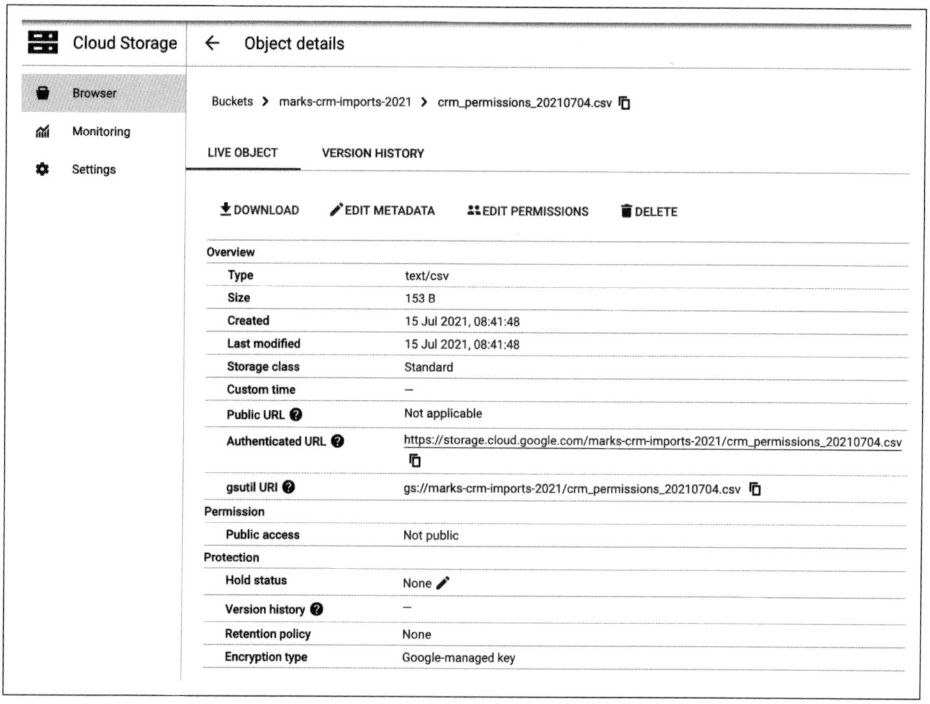

그림 4-5. GCS에 파일 업로드와 관련된 다양한 메타데이터

GCS 내의 각 객체에 사용할 수 있는 메타데이터에는 다음이 포함된다.

유형

이는 웹 객체에 대해 지정된 HTTP MIME^{Multipurpose Internet Mail Extensions} 유형이다. 모질라^{Mozilla} 웹 사이트(https://oreil.ly/TxUdt)에는 HTTP MIME 유형에 대한 일부 리소스가 있다. 예를 들어 그림 4-5에서 MIME 유형이 **text/csv**인 .csv 파일은 파일을 다운로드하는 애플리케이션이 파일을 테이블로 읽으려고 시도한다는 것을 의미한다. 접할 수 있는 다른 일반적인 MIME 유형은 JSON (application/JSON), 웹 페이지용 HTML(text/html), **image/png**와 같은 이미지 및 비디오(video/mp4)다.

크기

객체 바이트의 디스크 크기다. 객체당 최대 5TB를 저장할 수 있다.

생성

객체가 처음 생성된 날짜다.

최종 수정

객체를 처음 생성했을 때와 동일한 이름으로 호출해서 객체를 업데이트하고 객체 버전 관리를 활성화할 수 있다.

스토리지 클래스

객체가 저장되는 가격 책정 모델로, 버킷 수준에서 설정된다. 스토리지 클래스는 일반적으로 스토리지 비용과 액세스 비용 간의 절충안이다. 스토리지 비용은 지역마다 다르지만 월별 GB에 대한 몇 가지 예는 다음과 같다. 스탠더드Standard는 자주 액세스하는 데이터($0.02), 니어라인Nearline은 1년에 몇 번만 액세스할 수 있는 데이터($0.01), 콜드라인Coldline은 연간 또는 그 미만으로 액세스할 수 있는 데이터($0.004), 아카이브Archive는 재해 복구($0.0012) 외에는 액세스할 수 없는 데이터에 해당된다. 객체를 올바른 클래스에 배치해야 한다. 그렇지 않으면 예를 들어 스탠더드보다 아카이브 데이터에 액세스할 때 객체 비용이 더 높기 때문에 결국 데이터 액세스에 대해 초과 비용을 지불하게 된다.

사용자 정의 시간

여기에 메타데이터로 추가할 수 있는 객체와 연관시킬 중요한 날짜나 시간이 있을 수 있다.

공개 URL

객체를 공개하도록 선택하면 URL이 여기에 나열된다. 이는 인증된 URL과는 다르다.

인증된 URL

이것은 사용자나 애플리케이션에 공개가 아닌 제한된 액세스를 제공하는 경우의 URL이다. 객체를 제공하기 전에 해당 사용자의 권한을 확인한다.

gsutil URI

API나 GCS의 SDK 중 하나를 통해 프로그래밍 방식으로 객체를 사용할 때 가장 일반적으로 객체에 액세스하는 gs:// 형식이다.

허가

객체에 액세스할 수 있는 사람에 대한 정보다. 객체 액세스를 세밀하게 제어하게 선택할 수도 있지만 요즘에는 버킷 수준에서 권한을 부여하는 것이 일반적이다. 일반적으로 공개 및 제한과 같이 액세스 제어를 위한 두 개의 별도 버킷을 갖는 것이 더 쉽다.

보호

객체가 지속되는 방식을 제어하고자 사용할 수 있는 다양한 방법이 있으며, 이 절에서 강조한다.

보류 상태

객체에 대해 임시 또는 이벤트 기반 보류를 적용할 수 있다. 즉, 시간제한에 의해 또는 API 호출에 의해 트리거된 특정 이벤트가 발생할 때 객체를 삭제하거나 수정할 수 없다. 이는 우발적인 삭제로부터 보호하는 데 도움이 될 수 있다. 예를 들어 보존 정책을 통해 버킷에서 데이터 만료가 활성 상태지만 특정 객체를 해당 정책에서 제외하려는 경우에 유용할 수 있다.

버전 기록

객체가 수정되더라도 이전 버전에 계속 액세스할 수 있게 객체에서 버전 관리를 활성화할 수 있다. 이는 예약된 데이터의 추적 기록을 유지하는 데 도움이 될 수 있다.

보존 정책

객체가 유지되는 기간을 결정하는 다양한 규칙을 활성화할 수 있다. 더 이상 해당 데이터를 보유할 수 있는 권한이 없는 경우 이전 아카이브를 삭제하고자 개인 사용자 데이터를 처리하는 경우 이는 매우 중요하다. 특정 일수 이

후에 데이터에 액세스하지 않는 경우 이를 사용해서 데이터를 저렴한 스토리지 솔루션으로 옮길 수도 있다.

암호화 유형

기본적으로 구글은 GCP의 모든 데이터에 대해 암호화 방식을 사용하지만 구글도 데이터를 볼 수 없게 더 엄격한 보안 정책을 적용할 수 있다. 자체 보안 키를 사용해서 이 작업을 수행할 수 있다.

GCS의 목적은 단 하나, 바이트의 안전한 저장이라는 근본적인 목적이 있다. 최종 사용자에게 노출되지 않더라도 다른 여러 GCP 서비스가 의존하는 기반이 되며, 여러분도 이러한 역할을 수행할 수 있다. 내 컴퓨터가 아닌 클라우드에 있는 무한한 하드 드라이브며 전 세계에서 쉽게 액세스할 수 있다.

지금까지 세 가지 주요 데이터 스토리지 유형을 살펴봤다. 정형 SQL 데이터를 위한 빅쿼리, NoSQL 데이터를 위한 파이어스토어, 비정형 원시 데이터를 위한 GCS다. 이제 데이터 흐름을 예약하고 스트리밍하는 기술을 살펴보면서 정기적으로 이러한 데이터로 작업하는 방법을 살펴본다. 가장 일반적인 애플리케이션인 예약된 흐름부터 시작해본다.

데이터 가져오기 예약

이 절에서는 워크플로를 설계하는 모든 데이터 엔지니어의 주요 작업 중 하나인 애플리케이션 내에서 데이터 흐름을 예약하는 방법을 살펴본다. 개념 증명이 작동하면 프로덕션에 적용하기 위한 다음 단계는 관련된 데이터를 정기적으로 업데이트하는 것이다. 매일 스프레드시트를 업데이트하거나 API 스크립트를 실행하는 대신, 이 작업을 GCP에서 사용할 수 있는 다양한 자동화 장치로 넘기면 걱정할 필요 없이 지속적으로 데이터를 업데이트할 수 있다.

데이터 업데이트에 접근하는 방법에는 여러 가지가 있으며, 이 절에서는 GA4

데이터 및 동반 데이터 세트를 이동하는 방법과 관련해서 설명한다.

데이터 가져오기 유형: 스트리밍 대비 예약된 배치 처리

데이터 스트리밍과 데이터 일괄 처리는 데이터 애플리케이션 시스템을 설계할 때 자주 접할 수 있는 결정 중 하나다. 이 절에서는 두 가지의 장단점을 고려한다.

스트리밍 데이터 흐름은 지속적으로 업데이트되는 이벤트 기반의 작은 데이터 패킷을 사용해서 좀 더 실시간으로 이뤄진다. 배치 데이터는 매일 또는 매시간과 같이 더 느린 간격으로 정기적으로 예약되며, 각 작업마다 더 큰 데이터를 가져온다.

데이터의 스트리밍 옵션은 이후의 '스트리밍 데이터 흐름' 절에서 자세히 살펴보겠지만 배치 데이터와 나란히 비교하면 애플리케이션 설계 초기에 몇 가지 기본적인 결정을 내리는 데 도움이 될 수 있다.

배치 데이터 흐름

일괄batch 처리는 데이터 흐름을 가져오는 가장 일반적이고 전통적인 방법이며 대부분의 사용 사례에 완벽하게 적합하다. 사용 사례를 만들 때 핵심 질문은 해당 데이터가 얼마나 빨리 필요한지다. 초기 반응이 가능한 한 빠르거나 실시간에 가까운 것이 일반적이다. 그러나 세부 사항을 살펴보면 실제로 시간별 또는 일일 업데이트의 효과가 실시간에 비해 눈에 띄지 않으며 이러한 유형의 업데이트가 훨씬 저렴하고 실행하기 쉽다는 것을 알 수 있다. 업데이트하려는 데이터도 일괄 처리되는 경우(예, 야간에 발생하는 CRM 내보내기) 다운스트림 데이터를 실시간으로 만들 이유가 거의 없다. 항상 그렇듯이 사용 사례 애플리케이션을 살펴보고 타당한지 확인해야 한다. 예약된 업데이트가 제시간에 이뤄지지 않으면 일괄 데이터 워크플로가 무너지기 시작한다. 그런 다음 가져오기가 실패할 경우 대체 옵션을 만들어야 할 수 있다(항상 최종 실패에 대비해서 설계해야 함).

202

스트리밍 데이터 흐름

최신 데이터 스택에서는 새로운 기술 덕분에 데이터 스트리밍이 더 쉬워졌으며 가능하면 모든 데이터 흐름을 스트리밍으로 전환해야 한다고 주장하는 사람들도 있다. 일괄 데이터 일정의 족쇄에서 벗어나면 새로운 사용 사례를 발견할 수도 있다. 실시간 데이터가 당장 필요하지 않더라도 이벤트 기반 데이터 모델로 전환하면 특정 타임스탬프에 도달했을 때가 아니라 어떤 일이 발생했을 때 반응하므로 데이터 흐름이 발생하는 시기를 좀 더 유연하게 조정할 수 있다는 이점이 있다. 지연될 경우 다운스트림 대시보드 및 애플리케이션이 중단될 수 있는 GA4 빅쿼리 데이터 내보내기가 좋은 예다. 데이터를 사용할 수 있는 시점에 이벤트 기반 반응을 설정하면 다음날 전송될 때까지 기다릴 필요 없이 데이터가 도달하자마자 바로 사용할 수 있다. 이러한 흐름은 일반적으로 실행 비용이 더 많이 들기 때문에 가장 큰 단점은 비용이다. 또한 스트리밍 파이프라인을 개발하고 문제를 해결하려면 데이터 엔지니어의 기술 수준도 달라져야 한다.

예약된 작업을 고려할 때 빅쿼리의 자체 리소스로 시작한 다음 클라우드 컴포저^{Cloud Composer}, 클라우드 스케줄러^{Cloud Scheduler}, 클라우드 빌드와 같은 좀 더 정교한 솔루션으로 확장할 것이다.

빅쿼리 뷰

경우에 따라 변환된 데이터를 표시하는 가장 간단한 방법은 빅쿼리 뷰^{BigQuery View}를 설정하거나 빅쿼리 SQL을 예약하는 것이다. 이는 설정이 가장 쉽고 다른 서비스가 필요하지 않다.

빅쿼리 뷰는 전통적인 의미의 테이블이 아니라 이를 정의하는 데 사용하는 SQL의 결과인 테이블을 나타낸다. 이는 SQL을 생성할 때 동적 날짜를 포함할 수 있으므로 항상 최신 데이터를 가질 수 있음을 의미한다. 예를 들어 예제 4-10에서와 같이 생성된 뷰로 GA4 빅쿼리 데이터 내보내기를 쿼리할 수 있다. 그러면 항상 어제의 데이터가 다시 표시된다.

예제 4–10. 이 SQL은 항상 어제의 데이터를 표시하고자 빅쿼리 뷰에서 사용할 수 있다(예제 3–6에서 수정됨).

```
SELECT
    -- event_date(이벤트가 로깅된 날짜)
    parse_date('%Y%m%d',event_date) as event_date,
    -- event_timestamp(마이크로초 단위, UTC)
    timestamp_micros(event_timestamp) as event_timestamp,
    -- event_name(이벤트 이름)
    event_name,
    -- event_key(이벤트 매개변수의 키)
    (SELECT key FROM UNNEST(event_params)
     WHERE key = 'page_location') as event_key,
    -- event_string_value(이벤트 매개변수의 문자열 값)
    (SELECT value.string_value FROM UNNEST(event_params)
     WHERE key = 'page_location') as event_string_value
FROM
    -- GA4 내보내기 - 사용자 위치로 변경
    `learning-ga4.analytics_250021309.events_*`
WHERE
    -- 어제 테이블만 사용하도록 쿼리를 제한한다.
    _TABLE_SUFFIX = FORMAT_DATE('%Y%m%d',date_sub(current_date(), INTERVAL 1 day))
    -- 이 이벤트만 표시하도록 쿼리를 제한한다.
    and event_name = 'page_view'
```

핵심 라인은 yesterday를 반환하는 FORMAT_DATE('%Y%m%d',date_sub(current_date(), INTERVAL 1 day))다. 이는 빅쿼리가 테이블에 대한 메타정보로 추가하는 _TABLE_SUFFIX 열을 활용해 여러 테이블을 좀 더 쉽게 쿼리할 수 있다.

빅쿼리 뷰는 나름대로의 역할이 있지만 사용할 때 주의해야 한다. 뷰 SQL은 뷰를 대상으로 실행되는 다른 쿼리 아래에서 실행되므로 비용이 많이 들거나 느린 결과가 발생할 수 있다. 이 문제는 최근에 뷰 위에서 쿼리를 수행할 때 전체 테이블을 대상으로 쿼리하지 않게 하는 기술인 구체화된 뷰^{Materialized Views}를 통해 완화됐다. 경우에 따라서는 스케줄러를 통해 직접 중간 테이블을 만들어 테이블을 만드는 것이 더 나을 수도 있는데, 이는 다음 절에서 다룬다.

빅쿼리 예약 쿼리

빅쿼리는 기본적으로 쿼리 예약을 지원하며, 왼쪽 상단의 메뉴 표시줄을 통하거나 쿼리를 만들 때 '스케줄^{Schedule}'을 선택해 액세스할 수 있다. 이 기능은 소규모 작업이나 가져오기에는 괜찮지만 단일 단계의 간단한 변환 외에는 이 기능을 사용하지 않는 것이 좋다. 좀 더 복잡한 데이터 흐름을 살펴본다면 관리 및 견고성 측면에서 전용 도구를 사용하는 것이 더 쉬워질 것이다.

예약된 쿼리는 쿼리를 설정하는 사용자 인증과 연결돼 있으므로 해당 사용자가 퇴사하는 경우 gcloud 명령 `bq update --transfer-config --update-credentials`로 스케줄러를 업데이트해야 한다. 이 명령을 사용해서 연결되지 않은 사람에게 서비스 계정에 대한 연결을 업데이트할 수도 있다. 또한 수정하려는 복잡한 대규모 쿼리의 경우 변경 내역이나 개요를 확인하기 어렵기 때문에 쿼리를 제어할 수 있는 인터페이스는 빅쿼리 스케줄러 인터페이스뿐이다.

그러나 제한된 인원에게 필요한 단순하고 비즈니스에 중요하지 않은 쿼리의 경우 인터페이스 자체 내에서 빠르고 쉽게 설정할 수 있으며, 예를 들어 루커^{Looker}나 데이터 스튜디오와 같은 대시보드 솔루션으로 내보내는 경우 뷰보다 더 나은 서비스를 제공한다. 그림 4-6에서 볼 수 있듯이 SQL을 개발하고 원하는 결과를 얻으면 '스케줄^{Schedule}' 버튼을 누르고 다음날 로그인할 때 데이터를 준비할 수 있다.

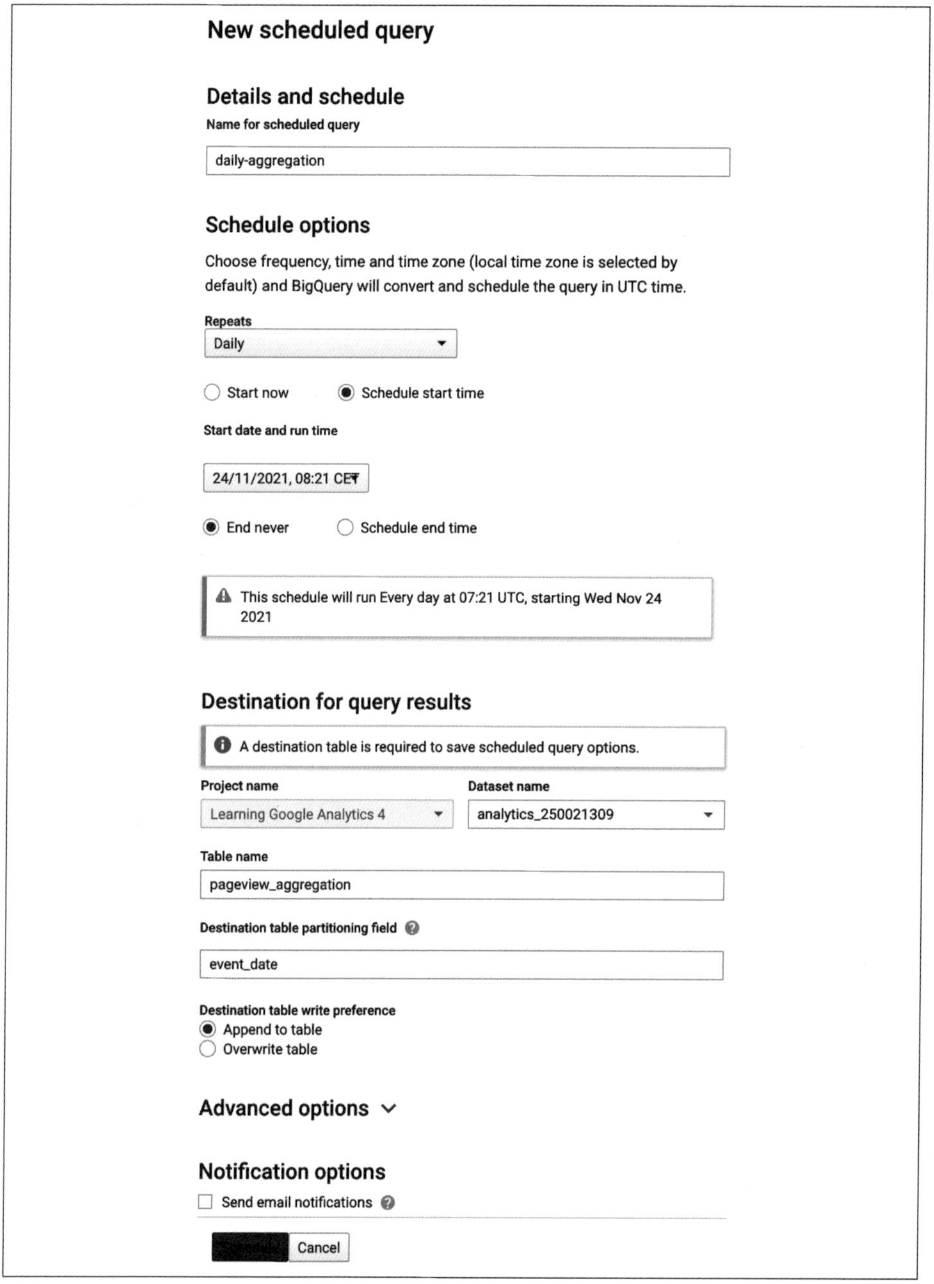

New scheduled query

Details and schedule

Name for scheduled query

daily-aggregation

Schedule options

Choose frequency, time and time zone (local time zone is selected by default) and BigQuery will convert and schedule the query in UTC time.

Repeats

Daily

○ Start now   ● Schedule start time

Start date and run time

24/11/2021, 08:21 CET

● End never   ○ Schedule end time

> ⚠ This schedule will run Every day at 07:21 UTC, starting Wed Nov 24 2021

Destination for query results

> ℹ A destination table is required to save scheduled query options.

Project name

Learning Google Analytics 4

Dataset name

analytics_250021309

Table name

pageview_aggregation

Destination table partitioning field ❓

event_date

Destination table write preference
● Append to table
○ Overwrite table

Advanced options ⌄

Notification options

☐ Send email notifications ❓

[ ] Cancel

그림 4-6. 예제 4-10에서 예약된 쿼리 설정

(대시보드 등에서 사용하고자 동일한 데이터로 빅쿼리 뷰를 만드는 것보다 성능이 더 나을 수 있음)

하지만 "이 예약 쿼리를 더 강력하게 만들려면 어떻게 해야 할까?" 또는 "이 테이블에서 생성하는 데이터를 기반으로 쿼리를 트리거하려면 어떻게 해야 할까?"와 같은 질문을 하기 시작하면 이는 예약을 위한 더 강력한 솔루션이 필요하다는 신호다. 이 작업을 위한 도구는 다음 절에서 설명할 클라우드 컴포저라는 GCP의 호스팅된 버전을 통한 에어플로^{Airflow}다.

클라우드 컴포저

클라우드 컴포저는 인기 있는 오픈소스 스케줄링 도구인 에어플로를 위한 구글 관리형 솔루션이다. 한 달에 약 300달러의 비용이 들기 때문에 이를 정당화할 수 있는 좋은 비즈니스 가치가 있는 경우에만 살펴볼 가치가 있지만 여러 시스템에서 복잡한 데이터 흐름을 살펴볼 때 가장 신뢰하는 솔루션으로 백필^{backfilling} (재처리 작업), 시스템 알림 및 파이썬을 통한 구성 기능을 제공한다. 많은 회사에서 모든 스케줄링 작업의 중추로 간주한다.

 GCP 내에서 관리되는 에어플로를 클라우드 컴포저라고 부르기 때문에 이 책에서는 클라우드 컴포저라는 이름을 사용하겠지만 다른 클라우드 공급자나 자체 호스팅 플랫폼과 같은 다른 플랫폼에서 실행되는 에어플로에도 많은 양의 콘텐츠는 적용될 수 있다.

다음 기준을 충족하는 작업을 갖게 되면서 클라우드 컴포저를 사용하기 시작했다.

다단계 종속성

데이터 파이프라인에서 하나의 예약된 작업이 다른 작업에 종속되는 상황이 발생하는 즉시 클라우드 컴포저를 사용하기 시작할 것이다. 클라우드 컴포저는 방향성 비순환 그래프^{DAG, Directed Acyclic Graph} 구조에 잘 맞기 때문이다. 예를 들면 SQL 작업 체인이 있다. 데이터를 정리하는 SQL 스크립트 하나와 모델 데이터를 만드는 또 다른 SQL 스크립트가 있다. 이러한 SQL 스크립트를 클라우드 컴포저 내에서 실행하면 예약된 작업을 하나의 더 큰 작업에서 모두 실행하려고 할 때보다 더 작고 단순한 구성 요소로 나눌 수 있다. 종속성을 자유롭게 설정할 수 있게 되면 예약된 단일 작업을 통해 수행하기에는 너무 복잡한 확인 및 유효성 검사 단계를 추가해서 파이프라인을 개선하는 것이 좋다.

백필

예를 들어 지난 12개월 동안 스케줄링 작업이 실행 중이었다면 갖고 있었을 모든 데이터를 백필(재처리 작업)하고자 프로젝트 시작 시 과거 데이터 가져오기를 설정하는 것이 일반적이다. 사용 가능한 항목은 작업마다 다르지만 일일 가져오기를 설정한 경우 때때로 과거 데이터 가져오기를 설정하는 것이 쉽지 않을 수 있다. 클라우드 컴포저는 하루의 시뮬레이션으로 작업을 실행하며 시작 날짜를 설정하면 모든 데이터를 천천히 백필할 수 있다.

다중 상호작용 시스템

데이터를 가져오거나 FTP, 클라우드 제품, SQL 데이터베이스, API와 같은 여러 시스템으로 데이터를 보내는 경우 이러한 시스템 간에 조정하기가 복잡해지기 시작하고 다양한 가져오기 스크립트에 분산해야 할 수 있다. 오퍼레이터Operator 및 후크Hooks를 통한 클라우드 컴포저의 많은 커넥터는 거의 모든 것에 연결할 수 있음을 의미하므로, 즉 한곳에서 모두 관리할 수 있으므로 유지 관리가 훨씬 쉽다.

재시도

HTTP를 통해 가져올 때 많은 경우 중단이 발생한다. 이러한 가져오기 또는 내보내기를 언제 얼마나 자주 재시도할지 구성하기 어려울 수 있다. 클라우드 컴포저는 각 작업을 제어하는 구성 가능한 재시도 시스템을 통해 도움을 줄 수 있다.

데이터 흐름으로 작업하면 언급한 것과 같은 문제가 빠르게 발생하고 이를 쉽게 해결할 방법이 필요하며 클라우드 컴포저가 하나의 솔루션이다. 유사한 솔루션이 존재하지만 클라우드 컴포저는 내가 가장 많이 사용한 솔루션이며 빠르게 많은 데이터 프로젝트의 중추가 됐다. 이러한 흐름을 직관적으로 표현하는 방법은 복잡한 프로세스를 상상할 수 있을 때 유용하며, 클라우드 컴포저는 다음에 설명하는 표현을 사용해서 이를 해결한다.

DAG

클라우드 컴포저의 핵심 기능은 수집, 처리, 추출되는 데이터의 흐름을 나타내는 DAG다. 이름은 노드와 에지 구조를 나타내며, 해당 노드 사이의 방향은 화살표로 표시된다. 이것이 여러분의 GA4 파이프라인에 어떤 의미가 있는지, 그 예가 그림 4-7에 나와 있다.

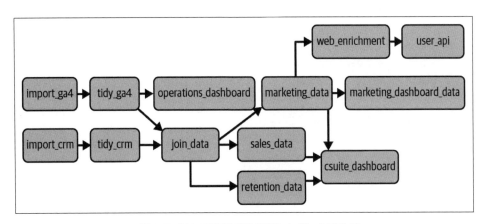

그림 4-7. GA4 프로세스에서 사용할 수 있는 DAG의 예

노드는 데이터 작업을 나타내며 가장자리는 이벤트 순서와 서로 종속된 작업을 보여준다. 에어플로의 주요 기능 중 하나는 하나의 노드에 오류가 발생하면(결국 모두 실패) 대기, 재시도 또는 다운스트림 작업 건너뛰기 전략이 있다는 것이다. 또한 히스토리 업데이트 실행으로 인한 많은 골칫거리를 방지할 수 있는 몇 가지 백필 기능이 있으며, 예를 들어 오늘 날짜를 스크립트에 동적으로 삽입할 수 있는 사전 정의된 매크로가 함께 제공된다.

GA4 빅쿼리 내보내기에서 가져오는 DAG의 예는 예제 4-11에 나와 있다.

예제 4-11. GA4 내보내기를 가져와서 이전에 개발한 SQL과 스크립트와 함께 업로드된 ga4-bigquery.sql 파일을 사용해서 집계하는 예제 DAG다.

```python
from airflow.contrib.operators.bigquery_operator import BigQueryOperator
from airflow.contrib.operators.bigquery_check_operator import
BigQueryCheckOperator
from airflow.operators.dummy_operator import DummyOperator
from airflow import DAG
from airflow.utils.dates import days_ago
import datetime

VERSION = '0.1.7' # DAG의 각 버전마다 이 값을 증가시킨다.

DAG_NAME = 'ga4-transformation-' + VERSION

default_args = {
    'start_date': days_ago(1), # 다시 채우고자 고정 날짜로 변경한다.
    'email_on_failure': True,
    'email': 'mark@example.com',
    'email_on_retry': False,
    'depends_on_past': False,
    'retries': 3,
    'retry_delay': datetime.timedelta(minutes=10),
    'project_id': 'learning-ga4',
    'execution_timeout': datetime.timedelta(minutes=60)
}

schedule_interval = '2 4 * * *' # 분, 시, 월, 일, 월, 요일

dag = DAG(DAG_NAME, default_args=default_args,
schedule_interval=schedule_interval)

start = DummyOperator(
    task_id='start',
    dag=dag
```

```
)

# 에어플로 매크로 {{ ds_nodash }}를 사용해서 오늘 날짜를 YYYYMMDD 형식으로 삽입한다.
check_table = BigQueryCheckOperator(
    task_id='check_table',
    dag=dag,
    sql='''
    SELECT count(1) > 5000
    FROM `learning-ga4.analytics_250021309.events_{{ ds_nodash }}`"
    '''
)

checked = DummyOperator(
    task_id='checked',
    dag=dag
)

# 많은 테이블, SQL 파일을 반복할 수 있는 함수다.
def make_bq(table_id):

    task = BigQueryOperator(
        task_id='make_bq_'+table_id,
        write_disposition='WRITE_TRUNCATE',
        create_disposition='CREATE_IF_NEEDED',
        destination_dataset_table=
            'learning_ga4.ga4_aggregations.{}${{ ds_nodash}}'.format(table_id),
        sql='./ga4_sql/{}.sql'.format(table_id),
        use_legacy_sql=False,
        dag=dag
    )

    return task

ga_tables = [
    'pageview-aggs',
    'ga4-join-crm',
    'ecom-fields'
```

```
]
ga_aggregations = [] # 다른 다운스트림 변환을 수행하는 경우 유용하다.
for table in ga_tables:
  task = make_bq(table)
  checked >> task
  ga_aggregations.append(task)

# DAG 생성
start >> check_table >> checked
```

DAG용 노드를 만들려면 빅쿼리, FTP, 쿠버네티스^{Kubernetes} 클러스터 등과 같은 광범위한 GCP 서비스 어레이를 포함해서 여러 애플리케이션에 연결하고자 미리 만들어진 다양한 기능인 에어플로 오퍼레이터^{Airflow Operators}를 사용한다.

예제 4-11의 예에서 노드는 다음에 의해 생성된다.

start

DAG의 시작을 알리는 `DummyOperator()`다.

check_table

이는 GA4 테이블에 해당 날짜의 데이터가 있는지 확인하는 `BigQueryCheck Operator()`다. 표시된 인라인 SQL에 대해 `FALSE`를 반환해서 이 작업이 실패하면 에어플로는 작업에 실패하고 최대 3번까지 10분마다 다시 시도한다. 이것을 기대에 맞게 수정할 수 있다.

checked

또 다른 `DummyOperator()`는 테이블이 확인됐음을 표시한다.

make_bq

그러면 `task_id`와 동일한 이름으로 파티션을 나눈 테이블이 생성되거나 추가된다. 실행할 SQL의 이름도 동일해야 하며 DAG와 함께 업로드된 SQL 폴

212

더(./ga4_sql/, 예, ./ga4_sql/pageviewaggs.sql)에서 사용할 수 있어야 한다. 좀 더 효율적인 코드를 위해 `tableIds`를 반복할 수 있게 기능화됐다.

가장자리는 태그의 끝과 루프 내에서 비트와이즈^{bitwise} 파이썬 연산자를 통해 처리된다(예, `start >> check_table >> checked`).

그림 4-8에서 DAG 결과를 확인할 수 있다. 이 예제를 자신의 워크플로에 맞게 확장할 수 있는 기초로 삼기 바란다.

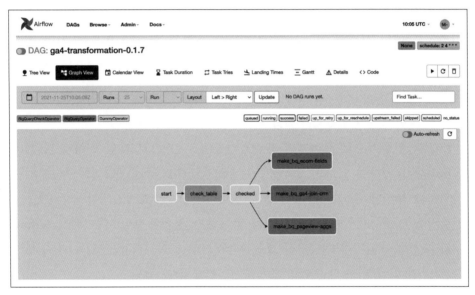

그림 4-8. 예제 4-11의 코드에 의해 에어플로에서 생성된 DAG의 예. 더 많은 변환을 위해 확장하려면 폴더에 더 많은 SQL 파일을 추가하고 테이블 이름을 ga_tables 목록에 추가해야 한다.

에어플로/클라우드 컴포저 사용 팁

일반 도움말 파일은 클라우드 컴포저 사용 방법을 배우는 데 유용하지만 다음은 데이터 과학 프로젝트 내에서 클라우드 컴포저를 사용하면서 얻은 몇 가지 팁이다.

스케줄링에만 에어플로 사용

올바른 작업에 적합한 도구를 사용한다(에어플로의 역할은 데이터 스토리지 시스템을 예약하고 연결하는 것이다). 파이썬 라이브러리를 사용해서 스케줄링 단계 사이에 데이터를 약간 마사지하는 실수를 저질렀지만 실행 중인 모든 작업에 영향을 미치는 파이썬 종속성 지옥에 빠졌다. 나는 실행해야 하는 모든 코드에 도커 컨테이너를 사용하고 통제된 환경에서 해당 코드를 실행하는 대신 `GKEPodOperator()`를 사용하는 것을 선호한다.

DAGS용 함수 작성

작업을 매번 작성하는 것보다 DAG를 출력하는 함수를 만드는 것이 훨씬 깔끔하다. 또한 코드를 복사해서 붙여 넣을 필요 없이 한 번에 많은 데이터 세트에 대한 종속성을 생성하고 반복할 수 있음을 의미한다.

더미 연산자를 사용해서 표지판 작성

DAG는 인상적으로 보이지만 혼란스러울 수 있으므로 라인을 따라 몇 개의 편리한 표지판이 있으면 오작동하는 DAG 실행을 중지하고 시작할 수 있는 위치를 표시할 수 있다. 'Data all loaded데이터 모두 로드됨' 표지판에서 모든 다운스트림을 지울 수 있으면 어떤 일이 일어날지 명확해진다. 여기에서 도움이 될 수 있는 다른 기능은 작업 그룹과 레이블이 있는데, 이는 DAG가 수행하는 작업에 대한 메타정보를 표시하는 데 도움이 된다.

SQL 파일 분리

연산자를 위해 방대한 양의 SQL 문자열을 작성할 필요가 없다. 대신 .sql 파일에 넣은 다음 SQL이 있는 파일을 호출할 수 있다. 이렇게 하면 변경 사항을 훨씬 쉽게 추적하고 파악할 수 있다.

DAG 이름 버전 지정

수정하고 업데이트할 때 DAG 이름의 버전을 높이는 것도 도움이 된다. 에어플로는 파일에 대한 새로운 업데이트를 인식하는 데 약간 느릴 수 있으므로 DAG에 버전 이름이 있으면 항상 최신 버전에서 작업하고 있음을 확신할 수 있다.

DAG를 배포하도록 클라우드 빌드 설정

매번 DAG 코드와 파일을 업로드해야 하는 경우 변경할 동기가 줄어들므로 깃허브에 커밋할 때마다 DAG를 배포하는 클라우드 빌드 파이프라인을 설정하는 것이 훨씬 쉽다.

지금까지는 클라우드 컴포저 기능을 둘러보는 것이었지만 더 많은 기능이 있으므로 에어플로 웹 사이트에서 더 많은 옵션을 살펴보는 것이 좋다. 이는 매우 무거운 스케줄링 옵션이며, 다음에 살펴볼 구글 클라우드 스케줄러에는 훨씬 가벼운 또 다른 옵션이 있다.

클라우드 스케줄러

클라우드 컴포저보다 더 가벼운 것을 찾고 있다면 클라우드 스케줄러는 HTTP 엔드포인트를 트리거하는 데 사용할 수 있는 간단한 크론인더클라우드^{cron-in-the-cloud} 서비스다. 클라우드 컴포저에서 지원하는 데이터 흐름의 복잡성이 필요하지 않은 간단한 작업의 경우 제대로 작동한다.

클라우드 스케줄러는 빅쿼리 쿼리뿐만 아니라 다른 GCP 서비스도 편리하게 실행할 수 있기 때문에 기능에서 클라우드 스케줄러를 클라우드 컴포저와 빅쿼리 예약 쿼리 사이에 배치했다.

그렇게 하려면 빅쿼리 작업을 생성할 Pub/Sub 토픽과 클라우드 펑션을 생성하는 추가 작업이 필요하므로 빅쿼리만 있으면 필요하지 않을 수 있지만, 다른 GCP 서비스가 관련된 경우 스케줄링 위치를 중앙 집중화하는 것이 장기적으로 더 나을 수 있다. 이전의 'Pub/Sub' 절에서 Pub/Sub 토픽 설정의 예를 볼 수 있다. 유일한 차이점은 클라우드 스케줄러를 통해 해당 토픽에 도달하도록 이벤트를 예약한다는 점이다. 그림 4-9에서 내 GCP의 몇 가지 예를 볼 수 있는데, 그 내용은 다음과 같다.

Packagetest-build

클라우드 빌드를 실행하고자 API 호출을 트리거하는 주간 스케줄

Slackbot-schedule

슬랙봇^{Slackbot}을 트리거할 HTTP 엔드포인트에 도달하는 주간 스케줄

Target_Pub/Sub_scheduler

Pub/Sub 토픽을 트리거하는 일일 스케줄

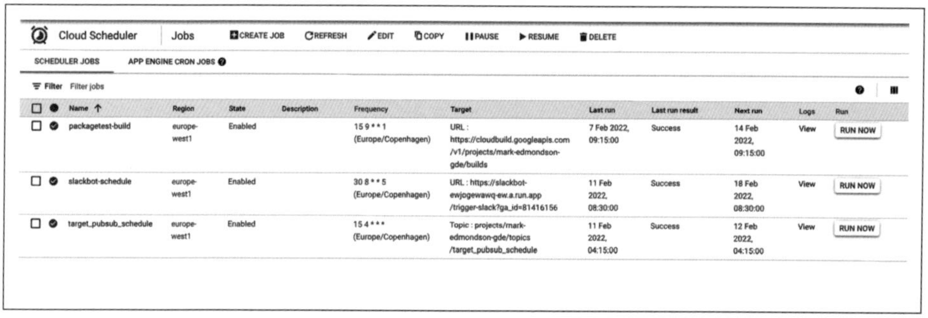

그림 4-9. 내 GCP(https://oreil.ly/QGObe) 내에서 일부 작업에 활성화한 일부 클라우드 스케줄

클라우드 스케줄러는 클라우드 런^{Cloud Run} 또는 클라우드 빌드와 같은 다른 서비스도 트리거할 수 있다. 특히 강력한 조합은 클라우드 스케줄러와 클라우드 빌드다(다음 절인 '클라우드 빌드' 절에서 설명). 클라우드 빌드는 장기간 실행되는 작업을 실행할 수 있으므로 GCP에서 모든 작업을 실행할 수 있는 서버리스 시스템을 쉽게 만들 수 있다. 모든 작업은 이벤트 기반이지만 일부 스케줄링이 필요하다.

클라우드 빌드

클라우드 빌드(https://cloud.google.com/build)는 데이터 워크플로에 대해 고려해야 할 강력한 도구며, 매일 내가 빅쿼리보다 훨씬 더 많이 사용하는 도구일 것이다. 클라우드 빌드는 이전의 '깃허브로 클라우드 빌드 CI/CD 설정' 절의 데이터 수집 부분에서도 소개했지만 여기에서 자세히 살펴본다.

클라우드 빌드는 현대 데이터 작업에서 인기 있는 전략인 CI/CD 도구로 분류된다. 프로덕션에 대한 코드 릴리스는 대규모 개발 기간의 끝이 아니라 자동 테스트와 배포 기능을 통해 항상 약간의 업데이트를 통해 모든 오류를 신속하게 발견하고 롤백할 수 있게 해야 한다. 이는 일반적으로 좋은 관행이며, 이를 따르는 방법(https://oreil.ly/AolZJ)을 읽어보기 바란다. 클라우드 빌드는 이벤트에 대한 반응으로 컴퓨팅 클러스터에서 모든 코드를 트리거하는 일반적인 방법으로 생각할 수도 있다. 기본 의도는 깃허브와 같은 깃 리포지터리에 코드를 커밋할 때를 위한 것이지만 이러한 이벤트는 파일이 GCS에 도달하거나, Pub/Sub 메시지가 전송되거나, 스케줄러가 엔드포인트를 ping하는 경우일 수도 있다.

클라우드 빌드는 에어플로 DAG와 매우 유사하지만 구조가 더 간단한 이벤트 시퀀스를 정의해 작동한다. 각 단계에서 코드를 실행할 도커 환경을 정의하고, 해당 코드 실행 결과를 후속 단계로 전달하거나 GCS에 보관할 수 있다. 모든 도커 컨테이너에서 작동하므로 동일한 데이터에서 다양한 코드 환경을 실행할 수 있다. 예를 들어 한 단계는 파이썬이 API에서 읽고, R이 구문 분석한 다음, Go로 결과를 다른 곳으로 보낼 수 있다.

나는 원래 GCP에서 도커 컨테이너를 빌드하는 방법으로 클라우드 빌드를 소개받았다. 도커파일Dockerfile을 깃허브 리포지터리에 배치한 다음 커밋하면 작업이 트리거되고 평소처럼 자신의 컴퓨터가 아닌 서버리스 방식으로 도커가 빌드된다. 도커 컨테이너를 로컬에서 빌드하려면 시간과 많은 하드 디스크 공간이 필요하기 때문에 이것이 내가 요즘 도커 컨테이너를 빌드하는 유일한 방법이다. 클라우드에 구축한다는 것은 일반적으로 코드를 커밋하고 차 한 잔을 마신 다음 10분 후에 다시 돌아와 로그를 검사하는 것을 의미한다.

이제 클라우드 빌드가 확장돼 도커파일뿐만 아니라 자체 YAML 구성 구문(cloudbuild.yaml)과 빌드팩도 빌드할 수 있다. 이는 동일한 작업(깃 커밋, Pub/Sub 이벤트 또는 스케줄)을 통해 작업을 트리거해서 도커 컨테이너뿐만 아니라 필요한 모든 코드를 실행하는 여러 유용한 작업을 수행할 수 있기 때문에 유용성이 크게 확장된다.

HTTP 도커에 상응하는 클라우드 런 및 클라우드 스케줄러와 함께 클라우드 빌드로 작업하면서 배운 교훈을 내 R 패키지 **googleCloudRunner**(https://oreil.ly/ELw9m)로 추출했다. 이는 GA4 및 기타 GCP에 대한 대부분의 데이터 엔지니어링 작업을 배포하는 데 사용하는 도구다. 클라우드 빌드는 도커 컨테이너를 사용해 모든 것을 실행한다. R을 포함해서 거의 모든 언어/프로그램 또는 애플리케이션을 실행할 수 있다. R에서 이러한 빌드를 생성하고 트리거하는 쉬운 방법이 있다는 것은 R이 다른 프로그램에 대한 UI 또는 게이트웨이 역할을 할 수 있음을 의미한다. 예를 들어 R은 **gcloud**를 사용해 클라우드 빌드를 트리거해서 클라우드 런 애플리케이션을 배포할 수 있다.

클라우드 빌드 구성

간단히 소개하자면 클라우드 빌드 YAML 파일은 예제 4-12에 표시된 것과 유사하다. 이 예는 동일한 빌드 내에서 서로 다른 작업을 수행하지만 동일한 데이터에서 작업하는 세 가지 도커 컨테이너를 어떻게 사용할 수 있는지 보여준다.

예제 4-12. 빌드를 생성하는 데 사용되는 cloudbuild.yaml 파일의 예다. 각 단계는 순차적으로 발생한다. name 필드는 args 필드에 지정된 명령을 실행할 도커 이미지다.

```
steps:
- name: 'gcr.io/cloud-builders/docker'
  id: Docker Version
  args: ["version"]
- name: 'alpine'
  id: Hello Cloud Build
  args: ["echo", "Hello Cloud Build"]
- name: 'rocker/r-base'
  id: Hello R
  args: ["R", "-e", "paste0('1 + 1 = ', 1+1)"]
```

그런 다음 GCP 웹 콘솔, gcloud 또는 googleCloudRunner를 사용하거나 클라우드 빌드 API를 사용해서 이 빌드를 제출한다. gcloud 버전은 `gcloud builds submit --config cloudbuild.yaml --no-source`다. 이렇게 하면 콘솔에서 빌드가 트리거되며 로그 등을 통해 빌드를 확인할 수 있다. googleCloudRunner 패키지 검사 예제의 그림 4-10을 참고한다.

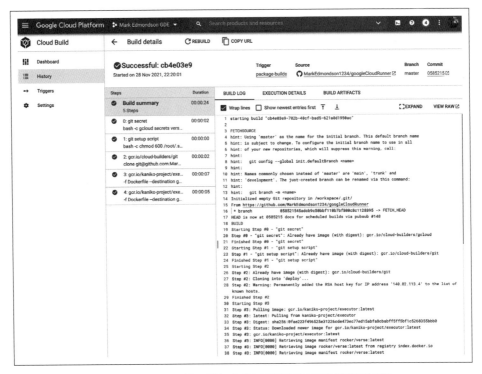

그림 4-10. 구글 클라우드 콘솔 내에서 성공적으로 구축된 클라우드 빌드

또한 이전의 '깃허브로 클라우드 빌드 CI/CD 설정' 절에서 클라우드 평션을 배포하는 데 사용되는 클라우드 빌드를 살펴봤다. 이 예는 예제 4-13에 복제돼 있다. 예제 3-9에서 클라우드 평션을 배포하는 데는 한 단계만 필요하다.

예제 4-13. 예제 3-9의 클라우드 펑션을 배포하기 위한 클라우드 빌드 YAML

```yaml
steps:
- name: gcr.io/cloud-builders/gcloud
  args: ['functions',
         'deploy',
         'gcs_to_bq',
         '--runtime=python39',
         '--region=europe-west1',
         '--trigger-resource=marks-crm-imports-2021',
         '--trigger-event=google.storage.object.finalize']
```

빌드는 수동으로 트리거할 수도 있지만 CI 철학에 따라 자동 프로세스가 되기를 원하는 경우가 많다. 이러한 경우 빌드 트리거^{Build Triggers}를 사용한다.

빌드 트리거

빌드 트리거는 클라우드 빌드가 실행되는 시기를 결정하는 구성이다. 콘솔에서 수동으로 실행할 때만 깃 푸시, Pub/Sub 이벤트 또는 웹후크에 반응하게 빌드 트리거를 설정할 수 있다. 빌드는 빌드 트리거 구성 내에서 파일이나 인라인으로 지정할 수 있다. 이전의 '클라우드 빌드에 대한 깃허브 연결 설정' 절에서 빌드 트리거를 설정하는 방법을 이미 다뤘으므로 자세한 내용은 해당 절을 참고한다.

클라우드 빌드에 대해 전반적으로 다뤘지만 이제 GA4의 구체적인 예로 넘어간다.

클라우드 빌드용 GA4 애플리케이션

일반적으로 나는 클라우드 빌드를 통해 GA4 데이터 작업을 위한 모든 코드를 배포한다. GA4 인터페이스에서 작업하지 않을 때 내 코드를 넣은 깃허브 리포지터리에 연결돼 있기 때문이다. 여기에는 gcloud, my R 라이브러리 등을 호출하는 다양한 클라우드 빌드 단계를 통해 에어플로 DAG, 클라우드 펑션, 빅쿼리 테이블 등이 포함된다.

표준 GA4 빅쿼리 내보내기를 처리할 때 클라우드 로깅^{Cloud Logging}은 해당 테이블이 준비됐음을 보여주는 항목을 만든다. 그런 다음 Pub/Sub 메시지를 만드는데 사용할 수 있다. 이렇게 하면 에어플로 DAG 호출, SQL 쿼리 실행 등과 같은 이벤트 기반 데이터 흐름을 시작할 수 있다.

GA4 빅쿼리 내보내기가 준비되면 트리거된 Pub/Sub 토픽에서 실행할 클라우드 빌드를 생성하는 예는 다음과 같다. 이전의 'GA4 빅쿼리 내보내기를 위한 Pub/Sub 토픽 설정' 절에서 내보내기가 준비될 때마다 실행되는 'ga4-bigquery'라는 Pub/Sub 토픽을 만들었다. 이제 클라우드 빌드로 이 메시지를 사용한다.

Pub/Sub 메시지에 응답할 빌드 트리거를 만든다. 그림 4-11에 예가 나와 있다. 이 데모에서는 코드 예제 깃허브 리포지터리 내에 있는 cloudbuild.yml 파일을 읽는다. 이 리포지터리에는 해당 날짜에 빅쿼리 내보내기로 수행하려는 작업이 포함돼 있다.

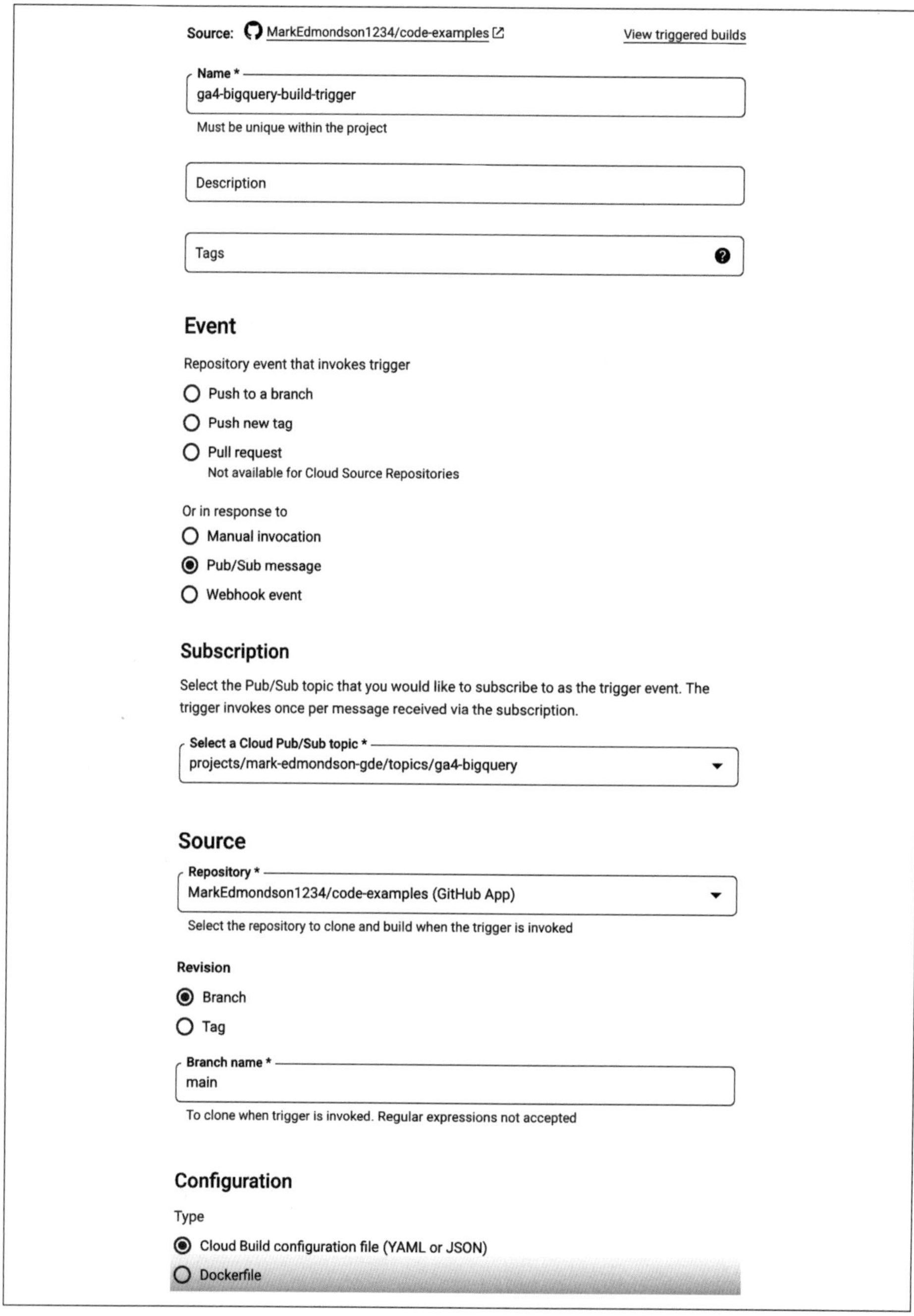

그림 4-11. GA4용 빅쿼리 내보내기가 완료되면 빌드할 빌드 트리거 설정

이제 Pub/Sub 메시지를 받을 때 빌드 트리거가 시작할 빌드가 필요하다. 예제 4-10의 예제를 조정하고 이것을 SQL 파일에 넣을 것이다. 이는 빌드가 실행하기 전에 복제할 깃허브 소스에 커밋된다. 이렇게 하면 깃허브에 커밋해서 SQL을 쉽게 조정할 수 있다.

예제 4-14. 빌드 트리거는 GA4 빅쿼리 내보내기 완료에서 Pub/Sub 이벤트를 가져올 때 빌드를 수행한다. 예제 4-10의 SQL은 ga4-agg.sql이라는 별도의 파일에 업로드된다.

```
steps:
- name: 'gcr.io/cloud-builders/gcloud'
  entrypoint: 'bash'
  dir: 'your/dir/on/Git'
  args: ['-c',
    'bq --location=eu \
    --project_id=$PROJECT_ID query \
    --use_legacy_sql=false \ --destination_table=tidydata.ga4_pageviews \
    < ./ga4-agg.sql']
```

예제 4-14를 성공적으로 실행하려면 인증된 사용자가 쿼리를 수행할 수 있게 사용자 권한을 조정해야 한다. 클라우드 빌드 서비스 에이전트가 여러분을 대신해서 작업을 수행하므로 여러분이 직접 수행할 수 없다. 클라우드 빌드 설정이나 구글 콘솔에서는 클라우드 빌드 내에서 명령을 수행할 서비스 사용자를 찾을 수 있다(예, 123456789@cloudbuild.gserviceaccount.com). 이를 사용하거나 클라우드 빌드 권한이 있는 사용자 정의 서비스 계정을 만들 수 있다. 이 사용자를 빅쿼리 관리자로 추가해야 쿼리 및 기타 빅쿼리 작업(예, 테이블 생성)을 나중에 수행할 수 있다. 그림 4-12를 참고한다.

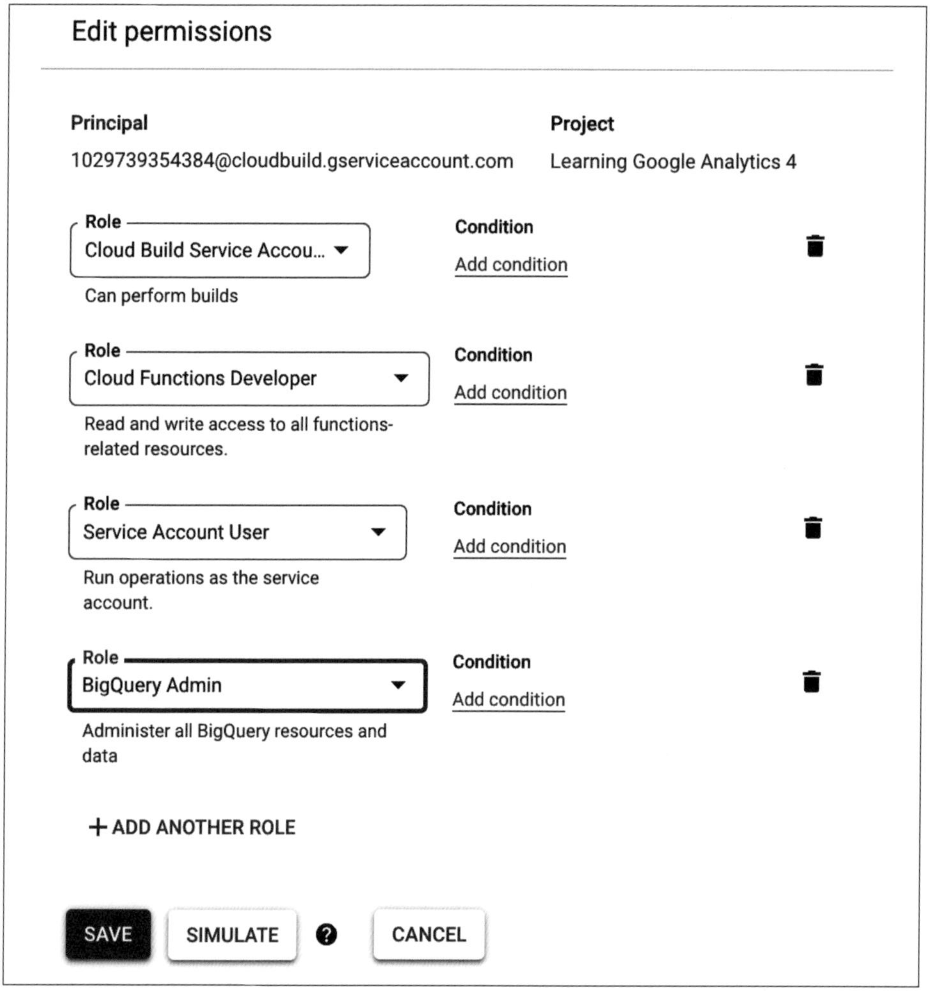

Edit permissions

Principal
1029739354384@cloudbuild.gserviceaccount.com

Project
Learning Google Analytics 4

Role
Cloud Build Service Accou... ▼

Condition
Add condition

🗑

Can perform builds

Role
Cloud Functions Developer ▼

Condition
Add condition

🗑

Read and write access to all functions-related resources.

Role
Service Account User ▼

Condition
Add condition

🗑

Run operations as the service account.

Role
BigQuery Admin ▼

Condition
Add condition

🗑

Administer all BigQuery resources and data

+ ADD ANOTHER ROLE

SAVE   SIMULATE ❓ CANCEL

그림 4-12. 클라우드 빌드 서비스 계정에 빅쿼리 작업을 실행할 수 있는 권한 추가

자신의 사용 사례의 경우 SQL을 조정하고 이 단계가 완료되면 데이터 작업을 위해 더 많은 단계를 추가해야 한다. 클라우드 빌드가 클라우드 컴포저와 유사한 역할을 하지만 더 간단한 방식으로 제공되고 있음을 알 수 있다. 클라우드 빌드는 빅쿼리에서 쿼리를 스케줄링하는 것보다 더 일반적이지만 클라우드 컴포저만큼 비싸거나 기능이 풍부하지는 않다. 간단한 작업을 스케줄링하거나 이벤트 기반으로 수행해야 할 때 좋은 도구다.

CI/CD용 클라우드 빌드 통합

클라우드 빌드는 스케줄, 수동 호출, 이벤트를 통해 트리거될 수 있다. 이벤트는 CI/CD 도구 역할의 핵심인 Pub/Sub 및 깃허브 커밋을 다룬다. 일반적으로 깃과 같은 버전 제어를 사용해서 코딩하는 것이 좋으며, 나는 가장 많이 사용되는 버전인 깃허브를 사용한다. 이렇게 하면 수행한 모든 작업을 기록할 수 있고 필요한 경우 변경 사항을 무한 실행 취소할 수 있으며, 성공과 실패의 차이가 잘못된 위치에 있을 수 있는 경우에는 이 기능을 사용하는 것이 좋다.

버전 제어를 위해 깃을 사용하고 있다면 각 커밋의 빌드를 트리거해서 코드(테스트)를 확인하거나, 스타일 가이드라인(린팅)을 준수하는지 확인하거나, 코드가 생성하는 제품의 실제 빌드를 트리거하는 등 다른 목적으로도 깃을 사용할 수 있다.

클라우드 빌드는 각 단계의 환경을 제어하는 데 사용되는 도커 컨테이너를 사용해서 그 안에 있는 모든 코드 언어를 허용한다. 또한 빅쿼리 작업을 수행하게 설정할 때 그림 4-12에서 본 것처럼 gcloud auth를 통해 구글 클라우드 서비스에 대한 간편한 인증을 제공한다. 서비스를 배포하는 데 사용하는 gcloud 명령은 클라우드 빌드 내에서 이러한 배포를 자동화하는 데 사용할 수도 있다. 또한 모든 실행은 깃 리포지터리에 커밋하는 코드를 기반으로 할 수 있으므로 무슨 일이 언제 일어나는지 완벽하게 파악할 수 있다.

예를 들어 예제 4-11에서 수행한 것처럼 에어플로에 DAG를 배포할 수 있다. 일반적으로 DAG를 배포하려면 해당 파이썬 파일을 클라우드 컴포저 환경 내의 특수 폴더에 복사해야 하지만 클라우드 빌드에서는 대신 gsutil(GCS 커맨드라인 도구)을 사용할 수 있다. 이는 더 빠른 개발을 장려하고 중요한 것에 집중할 수 있는 시간을 준다. 트리거에 대한 클라우드 빌드 파일의 예는 예제 4-15에 나와 있다.

예제 4-15. 깃 리포지터리에서 바로 클라우드 빌드를 사용해 에어플로/클라우드 컴포저용 파이썬 DAG를 배포할 수 있다. 여기서 **$_AIRFLOW_BUCKET**은 설치 위치로 변경하는 대체 변수며, .sql 파일은 동일한 위치의 sql 폴더에 있다고 가정한다.

```
steps:
- name: gcr.io/google.com/cloudsdktool/cloud-sdk:alpine
  id: deploy dag
  entrypoint: 'gsutil'
  args: ['mv',
    'dags/ga4-aggregation.py',
    '$_AIRFLOW_BUCKET/dags/ga4-aggregation.py']
- name: gcr.io/google.com/cloudsdktool/cloud-sdk:alpine
  id: remove old SQL
  entrypoint: 'gsutil'
  args: ['rm',
    '-R',
    '${_AIRFLOW_BUCKET}/dags/sql']
- name: gcr.io/google.com/cloudsdktool/cloud-sdk:alpine
  entrypoint: 'gsutil'
  id: add new SQL
  args: ['cp',
    '-R',
    'dags/sql',
    '${_AIRFLOW_BUCKET}/dags/sql']
```

클라우드 컴포저의 이전 예와 유사하게 클라우드 빌드를 사용해서 다른 모든 GCP 서비스에도 배포할 수 있다. 예제 3-15에서 클라우드 펑션을 배포하고자 이를 다시 사용하지만 gcloud 명령을 사용하는 모든 서비스를 자동화할 수 있다.

배치 데이터 스케줄링 서비스는 일반적으로 GA4와 관련된 서비스를 포함해서 모든 데이터 애플리케이션의 핵심이다. 빅쿼리 예약 쿼리, 클라우드 스케줄러, 클라우드 빌드, 클라우드 컴포저/에어플로를 포함해서 스케줄링을 확인할 때 사용할 수 있는 몇 가지 옵션을 살펴봤다. 각각에는 다음과 같은 장점과 단점이 있다.

빅쿼리 예약 쿼리

설정하기는 쉽지만 책임감이 부족하고 빅쿼리에서만 작동한다.

클라우드 스케줄러

모든 서비스에서 작동하지만 복잡한 종속성은 유지 관리하기 어려워지기 시작한다.

클라우드 빌드

이벤트 기반이며 스케줄에서 트리거할 수 있으며, 일반적으로 선호하는 선택이지만 대체(백필) 및 재시도가 필요한 흐름은 지원하지 않는다.

클라우드 컴포저

대체(백필), 복잡한 워크플로 지원, 재시도/서비스 수준 계약$^{\text{SLA, Service Level Agreement}}$ 기능이 포함된 포괄적인 스케줄링 도구지만 작업이 가장 비싸고 복잡하다.

이를 통해 여러분 자신의 사용 사례에 사용할 수 있는 것에 대한 몇 가지 아이디어를 얻을 수 있기 바란다. 다음 절에서는 실시간 데이터 흐름과 데이터를 즉시 처리해야 할 때 사용할 수 있는 도구를 살펴본다.

스트리밍 데이터 흐름

일부 워크플로의 경우 일괄 스케줄링만으로는 충분하지 않을 수 있다. 예를 들어 30분 미만의 반응형 데이터 업데이트를 찾고 있다면 스트리밍 데이터 흐름 옵션을 살펴봐야 할 때일 수 있다. 일부 솔루션은 일부 동일한 기능과 구성 요소를 공유하지만 고려해야 할 실시간 스트리밍 데이터에 따라 비용과 복잡성이 증가한다.

스트리밍 데이터용 Pub/Sub

지금까지의 예에서는 상대적으로 데이터양이 적은 Pub/Sub만 처리했으며 어떤 일이 발생했음을 알리는 이벤트만 처리했다. 하지만 주목적은 대용량 데이터 스트림을 처리하는 것이며, 이 부분에서 그 진가가 빛을 발한다. 최소 한 번만 전송하는 시스템이기 때문에 TB 단위의 데이터를 전송하더라도 안정적인 데이터 흐름을 구축할 수 있다. 실제로 구글 검색을 구축한 검색 엔진 봇인 구글봇도 유사한 인프라에서 실행되며, 전체 인터넷을 정기적으로 다운로드하므로 Pub/Sub를 확장할 수 있음을 알 수 있다.

스트리밍 데이터에 대한 지원은 다른 스트리밍 시스템이 카프카^{Kafka} 또는 다른 온프레미스 시스템에서 데이터를 전송하는 진입점으로 Pub/Sub에서 시작될 가능성이 높다. 이러한 실시간 수집을 설정할 때 일반적으로 내부 애플리케이션 개발자가 스트림을 설정한 후 해당 스트림이 GCP로 흘러가기를 원하면 이를 넘겨주게 된다. 나는 보통 이 단계에 참여해서 Pub/Sub 토픽으로 들어오는 데이터의 스키마를 정의하는 데 도움을 주고 거기서부터 데이터를 가져오는 일을 담당한다.

데이터가 Pub/Sub 토픽으로 흘러 들어가면 바로 사용 가능한 솔루션이 있어 클라우드 스토리지 및 빅쿼리와 같은 인기 있는 대상으로 스트리밍을 시작할 수 있다. 이러한 솔루션은 아파치 빔^{Apache Beam} 또는 구글에서 호스팅하는 버전인 데이터플로에서 제공한다.

아파치 빔/데이터플로

GCP에서 데이터를 스트리밍하는 데 가장 많이 사용되는 서비스는 데이터플로다. 데이터플로는 구글에서 시작됐지만 현재는 오픈소스로 제공되는 데이터 처리 라이브러리인 아파치 빔으로 작성된 작업을 실행하는 서비스이므로 다른 클라우드의 표준으로도 사용할 수 있다.

아파치 빔은 각 데이터 패킷이 유입될 때 작동하는 코드를 실행하게 설정된 아파치 빔이 설치된 가상머신^{VM}을 생성해서 작동한다. 자동 스케일링 기능이 내장돼 있어 머신의 리소스가 늘어나기 시작하면(즉, CPU나 메모리의 임곗값에 도달하면) 다른 머신을 시작하고 일부 트래픽을 해당 머신으로 라우팅한다. 전송하는 데이터의 양에 따라 최소 1 VM의 층으로 비용이 더 많이 들거나 더 적게 들 것이다.

템플릿을 통해 아파치 빔에 대해 신속하게 처리되는 일반적인 데이터 작업이 있다. 예를 들어 일반적인 작업은 코드를 전혀 작성하지 않고도 사용할 수 있는 빅쿼리로 Pub/Sub를 스트리밍하는 것이다. 그림 4-13에 예가 나와 있다.

템플릿으로 작업하려면 Pub/Sub 메시지가 유입될 버킷과 빅쿼리 테이블을 만들어야 한다. 빅쿼리 테이블에는 Pub/Sub 데이터 스키마와 일치해야 하는 올바른 스키마가 있어야 한다.

예를 들어 GTM SS를 통해 내 블로그에서 Pub/Sub로 일부 GA4 이벤트를 스트리밍하고 있다(이후의 'GTM SS를 사용해 GA4 이벤트를 Pub/Sub로 스트리밍' 절 참고). 기본적으로 스트림은 모든 Pub/Sub 필드를 빅쿼리 테이블에 쓰려고 시도하며, 성공하려면 빅쿼리 스키마가 정확히 일치해야 한다. 예제 4-16에 있는 하이픈(-)이 있는 필드와 같이 빅쿼리에서 유효하지 않은 필드가 Pub/Sub에 포함돼 있으면 문제가 될 수 있다.

Create Dataflow job

Job name *

ps-to-bq-gtm-ss-ga4

Must be unique among running jobs

Regional endpoint *

europe-north1 (Finland)

Choose a Dataflow regional endpoint to deploy worker instances and store job metadata. You can optionally deploy worker instances to any available Google Cloud region or zone by using the worker region or worker zone parameters. Job metadata is always stored in the Dataflow regional endpoint. Learn more

Dataflow template *

Pub/Sub Topic to BigQuery

Streaming pipeline. Ingests JSON-encoded messages from a Pub/Sub topic, transforms them using a JavaScript user-defined function (UDF), and writes them to a pre-existing BigQuery table as BigQuery elements.

Required parameters

Input Pub/Sub topic *

projects/learning-ga4/topics/gtm-ss-ga4

The Pub/Sub topic to read the input from. Ex: projects/your-project-id/topics/your-topic-name

BigQuery output table *

learning-ga4:pubsub_dataflow.gtm-ss-ga4

The location of the BigQuery table to write the output to. If you reuse an existing table, it will be overwritten. The table's schema must match the input JSON objects. Ex: your-project:your-dataset.your-table

Temporary location *

gs://learning-ga4-bucket/temp

Path and filename prefix for writing temporary files. E.g.: gs://your-bucket/temp

Encryption

⦿ Google-managed encryption key
   No configuration required

◯ Customer-managed encryption key (CMEK)
   Manage via Google Cloud Key Management Service

JavaScript UDF path in Cloud Storage

gs://learning-ga4-bucket/dataflow-udf/dataflow-udf-ga4.js

The Cloud Storage path pattern for the JavaScript code containing your user-defined functions. Ex: gs://your-bucket/your-transforms/*.js

JavaScript UDF name

transform

The name of the function to call from your JavaScript file. Use only letters, digits, and underscores. Ex: transform_udf1

Table for messages failed to reach the output table(aka. Deadletter table)

Messages failed to reach the output table for all kind of reasons (e.g., mismatched

그림 4-13. 사전 정의된 템플릿을 통해 Pub/Sub 토픽에 대한 구글 클라우드 콘솔 내에서 빅쿼리로 데이터플로 설정

예제 4-16. GTM SS의 GA4 태그에서 **x-ga**로 시작하는 일부 필드가 있는 Pub/Sub로 전송된 JSON 의 예

```
{"x-ga-protocol_version":"2",
 "x-ga-measurement_id":"G-43MXXXX",
 "x-ga-gtm_version":"2reba1",
 "x-ga-page_id":1015778133,
 "screen_resolution":"1536x864",
 "language":"ru-ru",
 "client_id":"68920138.12345678",
 "x-ga-request_count":1,
 "page_location":"https://code.markedmondson.me/data-privacy-gtm/",
 "page_referrer":"https://www.google.com/",
 "page_title":"Data Privacy Engineering with Google Tag Manager Server Side and ...",
 "ga_session_id":"12343456",
 "ga_session_number":1,
 "x-ga-mp2-seg":"0",
 "event_name":"page_view",
 "x-ga-system_properties":{"fv":"2","ss":"1"},
 "debug_mode":"true",
 "ip_override":"78.140.192.76",
 "user_agent":"Mozilla/5.0 (Windows NT 10.0; Win64; x64) AppleWebKit/537.36 ...",
 "x-ga-gcs-origin":"not-specified",
 "user_id":"123445678"}
```

사용자 정의 요구 사항을 수용하고자 빅쿼리로 전달하기 전에 스트림을 수정하는 변환 함수를 제공할 수 있다. 예를 들어 **x-ga**로 시작하는 필드를 필터링할 수 있다.

예제 4-17의 데이터플로 사용자 정의 함수^{UDF, User-Defined Function}는 이러한 이벤트를 필터링하므로 템플릿의 나머지 부분에서 데이터를 빅쿼리로 보낼 수 있다. 이 UDF는 데이터플로 작업자가 다운로드해서 사용하려면 버킷에 업로드해야 한다.

예제 4-17. 나머지 데이터를 빅쿼리에 쓸 수 있게 x-ga로 시작하는 Pub/Sub 토픽 필드를 필터링하는 데이터플로 사용자 정의 함수

```
/**
 * x-ga로 시작하는 필드를 필터링하는 변환 함수다.
 * @param {string} inJSON
 * @return {string} outJSON
 */

function transform(inJSON) {
  var obj = JSON.parse(inJSON);
  var keys = Object.keys(obj);
  var outJSON = {};

  // x-ga로 시작하는 키를 출력하지 않는다.
  var outJSON = keys.filter(function(key) {
    return !key.startsWith('x-ga');
  }).reduce(function(acc, key) {
    acc[key] = obj[key];
    return acc;
  }, {});

  return JSON.stringify(outJSON);
}
```

데이터플로 작업이 설정되면 클라우드 컴포저/에어플로와 매우 유사한 DAG를 제공하지만 이 시스템에서는 배치가 아닌 실시간 이벤트 기반 흐름을 처리한다. 그림 4-14는 웹 콘솔의 데이터플로 작업 섹션에 표시돼야 하는 내용을 보여준다.

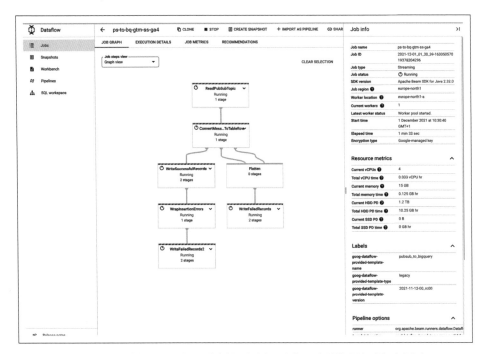

그림 4-14. 실시간으로 Pub/Sub 메시지를 빅쿼리로 가져오고자 실행 중인 작업 시작하기

데이터플로 비용

데이터플로가 작동하는 방식을 고려할 때 오류가 발생하면 파이프라인에 많은 히트를 보낼 수 있고 비싼 요금이 빠르게 청구될 수 있으므로 너무 많은 VM을 가동하지 않도록 주의해야 한다. 워크로드에 대한 아이디어를 얻은 후에는 데이터 급증을 처리하고자 VM에 상한을 설정하는 것이 현명하지만 정말 예상치 못한 일이 발생하는 경우 데이터가 빠져나가지 않게 해야 한다. 이러한 예방 조치에도 이 솔루션은 하루에 $10에서 $30 또는 한 달에 $300에서 $900의 지출을 예상할 수 있기 때문에 배치 워크플로보다 여전히 더 비싸다.

빅쿼리 스키마는 Pub/Sub 구성과 일치해야 하므로 테이블을 만들어야 한다. 그림 4-15의 테이블도 시간 분할되게 설정돼 있다.

gtm-ss-ga4

Field name	Type	Mode	Policy tags
event_name	STRING	NULLABLE	
engagement_time_msec	INTEGER	NULLABLE	
debug_mode	STRING	NULLABLE	
author	STRING	NULLABLE	
category	STRING	NULLABLE	
published	STRING	NULLABLE	
words	STRING	NULLABLE	
read_time	STRING	NULLABLE	
screen_resolution	STRING	NULLABLE	
language	STRING	NULLABLE	
client_id	STRING	NULLABLE	
page_location	STRING	NULLABLE	
page_referrer	STRING	NULLABLE	
page_title	STRING	NULLABLE	
ga_session_id	STRING	NULLABLE	
ga_session_number	INTEGER	NULLABLE	
user_id	STRING	NULLABLE	
ip_override	STRING	NULLABLE	
user_agent	STRING	NULLABLE	

그림 4-15. Pub/Sub JSON을 수신하는 빅쿼리 데이터 스키마

실수를 하면 데이터플로 작업은 그림 4-16과 같이 오류를 검사하고 수정할 수 있는 동일한 데이터 세트의 다른 테이블로 원시 데이터를 스트리밍한다.

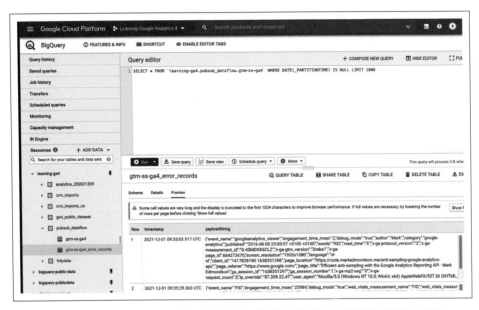

그림 4-16. 데이터플로의 모든 오류는 자체 빅쿼리 테이블에 표시되므로 페이로드를 검사할 수 있다.

모든 것이 순조롭게 진행되면 빅쿼리에 Pub/Sub 데이터가 나타나기 시작하는 것을 볼 수 있다. 그림 4-17과 비슷한 내용이 보이면 성공한 것이다.

표준 빅쿼리 내보내기 기능은 GA4의 기본 빅쿼리 내보내기를 사용해서 이미 무료로 사용할 수 있지만 이 프로세스는 다른 엔드포인트로 향하거나 다른 변환을 수행하는 다른 사용 사례에 맞게 조정할 수 있다. 예를 들어 GA4 이벤트의 하위 집합으로 작업해서 개인정보를 좀 더 잘 인식하게 히트를 수정하거나 다른 실시간 스트림을 통해서만 사용할 수 있는 제품 메타데이터로 히트를 보강할 수 있다.

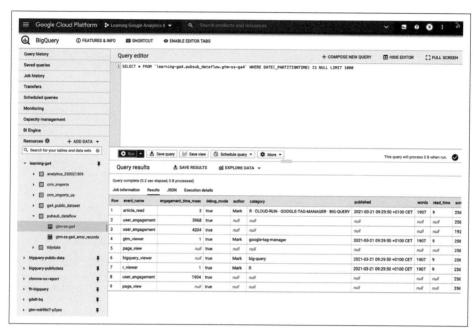

그림 4-17. GA4에서 GTM SS로, Pub/Sub에서 BigQuery로 스트리밍 가져오기에 성공했다.

데이터플로는 이 흐름에 대한 비용으로 VM을 실행하므로 필요하지 않으면 해제한다. 데이터 볼륨이 그러한 비용을 보장할 만큼 충분히 크지 않은 경우 클라우드 펑션을 사용해 데이터를 스트리밍할 수도 있다.

클라우드 펑션을 통한 스트리밍

데이터 볼륨이 클라우드 펑션 할당량 내에 있는 경우 Pub/Sub 토픽 설정에서 클라우드 펑션을 사용해서 데이터를 다른 위치로 스트리밍할 수도 있다. 예제 4-5에는 빅쿼리 테이블과 같은 산발적 이벤트에 대한 몇 가지 예제 코드가 있지만 좀 더 정기적인 데이터 스트림에 반응할 수도 있으며 클라우드 펑션은 필요에 따라 확장 및 축소된다. Pub/Sub 이벤트를 호출할 때마다 다른 함수와 병렬로 실행되는 클라우드 펑션 인스턴스가 생성된다.

제한(1세대 클라우드 펑션의 경우)에는 540초(9분)의 런타임과 총 3,000초의 동시 호출만 포함된다(예, 함수를 실행하는 데 100초가 걸리는 경우 한 번에 최대 30개의 함수를 실행할 수 있음). 즉, 클라우드 평션을 작고 효율적으로 만들어야 한다.

다음 클라우드 평션은 초당 약 300개의 요청을 처리할 수 있을 만큼 충분히 작아야 한다(예제 4-18). Pub/Sub 메시지를 가져와 타임스탬프와 함께 빅쿼리의 원시 데이터 열에 문자열로 넣는다. 필요에 따라 코드를 수정해 더 구체적인 스키마를 파싱하거나 빅쿼리 SQL 자체를 사용해 나중에 원시 JSON 문자열을 더 정리된 데이터로 처리할 수 있다.

예제 4-18. 좀 더 맞춤화된 테이블을 생성하려면 코드 내에서 **pb** 딕셔너리를 수정해서 더 많은 필드를 파싱한다. 미리 만들어진 빅쿼리 테이블을 가리키는 환경 인수 **dataset**와 **table**을 추가한다. Pub/Sub 에서 빅쿼리로 데이터를 복사하는 방법에 대한 밀로세비치의 미디엄 게시물(Milosevic's Medium post)(https://oreil.ly/Zuy4u)에서 영감을 얻었다.

```python
# python 3.7
# pip google-cloud-bigquery==2.23.2
from google.cloud import bigquery
import base64, JSON, sys, os, time

def Pub/Sub_to_bigq(event, context):
    Pub/Sub_message = base64.b64decode(event['data']).decode('utf-8')
    print(Pub/Sub_message)
    pb = JSON.loads(Pub/Sub_message)
    raw = JSON.dumps(pb)

    pb['timestamp'] = time.time()
    pb['raw'] = raw
    to_bigquery(os.getenv['dataset'], os.getenv['table'], pb)

def to_bigquery(dataset, table, document):
    bigquery_client = bigquery.Client()
    dataset_ref = bigquery_client.dataset(dataset)
    table_ref = dataset_ref.table(table)
    table = bigquery_client.get_table(table_ref)
    errors = bigquery_client.insert_rows(table, [document],
```

```
        ignore_unknown_values=True)
    if errors != [] :
        print(errors, file=sys.stderr)
```

이 함수는 그림 4-18과 같이 데이터가 이동할 위치를 지정하고자 환경 인수를
사용한다. 이를 통해 서로 다른 스트림에 대해 여러 함수를 배포할 수 있다.

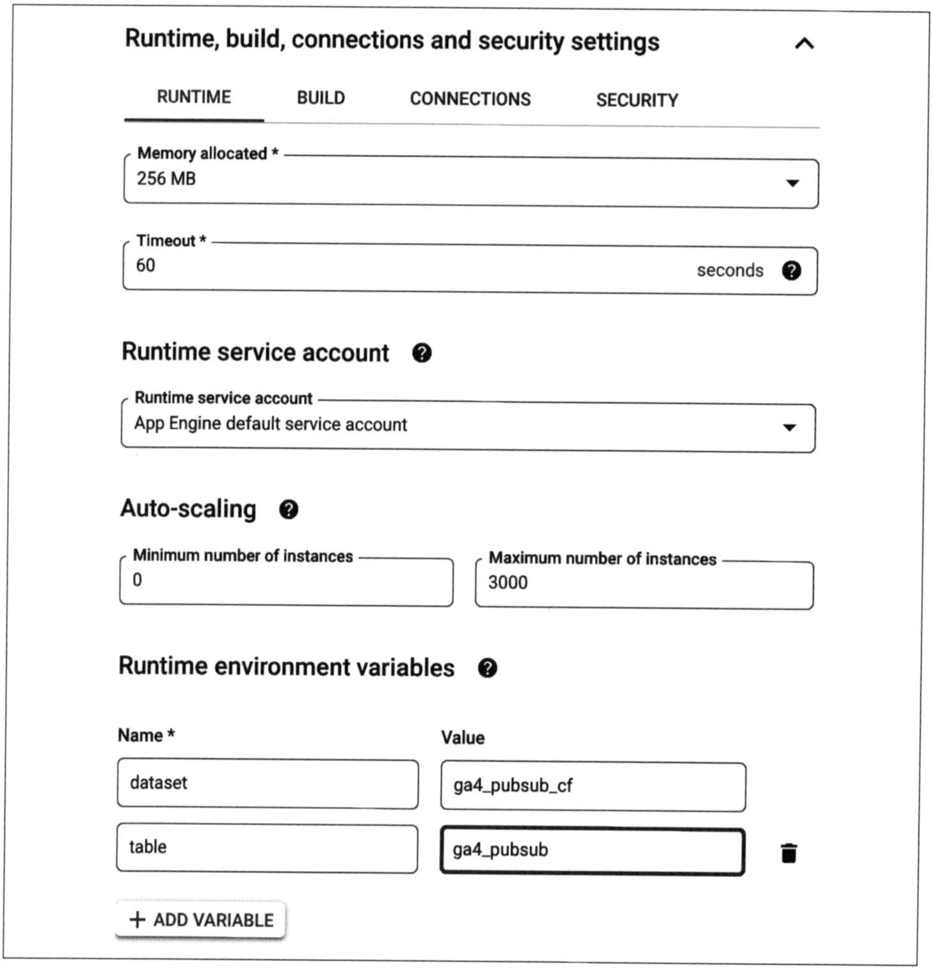

그림 4-18. 예제 4-18의 클라우드 펑션 내에서 사용할 환경 인수 설정

미리 만들어진 빅쿼리 테이블에는 2개의 필드가 있다. JSON 문자열이 포함된 raw 필드와 클라우드 평션이 실행될 때의 timestamp 필드다. 예제 4-19와 같이 SQL에서 빅쿼리의 JSON 함수(https://oreil.ly/AXxOL)를 사용해서 이 원시 JSON 문자열을 파싱할 수 있다.

예제 4-19. 원시 JSON 문자열을 파싱하는 빅쿼리 SQL

```
SELECT
  JSON_VALUE(raw, "$.event_name") AS event_name,
  JSON_VALUE(raw, "$.client_id") AS client_id,
  JSON_VALUE(raw, "$.page_location") AS page_location,
  timestamp,
  raw
FROM
  `learning-ga4.ga4_Pub/Sub_cf.ga4_Pub/Sub`
WHERE
  DATE(_PARTITIONTIME) IS NULL
LIMIT
  1000
```

예제 4-19의 코드 결과는 그림 4-19에 나와 있다. 예약 또는 빅쿼리 뷰로 이 SQL 다운스트림을 설정할 수 있다.

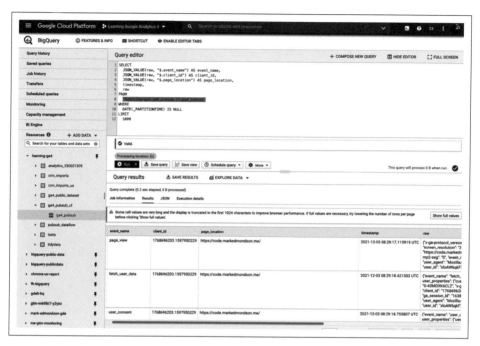

그림 4-19. GTM-SS를 통해 GA4에서 Pub/Sub 스트림을 수신하는 원시 데이터 테이블은
JSON_VALUE()와 같은 빅쿼리의 함수로 JSON을 파싱할 수 있다.

스트리밍 데이터 서비스는 GA4 설정에 대해 가장 반응이 빠르고 최신 데이터
스택을 보유할 수 있는 방법을 제공하지만 훌륭한 비즈니스 사례로 정당화해야
하는 경제적 비용과 기술적 비용이 발생한다. 하지만 이러한 도구를 사용할
수 있다는 것은 10년 전에는 거의 불가능했을 애플리케이션을 실행할 수 있다
는 것을 의미한다.

GA4와 같은 디지털 분석 데이터 스트림은 일반적으로 개별 사용자에게 맞춤화
된 경험을 제공할 수 있을 때 가장 유용하지만 개인과 연관될 수 있는 데이터를
사용할 때는 법적, 윤리적으로 어떤 결과를 초래할지 각별히 염두에 둬야 한다.
이는 다음 절에서 자세히 살펴본다.

사용자 개인정보 보호

이전에도 사용자 개인정보 보호에 대한 개요를 제공했지만 이 절에서는 더 깊이 들어가 일부 기술 리소스를 다룬다.

현대 데이터 시대에 데이터의 가치는 데이터를 사용하는 사람만이 아니라 데이터를 제공하는 사람에 의해 실현된다. 그 데이터를 무단으로 가져가는 것은 이제 절도와 같은 부도덕한 행위로 간주될 수 있으므로, 장기적으로 지속 가능한 비즈니스가 되려면 사용자의 신뢰를 얻는 것이 점점 더 중요해지고 있다. 가장 신뢰할 수 있는 브랜드는 수집하는 데이터와 해당 데이터를 사용하는 방법이 명확하고 사용자가 자신의 데이터에 쉽게 액세스할 수 있는 브랜드다. 사용자는 정보에 입각한 선택을 할 수 있고, 자신의 데이터를 회수하고, 사용 권한을 되찾을 수 있다. 이렇게 진화하는 윤리에 따라 다양한 지역의 법률도 더욱 엄격해지고 영향력이 커지기 시작했으며 준수하지 않을 경우 무거운 벌금이 부과될 수 있다.

개인을 추적할 수 있는 데이터를 저장할 때 여러분은 개인 데이터를 훔치려는 내부 남용 행위자 또는 외부 악의적 행위자로부터 개인 데이터를 보호할 책임이 있다.

이 절에서는 데이터 개인정보 보호 프로세스를 더 쉽게 만드는 데 도움이 되는 데이터 저장소 설계 패턴을 살펴본다. 경우에 따라 규정 준수 위반은 의도적으로 발생한 것이 아니라 잘못 설계된 시스템으로 인해 발생했으며, 이를 방지하고자 노력해야 한다.

설계에 의한 데이터 프라이버시

데이터 프라이버시 문제를 피하는 가장 쉬운 방법은 단순히 개인 데이터를 저장하지 않는 것이다. 해당 개인 데이터에 대한 특정 요구 사항이 없는 한 데이터를 수집할 때 제거하거나 스토리지에 들어왔을 때 지우는 것이 데이터를 유지하는 가장 쉬운 방법이다. 경솔하게 들릴 수 있지만 기업에서 결과에 대해 실제로 생각하지 않고 우연히 이 데이터를 수집하는 것이 일반적이기 때문에 명시할 필요가 있다. 웹 분석의 전형적인 사례는 사용자 이메일을 웹 양식의 URL이나 검색 박스에 실수로 저장하는 것이다. 우발적인 경우에도, 이는 구글 애널리틱스 서비스 약관에 위배되며 여러분의 계정이 폐쇄될 위험이 있다. 수집 시점에 일부 데이터를 정리하면 깨끗한 데이터 공간을 유지하는 데 큰 도움이 될 수 있다.

일정 수준의 개인화가 필요한 경우 개인정보 위험을 초래할 수 있는 데이터를 반드시 수집할 필요는 없다. 여기에서 GA4를 포함한 데이터 수집의 기본값인 가명화(유사 익명화)가 시작된다. 여기서 ID는 사용자에게 할당되지만 공유되는 것은 사용자의 개인 데이터가 아니라 해당 ID다. 예를 들어 임의의 ID 또는 사용자의 전화번호를 사용자 ID로 선택한다. 임의의 ID가 실수로 노출된 경우 공격자는 해당 ID를 해당 사용자의 나머지 정보에 매핑하는 시스템에 액세스할 수 있지 않는 한 많은 작업을 수행할 수 없다. 노출된 아이디가 실제 사용자의 전화번호라면 공격자는 바로 사용할 수 있는 무언가를 갖고 있다. 가명화를 사용하는 것은 사용자의 개인 데이터를 보호하기 위한 첫 번째 방어선이다. 다시 말하지만 개인정보 침해에 직면할 수 있기 때문에 이메일이나 전화번호를 ID로 사용하지 말아야 한다. 이를 저지른 회사는 벌금이 부과됐다.

예를 들어 기본 GA4 데이터 수집은 이 수준에 있기 때문에 사용 사례에 필요한 것은 ID뿐이다. GA4의 `client_id`를 사용자의 이메일 주소에 연결하는 것과 같이 해당 ID를 개인정보에 연결하기 시작할 때만 더 극단적인 개인정보 보호 고려 사항을 고민해야 한다. 이는 일반적으로 CRM 데이터베이스와 같은 백엔드 시스템에 연결하기 시작할 때 발생한다.

사용 사례에 개인 데이터, 이메일, 이름 등이 필요한 경우 GDPR과 같은 개인정보 보호법에서 권장하는 몇 가지 원칙을 지켜야 한다. 이러한 단계를 통해 사용자의 존엄성을 보존하고 해당 데이터로 비즈니스에 영향을 미칠 수 있다.

개인 데이터(PII)를 최소한의 위치로 유지해야 한다.

개인 데이터는 가능한 한 적은 수의 데이터베이스에 보관한 다음 해당 테이블의 핵심인 가명 ID를 통해 다른 시스템에 결합하거나 연결해야 한다. 이렇게 하면 사용자의 데이터를 삭제하거나 추출해야 하는 경우 한곳만 볼 수 있으며, 복사하거나 결합된 후속 위치에서도 데이터를 삭제할 필요도 없다. 사용자 데이터 암호화는 사용자 데이터베이스에서만 수행하면 되므로 이는 사용자 데이터 암호화에 대한 다음 사항을 보완한다.

솔트와 페퍼 해시로 사용자 데이터를 암호화한다.

해싱^{Hashing} 프로세스는 데이터를 일방적으로 암호화하는 방식으로, 구성 요소를 알지 못하면 원시 데이터를 다시 생성할 수 없다. 예를 들어 인기 있는 sha256 해싱 알고리듬으로 해시될 때 '마크 에드먼드슨^{Mark Edmondson}'은 다음과 같다.

3e7e793f2b41a8f9c703898c5c0d4e08ab2f22aa1603f8d0f6e4872a8f542335

그러나 해시는 항상 이 해시이며, 신뢰할 수 있는 키로 사용할 수 있도록 전역적으로 고유해야 한다. '솔트^{salt}와 페퍼^{pepper}'에서 해시는 데이터에 고유한 키워드를 추가해 누군가가 해싱 알고리듬을 깨뜨리거나 동일한 해시를 얻고자 링크를 만들 수 있는 경우를 대비해 훨씬 더 안전하게 만들 수 있음을 의미한다. 예를 들어 내 솔트가 '개코원숭이^{baboons}'라면 '마크 에드먼드슨'이 '개코원숭이마크 에드먼드슨^{baboonsmark Edmondson}'이 되게 데이터 포인트에 접두사를 붙이면 해시는 다음과 같다.

a776b81a2a6b1c2fc787ea0a21932047b080b1f08e7bc6d6a2ccd1fb6443df48

이전과 완전히 다르다. 솔트는 글로벌이거나 사용자 포인트와 함께 저장돼 각 사용자마다 고유하게 만들 수 있다. '페퍼^{pepper}' 또는 '시크릿 솔트^{secret salt}'와 해시는 비슷한 개념이지만 이번에는 키워드가 데이터와 함께 보관되는 것이 아니라 다른 안전한 위치에 보관된다. 이는 이제 두 개의 위치를 갖고 있기 때문에 데이터베이스 침해로부터 보호된다. 이 경우 '페퍼'를 가져와 'averylongSECRETthatnoonecanknow?'가 될 수 있으므로 최종 해시는 'baboonsMark EdmondsonaverylongSECRETthatnoonecanknow?'가 돼 다음과 같은 최종 해시를 제공한다.

```
c9299fe251319ffa7ec66137acfe81c75ee115ceaa89b3e74b521a0b5e12d138
```

사용자 정보를 탈취하려는 해커가 사용자를 재식별하기는 매우 어려울 것이다.

개인 데이터에 데이터 만료 시간을 넣는다.

때로는 다른 클라우드나 시스템에서 가져오는 경우 개인 데이터를 전반적으로 복사하는 것 외에는 선택 사항이 없다. 이 경우 데이터 소스를 모든 개인 정보 이니셔티브의 진실의 출처로 지정한 다음 해당 소스에서 복사된 데이터에 대해 데이터 만료 날짜를 적용할 수 있다. 30일이 일반적이므로 데이터 볼륨이 증가할 것을 대비해서 최소한 30일(매일)마다 전체 가져오기를 수행해야 한다. 그런 다음 마스터 데이터베이스의 사용자 권한과 값을 업데이트할 때 해당 데이터의 모든 복사본이 일시적으로 삭제되고 가져오기가 중지된 후에는 존재하지 않게 된다.

개인정보 보호 원칙을 추가하면 추가 작업이 더해지지만 고객에게 전달할 수 있는 자체 시스템에 대한 신뢰와 마음의 평화가 그 대가다. 4장에서 설명한 일부 스토리지 시스템의 마지막 데이터 만료 시점에 대한 예는 다음 절에서 설명한다.

빅쿼리의 데이터 만료

데이터 세트, 테이블, 버킷을 설정할 때 나오는 데이터에 대한 데이터 만료를 설정할 수 있다. 이전의 '구글 클라우드 스토리지' 절에서 GCS로 설정하는 방법을 이미 다뤘다.

빅쿼리의 경우 해당 데이터 세트 내의 모든 테이블에 영향을 미치는 데이터 세트 수준에서 만료 날짜를 설정할 수 있다. 테스트 데이터 세트의 예는 그림 4-20을 참고한다.

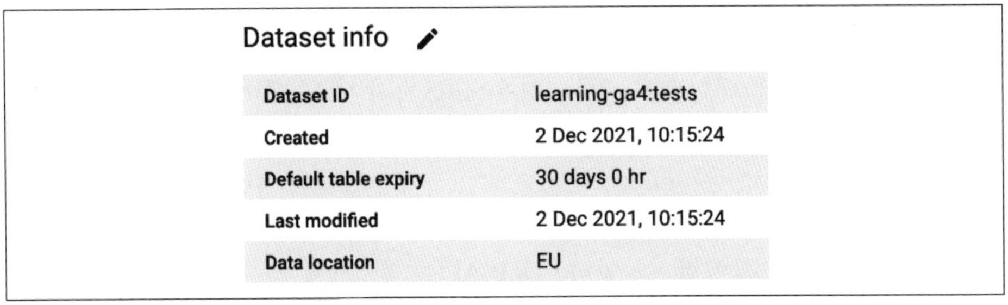

Dataset info 🖊	
Dataset ID	learning-ga4:tests
Created	2 Dec 2021, 10:15:24
Default table expiry	30 days 0 hr
Last modified	2 Dec 2021, 10:15:24
Data location	EU

그림 4-20. 데이터 세트를 만들 때 테이블 만료 시간을 구성할 수 있다.

파티션을 나눈 테이블의 경우 테이블이 항상 존재하지만 시간이 지남에 따라 파티션 자체가 만료되므로 가장 최근의 데이터만 남게 돼 다른 것이 필요하다. 이를 위해서는 예제 4-20에 표시된 것처럼 **gcloud**를 호출하거나 빅쿼리 SQL을 사용해 테이블 속성을 변경해야 한다.

예제 4-20. 파티션 테이블에서 빅쿼리 파티션에 대한 날짜 만료 설정

```
gcloud 방식(로컬 배시 콘솔을 통해 또는 클라우드 콘솔을 통해):
bq update --time_partitioning_field=event_date \
    --time_partitioning_expiration 604800 [PROJECT-ID]:[DATASET].partitioned_table

또는 빅쿼리(BigQuery) DML을 통해:
ALTER TABLE `project-name`.dataset_name.table_name
SET OPTIONS (partition_expiration_days=7);
```

수동 데이터 만료 시간뿐만 아니라 데이터 손실 방지^{DLP, Data Loss Prevention} API로 개인정보 유출에 대한 데이터를 적극적으로 스캔할 수도 있다.

데이터 손실 방지 API

데이터 손실 방지^{DLP} API는 이메일, 전화번호, 신용카드 번호와 같은 민감한 데이터를 자동으로 감지하고 마스킹하는 방법이다. 클라우드 스토리지나 빅쿼리 내에서 데이터를 호출해 데이터를 실행할 수 있다.

많은 양의 스트리밍 데이터가 있는 경우 GCS에서 CSV 데이터를 읽고 편집된 데이터를 빅쿼리에 넣을 수 있는 데이터플로 템플릿이 있다(https://oreil.ly/dFlye).

GA4의 경우 가장 쉽게 사용하려면 빅쿼리 내보내기를 스캔해서 개인 데이터가 실수로 수집됐는지 확인할 수 있다. DLP API는 한 번에 하나의 테이블만 스캔하므로 이를 사용하는 가장 좋은 방법은 매일 들어오는 데이터 테이블을 스캔하는 것이다. 데이터가 많은 경우 샘플만 스캔하는 것이 좋다. 또는 민감한 데이터를 포함될 수 있는 필드로만 스캔을 제한하는 것이 좋다. 특히 GA4 빅쿼리 내보내기의 경우 다른 모든 필드가 구성(event_name 등)에 의해 다소 고정되므로 event_params.value.string_value일 가능성이 높다.

요약

데이터는 이런 다양한 형태와 용도로 제공되므로 이를 유지할 수 있는 다양한 시스템이 있다. 4장에서 설명한 광범위한 카테고리는 구조화되고 구조화되지 않은(정형 및 비정형) 데이터며, 이러한 시스템 간의 스케줄링 대비 스트리밍 파이프라인이다. 또한 여정에 따라 각 데이터에 액세스해야 할 사용자와 액세스 대상에 대해 생각해볼 수 있는 좋은 조직 구조가 필요하다. 결국 해당 데이터를 사용하는 것은 직원들이며, 올바른 데이터를 볼 수 있는 적합한 사용자의 마찰을 줄이는 것은 조직 내에서 데이터 성숙도를 높이는 큰 단계다. GA4 이상의 데이터가 필요한 경우 이러한 시스템이 어떻게 상호작용하는지 알아야 하지만 유니버설 애널리틱스에 비해 주요 기능 중 하나로 높이 평가되는 GA4 빅쿼리 내보내기를 사용하면 좋은 출발점이 될 수 있다.

이제 데이터를 수집하고 저장하는 방법을 설명했으니 5장에서는 데이터가 어떻게 활발하게 마사지, 변환, 모델링되는지 그리고 일반적으로 파이프라인 내에서 가장 많은 가치를 창출하는 위치에 데이터가 어떻게 표시되는지 자세히 살펴본다.

## 5장

데이터 모델링

데이터 모델링은 일반적으로 데이터 전반에서 머신러닝이나 고급 통계가 작동하는 것을 볼 수 있기 때문에 프로젝트에서 가장 기술적인 측면이 될 가능성이 높다. 또한 두 데이터 세트에 대한 조인을 만드는 것처럼 간단할 수도 있다. 데이터 프로젝트에서 원시 데이터를 정보로 전환하고 이를 통해 인사이트로 전환하는 마법이 일어나는 곳이 바로 이 부분이다. 그러나 데이터 모델링은 일회성 보고서로 분석하거나 데이터 활성화 채널로 푸시하는 등 인사이트를 데이터 활성화 채널로 내보낼 때를 위한 최종 목표가 돼서는 안 된다. 데이터 모델링은 목적을 위한 수단이지 수단을 위한 목적이 아니다. 데이터 모델링은 데이터에서 가치를 추출하는 방법에 관한 것이지 최신 기술을 사용하는 것에 관한 것이 아니어야 한다. 최고의 가치를 추출하는 작업은 정교한 신경망이 아니라 간단한 조인일 수 있다. 또한 데이터 모델링은 경쟁사보다 우위를 점할 수 있는 고유한 비즈니스 로직을 넣는 곳이라고 생각한다. 고객과 비즈니스를 지원하는 최종 목표를 위해 데이터가 사용되는 방식을 맞춤화해서 창의적이고 자신만의 경쟁 우위와 경험을 가져올 수 있는 곳이 데이터 모델링이다.

GA4 외부에서 데이터를 모델링하는 방법에는 여러 가지가 있으며 이에 대해 자세히 살펴본다. 먼저 GA4가 자체 플랫폼 내에서 기본적으로 제공하는 기능을 살펴본다.

GA4 데이터 모델링

GA4를 사용하면 제품에서 기본으로 제공되는 일부 데이터 모델링을 활용할 수 있으므로 직접 만들거나 맞춤 설정할 필요가 없다. GA4에 새로운 이벤트 기반 데이터 스키마가 탑재된 이유 중 하나가 이러한 애플리케이션을 좀 더 쉽게 지원하기 위한 것이므로 GA4의 계속 발전하는 기능 세트가 될 것이다.

이 글을 쓰는 시점에 GA4 내에서 사용할 수 있는 몇 가지 데이터 모델링 선택 사항은 다음과 같다.

표준 보고서와 탐색

빅쿼리 내보내기를 직접 사용해보면 알 수 있듯이 GA4로 유입되는 원시 데이터는 일상적으로 유용하지 않다. 예를 들어 대부분의 사람은 각 채널에서 유입된 사용자 수에 대한 정보를 보기 전에 몇 가지 SQL을 입력하기를 원하지 않는다. 이때 미리 생성된 기본 보고서와 사용자 정의 가능한 탐색 섹션이 유용하다. GA4는 보고서 라이브러리^{Report Libraries}를 사용해 각 사용자가 로그인할 때 표시되는 보고서를 정의하며, 모든 보고서로 최종 사용자에게 과부하가 걸리지 않게 "적은 것이 더 많다"는 사고방식으로 구성할 수 있다. 이 기능은 전자상거래, 게시자, 블로그 분석 등과 같은 일반적인 사용 사례 시나리오를 포함하게 확장되기를 바란다. 이러한 보고서의 변환을 사용하는 방법은 이후의 '시각화' 절에서 설명한다.

기여도 모델링

분석 시스템 내에서 전환에 대한 크레딧을 할당하는 방법은 기여도 모델에 따라 다르다. 기여도 보고서를 적극적으로 보지 않더라도 암묵적으로 분석 시스템의 기본 설정을 선택하고 있는 것이다. 이는 전용 멀티터치 또는 기여도 보고서를 보지 않는 경우에도 유니버설 애널리틱스에 적용됐다. 나머지 보고서는 '마지막 간접 채널' 모델을 사용했다(다음의 'GA4 기여도 선택' 부분 참고).

GA4에서는 계정 전체에서 전환을 기여하는 방법에 대한 더 많은 구성 옵션이 있다. 기여도 설정에 대한 GA4 구성 내에서 '교차 채널 마지막 클릭' 또는 '광고 우선 마지막 클릭'과 같은 옵션과 향후 전환에 대해 채널이 인정되는 기간에 대한 전환 확인 기간을 선택할 수 있다. 그림 5-1을 참고한다.

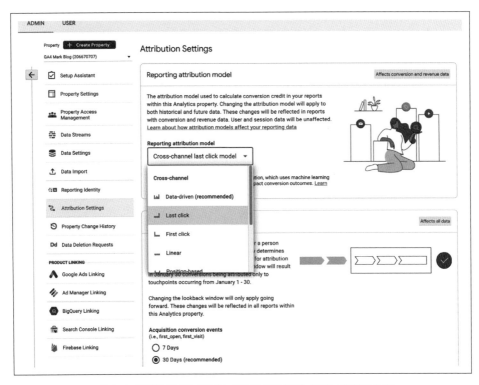

그림 5-1. 전환이 채널에 기여하는 방식에 대한 기여 설정을 지정하고 30일, 60일 또는 90일 동안 전환 확인 기간을 선택할 수 있다.

GA4 기여도 선택

보고서 전반에 걸쳐 작동하는 GA4의 전환 기여도에는 여러 가지 방법이 있다. 이 설정은 언제든지 변경할 수 있으며 과거 데이터에 소급 적용된다. 간략한 개요는 다음과 같다.

데이터 기반

자체 머신러닝 알고리듬을 사용해서 다양한 GA4 이벤트가 전환에 미치는 영향을 학습하는 모델을 찾는다. 즉, 전환에 기여한 이벤트와 기여하지 않은 이벤트를 구분하고, 해당 이벤트가 없었다면 어떤 일이 일어났을지 비교해서 새로운 전환에 대해 해당 이벤트에 어떤 가중치를 부여해야 하는지에 대한 모델을 구축한다.

마지막 간접 클릭

이렇게 하면 전환이 마지막 클릭으로 귀속되지만 간접 클릭(예, 오가닉 → 유료 → 직접)인 경우에만 가능하다. 이것이 유니버설 애널리틱스가 표준 보고서에 사용한 것이다(리콜 다이렉트Recall Direct는 태그가 지정되지 않은 캠페인, 북마크 또는 직접 탐색과 같은 채널 소스로 귀속될 수 없는 모든 방문을 의미한다).

첫 번째 클릭

이는 사용자가 처음 본 첫 번째 클릭에 전환을 기여한다. 오가닉 → 유료 → 직접적 여정은 오가닉에 귀속된다.

선형

이렇게 하면 전환에 기여한 모든 채널에 각 목표의 일부가 등록된다. 오가닉 → 유료의 여정은 오가닉이 50%, 유료가 50%로 귀속된다.

위치 기반

이것은 첫 번째와 마지막 상호작용에 40%의 기여도를 부여한 다음 선형 기여도를 사용해서 중간에 나머지 20%를 할당한다. 오가닉 → 유료 →

오가닉 → 이메일의 여정에서 오가닉은 40% + 10%, 이메일은 40%, 유료
는 10%로 귀속된다.

시간 가치 하락

이것은 7일 반감기 감소를 사용해서 전환에 기여한다. 전환 8일 전 클릭
은 1일 전 클릭보다 50% 적은 크레딧을 받는다.

광고 선호

이는 구글 애즈가 아닌 모든 채널을 무시하고 해당 채널에 100% 가치를
부여한다. 구글 애즈 클릭이 없으면 마지막 간접 클릭으로 돌아간다.

대부분의 사용자가 첫 번째 또는 두 번째 세션에서 구매하는 전자상거래 웹
사이트는 고객이 수개월 동안 구매를 고려할 수 있는 고급 자동차 브랜드 웹
사이트와 요구 사항이 다를 수 있으므로 GA4 사용을 신중하게 고려해야 한다.

사용자와 세션 결정

특히 요즘처럼 쿠키 수명을 신뢰할 수 없는 상황에서는 어떤 히트가 사용자의
것인지 파악하는 것이 그리 쉬운 일이 아니다. GA4 설정에는 '보고 ID^{Reporting}
^{Identity}' 설정이 있으며, 이 설정에서 사용자 ID와 디바이스 ID를 함께 사용하거나
디바이스 ID만 사용해서 GA4가 사용자와 해당 세션을 모델링하는 방법을 결정
할 수 있다(그림 5-2 참고).

사용자를 식별하고자 `userId`를 전송하거나 구글 신호 데이터를 사용하는 경우
잠재적으로 사용자 측정 항목이 크게 변경될 수 있다. 이러한 설정에 대한 자세
한 내용은 이전의 '구글 신호 데이터' 절을 참고한다. 해당 사용자의 동의를 받
았다고 가정하면 사용자 ID는 사용자가 데스크톱과 모바일을 통해 또는 다른
쿠키를 통해 접속하더라도 사용자를 더 확실하게 식별할 수 있다.

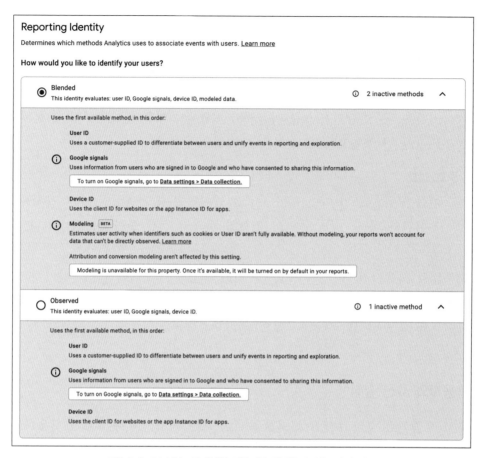

그림 5-2. GA4 보고서 내에서 사용자를 식별할 수 있는 방법 선택

동의 모드 모델링

구글 동의 모드^{Google Consent Mode}(https://oreil.ly/D0aK7)는 쿠키 관리 시스템에 연결해서 쿠키 삭제 여부에 대한 사용자의 선택을 존중하는 새로운 기술이다. 사용자가 쿠키를 삭제하지 않기로 선택하면 해당 사용자에게 `cookieId(cid)`를 할당할 수 없으므로 수집되는 각 GA 히트는 새로운 `cid`로 생성된다. 이러한 히트가 기본적으로 GA4 보고서에 표시되게 허용되면 사용자 지표가 훨씬 부풀려질 것이다. 따라서 이러한 히트는 GA4 계정에 표시되지 않는다. 그러나 동의한

사용자와 동의하지 않은 사용자의 트래픽 패턴을 비교함으로써 GA4는 모든 사용자가 쿠키에 동의했을 때 어떤 기여도가 적용될지 파악할 수 있다. 예를 들어 동의한 사용자의 50%가 유료 검색으로 기여하는 경우 동의하지 않은 사용자의 50%도 유료 검색으로 기여되는 좋은 사례가 있다.

보고 ID 공간

사용자 및 동의 모드 결정은 GA4의 구성 가능한 ID 공간에 코드화돼 있으며, 이를 통해 자신의 웹 사이트에 사용자를 할당하는 방법을 결정할 수 있다. 항상 사용자 ID를 사용하는 일부 웹 사이트는 구글 자체 모델링으로 인한 혼란을 피하고자 이 방법만 사용하는 것을 선호할 수 있다. 또한 모델링은 사용자 개인정보 보호 정책에 따라 사용하거나 사용하지 않을 수 있는 구글 신호 데이터 및 구글 동의 모드를 사용하는지 여부에 따라 영향을 받는다. 구글 신호 데이터를 설정하면 데이터를 볼 때 개별 사용자를 식별하지 않게 데이터 임곗값을 설정할 수도 있다(예, 한 명의 사용자로만 세분화하는 경우 고객 그룹만 식별할 수 있게 축소해야 함).

유니버설 애널리틱스의 기본값은 디바이스 기반 접근 방식이며, cid가 있는 쿠키만 사용한다. 구글 신호 데이터는 웹 사이트 간에 활동을 공유하고자 구글 계정 수준에서 동의한 로그인한 구글 사용자에 의존한다. 사용자를 모델링하려면 식별자는 없지만 동일한 사용자인지 추측할 수 있는 동의하지 않은 히트 스트림이 필요하다.

이러한 접근 방식을 사용하면 GA4 설정 내에서 어떤 접근 방식을 선택할지 결정할 수 있다.

혼합됨Blended

사용자 ID가 수집된 경우 사용자 ID를 사용하고, 사용자 ID가 수집되지 않으면 구글 신호 데이터를 사용하거나, 사용할 수 없는 경우 디바이스

ID(예, GA4 쿠키 [cid])를 사용하고 사용 가능한 ID가 없으면 모델링을 적용한다.

관찰됨Observed

사용자 ID, 구글 신호 데이터, 디바이스 ID 중에서 선택한다. 사용자 ID가 수집되면 사용한다. 사용자 ID가 수집되지 않으면 애널리틱스는 가능한 경우 구글 신호 데이터의 정보를 사용한다. 사용자 ID와 구글 신호 데이터 정보를 모두 사용할 수 없는 경우 애널리틱스는 디바이스 ID를 사용한다.

디바이스 기반 Device-based

디바이스 ID만 사용하고 수집된 다른 ID는 무시한다.

잠재 고객 생성

GA4의 잠재 고객은 유니버설 애널리틱스의 세그먼트 개념을 대체하며, 여러분이 생성하거나 GA4에서 정의한 트래픽의 하위 집합이다. 그러나 유니버설 애널리틱스 세그먼트와 달리 잠재 고객은 과거 트래픽에 대해 소급 적용되지 않으므로 나중에 데이터 활성화에 사용하려는 경우 빨리 잠재 고객을 정의하는 것이 중요하다. 이러한 세그먼트를 생성하기 위한 규칙은 GA4 데이터 수집을 위해 구성한 맞춤 측정 기준 및 이벤트에서 가져올 수 있으며, 실제로 잠재 고객 때문에 특정 맞춤 필드를 처음에 구성한 것일 수도 있다. GA4의 잠재 고객은 전체 GMP 내에서 데이터를 활성화하는 경로이므로 일반적으로 데이터 활성화 채널을 찾는 첫 번째 장소다. 몇 가지 예는 이후의 'GA4 잠재 고객과 구글 마케팅 플랫폼' 절을 참고한다.

예측 측정 항목

기본적으로 GA4에는 구매, 이탈, 수익 예측의 세 가지 예측 측정 항목이 제공된다. 이는 웹 사이트를 방문하는 모든 사용자에 대한 예측을 생성한다. 예측 측정 항목은 웹 사이트가 트래픽 양과 같은 특정 전제 조건을 충족하는 경우에만 나타난다. 데이터 내에서 예측을 사용할 수 있다는 것은 유니버설 애널리틱스보다 GA4 기능이 크게 향상됐음을 나타낸다. 예측 측정 항목이 있으면 이를 GA4 잠재 고객과 결합해서 거래 또는 이탈할 것으로 예측되는 사용자를 내보내 해당 정보에 따라 조치를 취할 수 있다. 이 사용 사례는 7장에서 자세히 설명한다.

인사이트

인사이트[1] Insights는 이상 감지와 같은 머신러닝 모델을 지속적으로 실행해 뷰에서 숨겨져 있을 수 있는 데이터의 정보를 표시하는 데 도움이 되는 GA4 기능이다. 이를 자연 언어 프로세서 인터페이스와 결합해 "가장 낮은 전환 채널은 무엇인가?"라고 작성할 수 있다. 페이지 상단의 검색 표시줄에 적절한 보고서가 표시된다. 예를 보려면 그림 5-3을 참고한다.

---

1. 인사이트(Insights)는 지능형 애널리틱스(Analytics Intelligence)로 이름이 변경됐다. - 옮긴이

그림 5-3. GA4 검색 창에 질문을 작성하면 스스로 파싱해서 가장 적합한 GA4 보고서를 찾는다.

인사이트는 가장 중요한 결과에 플래그를 지정하고 GA4 홈페이지에 표시하려고 시도하며, 인사이트 사이드바에서 직접 액세스할 수도 있다. 그림 5-4의 예에서는 예측 결과와 실제 추세, 최고 성과, 측정 항목 급증에 대한 몇 가지 결과를 보여준다. 인사이트는 그날의 목표와 일치하는 뜻밖의 결과를 발견하는 데 도움이 될 수 있지만, 일반적으로 더 구체적인 목표가 필요하며 자체 보고서를 구성하려고 시도하기보다는 데이터를 탐색할 수 있는 Q&A 인터페이스를 제공하고자 자연어 구문 분석을 통해 가치를 도출하는 것을 목표로 한다. GA4의 인터페이스 내에서 빠르게 정보를 찾는 사용자에게 필요한 노력을 줄여준다.

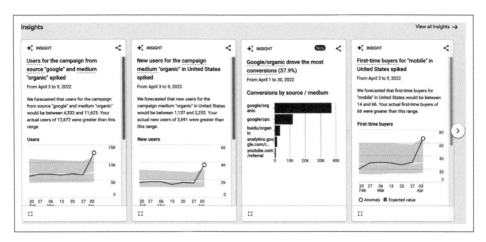

그림 5-4. 인사이트는 로그인할 때 그날의 가장 중요한 결과에 플래그를 지정한다.

GA4 모델링 기능은 디지털 분석 사용자가 데이터로 작업해야 하는 가장 일반적인 사용 사례 중 일부를 다루도록 선택됐다. 그러나 모든 요구 사항을 충족하는 것은 불가능하다. 기본값 이외의 사용 사례를 식별하는 경우 GA4 데이터를 추출하고 자체 모델링을 생성하는 것을 고려해야 한다. 이는 다음 절에서 살펴본다.

데이터를 인사이트로 전환

비즈니스 목표를 보물 지도의 큰 'X' 아래에 있는 것으로 간주하자. 다양한 지도 위치는 데이터를 저장하는 위치지만 점을 연결하고 여정을 안내하는 것은 데이터 모델링이다. 2장에서 설명한 프로세스를 따랐다면 이제 비즈니스 목표의 범위를 정하고 스토리지에 필요한 모든 데이터를 갖고 있어야 한다. 하지만 이제 여러분은 그 데이터를 유용한 것으로 바꾸려고 한다. 데이터 모델링은 이러한 변환을 담당하므로 이제 해당 프로세스를 형성하는 방법을 살펴본다.

데이터의 속성을 다루고 데이터 모델링에서 밝혀야 할 사항을 고려한다. 즉, 성능과 오류율을 측정하는 데 필요한 정확한 측정 항목을 드릴다운하고 다양한 데이터 유형이 다양한 모델링 기법을 요구하는 방법을 확인하고, 인사이트를 얻기 위한 방법으로 데이터 세트를 연결하는 것과 같은 몇 가지 일반적인 시나리오를 고려한다.

데이터 결과 범위 지정

모델링을 고려할 때 결과물을 더 정확하게 정의할수록 이를 달성하기 위한 경로가 더 명확해진다. 이를 통해 필요한 결과의 수, 결과물이 나타내는 데이터 유형(숫자, 범주형 등), 해당 데이터의 정확한 정의, 데이터가 기록하는 내용을 세분화할 수 있다. 기술적 데이터 모델링의 관점에서 보면 특정 범주의 데이터는 특정 모델링 기법에 더 효과적이거나 더 나쁠 수 있다. 여기서는 그중 몇 가지를 살펴본다.

정확도, 정밀도, 재현율

순진하게도 우리는 항상 모델이 가능한 한 정확하기를 원할 수 있지만 모든 모델링 성능을 가능하게 하는 정확하고 충분한 단어는 아니다. 모델의 핵심 성능 지표 범위를 정할 때 이는 큰 차이를 만들 수 있다. 예를 들어 웹 사이트의 전환율이 1%이고 사용자의 전환율을 예측하는 모델을 만들고 싶다고 가정해본다. 아무 생각 없이 정확도를 대입하면 모든 사용자가 전환하지 않을 것이라고 예측하기 때문에 99% 정확도의 모델이 나올 수 있다. 엄밀히 말하면 사실이지만 도움이 되지 않는다. 정확도나 재현율과 같은 더 나은 지표가 필요하다.

1종 오류와 2종 오류

여기서 핵심 개념은 정확도가 100%(절대 발생하지 않음)가 아니면 두 가지 다른 유형의 오류가 발생한다는 것이다. 사용자가 전환했지만 전환하지 않았다고 말하는 거짓 긍정과 사용자가 전환했을 때 전환하지 않았다고 말하는 거짓 부정이다. 이들은 1종 오류(type 1 errors)(전환하지 않았는데, 전환으로 잘못 예측함) 및 2종 오류(type 2 errors)(전환을 수행했지만 전환하지 않은 것으로 잘못 예측함)로 정의된다. 표 5-1을 참조한다.

이에 대해 내가 가장 좋아하는 기억법은 의사가 남자와 임신한 여자에게 말하는 것이다. "당신은 임신했어요!" 의사가 남자에게 말한다(1종 오류). "당신은 임신하지 않았습니다!" 의사가 (임산부) 여성에게 말한다(2종 오류). 이 경우에 대해 상상할 수 있듯이 1종 오류를 최소화하는 것보다 2종 오류를 줄이는 것이 훨씬 더 중요하지만, 일부 새로운 시각도 도움이 될 것이다.

정확도, 정밀도, 재현율에 대한 정확한 정의는 예제 5-1에 나와 있다.

예제 5-1. 정확성, 정밀도, 재현율 정의

```
정확도(Accuracy) = (참 긍정 + 참 부정) / 모든 결과
정밀도(Precision) = 참 긍정 / (참 긍정 + 거짓 긍정)
재현율(Recall) = 참 긍정 / (참 긍정 + 거짓 부정)
```

1%의 전환율을 예측하려는 시도에 대한 앞의 예를 살펴본 결과 모델은 아무도 전환하지 않는 결과를 반환한다. 이 경우 총 1,000회의 방문과 100회의 전환이 있다고 가정한다.

- **정확도** = (0 + 990) / 1000 = 99%

- **정밀도** = 0

- **재현율** = 0

정확한 모델이지만 유용한 모델은 아니다.

표 5-1에 표시된 대로 모델 결과를 혼동 행렬로 표시해서 어떤 측정을 사용해야 하는지 결정하는 데 도움을 줄 수 있다.

표 5-1. 혼동 행렬

	예측 참(TRUE)	예측 거짓(FALSE)
실제 참(TRUE)	정답!(참 긍정)	2종 오류(거짓 부정)
실제 거짓(FALSE)	1종 오류(거짓 긍정)	정답!(참 부정)

좀 더 현실적인 예로, 몇 가지 숫자를 채우고 모델이 표 5-2에 표시된 것과 같은 혼동 행렬을 생성한다고 가정해본다.

표 5-2. 좀 더 현실적인 모델을 위한 혼동 행렬

	예측 참(TRUE)	예측 거짓(FALSE)
실제 참(TRUE)	9	1
실제 거짓(FALSE)	90	900

여기에서 모델이 대부분의 실제 전환을 포착했지만 그렇지 않은 다른 많은 사용자가 전환할 것이라고 예측했음을 알 수 있다. 예제 5-1에 표시된 수식에 숫자를 대입하면 다음과 같은 결과를 얻을 수 있다.

- **정확도** = (9 + 900) / 1000 = 90.9%

- **정밀도** = 9 / (9 + 90) = 0.09

- **재현율** = 9 / (9 + 900) = 0.9

이전 기준 '아무도 전환하지 않음' 모델에 비해 정확도가 떨어졌지만 재현율과 정밀도는 이제 0이 아닌 값이며 측정 항목으로 선호된다.

사용하는 정확한 측정 항목은 사용 사례에서 가장 중요한 항목에 따라 다르다. 가장 정확한 결과를 포함하고 일부 사용자가 올바른 것으로 잘못 표시돼도 상관없다면 재현율이 측정 항목이 될 수 있다. 변환으로 표시한 사람들의 수를 최소화하려면 정밀도가 더 좋을 수 있다. 둘 사이의 균형을 원한다면 F1 점수^{F1-score}(https://oreil.ly/lafOP)를 사용할 수 있다.

분류와 회귀 분석

여기서 주요 차이점은 측정 기준이나 측정 항목으로 작업하는 것과 유사하다. 예를 들어 분류를 사용하면 사용자가 어떤 채널을 통해 유입되는지 예측할 수 있다. 예를 들어 8개 값 중 하나가 될 수 있다. 회귀 분석을 사용하면 페이지 뷰 수와 같은 연속 변수로 작업하게 된다. 이 둘 사이의 중간 지점은 0 또는 1 또는 참^{TRUE} 대 거짓^{FALSE}의 예측인 로지스틱 회귀 분석이다. 예를 들어 사용자가 거래하는지 여부가 될 수 있다. 프로젝트 시작 시 이것을 정의하려는 주된 이유는 주로 사용하는 통계나 머신러닝 기술에 따라 달라지기 때문이다. 예를 들어 회귀 분석 문제에 대해 실수로 분류 모델을 사용하면 상황이 잘못될 수 있다.

비율, 카운트, 순위

데이터의 또 다른 중요한 유형은 측정 대상의 유형인데, 분류 및 회귀 분석과 마찬가지로 사용 가능한 모델에 큰 영향을 미칠 수 있기 때문이다. 전환율 및 이탈률과 같은 비율은 일반적으로 0%에서 100%까지 실행되도록 표준화돼 있는 반면 카운트는 양수 또는 음수의 모든 실수일 수 있다. 검색 순위와 같은 순위는 일반적으로 1부터 시작하며 엄격하게 양수다. 이러한 수치에 차이가 있다는 것을 인식하면 회귀 분석 문제를 실제로 사용 사례와 사용하는 모델링 기법에 더 적합한 순위 문제로 재구성하는 데 도움이 될 수 있다.

이는 모델링에 대한 통계적 고려 사항의 간략한 개요며, 이전에 고려하지 않은 경우 이를 소개하기 위한 것이다. 이에 대해 더 알고 싶다면 다양한 블로그와 온라인 서적을 통해 R 커뮤니티를 확인한다. RWeekly.org(https://rweekly.org/) 뉴스레터를 구독해도 좋다. 데이터 과학 전용 블로그인 <Towards Data Science>(https://oreil.ly/MNvMK)에는 통계 주제에 대한 다양한 기사도 포함돼 있다. 이제 개선하고자 하는 숫자와 숫자 유형에서 문제 해결에 필요한 작업량을 정의하는 데 도움이 되는 단계로 넘어가본다.

정확도 대비 증분 이점

모델링할 때 고려해야 할 또 다른 사항은 허용 가능한 수준의 정확한 결과(또는 예제 5-1에서와 같이 정밀도/재현율)를 얻고자 얼마나 많은 작업을 수행해야 하는가이다. 머신러닝을 수행할 때 100%의 완벽한 정확도를 달성할 수 있다고 해도 그 목표가 비용과 관련이 있기 때문에 최선의 시간 활용이 아닐 수 있다. 80%의 정확도를 달성하는 것은 사소한 일이지만 정확도를 95%에서 99%로 높이는 데는 막대한 리소스가 필요할 수 있다. 즉, 정확도를 높임으로써 얻을 수 있는 점진적인 이익도 고려해야 하는데, 어느 시점에서는 정확도를 높이는 것이 얻을 수 있는 이익에 비해 가치가 없을 수 있기 때문이다.

예를 들어 사용자에게 80%의 정확도로 오퍼를 보낸다면 다음 주에 사용자가 추가로 1,000달러를 지출할 것이라고 예측할 수 있다고 가정해본다. 이 경우 예측의 평균 가치는 800달러다. 이 예측의 정확도를 90%로 높일 수 있다면 평균 900달러의 가치가 있지만 정확도를 10% 더 높이는 데 고객당 100달러 이상의 비용이 든다면 프로젝트에서 손해를 보게 될 것이다.

허용 가능한 임곗값에 도달하려면 프로젝트 가치 추정으로 돌아가서 다양한 임곗값(정확도 80%, 정확도 90% 등)의 프로젝트 시나리오로 돌아가야 한다. 예를 들어 100% 정확도를 얻었다면 한 달에 100만 달러를 절약할 것이라고 예측하지만 예제 5-2에서와 같이 예상되는 리소스에 대한 비용 고려 사항이 있다고 가정해본다.

예제 5-2. 이 예에서는 정확도가 90%를 넘는 비즈니스 사례가 없다.

```
100% Accuracy = $100,000 extra revenue
1 workday = $1000

Resources required:
80% accuracy = 1 day (GA4 native integration)
90% accuracy = 5 days (BigQuery ML)
95% accuracy = 15 days (Custom TensorFlow model)
99% accuracy = 45 days (specialized ML pipeline and model)

Costs versus incremental benefit:
80% accuracy: $80k - $1k = $79k
```

```
90% accuracy: $90k - $5k = $85k
95% accuracy: $95k - $15k = $80k
99% accuracy: $99k - $45k = $54k
```

이 숫자는 프로젝트에 대해 예상할 수 있는 대략적인 수치며, 물론 이것은 약간 인위적인 예시지만 그 이면에 숨어 있는 아이디어와 자신의 프로젝트에 어떤 영향을 미칠 수 있는지 이해하길 바란다.

데이터 프로젝트에 대한 잠재적인 목표를 세웠다면 이제 어떤 기술을 사용할지 선택할 차례다.

접근 방식 선택

데이터에 사용할 수 있는 여러 유형의 모델이 있지만 내가 사용한 몇 가지 일반적인 모델은 다음 범주에 속한다.

클러스터링 및 세그먼테이션

클러스터링 및 세그먼테이션은 측정 항목을 공통점이 있는 불연속적인 수의 그룹으로 그룹화하는 프로세스를 말한다. '50세 이상의 여성' 또는 '30세 미만의 남성'과 같은 인구통계가 일반적인 예다. 사용자 ID를 유사한 그룹으로 그룹화하는 것은 콘텐츠 최적화 및 개인화를 시작하는 일반적인 방법이다. 유사한 선호도를 가진 사용자를 그룹화하면 사용자 경험을 덜 편향적으로 만들며 사용자의 경험을 맞춤화해서 웹 사이트를 더 유용하게 만들 수 있다. 또한 과거에 유사한 고객과 유사한 행동을 보이는 경우 고객이 원하는 것이 무엇인지 예측하는 데 도움이 될 수 있다. 예를 들어 고객이 여러 위젯을 탐색하는 경향이 있지만 항상 파란색 위젯을 선택하는 경향이 있는 경우 파란색 위젯으로 바로 가기를 통해 전환율을 높일 수 있다.

예상과 예측

여기에는 "이 지표가 앞으로 어디로 갈 것인가?"와 같은 질문이 포함된다. 예측은 리소스 계획에 도움이 될 수 있다. 일반적인 애플리케이션은 블랙프라이데이 또는 연휴 기간의 급증과 같은 계절적 추세를 예측하는 경우가 많다. 그러나 주간 또는 월간 주기와 같은 다른 추세도 지표에 영향을 미칠수 있다. 이러한 주기를 알면 캠페인의 영향을 좀 더 정확하게 평가하는 데도움이 될 수 있다. 실적이 좋은 캠페인이 있지만 이는 캠페인이 좋은 성과를 내는 주기의 적절한 시점에 있었기 때문일 뿐 캠페인의 본질적인 품질은나빴을 수도 있다. 계절적 효과로 인해 잘못된 인상을 준다는 사실을 인지하지 못했다면 인기가 낮은 다른 기간에 캠페인을 카피해서 실망스러운 결과를 얻을 수 있다.

회귀 분석과 요인 분석

두 변수 사이의 관계를 추정하는 것은 종종 "TV 지출이 온라인 수익에 영향을 주는가?"와 같은 질문에 답하기 위한 방법 중 하나다. 일반적으로 수집하고 있는 모든 데이터 포인트를 살펴보고 무엇이 KPI에 가장 큰 영향을 미치는지 분석한다. 예를 들어 비가 오는 날씨가 온라인 우산 판매에 가장 큰영향을 미친다면 일기 예보를 활용해서 모든 주문을 처리할 수 있는 충분한재고를 확보할 수 있다.

개선하려는 지표, 성공 여부를 확인하는 데 사용할 정확도 측정, 사용할 모델을선택한 후에는 마지막으로 고려해야 할 사항이 하나 더 있다. 바로 모델이 프로덕션 환경에서 실행될 때 어떻게 최신 상태로 유지할 것인가 하는 점이다. 이부분은 다음 절에서 다룬다.

모델링 파이프라인을 최신 상태로 유지

일회성 보고서 이외의 데이터 흐름을 직접 구축하려면 최신 데이터를 사용하고 있는지 확인하는 프로세스가 필요하다. 매일 모델을 유용하게 만들 스케줄이나 이벤트가 있어야 한다. 이 문제에 대한 가장 일반적인 해결책은 데이터 파이프 라인 내에서 CI/CD를 사용하는 것이다.

이는 애플리케이션을 만든 다음 개발 주기가 끝날 때만 배포하고 다른 개발 프로세스 후에만 변경 사항을 도입하는 좀 더 전통적인 접근 방식과 반대다. CI/CD는 프로덕션으로 출시하기 전에 지연을 없애는 것을 목표로 하며, 한 번 의 대규모 배포를 기다리지 않고 소규모 배포를 더 자주 수행한다. 상황이 빠르 게 변할 수 있기 때문에 특히 데이터 모델링에 중요하다. 예를 들어 새 웹 페이 지가 올라와도 코드나 데이터 모델에 추가되지 않으면 모델에 도입되지 않는 등 상황이 빠르게 변경될 수 있기 때문이다. CI/CD 접근 방식은 업데이트가 가능한 한 빨리 라이브된다는 것을 의미한다.

이 접근 방식을 사용하면 엄격한 자동화된 테스트를 통해 모델이 신뢰할 수 있고 향후에도 작동할 것이라는 확신을 가질 수 있다. 이 테스트는 모든 변경 사항에 대해 실행돼야 하며, 성공적으로 완료된 경우에만 프로덕션에 푸시할 수 있다. 사용자의 신뢰를 유지하려면 데이터에 대한 신뢰가 필수적이므로 데 이터 제품을 다룰 때는 이런 점이 중요하다. GCP는 이전의 '클라우드 빌드' 절 에서 언급한 클라우드 빌드와 같은 다양한 제품을 통해 이 방법론을 수용한다.

모델을 배포할 때 동전의 다른 면은 일단 라이브 상태가 되면 그 성능을 주시하 는 것이다. 데이터 모델링은 코드가 동일하지만 수집하는 데이터에 예기치 않 은 값이 포함돼 있어도 성능이 저하되기 시작할 수 있으므로 테스트 및 모니터 링이 필요하다. 이러한 문제를 완화하고자 알림과 대시보드를 통해 결과를 검 사하고 성능이 미리 정해진 임곗값 아래로 떨어지면 일부 변경 조치를 취하면 도움이 될 수 있다. 이전의 '정확도 대비 증분 이점' 절에서 설명한 대로 모델에 적합한 정확도를 결정할 때 얻은 수치를 사용해서 배포하기 전에 모델 성능의 허용 오차를 정의하는 것이 좋다.

이 임곗값의 고급 사용은 CI/CD 시스템을 사용해서 애플리케이션이 성능 허용

범위 미만인 경우 애플리케이션의 재학습이나 모델링을 트리거할 수 있다. 대부분의 경우 모델 학습을 다시 실행해야 하지만 최신 데이터로 다시 실행해야 할 수도 있다. 이 경우 모델은 더 자급자족할 수 있어야 하며 재학습으로 성능이 개선되지 않는 경우 실제 모델 코드를 업데이트해야 하는 경우에만 관여하면 된다.

데이터 세트 연결

질문에 대한 해답이 하나의 데이터 소스가 아닌 두 데이터 소스의 조합에 있다는 것을 알게 된 경우 사일로 간에 데이터를 연결해야 하는 경우가 종종 있다. 데이터 세트를 조인하는 것은 일반적으로 가치가 높은 작업이지만 때로는 순조롭게 진행되고자 운과 판단이 필요하다.

가장 먼저 생각할 수 있는 것은 개별 사용자 단위로 데이터 세트를 연결하는 것이지만 첫 번째 프로젝트에서는 불가능하거나 너무 복잡할 수 있다. 캠페인 ID와 같은 좀 더 거친 조인키를 고려하거나 이벤트가 발생한 날짜에만 조인하는 것이 훨씬 더 쉬우면서도 여전히 중요한 인사이트를 발견할 수 있다. 때로는 동일한 플롯plot에서 서로 다른 데이터 소스의 추세를 볼 수 있는 것만으로도 많은 가치를 추출할 수 있다.

다음은 데이터를 조인할 때 흔히 발생하는 몇 가지 문제다.

키가 존재하는가?

필요한 세분화된 데이터가 캡처되지 않거나 사용할 수 없기 때문에 데이터에 대한 조인을 수행하지 못할 수도 있다. 예를 들어 유니버설 애널리틱스에서 기본적으로 사용자의 clientId는 먼저 캡처해서 맞춤 측정 기준에 추가하지 않는 한 사용할 수 없다. 즉, 이를 구성한 다음 데이터가 있을 때까지 기다리거나 userId가 포함된 빅쿼리 내보내기를 사용해 GA360으로 업그레이드해야 했다. GA4에서는 빅쿼리 내보내기를 사용할 수 있으므로 이 제한

이 완화된다. 또 다른 고려 사항은 웹 사이트에 로그인 기능이 없을 수 있으므로 `userId`를 생성하는 신뢰할 수 있는 방법이 없다는 것이다. 이 경우 `userId`가 비즈니스에 중요한 것으로 간주되면 전체 웹 사이트 전략을 살펴봐야 할 수 있다.

키는 신뢰할 수 있는가?

GA4에서 `clientId`가 있는 경우 사용자를 연결하는 신뢰할 수 있는 방법이 아닐 수 있다. `clientId`는 쿠키에 저장된다. 즉, 브라우저 제한에 의해 삭제되거나 차단될 수 있다. 또는 한 사람이 여러 브라우저(모바일 및 데스크톱)를 사용할 가능성이 있으므로 한 사람을 나타내지 않을 수 있다. 또 다른 이유는 단일 사용자의 브라우저가 실제로 많은 사용자에 의해 공유되기 때문일 수 있다. 좀 더 안정적인 방법은 누군가가 명시적으로 로그인할 때 생성된 `userId`를 사용하는 것이다. 그러나 이 또한 프로젝트를 시작하기 전에 GA4 `userId` 속성을 구성하고 데이터가 있을 때까지 기다려야 함을 의미한다.

연결된 사용자 상호작용에서 연결 키가 발생하는가?

GA4 `userId`가 있는 경우 해당 ID를 병합하려는 데이터 세트에 연결할 수 있어야 한다. 실제로 이것은 GA4에서만 작동하는 `userId`를 만드는 것만으로는 충분하지 않다는 것을 의미한다. 또한 내부 데이터와 연결될 수 있는 방식으로 해당 `userId`를 생성해야 한다. 이는 종종 웹 사이트나 모바일 애플리케이션의 백엔드 서버가 `userId`를 생성하고 이를 GA4로 푸시해야 함을 의미한다. 또 다른 대안은 GA4 `clientId` 또는 `userId`를 서버로 전송하는 것이다. 이는 사용자가 제출할 때 필요한 연결 데이터로 채워지는 HTML 양식의 숨겨진 필드를 통해 수행할 수 있다. 일부 CMS 시스템은 이 기능을 표준으로 제공한다. 즉, 캠페인 추천 데이터와 같은 세션 정보를 연결할 수 있으므로 대규모 `userId` 조인 작업을 수행할 필요 없이 일정 수준의 실행 가능한 데이터를 제공할 수 있다.

얼마나 많은 사용자 데이터에 조인할 예정인가?

웹 분석 데이터의 특성상 지저분한 데이터가 많다는 것이다. 데이터 포인트가 실패하거나 엉망이 될 수 있는 불안정한 HTTP 연결을 통해 데이터가 이동하기 때문에 웹 데이터는 결코 100% 신뢰할 수 없다. 모든 사용자 상호작용이 기록되기 때문에 일반적으로 많은 것이 담겨 있다. 글로벌 웹 사이트의 경우 하루에 최대 GB의 데이터가 추가될 수 있다. userId 수준에서 연결하지만 이를 다시 기여 프로젝트의 캠페인 수준으로 집계하려는 사용 사례라면 매일 대규모의 비용이 많이 드는 조인을 수행해야 하는 것이다. 빅쿼리는 이를 처리할 수 있지만 CRM 시스템에서 매출에 기여한 캠페인만 확인하는 것이 사용 사례라면 작은 호미로 막을 것을 가래로도 막지 못할 수 있다. 이 경우 campaignId를 캡처하고 해당 필드에 조인하면 더 작은 조인을 수행하고 더 쉽게 결과를 얻을 수 있다.

중복, 일대다, 다대일 연결을 처리하는 방법은 무엇인가?

백엔드 시스템을 사용해서 좀 더 안정적인 가입을 돕는다고 해도 사람은 사람인지라 로그인을 잊어버리거나 로그인을 공유하는 등의 실수를 할 수 있다. 즉, 하나의 키에 많은 사용자가 연결돼 있고 한 명의 실제 사용자가 많은 ID를 갖고 있는 중복 문제를 처리해야 할 가능성이 높다. 데이터 세트의 상당 부분을 차지하는 경우 이를 처리하기 위한 전략이 필요하며, 일반적으로 사용 사례에 적합한 비즈니스 규칙에 따라 관리된다.

다른 소스에 데이터 세트를 연결해서 데이터 세트에 콘텍스트를 추가하면 그 자체가 최종 목표가 될 수 있지만 종종 데이터 자체에서 평균, 최댓값 또는 개수와 같은 인사이트를 추출해야 한다. 이러한 단순한 통계를 넘어 회귀 분석, 클러스터링, 연관 분석을 살펴보기 시작하면 고급 통계 기법과 머신러닝이 필요하다. 빅쿼리에서 이러한 인사이트를 얻기 위한 기준을 낮추고자 SQL을 사용해서 데이터 세트 자체 내에서 인사이트를 계산할 수 있는 기능이 추가됐다. 다음 절에서 빅쿼리 ML을 살펴본다.

빅쿼리 ML

빅쿼리 ML(https://oreil.ly/78tdS)을 사용하면 SQL만 사용해 빅쿼리에서 머신러닝 모델을 실행할 수 있다. 즉, 빅쿼리 ML이 존재하기 전에 주피터^{Jupyter} 노트북이나 R 데이터 프레임과 같은 다른 환경에서 모델에 대한 데이터를 다운로드해 수행해야 했던 빅쿼리에서 데이터를 추출하지 않아도 된다. 여기에는 몇 가지 장점이 있다. 파이프라인을 단순하게 유지하고 모든 데이터에 대해 모델을 실행할 수 있는 기능을 제공하며, 실질적인 머신러닝 학습 없이도 데이터 분석가가 간단한 모델을 적용할 수 있게 한다.

GA4 데이터는 빅쿼리 내보내기와 함께 제공되므로 다른 시스템 설정 없이 머신러닝을 GA4 데이터에 직접 적용할 수 있다. 모델의 결과는 6장에서 설명하는 데이터 활성화 채널로 내보낼 수 있는 또 다른 변환된 빅쿼리 테이블로 나타난다.

다음 절에서는 데이터 세트에 유용할 수 있는 빅쿼리 ML을 실행할 수 있는 특정 모델 중 일부를 살펴본다.

빅쿼리 ML 모델 비교

사용할 수 있는 여러 빅쿼리 ML 모델이 있으며, 더 많은 모델이 항상 추가되지만 GA4 데이터와 관련된 몇 가지 예는 다음과 같다.

선형 회귀

선형 회귀는 두 변수 간의 관계를 모델링하는 접근 방식이다. 기본 형식에서는 데이터 포인트 그룹을 통해 추세선을 표시하는 데 사용할 수 있다. 선형 회귀 모델을 사용하면 사용 가능한 가장 간단한 모델로 GA4 시계열 데이터를 예측할 수 있다. '단순함'이 정교한 기법보다 덜 정확할 것이라고 생각하면 오산이다. 더 나은 데이터를 수집할수록 좋은 결과를 얻으려면 필요한 모델이 더 단순해야 한다는 것이 경험 법칙이다. 더 나은 데이터와 간단한 모델은 복잡한 모델과 빈약한 데이터보다 성능이 뛰어나다. 예를 들어 선형 회귀 모델을 사용해 특정 날짜에 판매될 항목 수를 예측할 수 있다.

로지스틱 회귀

로지스틱 회귀는 선형 회귀와 관련이 있지만 사용자의 트랜잭션 여부와 같은 이진 결과만 허용한다. 예를 들어 이것을 사용해 사용자가 전환할지 여부를 예측할 수 있다.

K-평균 클러스터링

K-평균 클러스터링은 데이터 포인트 내에서 유사성을 공유하는 그룹을 찾으려는 머신러닝 모델이다. 클러스터링 기법은 유사한 데이터를 함께 그룹화하는 데 사용한다. GA4 콘텍스트에서 이를 사용해 유사한 구매 행동을 보이는 사용자 세그먼트를 식별할 수 있다. K-평균은 비지도 머신러닝 기법이므로 데이터에서 세그먼트가 유기적으로 성장한다. 지도 기법을 사용하면 데이터 포인트를 할당할 그룹을 미리 정의할 수 있다. 즉, K-평균을 사용해 고액 지출자, 일회성 방문자, 자주 방문하지만 지출은 적은 방문 등 다양한 유형의 고객 행동을 식별할 수 있다.

AutoML 테이블

빅쿼리 ML은 AutoML과 같은 일부 자동화된 머신러닝 제품과도 통합된다. 이렇게 하면 대조되는 수동 모델을 검토하고 비교할 필요 없이 달성하려는 목표에 따라 데이터를 스캔하고 가장 적합한 접근 방식을 선택하는 사전 구축된 모델에 의존할 수 있다. 대부분의 경우 이러한 모델은 수동 생성보다 성능이 뛰어난 모델을 신속하게 제공한다.

텐서플로 모델 가져오기

AutoML 또는 빅쿼리 ML에서 제공되는 사전 구축된 모델을 능가할 수 있는 머신러닝 과학자가 이미 확보돼 있는 경우에도 고유한 맞춤형 텐서플로 TensorFlow 모델을 제공함으로써 데이터베이스 내의 접근 방식을 활용할 수 있다. 텐서플로는 널리 사용되는 세계 최고의 머신러닝 라이브러리다.

272

그림 5-5는 데이터에 가장 적합한 빅쿼리 ML 모델을 선택하는 데 도움이 되는 의사결정 트리를 보여준다.

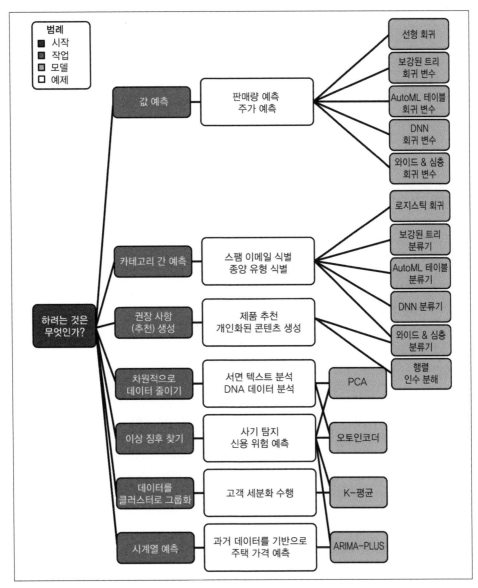

그림 5-5. 가장 적합한 사용 사례와 빅쿼리 ML 모델을 보여주는 빅쿼리 문서(https://oreil.ly/e1B8G)에서 채택된 치트 시트

설명한 모델은 다른 많은 머신러닝 플랫폼에서도 사용할 수 있지만 GA4 데이터는 거의 항상 빅쿼리에서 시작하므로 빅쿼리 ML을 사용하는 것이 머신러닝 모델을 데이터에 구현하는 가장 직접적인 경로가 될 것이다. 그러나 기존 데이터 과학 워크플로를 그대로 유지하면서 대신 빅쿼리 내보내기에 의존하는 것을 선호할 수도 있다.

엔터프라이즈 기능이 있는 다른 머신러닝 플랫폼을 사용할 수 있지만 다음 절에서는 빅쿼리 ML 모델을 프로덕션에 배포하는 방법을 살펴보고 사용 가능한 주요 요구 사항과 솔루션을 살펴본다.

모델을 프로덕션에 적용

GA4 및 기타 데이터로 모델을 만든 후에는 현재 보고 있는 데이터에 대한 기준 내에서 작동하는 정적 모델을 갖게 될 것이다. 그러나 비즈니스에 도움이 될 수 있도록 모델을 프로덕션에 적용하려면 시간이 지남에 따라 데이터 환경이 어떻게 변화할지 그리고 모델이 이러한 변화에 적응해서 성능을 계속 유지할 수 있을지 고려해야 한다.

실시간 스트림이 필요한지, 일괄(배치) 예측이 필요한지 등 비즈니스 사용 사례에서 내린 결정에 따라 지속적으로 사용할 기술이 달라질 수 있으므로 이 결정이 실제로 차이를 만들 수 있다. 앞서 이전의 '데이터 모델링' 절에서 언급했듯이 모델의 '양호한' 성능을 나타내는 임곗값이 무엇인지 파악하고 모델의 성능이 저하되기 시작하는 시점에 대한 계획도 세워야 한다. 또한 사용 사례를 통해 6장에서 설명한 데이터 활성화 채널 내에서 모델 데이터가 최종적으로 어디로 향하게 될지 파악해야 한다.

이러한 고려 사항은 모델이 잘 작동하더라도 여전히 해야 할 일이 있다는 것을 의미한다. GCP에는 이 단계에 도움이 되는 많은 도구가 있다. 다음은 내가 과거에 프로젝트에 사용했던 몇 가지 도구의 목록이다:

파이어스토어

이전의 '파이어스토어' 절에서 파이어스토어를 다루면서 실시간 읽기 기능을 강조했다. 사용자가 웹 사이트를 탐색할 때 종종 모델 결과가 사용자와 상호 작용하기를 원할 것이다. 예를 들어 사용자가 충성도가 높은 고객이고 사용자의 세그먼트나 구매 선호도를 모델링한 경우다. 빅쿼리 결과를 파이어스토어로 포팅하면 사용자에 대한 실시간 응답을 얻을 수 있지만 빅쿼리와 파이어스토어 간에 일괄(배치) 업데이트(예, 매일 또는 매시간 업데이트)할 수 있으므로 완전한 실시간 데이터 흐름이 필요하지 않다. 파이어스토어 데이터는 클라우드 펑션이나 GTM 내에서와 같은 모든 HTTP 애플리케이션을 통해 도달할 수 있다.

클라우드 빌드

이전의 '클라우드 빌드' 절에서 클라우드 빌드를 다뤘다. 클라우드 빌드는 모델 코드를 배포하고 Pub/Sub를 통한 깃허브 커밋 및 파일 업데이트와 같은 다른 이벤트에 반응한다. 이를 통해 모델 성능을 확인한 다음 모델이 임곗값 아래로 떨어질 경우 모델 재학습을 트리거하는 파이프라인을 생성할 수 있다. 대부분의 경우 새 데이터로 모델을 학습시키면 성능이 다시 향상되지만 그렇지 않은 경우 이메일을 보내 누군가에게 모델 코드 업데이트를 검토해 달라고 요청할 수 있다.

클라우드 컴포저

클라우드 컴포저의 일괄 스케줄링 기능은 일반적으로 모델링 단계를 포함하는 대규모 파이프라인에 적합하다. 이전의 '클라우드 컴포저' 절을 참고한다. 또한 클라우드 컴포저는 데이터 수집을 자주 처리하고 데이터 모델의 결과를 활성화 지점으로 전송하기도 한다.

GCP는 머신러닝 구현의 용이성을 목표 중 하나로 삼고 있으므로 필요성이 있다면 GCP가 탁월한 역량을 발휘할 수 있는 영역이다. 배포를 더욱 쉽게 하고자 많은 경우 실제로 모델을 전혀 만들 필요 없이 더 풍부한 데이터 세트에 대해 학습된 구글의 API를 통해 제공되는 사전 구축된 모델을 사용할 수 있다. 이는 다음 절에서 살펴본다.

머신러닝 API

많은 문제가 머신러닝 전문가에 의해 이전에 해결됐으므로 전문 지식이나 리소스 없이 동일한 문제에 대한 새로운 솔루션을 만들려고 시도하는 것은 비효율적이고 비용이 많이 들 수 있다. 즉, 처음부터 시작하는 것보다 기존 솔루션을 사용하고 이를 기반으로 구축하는 것이 더 유익하다. 이러한 이유로 사용 사례에 적합한지 확인하고자 사용 가능한 사전 구축된 모델을 확인하는 것이 매우 가치가 있다.

이는 빠르게 진화하는 영역이므로 GA4 및 디지털 마케팅 워크플로와 가장 관련이 있는 다양한 API 제품(https://oreil.ly/x769N)을 분석해본다. 특히 PDF, 비디오, 종이 기록 또는 사진과 같이 처리하기 어려운 데이터를 활성화하고 빅쿼리 테이블과 같이 훨씬 쉬운 형식으로 변환하는 데 유용하다.

자연어 API

이것은 소셜 미디어, 이메일, 제품 리뷰의 자유 형식 텍스트를 정서, 주제, 카테고리, 관련된 사람 및 장소를 선택하는 구조화된 텍스트로 변환하는 데 유용하다. 이를 통해 각 개별 단어를 읽을 필요 없이 이러한 필드에 대한 추세를 만들 수 있다. 특히 비디오, 오디오, 이미지, 번역 등 다른 소스에서 텍스트를 추출하는 API와 결합할 때 유용하다.

번역 API

이것은 웹에서 본 적이 있을 구글 번역의 좀 더 정교한 버전으로 API 호출을 통해 다양한 언어를 번역하는 데 사용할 수 있다.

비전 광학 문자 인식^{OCR, Optical Character Recognition}

기업 내에는 종이 기록과 같이 아직 디지털화되지 않은 많은 양의 데이터가 있는 경우가 많다. 이를 디지털 사진으로 스캔하는 것이 첫 번째 단계지만 비전 광학 문자 인식^{Vision OCR}을 사용해 해당 이미지에서 텍스트를 추출하고 구조화된 데이터로 변환할 수 있다.

비디오 인텔리전스^{Video Intelligence}

비디오 인텔리전스는 작업하기 어려운 형식이다. 비디오 인텔리전스 API를 사용하면 비디오 파일에서 카테고리와 음성을 추출할 수 있으며, 나중에 이를 사용해서 구조화되지 않은 특성을 구조화된 데이터로 전환할 수 있다.

음성-텍스트^{Speech-to-Text}

음성의 원시 오디오 파일을 텍스트 형식으로 변환해서 데이터 파이프라인 내에서 오디오를 사용할 수 있다. 음성-텍스트 실시간 기능은 사용자가 구글 어시스턴트^{Google Assistant}나 시리^{Siri}를 사용하는 것과 유사하게 음성을 통해 요청할 수 있도록 해서 데이터를 활성화하는 경로도 제공한다.

시계열 인사이트 API

최근에 출시된 API는 GA4 세션이나 페이지 뷰 수와 같은 시계열 데이터 내에서 이상 징후를 찾는 일반적인 사용 사례를 해결하는 것으로 보인다. 시계열 데이터를 이 API로 보내면 과거 추세를 벗어난 모든 비정상적인 이벤트가 반환되므로 추적 실수나 비정상적인 사용자 활동을 발견하는 데 유용할 수 있다.

다음 절에서는 이러한 일상적인 사용 방법을 다룬다.

머신러닝 API를 프로덕션에 적용

머신러닝을 사용하려면 최소한의 리소스나 기술로 데이터 흐름 애플리케이션에 추가하는 가장 빠른 방법이 API여야 한다. 기본적으로 가져오기 데이터가

API 문서에서 요구하는 올바른 형식인지 확인한 다음 결과를 저장할 장소가 있어야 하며, 대부분의 경우 빅쿼리로 충분하다.

과거에 내가 사용한 예는 구조화되지 않은 텍스트를 구조화된 데이터로 변환하는 것이었다. 예를 들어 자유 텍스트 필드를 해당 문장 내의 중요한 개체나 단어, 문장, 단어의 분류를 식별해서 데이터베이스에 넣을 수 있는 데이터로 전환하는 것이다. 이에 대한 예는 (예를 들어) 이메일 지원 텍스트를 구조 형식으로 변환해서 불만과 칭찬을 구분하거나 제품 목록에 달린 댓글의 감성 점수를 일괄 평가해 기술적 문제를 파악할 수 있다.

이러한 텍스트 분석 영역은 자연어 처리로 알려져 있으며, 구글은 업로드된 텍스트를 기반으로 결과를 반환하는 자연어^{Natural Language} API를 제공한다. R 패키지 **googleLanguageR**(https://oreil.ly/6mR8U)을 통해 작업했지만 파이썬, Go, Node.js, 자바를 비롯한 다른 여러 SDK에서 사용할 수 있다. 제안된 워크플로는 분석하려는 텍스트가 포함된 GCS 버킷에 추가된 새 파일에 반응하는 이벤트 기반 시스템으로 만드는 것이다. GCS 파일은 댓글, 이메일 또는 처리하려는 모든 것을 수신하는 호스트 시스템을 통해 추가된다. 그림 5-6은 이 파이프라인을 보여주며, 클라우드 펑션이 결과를 빅쿼리 테이블에 기록해 파이프라인의 아래쪽에서 사용할 수 있게 한다. 작업 내용을 표준화하고자 비정형 데이터를 정형 데이터로 변환하고 있다는 점에 유의해야 한다.

머신러닝 API는 대중적인 사용 사례에 특화된 GCP의 광범위한 AI/머신러닝 플랫폼의 일부다. 그 이상의 요구 사항이 있다면 버텍스^{Vertex} AI 플랫폼이 지원하는 사용자 정의 모델을 직접 만들 수 있다. 다음 절에서 이를 살펴본다.

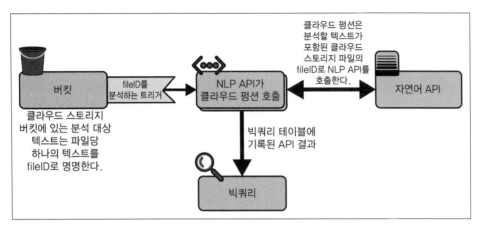

그림 5-6. 텍스트 파일이 도착하면 GCS에서 처리하고 자연어 API 결과를
빅쿼리 테이블에 저장하기 위한 이벤트 기반 파이프라인

구글 클라우드 AI: 버텍스 AI

GCP는 모델을 배포하기 위한 전용 머신러닝 인프라를 버텍스 AI라는 이름으로
만들었다. 버텍스 AI를 사용하면 GA4 userId를 데이터베이스와 비교해서 기능
이 있는지 확인하는 등 HTTP 요청에 응답하는 머신러닝 모델을 배포할 수 있
다. 버텍스 AI에서 사용자 정의 모델을 사용하려면 일반적으로 파이썬, R 또는
다른 언어로 코딩된 모델을 도커 컨테이너에 넣은 다음 이를 버텍스 AI 서버로
보내거나 회귀, 분류, 예측과 같은 일반적인 작업을 위해 사전에 패키지된 모델
중 하나를 사용할 수 있다.

버텍스 AI를 사용하면 이 책의 범위를 벗어나는 고급 데이터 모델링을 사용하
게 되지만 대부분의 경우 시작점은 빅쿼리 GA4 내보내기가 될 것이라는 점을
염두에 두고 가능한 기능에 대한 아이디어를 제공하고자 몇 가지를 살펴본다.

버텍스 AI는 현재 특정 GCP 지역에서만 사용할 수 있으므로 데이터와 동일한 지역에서 사용할 수 있는지 확인해야 한다. 기능별 현재 위치는 버텍스 AI 설명서(https://oreil.ly/vZ4A4)를 참고한다.

AutoML 태블러

AutoML 태블러^{Tabular}(표 형식)은 소스 데이터가 처리된 GA4 데이터 세트와 같은 깔끔한 직사각형 데이터 세트인 경우를 다룬다. 예제 3-6에서 강조 표시된 쿼리 중 일부를 사용해 편집되지 않은 원시 형식에서 데이터를 변환한 후에는 GA4 데이터에 사용하기에 매우 적합하다. 태블러 데이터가 있으면 회귀, 분류 또는 예측 모델을 수행할 수 있다. 빅쿼리에서 버텍스 AI 데이터 세트를 생성하는 예는 그림 5-7에 나와 있다.

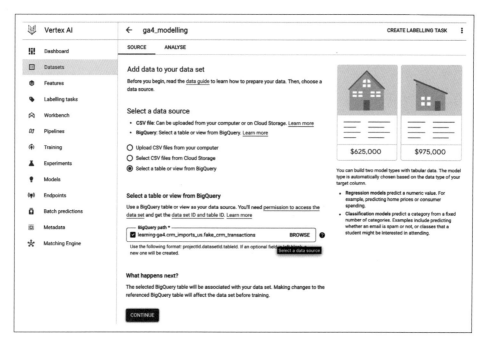

그림 5-7. 버텍스 AI의 빅쿼리에서 데이터 세트 만들기

AutoML 이미지/비디오

AutoML 이미지와 비디오에는 제공된 이미지/비디오를 원하는 대로 레이블로 분류하는 머신러닝 모델이 포함돼 있으므로 새 이미지나 비디오가 모델에 입력되면 학습 세트와 가장 유사한 레이블을 예측하려고 시도한다. GA4는 이미지나 비디오 데이터를 수집하지 않으므로 해당 기능을 직접 사용할 수 없지만 웹 사이트에 분류하고 싶어도 수동으로 수행할 리소스가 없는 수천 개의 이미지와 동영상이 있을 수 있다. 해결 방법은 해당 이미지를 이 서비스에 업로드하는 것이다.

워크벤치 Workbench

주피터 노트북은 머신러닝 모델을 개발하기 위한 공통 플랫폼이다. 버텍스 AI 워크벤치를 사용하면 모든 GCP 서비스로 쉽게 인증할 수 있는 구글 관리 시스템의 주피터 노트북 내에서 코드를 실행할 수 있다. 즉, 브라우저가 있는 모든 컴퓨터에서 모델을 개발할 수 있으며 로컬 컴퓨터에 설치된 무거운 그래픽 카드 프로세서를 실행할 필요가 없다. 주로 고급 데이터 과학 실무자와 관련이 있다.

파이프라인

파이프라인은 클라우드 컴포저(이전의 '클라우드 컴포저' 절 참고)와 매우 유사하지만 머신러닝 모델에 특화된 스케줄링 및 모니터링 도구다. 파이프라인은 쿠버네티스 클러스터 내에서 코드를 실행하고 필요에 따라 서버리스 방식으로 확장할 수 있다. 주로 고급 데이터 과학 실무자와 관련이 있다.

엔드포인트

엔드포인트는 사용자 정의 또는 기성 애플리케이션에서 머신러닝 모델을 가져오고 API 엔드포인트를 통해 사용할 수 있게 하므로 이후의 '마케팅 API 생성' 절에서 설명하는 것처럼 고유한 API를 생성한다. 그런 다음 HTTP를 통해 다른 코딩 언어와 서비스에서 사용할 수 있게 모델을 확장하는 경로가 된다.

레이블 지정 작업

데이터 모델 내에서 사용하고자 레이블을 지정하고 싶은 데이터가 많지만 직접 수동으로 수행할 리소스가 없을 수 있다. AutoML 서비스에서 이미지나 비디오 분류를 사용하는 경우와 같이 새로운 데이터로 확장하려는 경우 이는 중요한 첫 번째 단계다. 구글은 웹 인터페이스에서 설정한 지침에 따라 자체 인력에게 데이터를 보내 데이터에 레이블을 지정할 수 있는 레이블링 작업을 위한 유료 서비스를 제공한다.

버텍스 API를 프로덕션에 적용

머신러닝을 위한 데이터 활성화 제품인 만큼 버텍스 AI 파이프라인을 넣는 수단은 플랫폼 자체에 내장돼 있다. 버텍스 AI를 사용하는 경우 데이터 과학자나 데이터 엔지니어링 리소스가 프로세스를 소유하고 담당할 것으로 예상되지만 GA4 데이터 세트를 다루는 디지털 마케터라면 AutoML 모델을 사용하는 것만으로도 충분한 가치를 찾을 수 있을 것이다. 워크플로에 버텍스 AI를 활용하는 일반적인 형태는 버텍스 데이터 세트^{Vertex Datasets} 제품군에서 GA4 및 기타 데이터 세트를 사용할 수 있게 하고, 워크벤치 메모장 내에서 미리 패키징된 모델이나 사용자 정의 모델을 사용해 작업하고, 파이프라인을 사용해 예약된 흐름을 오케스트레이션하고, 엔드포인트를 통해 예측을 사용할 수 있게 하는 것이다. 이를 더 자세히 알아보려면 구글 클라우드 플랫폼의 데이터 과학을 참고하기 바란다.

R과의 통합

이 절이 나에게 특별한 이유는 내 커리어에서 데이터를 가장 많이 활성화할 수 있었고, 따라서 R을 사용한 경험이 가장 많기 때문이다. GA4 데이터로 모델링하는 데 반드시 필요한 것은 아니며 줄리아나 파이썬과 같은 다른 언어로도 가능하지만 R은 데이터 모델링 전용 프로그래밍 언어이므로 데이터 과학 사용 사례를 빠르게 실현할 수 있는 도구가 있다. 내가 R을 사용하기 시작했을 때 가장 큰 문제는 처음에 구글 애널리틱스 데이터를 가져오는 것이었기 때문에 `GoogleAnalyticsR` 패키지를 만들었다. R의 유비쿼터스 `data.frame()` 객체 내에 데이터가 있으면 다음에 다룰 통계, 머신러닝, 플로팅, 프레젠테이션을 포함해서 R 에코시스템에 있는 수천 개의 다른 데이터 패키지와 함께 작업할 수 있다.

기능 개요

R은 언어의 매체와 구문이 특정 데이터 관행을 장려하기 때문에 데이터 과학 프로젝트에 대한 노하우가 있다. 예를 들어 비데이터 분석 언어에서는 스칼라 _(길이가 1인 벡터)가 아닌 벡터가 기본값이므로 벡터를 반복하는 것과 같은 기본 프로그래밍 표준은 다른 언어에 비해 R에서 수행될 때 그 성격이 달라진다. 벡터는 자연스럽게 `data.frame` 내의 열을 나타내므로 R에는 데이터를 항목 자체가 아니라 다른 항목과 관련해서 생각하는 개념이 내재돼 있다.

파이썬이 `pandas` 라이브러리로 대중화됐기 때문에 확실히 다른 언어도 접근 방식을 모방할 수 있지만 R 커뮤니티가 계속 혁신함에 따라 새로운 데이터 분석 모범 사례가 거기서 시작되는 경향이 있다. 파이썬은 텐서플로 및 파이토치 _{PyTorch}와 같은 딥러닝을 사용하는 애플리케이션을 고려할 때 확실히 R을 능가했지만 이러한 도구에 대한 심층 연구에 참여하지 않는 한 R 생태계도 마찬가지로 성능을 발휘할 것이라고 주장한다. R의 또 다른 큰 장점은 환상적인 커뮤니티인데, 이는 기술적 능력만큼이나 언어적 특징이 있다.

데이터 분석 프로젝트의 단계는 특정 순서를 따르며 R에는 모든 단계를 처리할 수 있는 패키지가 있다. 디지털 마케팅 및 GA4 편향으로 선택된 주요 내용은 다음과 같다.

데이터 가져오기

read.csv()와 같은 데이터를 가져오기 위한 다양한 함수가 R 내에 존재하며, GA4 데이터용 googleAnalyticsR과 같은 다른 소스에서 가져오기 위한 여러 패키지도 있다. 페이스북, 서치 콘솔Search Console, 트위터Twitter와 같은 인기 있는 웹 사이트에서 가져오기 위한 패키지를 나열하는 전용 웹 기술 작업 보기 Web Technologies Task View(https://oreil.ly/Vqzp5)도 있다. 또한 데이터베이스 인터페이스 DBI, DataBase Interface 패키지(https://oreil.ly/hkbFl)와 공통 프레임워크를 사용하는 데이터베이스 연결 라이브러리도 많아서 필요에 따라 빅쿼리, MySQL 또는 기타 데이터베이스에 연결할 수 있다.

데이터 변환

tidyverse는 나에게 많은 영감을 준 패키지 모음으로, 이전의 '정리된 데이터' 절에서 언급한 정리된 데이터 관행을 구현한 것이다. dplyr와 같은 패키지는 R 구문을 SQL로 변환할 수 있다는 점에서 데이터 소스에 구애받지 않는 읽기 쉬운 파이프라인 데이터 흐름을 제공한다. tidyr는 데이터를 자신의 정리된 버전으로 쉽게 변형할 수 있는 다양한 도구를 제공하며, purrr에는 중첩된 열이나 기타 처리 작업을 더 쉽게 수행할 수 있는 반복 벡터화 루핑 함수가 포함돼 있다. 이러한 함수를 만들어준 R스튜디오의 해들리 위컴Hadley Wickham에게 특별히 감사드린다.

데이터 시각화

베이스 RBase R에는 데이터의 빠른 플로팅을 위한 많은 편리한 함수가 포함돼 있으며, 이는 plot() 함수를 통해 수행 중인 작업을 빠르게 이해하고자 분석을 수행할 때 필수적이다. plot()을 사용해 대중이 사용할 수 있는 무난한 시각화를 만들 수도 있지만 강력함과 유연성을 원한다면 전문 표준으로 널리 알려진 ggplot2를 사용하는 것이 좋다. ggplot2는 시각화와 데이터의 모양에 대해 생각하는 방식을 바꾼 '그래픽의 문법'을 구현한다.

데이터 프레젠테이션

데이터 파이프라인의 핵심 부분은 다른 사람이 읽고 이해할 수 있는 결과를 생성하는 것이다. 소비자가 제한적인 범위에서 스스로 데이터를 탐색하게 장려하는 상호작용 기능도 인기가 있다. R에서 매우 유용한 두 가지 애플리케이션은 샤이니^{Shiny}(https://oreil.ly/8TscS)와 R 마크다운^{R Markdown}(https://oreil.ly/o7PSM)이다. 샤이니는 사용자가 드롭다운이나 입력 필드를 통해 앱 설정을 변경할 때 R 코드를 실행하는 온라인 데이터 애플리케이션을 만드는 구문이다. 애플리케이션을 빠르게 만들 수 있고 모든 웹 페이지처럼 보이도록 사용자 정의할 수 있는 매우 세련된 제품이다. R 마크다운은 코드 청크를 실행하고, 해당 코드나 선택한 형식으로 작성된 결과만 표시할 수 있는 마크다운의 하위 집합이다. 기본적으로 R 코드를 전문적인 모양의 PDF, HTML 또는 워드^{Word} 문서로 변경하며, 내 생각에는 데이터 과학 작업을 제시하는 데 더 많이 사용되는 파이썬 주피터 노트북 형식보다 우수하다. R 마크다운은 자바스크립트를 사용해 HTML로 렌더링할 수 있기 때문에 R 코드를 실행하지 않는 경우에도 일정 수준의 상호작용을 유지할 수 있으며 웹 사이트를 만드는 데 사용할 수 있다. 예를 들어 R 마크다운 위에 구축된 패키지인 내 블로그 (https://oreil.ly/zRok0)를 만들고자 **blogdown**을 사용했다. 이제 R을 사용하고자 R을 실행할 필요조차 없다. 콰르토^{Quarto}(https://quarto.org/)가 출시됐기 때문이다. 콰르토는 R에서 교훈을 얻어 독립 실행형 전용 도구를 통해 모든 언어에서 사용할 수 있다.

데이터 인프라

데이터 과학 언어를 사용한다는 것은 재현성 및 확장성과 같은 품질이 매우 중요하다는 것을 의미하므로 R 커뮤니티에는 고품질 데이터 워크플로를 생성하는 메타작업을 처리하는 메타패키지 세트가 많다. **targets**는 필요에 따라 데이터 파이프라인 단계를 실행하거나 건너뛸 수 있지만 재현 가능한 방식으로 실행할 수 있는 예제 패키지다. 즉, 사소한 코드 변경만 이뤄진 경우 불필요한 대규모 데이터 단계를 방지할 수 있다. 데이터 분석 작업에는 분석을 반복할 때 사소한 변경과 수정이 수반되는 경우가 많다는 것을 알고 있다. 또한 R 코드의 도커 이미지로 작업해서 구글 클라우드 내의 가상머신이나 서버리스 환경에서 실행할 수 있는 도구를 제공하는 `googleCloudRunner` 및 `googleComputeEngineR` 패키지도 언급했다.

데이터 모델링

이 장의 주제에 따라 R에는 원시 데이터에서 정보를 추출하기 위한 광범위한 통계 및 머신러닝 패키지가 있다. 기본 설치에서도 언어 내에 자체 구문이 포함된 많은 예측 및 클러스터링 모델이 포함돼 있기 때문에 이것이 주요 강점이다. R의 통계적 기능은 일반적으로 R이 처음으로 고려되는 이유다.

이 모든 것에도 R이 모든 데이터 분석에서 최고의 선택이 아닌 이유가 있다. 하드코어 개발자를 위해 만들어진 것이 아니라 통계학자와 최종 사용자를 위해 만들어졌기 때문에 개발자에게는 다른 언어에서 오는 일부 특이점을 받아들이기 어려울 수 있다. 또한 파이썬과 같은 좀 더 범용적인 언어는 개발자에게 콘텍스트 전환이 적다는 것을 의미하므로 통계에 대한 도메인 특정 언어[DSL, Domain Specific Language]로 간주되는 이점과 단점이 있다. 또한 오픈소스 언어이기 때문에 패키지 및 종속성의 버전 관리가 탐색하기 어려울 수 있다. R의 CRAN 패키지 시스템이 다른 언어 모듈 시스템보다 훨씬 강력하다고 주장하지만 모든 패키지는 게시하기 전에 최소한 한 사람이 검토하기 때문이다. 그러나 언급된 여러 가지 이유로 인해 일부 사람은 "R은 프로덕션에서 사용할 수 없다"고 결론을 내렸는데, 나는 프로덕션에서 많은 R 스크립트를 사용하고 있기 때문에 이는 잘못된 생각이라는 것을 알고 있다. 가장 쉬운 방법은 다음에 설명할 도커를 사용하는 것일 것이다.

도커

도커는 이전의 '컨테이너(도커 포함)' 절에 설명돼 있으며, 일반적으로 데이터 분석에 유용한 도구다. 이 절에서는 특히 R을 프로덕션에서 사용하는 가장 좋은 방법이라고 생각하기 때문에 R을 살펴본다.

도커는 R이 실행되는 환경을 정확히 파악할 수 있으므로 프로덕션 환경에서 오픈소스 언어를 사용할 때 발생하는 약점을 해결한다. 도커 환경에서 실행 중인 코드는 샌드박스가 적용돼 안전하며, 소프트웨어 개발의 최신 기술로부터 격리돼 있으므로 업데이트나 패키지 종속성에 대해 걱정할 필요가 없다. 또한 도커를 사용하면 R을 모르는 사용자와 R 코드의 결과를 공유할 수 있으며, R 자체를 몰라도 결과물을 활용할 수 있다.

또한 도커는 사용자 정의 코드 솔루션을 제공하기 위한 메커니즘으로 GCP 내에서 광범위하게 사용된다. 구글의 버텍스 AI에서는 사전 패키지된 솔루션을 사용할 수도 있고, 도커 컨테이너를 통해 자체 사용자 정의 코드를 제공할 수도 있으며, 이 컨테이너에서는 R, 파이썬, 비주얼 베이직^{Visual Basic} 또는 도커 컨테이너에 넣을 수 있는 모든 언어를 실행할 수 있다. R에서 잘 작동하는 것은 어떤 데이터 분석 언어에서도 잘 작동해야 하므로 도커 학습에 대한 투자는 결코 낭비되지 않는다.

도커에서 R을 사용하면 R이 사전 설치된 여러 유용한 이미지를 제공하는 오픈소스 이니셔티브인 로커^{Rocker} 프로젝트(https://www.rocker-project.org/)의 도움을 크게 받을 수 있다. 이미지에는 특정 버전의 R이 포함된다. 가장 널리 사용되는 R IDE인 R스튜디오가 사전 설치된 이미지, 이전의 '정리된 데이터' 절에 언급된 대로 tidyverse가 설치된 이미지, 텐서플로 및 파이토치와 같은 머신러닝 라이브러리가 설치된 GPU 지원 이미지도 있다.

프로덕션 환경에서 R을 사용할 때 도커를 사용하는 것은 필수 구성 요소며, 그 예는 다음 절에 나와 있다.

예제 5-3은 R을 실행하기 위한 도커 파일을 보여준다. scripts/runreport.R에서 보고서에 대한 스크립트와 함께 디렉터리에서 실행 중인 독립된 R 스크립트가 있다고 가정한다. 모든 라이브러리 및 시스템 종속성이 설치된 다음 스크립트 및 동일한 폴더 내의 다른 파일(예, 구성 파일)을 독립형 컨테이너 이미지에 로드할 수 있다. 컨테이너(이 예에서는 R 스크립트)를 실행할 때 기본적으로 ENTRYPOINT 명령이 실행된다.

예제 5-3. 도커를 사용해서 R 스크립트 실행

```
FROM rocker/tidyverse:4.1.0
RUN apt-get -y update \
    && apt-get install -y git-core \
        libssl1.1 \
        libssh-dev \
        openssh-client

## CRAN에서 패키지 설치
RUN install2.r --error \
    -r 'http://cran.rstudio.com' \
    remotes \
    gargle \
    googleAuthR \
    googleAnalyticsR \
    ## 깃허브 패키지 설치
    && installGithub.r cloudyr/bigQueryR \
    ## 정리
    && rm -rf /tmp/downloaded_packages/ /tmp/*.rds

COPY [".", "/usr/local/src/myscripts"]

WORKDIR /usr/local/src/myscripts

ENTRYPOINT ["Rscript", "scripts/run-report.R"]
```

도커 이미지는 일반적으로 빌드돼 구글 아티팩트 레지스트리^{Google Artifact Registry}로 푸시되므로 추가 다운스트림 애플리케이션에서 사용할 수 있다. 이는 클라우드 빌드 단계 또는 클라우드 컴포저 DAG일 수 있다. 클라우드 런과 같이 HTTP

요청에 대한 응답으로 R 스크립트를 실행하려면 R 코드가 HTTP 요청에 응답할 수 있는 방법이 있어야 한다. 이 작업은 일반적으로 R 코드가 HTTP에서 데이터를 요청하고 응답하는 구문을 포함하는 R 패키지 plumber를 사용해 수행된다.

R 프로덕션

GCP의 프로덕션에서 R로 작업하는 방법에는 여러 가지가 있다. 예제 5-3에 표시된 도커 이미지를 사용해 일괄(배치) 처리된 클라우드 컴포저 스케줄 내에서 R을 보여주는 예제를 제시하려고 한다.

도커 이미지를 호출하는 파이썬으로 작성된 DAG 예제를 살펴보자. 에어플로의 KubernetesPodOperator를 사용해 도커 이미지를 시작하고 실행한다. 예제 5-4에 표시된 예제에서 R 코드에는 GA4 데이터를 다운로드하고 빅쿼리에 업로드하기 위한 스크립트가 포함돼 있다. 인증 파일은 이를 실행하는 모든 사람이 사용할 수 있어 도커 컨테이너에 포함하는 것은 좋지 않기 때문에 쿠버네티스 시크릿에 안전하게 보관한다.

예제 5-4. 에어플로 DAG 내에서 R 도커 이미지 사용

```
import datetime
import os
import logging
from airflow import DAG
from airflow.providers.cncf.kubernetes.operators.kubernetes_pod import(
    KubernetesPodOperator)
from airflow.kubernetes.secret import Secret
from airflow.providers.google.cloud.operators.bigquery import
BigQueryCheckOperator
from airflow.utils.dates import days_ago

start = days_ago(2)
```

```python
default_args = {
    'start_date': start,
    'email': 'me@email.com',
    'email_on_failure': True,
    'email_on_retry': False,
    # 작업이 실패하면 50분 이상 기다린 후 다시 시도한다.
    'retries': 3,
    'retry_delay': datetime.timedelta(minutes=50),
    'project_id': 'ga4-upload'
}

schedule_interval = '17 04 * * *'

dag = DAG('ga4-datalake',
        default_args=default_args,
        schedule_interval=schedule_interval)

# 인증 파일을 저장하는 데 사용되는 Kubernetes 시크릿
secret_file = Secret(
    'volume',
    '/var/secrets/google',
    'arjo-ga-auth',
    'ga4-import.json'
)

# https://cloud.google.com/composer/docs/how-to/using/using-kubernetes-pod-
    operator
arjoga = KubernetesPodOperator(
    task_id='ga4import',
    name='gaimport',
    image='gcr.io/your-project/ga4-import:main',
    arguments=['{{ ds }}'],
    startup_timeout_seconds=600,
    image_pull_policy='Always',
    secrets=[secret_file],
    env_vars={'GA_AUTH':'/var/secrets/google/ga4-import.json'},
```

```
    dag=dag
  )
```

이 도커 이미지는 클라우드 빌드와 같은 다른 시스템에서도 사용할 수 있으며, 이는 도커 내에서 R 스크립트를 사용할 때 가장 강력한 측면 중 하나인 다른 시스템, 심지어 다른 클라우드로 쉽게 전환할 수 있다는 점을 보여준다.

요약

이 책의 한 장에서 데이터 모델링의 모든 가능성을 깊이 있게 다루는 것은 불가능하므로 GA4 데이터로 시작하는 시작점을 보여주고 더 깊이 들어가게 안내하려고 노력했다. 데이터 파이프라인의 이 부분은 풍부한 가능성을 내포하고 있으며 어떤 모델, 도구, 프레임워크를 사용할지 구체화하면서 전체 경력을 쌓을 수 있다. 5장에서는 GA4 데이터로 결과를 얻고자 가장 빠르게 실행할 수 있는 기술을 선택하려고 노력했으며, GA4 데이터는 빅쿼리 내에 있기 때문에 빅쿼리 ML을 통해 결과에 쉽게 도달할 수 있다. 빅쿼리 ML을 기반으로 더 많은 것이 필요한 경우 머신러닝 API를 통해 다양한 새로운 가능성을 열 수 있다. 또한 구글의 버텍스 AI에 대한 간략한 개요를 통해 모델링의 궁극적인 한계는 모든 데이터 과학자가 기꺼이 작업할 수 있는 매우 정교한 모델이 될 수 있다는 것을 알 수 있을 것이다. 6장에서는 데이터 활성화를 더 자세히 살펴본다.

## 6장

데이터 활성화

데이터 활성화는 투자 수익, 영향력, 가치를 창출할 것으로 기대되는 프로젝트의 비즈니스 최종 단계다. 6장에서 데이터 활성화를 얘기할 때는 다양한 애플리케이션을 포함하지만 가장 일반적인 정의는 데이터를 사용해서 비즈니스 의사결정에 정보를 제공하거나 사용자 행동을 변화시킬 수 있는 경우다. 아무것도 바꿀 수 없다면 데이터 프로젝트는 영향력이 없으며 존재하지 않는 것이 나을 수도 있다. 데이터 프로젝트는 CEO가 예산을 할당할 때 염두에 두는 일회성 인사이트, 데이터 분석가가 다음 작업 위치를 결정하는 데 사용하는 일상적인 지표 트래커, 가격이나 콘텐츠를 자동으로 조정하는 자동 업데이트 웹 사이트 기능 등 다양한 방식으로 영향력을 창출할 수 있다. 모두 데이터 활성화로 간주할 수 있지만 일부는 측정하기 어렵거나 다른 것보다 영향이 적을 수 있다.

따라서 데이터 활성화는 교육적인 이유나 개념 증명을 넘어 데이터 프로젝트를 만들려는 경우 가장 중요한 고려 사항으로 간주될 수 있다. 프로젝트의 범위를 정할 때 최소한 데이터를 어떻게 활성화할 것인지에 대한 윤곽을 잡아야 하므로 다음 절에서 이를 우선순위에 두는 방법을 알아본다.

GA4의 데이터 활성화 통합 기능은 다른 분석 솔루션보다 GA4를 사용해야 하는 가장 큰 이유며, 특히 온라인 비즈니스에서 구글 애즈와 같은 다른 구글 디지털 마케팅 서비스를 사용 중인 경우 더욱 그렇다. 이는 제품의 핵심 차별화 요소이자 구글 애널리틱스가 무료로 제공되는 주요 이유 중 하나다. 구글은 기업이 디지털 마케팅 캠페인의 성과를 더 많이 측정할수록 해당 구글 애즈 서비스에 대한 예산을 늘릴 가능성이 높다는 것을 알고 있다. 이러한 데이터 활성화 기능의 대부분은 사용자를 버킷으로 분류하고 해당 속성을 구글 옵티마이즈, 서치 애즈^{Search Ads} 또는 구글 애즈와 같은 서비스로 내보낼 수 있는 잠재 고객을 통해 활성화할 수 있다.

데이터 활성화의 중요성

데이터 활성화는 때때로 데이터 모델링에 가려져 소홀히 취급될 수 있지만 나는 이제 가장 중요한 측면으로 여기고 있다. 활성화가 잘된 불량 모델이 활성화가 잘되지 않은 좋은 모델보다 낫다. 데이터 활성화에 대해 제대로 고려하지 않고 있다는 단서는 데이터 모델링 단계 이후에야 데이터 활성화에 대해 생각하기 시작하거나 이러한 가정에 의문을 제기하지 않고 대시보드가 최종 결과물이 될 것이라고 가정한 경우다. 이 절에서는 자신의 프로젝트에 가장 적합한 것이 무엇인지 결정하는 데 도움이 되는 몇 가지 개념을 소개한다.

2장에서 강조했듯이 데이터 프로젝트를 계획할 때는 해당 프로젝트가 이론적으로 비즈니스에 얼마나 많은 이익을 가져올지 명확히 파악해야 하며, 이는 일반적으로 추가 데이터 활성화 단계가 비즈니스에 얼마나 많은 가치를 더할지에 대한 추정으로 귀결된다. 이는 일반적으로 비용 절감이나 추가 수익 제공을 통해 이뤄진다. 이러한 수치를 추정하는 몇 가지 기법에는 다음이 포함된다.

효율성을 통한 시간 절약

공통 목표는 자동화된 서비스를 통해 최적화할 수 있는 동료가 수행하는 특정 작업을 자동화하는 것이다. 예를 들어 모든 지표를 한곳으로 가져와서 사용자는 필요한 정보를 얻고자 한곳에만 로그인하면 된다. 매주 모든 서비스에 로그인하고 데이터를 다운로드하고 데이터를 스프레드시트에 집계하는 데 몇 시간을 소비할 필요가 없다. 그런 다음 월별 절약되는 시간에 해당 사용자의 평균 시간당 요금을 곱해 비용 절감 수치를 추정할 수 있다.

마케팅 비용의 ROI 성과 증대

GA4가 디지털 마케팅에 중점을 두는 이유는 고객에 대한 관련성 향상을 통해 더 나은 웹 사이트나 광고 경험을 제공함으로써 전환율이나 클릭률을 높이기 위해서다. 이러한 비율 증가가 프로젝트에 기인한 것이라면 일반적인 월별 트래픽 양을 감안해 점진적인 증가나 수익을 계산할 수 있다.

마케팅 비용 절감

비슷한 활성화 전략은 같은 수의 고객을 더 효율적으로 타깃팅해 같은 수의 고객을 유치하는 데 더 적은 비용을 지출하는 것이다. 일반적인 기법은 유료 검색을 통해 타깃팅하는 키워드를 맞춤화하거나 해당 사용자를 지역 타깃팅하고 구매하지 않을 것으로 생각되는 고객(이미 고객일 수도 있음)을 제외하는 것이다. 그런 다음 월별 증가 비용의 감소를 데이터 프로젝트에 귀속시킬 수 있다.

기존 고객 이탈 감소

일부 데이터 프로젝트는 고객 만족도를 높여 단골 구매자의 수를 늘리고 이탈을 줄이는 데 목적이 있다. 개인화를 통해 또는 기존 고객을 제외할 수 있는 성가신 판매 패턴을 파악해 이를 수행할 수 있다. 신규 고객을 확보하는 데 드는 비용은 기존 고객을 유지하는 데 드는 비용의 10배에 달할 수 있다고 하니 이 비용이나 단골 구매자의 점진적인 매출 증가를 프로젝트에 귀속시킬 수 있다.

신규 고객 유치

대부분의 비즈니스는 정기적으로 새로운 고객을 확보해야 하므로, 특히 성장하는 스타트업 기업의 경우 기존 고객층 외에 새로운 고객 세그먼트를 발견하는 것은 큰 가치를 지니고 있다. 기존 고객과 유사한 잠재 고객을 식별하는 유사 고객 그룹을 만들거나 유사한 제품을 찾는 사용자를 대상으로 키워드를 조사하는 것도 데이터 프로젝트의 동기가 될 수 있다. 경쟁사 조사도 여기에 포함될 수 있다. 그런 다음 신규 고객 가입의 증가를 데이터 프로젝트에 기인한 것으로 간주할 수 있다.

대부분의 경우 데이터 활성화를 통해 얼마나 많은 가치를 창출할 수 있을지는 추측에 불과하지만 대략적인 수치를 파악하는 것은 기대치와 현실을 비교할 수 있고 프로젝트에 필요한 예산에 대한 승인을 받는 데에도 중요하다. 또한 어떤 리소스가 필요하고 어떤 데이터가 필요한지 파악하는 데 도움이 되며, 회사의 비즈니스 영역과 기술 영역이 가장 많이 맞닿아 있는 곳이기도 하다.

대시보드가 최상의 활성화 채널이라고 결정할 수 있지만 이후의 '시각화' 절에서는 대시보드가 예상대로 작동하는지 확인하고자 이러한 가정에 대한 몇 가지 주의 사항을 고려해야 한다.

GA4 잠재 고객과 구글 마케팅 플랫폼

구글 애널리틱스가 많은 기업에서 선호하는 솔루션인 주된 이유는 구글 애즈 및 나머지 구글 마케팅 플랫폼^{GMP, Google Marketing Platform}(https://oreil.ly/Q8MJj)과의 긴밀한 통합 때문이다. GA4는 다른 분석 플랫폼에 비해 통합 기능이 뛰어나다는 점에서 고유한 위치에 있다. 구글 애즈가 디지털 마케팅에서 가장 중요한 채널이기 때문이다.

GMP에는 다음과 같은 솔루션과 역할이 포함된다.

GA4

이 책의 주제다. 웹 사이트 및 모바일 애플리케이션을 측정하고 분석한다.

데이터 스튜디오

구글 애널리틱스 및 빅쿼리 등의 다양한 구글 서비스와 통합할 수 있는 무료 온라인 데이터 시각화 도구다. 다른 소스와 결합된 GA4 데이터 위에 프레젠

테이션 계층을 만드는 데 자주 사용된다.

옵티마이즈

웹 사이트의 A/B 테스트 및 개인화 도구다. 이 도구는 웹 사이트 브라우저에서 보이는 콘텐츠를 변경한 다음 통계 모델링을 통해 전환율과 같은 목표가 개선되는지 확인하고자 활동을 기록할 수 있다.

서베이^{Surveys}

웹 사이트에 팝업으로 표시되는 온라인 설문조사 도구를 생성해서 사용자로부터 정성적 데이터를 수집해 분석에서 얻은 정량적 데이터를 보완할 수 있다.

태그 매니저^{Tag Manager}

이 책에서는 이전의 'GTM으로 GA4 이벤트 수집' 절에서 다뤘다. 이것은 웹 사이트에 배치하는 자바스크립트 컨테이너이므로 매번 웹 사이트를 업데이트할 필요 없이 하나의 중앙 위치에서 나머지 모든 자바스크립트 태그를 제어할 수 있다. 스크롤 및 클릭 추적과 같은 분석 추적에서 일반적으로 사용되는 유용한 트리거와 변수를 포함한다.

캠페인 매니저 360^{Campaign Manager 360}

광고주와 대행사가 디지털 광고를 게재할 시기와 위치를 제어하고자 사용하는 중앙 집중식 디지털 미디어 관리 도구다.

디스플레이 & 비디오 360^{Display & Video 360}

비디오 및 디스플레이 네트워크에 광고하려는 기업에서 사용한다. 사용자가 광고를 설계하고, 광고를 구매하고, 캠페인 성과를 최적화하도록 지원한다.

서치 애즈 360^{Search Ads 360}

구글 애즈, 빙^{Bing}, MSN을 포함한 검색 엔진에서 키워드를 광고하려는 기업이 사용한다.

더 많은 데이터 수집 채널인 GA4 및 서베이를 제외하고 이러한 모든 플랫폼은 데이터 활성화 채널로 간주될 수 있다. GMP의 주요 판매 포인트는 GA4에서 잠재 고객을 만든 다음(동의가 있는 경우) 다른 서비스로 내보낼 수 있다는 것이다.

즉, 사용자 기본 설정과 같이 GA4로 수집한 데이터를 사용해 비디오나 검색과 같은 다른 채널에서 표시되는 미디어에 영향을 줄 수 있다. 다음 절에서는 GA4에서 이러한 잠재 고객을 설정하는 방법을 설명한다.

잠재 고객은 수집한 측정 항목, 사용자 속성, 차원을 유사한 값을 가진 그룹화된 버킷이나 세그먼트로 결합할 수 있는 GA4 기능이다. 잠재 고객은 특정 콘텐츠를 구매하거나 조회한 모든 사용자를 식별하는 등 분석을 지원하는 데 주로 사용된다. 여러 기준을 추가해 매우 특정한 잠재 고객을 만들 수 있다. 이러한 잠재 고객은 다른 서비스로 확장하면 사용자 하위 집합에 맞게 콘텐츠나 웹 사이트 행동을 맞춤화하는 데 사용할 수 있으므로 큰 힘을 발휘한다.

구성^{Configure} → 잠재 고객^{Audiences}의 메뉴에서 찾을 수 있는 구글 머천다이즈 스토어^{Google Merchandise Store}용 GA4 데모 계정(https://oreil.ly/fpQiY)을 통해 이 예제에서 사용된 기존 잠재 고객 중 일부를 살펴볼 수 있다. 다양한 기준을 가진 몇 가지가 그림 6-1에서 나열돼 있다. 여기에서 가능한 다양한 유형의 잠재 고객을 엿볼 수 있다.

Audience name	Description	Users ⑦	% change	Created on ↓
✨ I/O 22	Users who are predicted to generate the most rev...	1,803	-	Apr 18, 2022
✨ I/O 2022	Users who are predicted to generate the most rev...	3,101	-	Apr 11, 2022
Test Audience		1,969	-	Apr 8, 2022
Session Start and more than ...		34,768	↑238.8%	Mar 21, 2022
Session Start >>> Viewed App...		5,150	↑15.0%	Feb 1, 2022
testaudtrigger		< 10 Users	-	Jan 19, 2022
✨ Predicted 28-day top spenders	Users who are predicted to generate the most rev...	4,729	↑36.0%	Jan 12, 2022
Untitled audience		< 10 Users	-	Oct 21, 2021
(Session Start >>> Viewed Ap...		18,552	↑9.6%	Sep 30, 2021
Add to Cart		8,777	↑31.8%	Sep 15, 2021
✨ Likely 7-day purchasers	Users who are likely to make a purchase in the ne...	7,268	↑8.8%	Aug 24, 2021
✨ Likely 7-day churning users	Active users who are likely to not visit your proper...	799	↓38.3%	Aug 20, 2021
Android Viewers	Those that have viewed Android products	1,592	↑18.8%	Nov 4, 2020
Campus Collection Category ...	Those that have viewed the campus collection ca...	1,263	↑20.3%	Nov 4, 2020
Engaged Users	Users that have viewed > 5 pages	19,853	↑22.1%	Oct 5, 2020
Added to cart & no purchase	Added an item to the cart but did not purchase	8,527	↑31.3%	Sep 17, 2020
Purchasers	Users that have made a purchase	1,960	↑9.1%	Sep 17, 2020
Users in San Francisco	Users in San Francisco	1,204	↑28.8%	Jul 31, 2020
Recently active users	Users that have been active in the past 7 days	66,593	↑16.0%	Jul 31, 2020
All Users	All users	88,631	↑15.1%	Oct 19, 2019

그림 6-1. 구글 머천다이즈 스토어의 GA4 데모 계정에서 가져온 GA4 잠재 고객 목록

그림 6-1에는 관심을 가질만한 다양한 유형의 잠재 고객이 포함돼 있다.

세션 시작 및 2개 이상의 페이지 뷰

이벤트 매개변수를 카운트해서 생성된 잠재 고객의 예다. 맞춤 잠재 고객을 사용해 session_start 이벤트(예, 웹 사이트 도착)가 있고 Event count > 2인 page_view 이벤트가 있는 사용자를 포함하려고 한다. 이는 향상된 참여 세그먼트

와 비슷하다. 그림 6-2는 이 대상에 대한 가능한 구성을 보여준다. 3개 이상의 **page_views**에 대해 구성하는 것은 간단하다. 이벤트 카운트 조건의 값을 변경하기만 하면 된다. 구매나 커스텀 이벤트 등 **page_view** 이외의 이벤트도 이용할 수 있다.

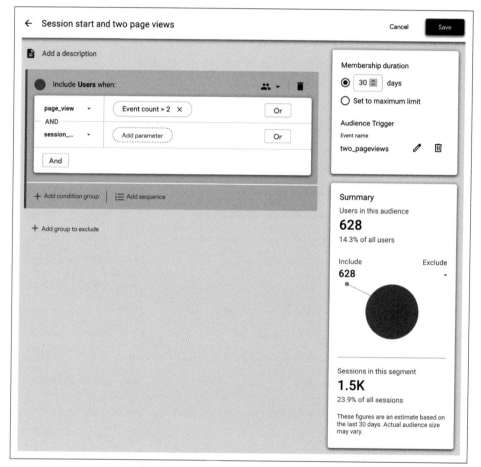

그림 6-2. 두 개의 추가 page_view 이벤트가 있는 session_start 이벤트 구성

사용자가 해당 잠재 고객의 구성원이 되면 추가 이벤트를 트리거할 수도 있다. 이는 추가 세그먼트나 기타 측정 목적으로 사용할 수 있다.

장바구니에 담았으나 구매하지 않음

이것은 한 사용자 집합을 포함하지만 다른 사용자 집합은 제외하는 세그먼트의 예다. 구글 머천다이즈 스토어는 구매를 고려하는 것처럼 보이지만 결국 구매하지 않은 사용자 세그먼트에 관심이 있다. 이들은 광고에 적합한 대상 고객이다. 이를 위해 장바구니에 추가한 모든 사용자를 포함하지만 구매를 한 모든 사용자는 제외한다. 이러한 유형의 잠재 고객에 대한 또 다른 예는 그림 6-3에 나와 있으며, 이번에는 모바일 웹 알림을 받았지만 열지 않은 사용자를 대상으로 한다. 대상은 수집하는 이벤트에 따라 포함하거나 제외할 수 있다. 또한 5분이나 30일 이내에 메시지를 읽지 않은 경우와 같은 시간제한도 포함할 수 있다.

그림 6-3. 알림을 받았지만 열지 않은 사용자에 대한 구성

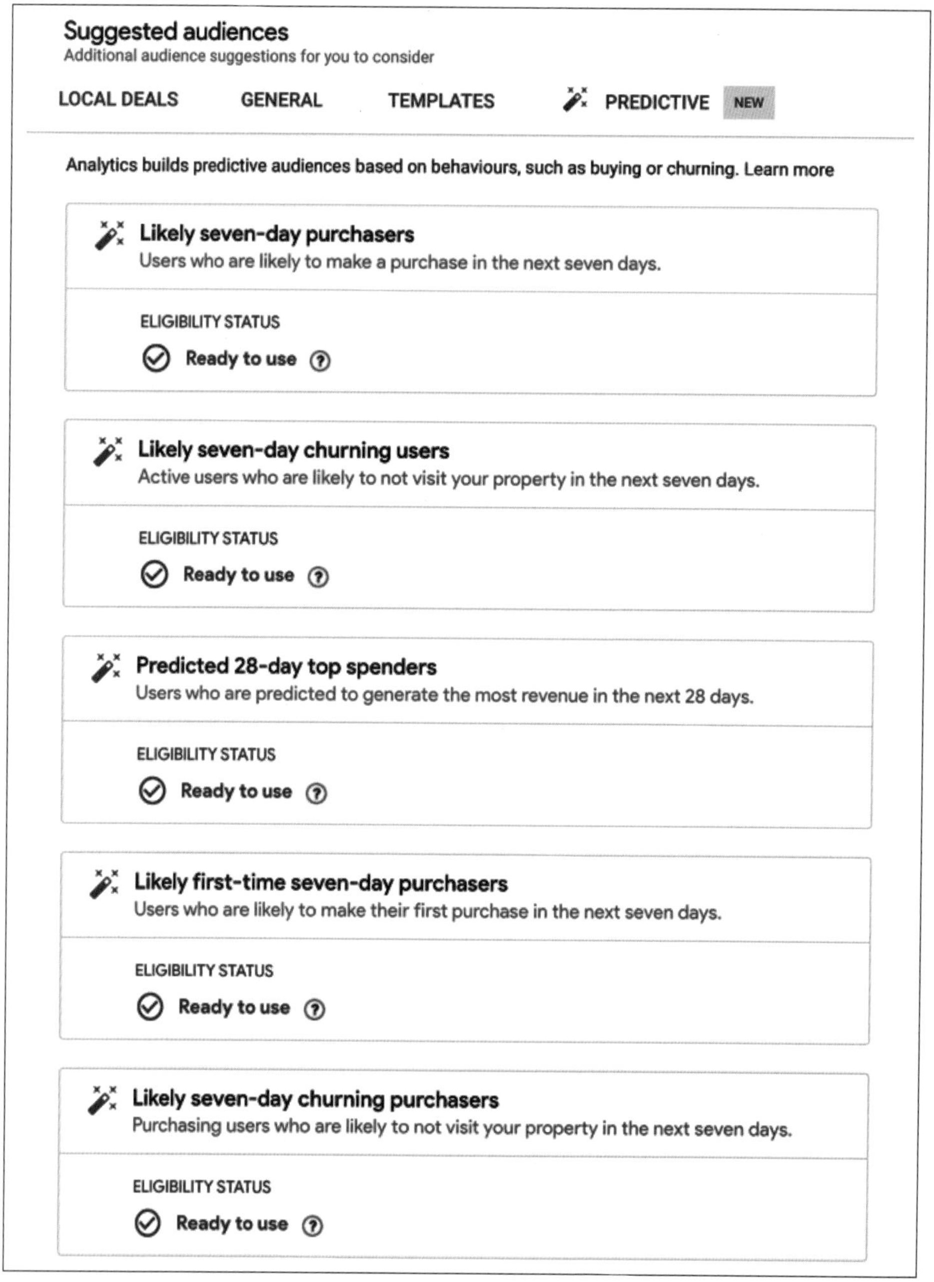

Suggested audiences
Additional audience suggestions for you to consider

LOCAL DEALS   GENERAL   TEMPLATES   ✨ PREDICTIVE   NEW

Analytics builds predictive audiences based on behaviours, such as buying or churning. Learn more

> ✨ **Likely seven-day purchasers**
> Users who are likely to make a purchase in the next seven days.
>
> ELIGIBILITY STATUS
> ⊘ **Ready to use** ⑦

> ✨ **Likely seven-day churning users**
> Active users who are likely to not visit your property in the next seven days.
>
> ELIGIBILITY STATUS
> ⊘ **Ready to use** ⑦

> ✨ **Predicted 28-day top spenders**
> Users who are predicted to generate the most revenue in the next 28 days.
>
> ELIGIBILITY STATUS
> ⊘ **Ready to use** ⑦

> ✨ **Likely first-time seven-day purchasers**
> Users who are likely to make their first purchase in the next seven days.
>
> ELIGIBILITY STATUS
> ⊘ **Ready to use** ⑦

> ✨ **Likely seven-day churning purchasers**
> Purchasing users who are likely to not visit your property in the next seven days.
>
> ELIGIBILITY STATUS
> ⊘ **Ready to use** ⑦

그림 6-4. 기준을 충족하면 GA4 구성에서 사용할 수 있는 예측 잠재 고객이 표시된다.

예상 고객

GA4의 새로운 기능은 수집한 데이터를 사용할 뿐만 아니라 데이터가 예측하는 트렌드에 따라 조치를 취할 수 있는 기능이다. 이는 이전 고객의 트렌드를 기반으로 향후 얼마나 많은 고객이 전환하거나 구매할지 예측하는 예측 지표를 통해 활성화된다. 이는 강력한 기능으로 고객의 구매 결정에 영향을 줄 수 있다. 예측이 정확할 정도로 데이터가 충분한 경우에만 사용할 수 있지만 데이터가 충분하면 잠재 고객^{Audiences} 메뉴의 그림 6-4에 표시된 **예측** ^{Predictive} 메뉴 옵션에서 찾을 수 있다. 잠재 고객 내에서 이러한 예측 지표를 사용해 해당 작업을 수행할 수 있는 사용자 세그먼트를 제공할 수 있다. 이러한 지표를 사용해 디지털 마케팅 활동에서 해당 고객을 타깃팅하거나 제외할 수 있다. 이러한 대상 중 일부는 그림 6-4에 표시된 것과 같이 미리 만들어진 템플릿에서 사용할 수 있다.

GA4 내에서 잠재 고객을 생성한 후에는 해당 잠재 고객을 선택한 GMP 서비스로 내보내면 활성화가 이뤄진다. 그중 하나는 다음에 살펴볼 구글 옵티마이즈다.

구글 옵티마이즈

구글 옵티마이즈는 여러 사용자에게 서로 다른 콘텐츠를 제공해서 어떤 것이 가장 잘 수행되는지 확인할 수 있는 웹 사이트 테스트 도구다. 이를 통해 웹 사이트가 어떻게 더 나은 성능을 발휘할 수 있는지에 대한 가설을 테스트할 수 있다. 예를 들어 웹 사이트의 빨간색 '장바구니에 추가' 버튼이 해당 버튼 역할의 색상에 익숙하지 않은 고객을 혼란스럽게 한다고 의심할 수 있다. 아마도 버튼 색상을 녹색으로 변경하면 전환율이 높아질 수 있지만 실수로 수익을 낮추고 싶지는 않을 것이다. 구글 옵티마이즈와 같은 A/B 테스트 도구를 사용하면 일부 고객에게 하나의 변형(A)과 다른 변형(B)을 제공해서 이 두 가지 변형을 나란히 테스트할 수 있다. 둘의 성능을 비교하면 어떤 것이 최선의 선택인지에 대한 데이터를 얻을 수 있다. 구글 옵티마이즈를 사용하면 웹 사이트의 모양을 일시적으로 변경해 이러한 변형을 테스트하고 방문자에게 항상 동일한 변형이 표시되게 할 수 있다. 또한 이 기능은 GA4에 정의된 구글 애널리틱스 잠재 고객을 포함해 특정 잠재 고객이나 세그먼트에 특정 콘텐츠를 제공할 수 있게 확장된다.

이전에는 유니버설 애널리틱스를 사용할 때 구글 애널리틱스 세그먼트를 내보낼 수 있었지만 유료 옵티마이즈 360 사용 고객이어야 했다. GA4는 이 장벽을 제거해 GA4에서 정의한 잠재 고객을 기반으로 모든 사람에게 웹 사이트의 개인화, 실험, 즉석 변경을 제공한다.

구글 옵티마이즈와 GA4 계정을 연결했으면 다른 자바스크립트 조각(https://oreil.ly/kWNlz)을 설치해 구글 옵티마이즈가 웹 사이트에 표시할 콘텐츠를 제어한 다음 GA4 계정을 연결해야 한다.

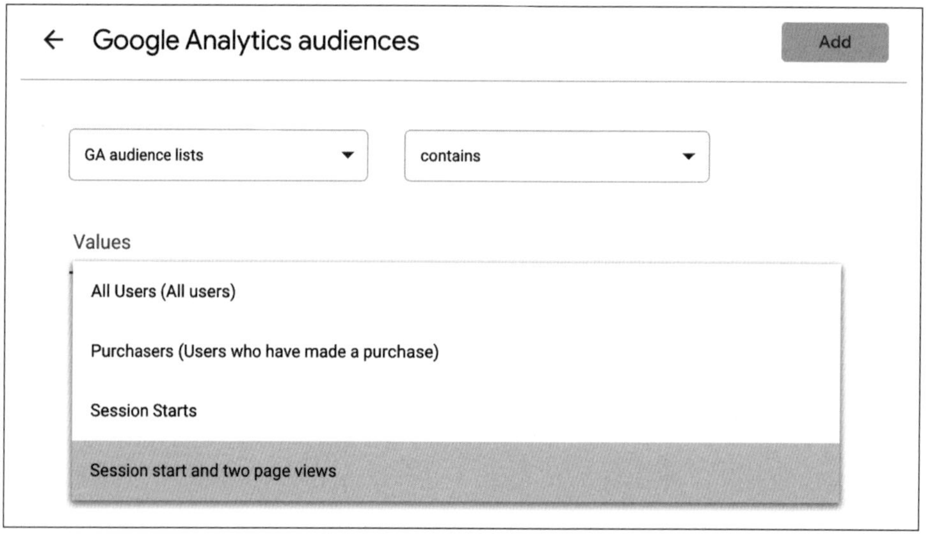

그림 6-5. 구글 옵티마이즈 내에서 GA4 잠재 고객 선택

설치되고 연결되면 GA4 잠재 고객이 구글 옵티마이즈에 표시되기 시작한다. 웹 사이트 콘텐츠를 만든 후에는 해당 콘텐츠를 누가 볼 것인지 선택할 수 있는 옵션이 있으며, 여기에서 그림 6-5와 같이 GA4 잠재 고객을 선택할 수 있다.

옵티마이즈 활성화에 대한 몇 가지 선택 사항 중 하나를 적용했다. 여기에는 A/B 테스트 실행, 콘텐츠 변경, 사용자를 다른 페이지로 리디렉션하는 것이 포함되지만 내 선택은 웹 사이트 상단에 배너를 표시해 내 블로그를 방문한 경우 세그먼트가 작동했음을 보여주는 것이었다. 웹 사이트를 방문한 적이 있다면 그림 6-6과 유사한 것을 볼 수 있다.

그림 6-6. GA4 잠재 고객 세그먼트가 충족될 때 트리거되는 웹 사이트용 배너 설정

글을 쓰는 시점에는 아직 베타 버전이기 때문에 웹 사이트에서 변경 사항을 확인하는 데 하루나 이틀이 걸릴 수 있다.

이 개념 증명은 여러분의 웹 사이트에 대한 좀 더 적절한 사용 사례를 위해 구글 옵티마이즈와 GA4 통합을 활용하도록 영감을 주기 위한 것이다. GA4 이벤트를 통해 비교적 쉬운 방식으로 웹 사이트를 직접 변경할 수 있다는 것은 웹 사이트에서 사용자 여정에 대한 실험을 장려하고 데이터 활성화의 좋은 예다. 즉, 데이터가 사용자 행동을 바꿀 것이다.

데이터 시각화 도구는 데이터 활성화의 첫 번째 단계인 경우가 많으므로 다음으로 몇 가지 데이터 시각화 도구를 설명한다.

시각화

데이터 시각화는 대시보드 사용자를 위한 의사 결정, 모니터링 또는 트렌드 예측을 알리는 데 도움이 되도록 데이터에서 정보를 플로팅하거나 추출하는 프로세스다. 기초를 다루는 훌륭한 교과서가 많이 있는 광대한 영역이므로 이 절에서는 GA4가 이를 가능하게 하는 방법과 그 과정에서 사용할 수 있는 일부 도구를 더 집중적으로 설명한다.

경력 초기에 열정적으로 대시보드를 만들었지만 '대시보드의 겨울^{Dashboard Winter}'이라고 부르는 시기에 접어들면서 대시보드가 실제로는 무의미하다고 모두에게 말했다. 내가 그렇게 말한 이유는 내가 많은 시간을 투자해 공들여 만든 대시보드의 사용량을 모니터링했기 때문이다. 지표를 만드는 작업이 여전히 많은 데이터 작업자를 혹사시키고 있음에도 초기 일일 사용 지표는 곧 우울하게도 0으로 떨어졌다.

나는 데이터 활성화를 위해 대시보드를 사용하지 말 것을 권장하는 것에서 약간 후퇴했다. 올바른 방법으로 처리한다면 대시보드가 좋은 출발점이라고 생각한다. 하지만 거의 모든 비즈니스에서, 특히 데이터 활성화에 대해 이야기할 때 대시보드를 기본값으로 받아들이지 않는 것에 대해서도 이의를 제기하고 싶다. 다음 절에서 대시보드와 관련된 몇 가지 문제를 다루며, 내 실수로부터 교훈을 얻을 수 있기를 바란다.

대시보드 활용

대시보드의 기본 가정은 대시보드를 조회하는 사람은 데이터를 검사하고 인사이트를 얻은 다음 이를 바탕으로 회사 내에서 데이터 기반 의사 결정을 내리는 데 사용한다는 것이다. 이 가정은 달성하기 쉽지 않으며 가정해서는 안 된다. 이를 위해서는 몇 가지 사항이 필요하다.

올바른 데이터가 대시보드로 전송된다.

이것은 애초에 대시보드에 데이터를 가져오는 기술적인 워크플로다. 데이터를 가져오는 데이터 소스의 수에 따라 간단한 것부터 복잡한 것까지 다양할 수 있다. 이는 종종 데이터 활성화를 위한 유일한 주요 작업으로 순진하게 생각되지만 다른 고려 사항이 있으니 계속 읽기 바란다.

데이터는 조회되는 시점과 관련성이 있다.

일반적인 대시보드 프로젝트는 대상 사용자가 대시보드를 사용할 대상에 대한 범위를 지정하는 것으로 시작한다. 그러나 대부분의 비즈니스에서 이것은 고정된 것이 아니므로 처음에 범위를 정한 내용은 프로젝트가 완료될 때에는 관련이 없을 수 있다. 이는 시간이 지남에 따라 급격히 감소하는 대시보드 로그인 빈도에서 종종 볼 수 있다. 잠재적인 해결 방법은 최종 사용자가 데이터 관련성을 유지하고자 수행할 수 있는 일부 셀프 서비스 요소가 있도록 대시보드를 좀 더 대화형으로 만들거나 분석 도구로 만드는 것이다.

데이터는 사용자가 쉽게 이해할 수 있는 명확한 방식으로 제공된다.

이것은 디자인, UX, 데이터 해석의 심리학에 의존하는 깊고 복잡한 분야다. 두 사람이 동일한 데이터를 보고 상반된 결론을 내리는 것은 매우 흔한 일이다. 그들은 각자의 보기 콘텍스트에 의해 정보를 받기 때문이다. 대부분의 경우 대시보드를 집중적이고 단순하게 유지하는 것이 원동력이 돼야 하지만 이는 사용자가 한 번에 많은 데이터 요소를 화면에 배치해서 모든 경우에 적합한 대시보드를 유지하려는 이전 시점과 충돌하는 경우가 있다.

해당 사용자가 데이터를 신뢰한다.

기술적인 관점에서 모든 것이 완벽하더라도 최종 사용자가 데이터를 신뢰할 수 있다는 믿음을 멈추는 데는 그리 많은 시간이 걸리지 않는다. 몇 번의 시간 초과, 데이터 처리 오류 또는 잘못된 데이터 입력으로 인해 전체 프로젝트가 무용지물이 될 수 있다. 어떤 경우에는 데이터가 최종 사용자가 좋아하지 않는 답을 제시할 수도 있다. 이는 많은 의사소통과 데이터 파이프라인을 가능한 한 강력하게 만들어야만 실제로 해결할 수 있다.

사용자는 해당 데이터에 대해 조치를 취할 수 있는 충분한 권한이 있다.

데이터 분석가는 완벽한 대시보드를 갖고 있을 수 있지만 대시보드에서 도출된 결론에 대해 상사나 다른 이해관계자에게 영향을 미칠 수 없다면 비즈니스 수익에 영향을 미치지 않는다. 데이터 제품을 만들 적절한 이해관계자를 선택하는 것이 핵심적인 범위 지정 요구 사항이다.

이러한 기준을 모두 충족한다고 확신할 수 있다면 대시보드를 만드는 것이 안전할 수 있지만 모든 관련성을 유지하고자 주기적으로 검토하는 것을 목표로 삼아야 한다. 데이터 시각화 요구 사항을 위해 GA4 자체 내의 옵션을 고려한 다음 구글 데이터 스튜디오, 루커, 기타 공급자를 포함해서 그 도구들이 제공하는 고급 옵션 중 일부를 살펴본다.

GA4 대시보드 옵션

GA4는 도구에 로그인하면 자체 시각화가 함께 제공되며 일부 사용자에게는 이것이 데이터와 상호작용하는 유일한 방법일 수 있다. 나는 이러한 보고서에서 GA4 데이터로 작업하는 데 전체 시간의 약 20%를 소비하는 편인데, 보통 데이터 수집을 위해 데이터가 들어오는지 확인하는 데만 사용한다. 그 외에는 API, 빅쿼리 내보내기 또는 GA4의 다양한 통합을 통해 데이터 스트림으로 작업하고 있다.

많은 구글 애널리틱스 사용자가 무의식적으로 필요한 데이터에 접근하는 복잡한 방법을 익혀왔기 때문에 사람들이 전통적으로 유니버설 애널리틱스의 웹 인터페이스에 의존한다는 사실이 GA4로 전환하는 것을 꺼리는 이유 중 하나일 것이다. GA4가 제공하는 백지 상태에서 이러한 경로를 다시 배워야 하며 GA4 초기에는 이러한 보고서 중 일부를 사용할 수 없었다. 다행히도 랜딩 페이지 보고서가 최근에 구현됐다. 익숙하지 않은 경로를 가진 완전히 새로운 GA4 보고 인터페이스를 배우다 보니 초기에 불만이 생겼고 GA4가 유니버설 애널리틱스와 동등하지 않다는 느낌이 들었다. 신규 비즈니스 사용자의 이러한 익숙하지 않은 상황에 대한 해결 방법은 데이터 스튜디오 또는 다른 시각화 도구로 완전히 전환하고, GA4 데이터를 해당 도구로 가져와 기술적인 사용자만 GA4 웹UI에 액세스할 수 있게 하는 것이다. 하지만 그렇게 되면 유니버설 애널리틱스에서는 불가능했던 GA4 웹 인터페이스의 많은 새로운 혁신 기능을 놓치게 된다.

GA4 웹 인터페이스에는 서로 비교할 때 혼동을 일으킬 수 있는 두 가지 보고 모델이 있다. 해석 규칙이 서로 다른 두 가지 데이터 표시 버킷으로 간주하는 것이 도움이 된다. 표준 보고서는 보고서^{Reports} 탭에서 액세스하는 반면 탐색은 탐색 탭에서 액세스한다. 표준 보고서는 간단한 보고서를 위한 전체 집계를 제공하지만 세분화 또는 필터링 기능이 없다. 탐색 보고서에는 세분화, 필터, 퍼널^{Funnel}, 경로 지정과 같은 더 많은 분석 기능이 있지만 샘플링에 문제가 있을 수 있다. 이러한 차이점은 'GA4 보고서와 탐색 분석의 데이터 차이(https://oreil.ly/Jm73b)'를 읽어보기 바란다.

GA4 보고서

GA4의 '보고서' 섹션은 예를 들어 그림 6-7과 같이 전송하는 이벤트 데이터를 일별 트렌드로 집계하는 최상위 개요를 제공한다. 이는 탐색 보고서^{Exploration Reports}와 구별된다.

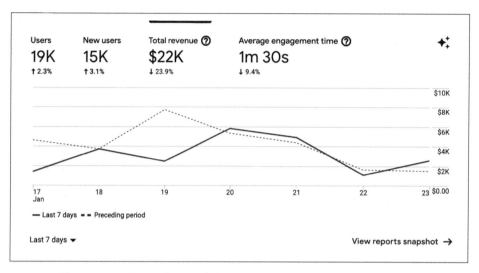

그림 6-7. GA4 표준 보고서는 GA4 이벤트 데이터의 실시간 업데이트 및 트렌드를 보여준다.

보고서 섹션에 표시되는 보고서는 메뉴 모음 하단의 라이브러리^{Library} 섹션을 통해 사용자 정의할 수 있다. 시간이 지나면 로그인하는 최종 사용자에 맞게 사용자 정의할 수 있는 새 보고서가 나타난다. 실제로는 로그인하는 사용자와 관련된 보고서로만 보고서를 제한하는 데 도움이 된다. 유니버설 애널리틱스에 대한 타당한 비판 중 하나는 첫 로그인 시 사용자에게 너무 많은 보고서가 표시돼 신규 사용자에게 당황스러운 경험을 제공한다는 점이었다. 사용자가 볼 수 있는 보고서를 제한하는 것은 유니버설 애널리틱스의 보기와 동일한 기능 중 일부를 포함하며, 일부 데이터 보고서에 대한 액세스를 제한한다. 기본적으로 다음 보고서 중에서 선택할 수 있다.

실시간 보고서^{Real-time reports}

이 데이터는 당일 작업 중이며 최근 30분 이내에 웹 사이트에 미친 영향을 확인하려는 작업에 적합하다. 소셜 미디어 게시물, 마케팅 시작 또는 추적 설정 배포 등이 이에 해당할 수 있다. 실시간 데이터 세트는 유니버설 애널리틱스보다 훨씬 더 풍부하다. 캠페인이 특정 그룹을 타깃팅하는 경우 즉석에서 비교를 추가하거나 사용자 스냅샷을 클릭해 특정 사용자의 행동을 확인할 수 있다. 이 데이터는 데이터 API에서도 실시간으로 사용할 수 있다.

획득 보고서 ^{Acquisition reports}

이 데이터는 사용자가 웹 사이트에 도달한 경로에 관한 것이다. 유니버설 애널리틱스와의 주요 차이점은 사용자가 처음 방문한 채널과 마지막으로 방문한 채널에 해당하는 사용자 획득과 트래픽 획득이 모두 있다는 것이다. 또한 그림 6-8에 표시된 것처럼 랜딩 페이지(세션에서 처음 본 페이지)를 포함해서 보고서에 보조 측정 기준을 추가할 수도 있다.

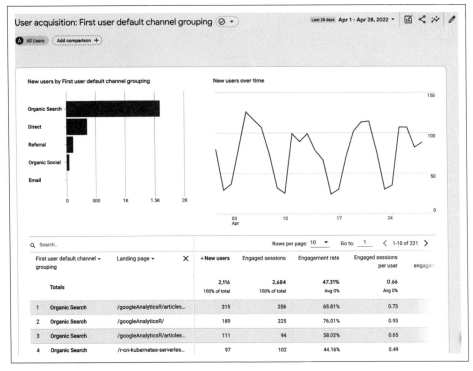

그림 6-8. 사용자가 내 블로그에 처음 도달한 방법을 보여준다. 자연 검색(Organic Search)으로 유입이 많았다.

또한 GA4에서는 그림 6-9와 같이 '이벤트 수$^{Event \ Count}$' 또는 '전환^{Conversions}' 열 아래의 드롭다운을 변경해서 특정 세션이 기여한 전환을 선택할 수 있다.

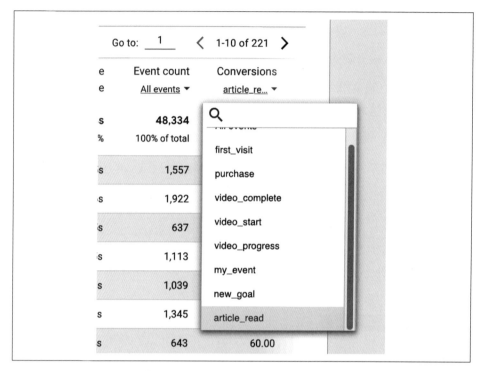

그림 6-9. 채널이 기여한 이벤트 또는 목표 전환 선택

참여 보고서$^{Engagement \ reports}$

이 보고서는 웹 사이트에서 어떤 이벤트가 트리거되고 있는지에 관한 것이다. 여기에서 전송하는 개별 이벤트와 해당 매개변수를 확인할 수 있다. 또한 유니버설 애널리틱스의 모든 페이지 보고서와 유사한 페이지 측정 항목을 찾을 수 있는 곳이기도 하다. 그림 6-9와 동일한 절차에 따라 페이지가 목표에 얼마나 기여했는지 확인할 수도 있다. 이벤트는 GA4 내에서 가장 세분화된 데이터 포인트다. 유용한 보고서에는 그림 6-10과 같이 블로그에서 해당 콘텐츠를 본 사람을 위해 구현한 googleanalytics_viewers와 같은 특정 이벤트를 본 사용자의 조건을 비교하는 것이 포함된다.

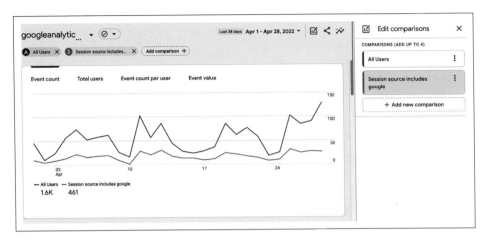

그림 6-10. '모든 사용자'와 '세션 소스에 구글 포함' 잠재 고객의 비교와 각 잠재 고객에 대해
얼마나 많은 googleanalytics_viewers 이벤트가 있었는지 계산하는 측정 항목 비교

수익 창출 보고서^{Monetization reports}

전자상거래 웹 사이트인 경우 수익 및 기타 측정 항목을 사용할 수 있다.
장바구니에 담기, 장바구니 보기, 구매와 같은 제품 분석 비율은 모두 여기에
있지만 퍼널 및 사용자 여정 경로와 같은 항목을 보고하고자 탐색 모듈을
사용하고 전체 합계 및 비율에 대한 이 보고서는 남겨두는 것이 더 좋다.
또한 광고를 게재하는 게시자인 경우 이 절에서 페이지당 광고 수익 수치도
확인할 수 있다. 여기에서 평생 가치와 같은 몇 가지 새로운 지표도 볼 수
있다.

유지 보고서^{Retention reports}

유지 보고서는 신규 및 재방문 사용자와 7일, 14일 등의 기간 내에 재방문한
사용자와 같은 코호트 분석 측정 항목을 위한 것이다. 그림 6-11에 표시된
구글 테스트 GA4 계정의 스크린샷에서 트래픽 급증에 플래그를 지정해서
심층 분석을 구현하려는 위치를 나타내는 것을 볼 수도 있다.

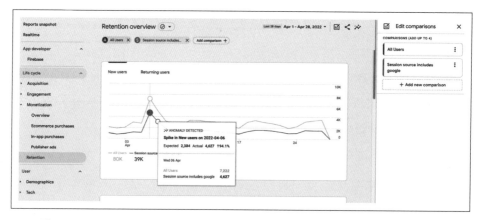

그림 6-11. 구글 머천다이즈 스토어 데모 GA4 계정 내의 상품 데이터에서 비정상적인 급증이 발견됐다.

인구통계 보고서^{Demographics reports}

이 보고서에는 출신 국가 및 언어 설정과 같은 사용자에 대한 세부 정보가 포함된다. 서치 애즈 360에서 제공하는 고급 인구통계에 대한 옵트인이 있는 경우 여기에서 연령, 관심사, 성별 추정치도 볼 수 있다.

기술 보고서^{Tech reports}

여기에는 데스크톱 또는 모바일, 브라우저 및 화면 해상도와 같이 사용자가 웹 사이트나 앱을 탐색하는 기기의 기술 세부 정보가 포함된다.

파이어베이스 보고서^{Firebase report}

파이어베이스에는 앱 사용자의 충돌률, 앱 버전 등 모바일 앱을 모니터링하는 데 유용한 여러 보고서가 있다.

GA4에는 가장 자주 보는 보고서의 맞춤 목록을 구성하는 데 사용할 수 있는 라이브러리 컬렉션 기능이 있다. 예를 들어 내 블로그의 경우에는 랜딩 페이지당 트래픽이 발생하는 위치, 검색 콘솔 통합을 통한 검색 쿼리, 참여 측정 항목에 주로 관심이 있다.

라이브러리 기능을 사용해 그림 6-12와 같이 내 GA4 보고서에 사용자 정의 '내 블로그^{My Blog}' 섹션을 만든다. 사용 가능한 보고서는 오른쪽에 나열되며 로그인할 때 보고 싶은 보고서를 왼쪽으로 드래그한다. 요약 통계가 있는 개요나 더 많은 측정 기준을 나열하는 세부 정보와 같이 다양한 보고서 유형이 있다. 원하는 보고서를 선택하고 맞춤 섹션의 이름을 지정하면 보고서 섹션 내의 GA4 기본 웹 인터페이스 왼쪽에 표시된다.

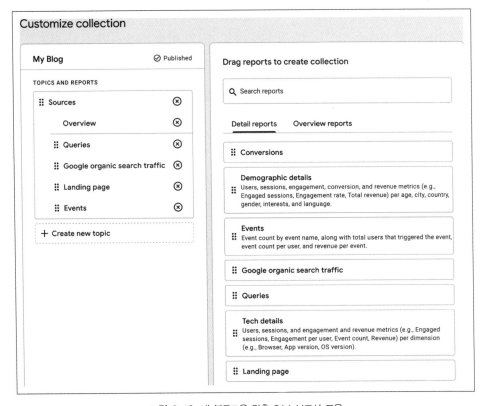

그림 6-12. 내 블로그용 맞춤 GA4 보고서 모음

보고서는 웹 사이트 성능에 대한 개요를 얻는 데 유용하지만 때로는 더 깊이 탐색하고 데이터를 더 많이 조작하려는 경우가 있다. GA4 보고서에서 원하는 인사이트를 얻을 수 없는 경우 다음 절에서 다루는 탐색 모듈로 이동하는 것이 좋다.

GA4 탐색

GA4 탐색은 오른쪽 상단의 **탐색** 메뉴로 GA4에 로그인하면 액세스할 수 있다. 이 탐색 메뉴는 정렬, 드릴다운, 필터, 세그먼트와 같은 도구를 사용해서 좀 더 임시적인 데이터 탐색 보고서를 작성하는 데 적합하다. 또한 이전의 'GA4 잠재 고객과 구글 마케팅 플랫폼' 절에서 설명한 대로 다른 GMP 서비스에서 사용되는 GA4 잠재 고객을 만드는 데 사용할 수도 있다. 이를 사용하기 위한 워크플로는 다음과 같다.

1. **탐색 만들기:** 기본적으로 제공되는 보고서와 같은 기존 보고서 또는 템플릿 탐색^{Exploration}을 만들거나 선택한다. 이것은 분석하려는 사용 사례의 콘텍스트다. 그림 6-13에서 시작 화면을 볼 수 있다.

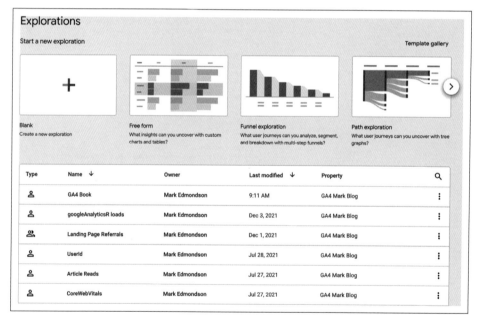

그림 6-13. 탐색 워크플로의 시작에는 시작 화면에서 하나를 선택하거나 생성하는 것이 포함된다.

2. **변수 선택:** 변수^{Variables} 섹션에서 + 버튼을 클릭해 필요하다고 생각되는 관련 세그먼트, 측정 기준, 측정 항목을 추가하거나 제거한다. 이렇게

하면 그림 6-14에서 볼 수 있는 것처럼 필요한 정보에만 집중하고 정보 과부하를 피할 수 있다. 나중에 필요한 경우 이 필드를 언제든지 수정할 수 있다.

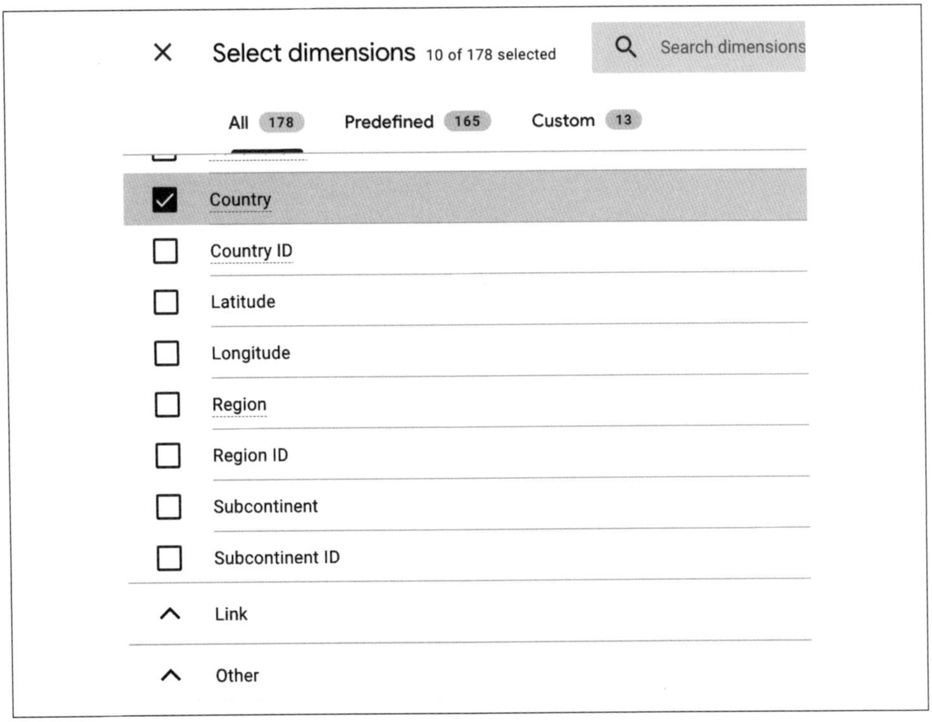

그림 6-14. 탐색에 필요하다고 생각되는 변수 선택

3. **기법 선택:** 다음 탭 열에서 분석 기법을 선택한다. 테이블, 퍼널 탐색, 경로 그래프, 세그먼트 오버랩 플롯에 이르기까지 다양한 분석 기법이 있다. 기법은 모두 다른 기능을 갖고 있다. 예를 들어 그림 6-15에서 겹치는 세그먼트를 마우스 오른쪽 버튼으로 클릭하면 해당 사용자를 더 깊이 파고들거나 해당 사용자로부터 잠재 고객 및 하위 세그먼트를 생성할 수 있다.

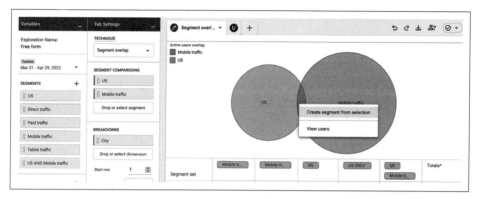

그림 6-15. 탐색 모듈에는 기능이 다른 다양한 보고서가 포함돼 있다. 이 예에서는 세그먼트 오버랩 기법을 사용해 어떤 사용자가 미국에 있고 모바일 기기를 사용하는지 확인한다.

4. **데이터 필드 적용:** 세그먼트, 필터, 필드를 보고서에 적용한다. 사용 사례를 염두에 두고 적절한 측정 기준과 측정 항목을 그림 6-16과 같이 시각화 기법으로 가져온다.

그림 6-16. 탐색 보고서에 적합한 필드 선택

5. **반복 및 분석:** 이전 단계를 반복해서 필요한 정보를 얻고자 더 많은 필드, 세그먼트, 필터를 가져온다. 준비가 되면 데이터를 다른 GA4 사용자와 공유하거나 PDF 또는 구글 시트^{Google Sheets}로 내보낼 수 있다.

분석의 핵심은 다양한 탐색 기법에 따라 달라지는데, 오른쪽 클릭 상호작용 기능은 분석의 '흐름'에 도움이 되며, 이러한 도구 목록이 점점 더 많이 나오길 바란다. 이것이 GA4 데이터에서 인사이트를 추출하는 데 가장 큰 요인이 될 것이므로, 다음은 (이 글을 작성하는 날짜 기준으로) 이러한 기법과 사용할 수 있는 기능에 대한 간략한 소개다.

자유 형식 탐색^{Free-form exploration}

선, 산포, 막대, 지역 보고서와 같은 기존 테이블 및 플로팅 옵션이 포함돼 있으므로 일반적으로 여기서 시작한다. 꺾은 선형 차트를 사용하면 이상 감지와 같은 시계열 기능이 활성화돼 측정에서 비정상적인 활동이 발견될 때 강조 표시된다. 그림 6-16에서 예를 보여줬다.

사용자 탐색^{User exploration}

이 보고서를 사용하면 개별 cookieIds로 드릴다운할 수 있으며, 그림 6-17에서 볼 수 있는 예와 같이 매우 세부적인 수준을 제공한다. 이를 사용해 특정 세그먼트의 사용자를 탐색해서 트리거한 이벤트를 확인할 수 있다. 여기에서 필요한 경우 사용자 데이터를 삭제할 수도 있다. 좋은 사용 사례는 사용자를 세분화하고 특정 내부 배너를 클릭한 후 구매에 실패한 사용자와 같이 타깃팅하려는 일반적인 행동의 예를 찾는 것이다. 그런 다음 이전의 '구글 옵티마이즈' 절에서 설명한 것처럼 A/B 테스트에서 유사한 사용자를 모두 찾아 타깃팅할 잠재 고객을 생성할 수 있다.

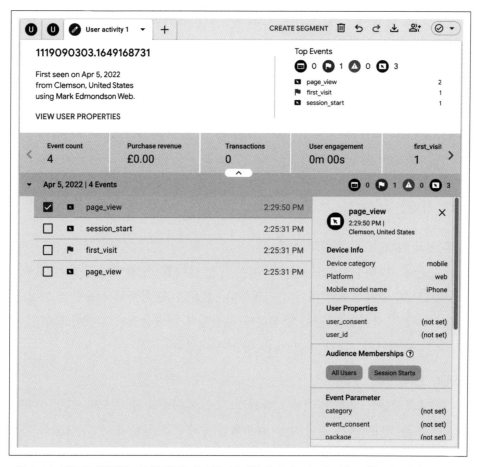

그림 6-17. 이벤트를 선택하면 비슷한 행동을 한 사용자에 대한 유사 세그먼트와 잠재 고객을 빠르게 만들 수 있다.

세그먼트 빌더^{Segment Builder}

이 기법을 사용하면 세그먼트의 벤 다이어그램을 시각화하고 하위 세그먼트를 만드는 데 도움이 된다. 그림 6-15에서 그 예를 보여줬다.

경로 탐색^{Path exploration}

이를 통해 "사용자는 이 페이지를 본 후 어디로 이동했을까?"와 같은 사용자 흐름과 관련된 질문에 답할 수 있다. GA4는 이벤트 기반이므로 "이번 클릭/조회/구매/기타 이후에 어떤 이벤트가 발생했을까?"로 확장할 수 있다. '이후'는 동일한 세션이나 여러 세션에 걸쳐 있을 수 있으며, 이벤트 이름과 페이지 제목을 혼합할 수 있다. 예를 들어 그림 6-6에서 예로 사용한 배너에는 이 책을 쓰는 것에 대한 내 게시물의 링크가 있다. 사람들이 이 배너를 클릭했을까? 그림 6-18과 같이 해당 페이지의 조회수 흐름을 확인할 수 있다.

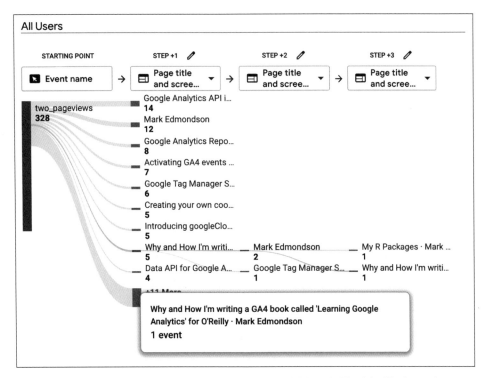

그림 6-18. two_pageviews 이벤트가 트리거된 후 어떤 페이지를 방문했는지에 대한 경로 분석

퍼널 탐색^{Funnel exploration}

퍼널은 장바구니에 추가할 제품 페이지, 결제 페이지, 완료 페이지 등과 같이 사용자가 한 페이지에서 다른 페이지로 이동하는 것을 상상하는 디지털 마케팅의 일반적인 기법이다. 사용자는 이 퍼널의 상단(또는 시작 페이지)에 진입해서 예측 가능한 단계를 거쳐 퍼널의 끝까지 이동한다고 가정한다. 이 여정을 최적화해서 사용자가 이탈하거나 다음 단계로 진행하지 않는 것을 최소화하는 것은 전환율을 개선하기 위한 일반적인 최적화 기법이다. 이 기법은 경로

분석과 관련이 있지만 사용자가 미리 정해진 퍼널을 통과하는 비율과 이탈률에 더 중점을 둔다. 이는 클릭률이나 전자상거래 전환율 개선과 같은 최적화를 위한 소스인 경우가 많으며, 향후 데이터 프로젝트의 초점을 어디에 맞춰야 하는지 파악하는 데 중요한 출발점이 될 수 있다. 퍼널 단계는 이벤트 또는 페이지 뷰일 수도 있다. 퍼널 시각화 내에서 마우스 오른쪽 버튼을 클릭하면 유니버설 애널리틱스에서 달성하기 훨씬 까다로웠던 이탈한 사용자에 대한 사용자 탐색 보고서(그림 6-17 참고)를 얻을 수도 있다. 그림 6-19는 이에 대한 예를 보여준다.

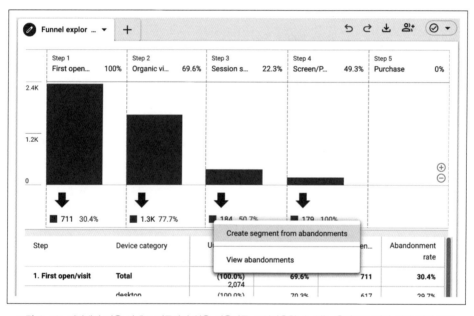

그림 6-19. 퍼널에서 다음 단계로 이동하지 않은 사용자를 드릴다운할 수 있는 옵션으로 퍼널 이탈 여정 검토

코호트 탐색^{Cohort exploration}

코호트는 사용자가 웹 사이트를 얼마나 자주 방문하거나 재방문하는가보다 사용자를 버킷으로 묶는 데 더 관심이 있다. 이는 웹 사이트의 '고착성^{stickiness}'을 측정하는 데 도움이 될 수 있으며, 광고 수익에 의존하는 퍼블리셔 웹 사이트를 운영하는 경우 KPI가 될 수 있다. 세그먼트 및 기타 측정 기준별

로 코호트를 세분화해 사용자가 처음 방문자로 계산되는 시점의 기준을 결정할 수 있다. 예를 들어 구글 애널리틱스 콘텐츠를 보는 사용자를 대상으로 이벤트가 실행되므로 해당 코호트를 비교해 해당 사용자가 빅쿼리 콘텐츠를 보는 사용자만큼 자주 재방문하는지 확인할 수 있다(그림 6-20).

Each cell is the sum of **Active users** for users who had **Any event**, in that month after **googleanalytics_viewer**							Based on device data only
	MONTH 0	MONTH 1	MONTH 2	MONTH 3	MONTH 4	MONTH 5	MONTH 6
All Users Active users	5,469	334	98	62	23	15	6
Oct 1 - Oct 31, 2021 1,052 users	1,052	71	20	23	13	8	6
Nov 1 - Nov 30, 2021 911 users	911	63	30	20	13	9	
Dec 1 - Dec 31, 2021 565 users	565	63	19	11	3		
Jan 1 - Jan 31, 2022 1,516 users	1,516	97	40	22			
Feb 1 - Feb 28, 2022 607 users	607	61	16				
Mar 1 - Mar 31, 2022 586 users	586	51					
Apr 1 - Apr 29, 2022 554 users	554						

그림 6-20. googleanalytics_viewer 이벤트를 트리거한 사용자 중 다음 달에 웹 사이트를 재방문한 사용자는 몇 명인가?

이 절에서는 GA4 인터페이스 내에서 사용할 수 있는 다양한 시각화 옵션을 설명했다. 그러나 기존 시각화 도구 및 워크플로가 있거나, GA4에 대한 액세스 권한을 부여하고 싶지 않거나, 비즈니스 사용자가 좀 더 통제된 환경에 있는 것을 선호하기 때문에 GA4 보고서를 사용하고 싶지 않을 수 있다. 이러한 시각화 요구 사항을 위해 이제 GA4 외에 사용할 수 있는 다른 시각화 도구를 살펴본다. 첫 번째 도구는 구글 데이터 스튜디오^{Google Data Studio}다.

데이터 스튜디오

유니버설 애널리틱스에 로그인했던 경험이 부족한 많은 사용자는 대신 이제 GA4에 연결된 데이터 스튜디오에 로그인해야 한다고 주장할 수 있다. 고급 사용자는 여전히 구성과 고급 분석을 위해 GA4 인터페이스를 사용할 수 있지만 대부분의 가벼운 비즈니스 분석 사용은 데이터 스튜디오에서 더 잘 수행될 수 있다.

데이터 스튜디오가 모든 것을 할 수 있을까?

데이터 스튜디오의 기능을 사용해 전체 데이터 프로젝트를 완료할 수 있다. 수집을 위해 데이터 소스에 연결하고, 데이터 스튜디오 테이블 내에 데이터를 저장하고, 조인이나 계산된 측정 항목을 통해 일부 모델링을 수행할 수 있다. 소규모 프로젝트의 경우 이것이 가장 빠른 진행 방법이다. 그러나 데이터 스튜디오 내에서만 복잡한 프로젝트를 수행하는 것은 주의해야 한다. 언젠가는 데이터로 수행하려는 작업(예, 모델링)에 최적이 아닌 도구를 사용하게 될 것이며, 동일한 작업을 수행하려면 빅쿼리 SQL과 같은 다른 도구를 사용하는 것이 더 나을 것이다. 그렇지 않으면 결국 시간과 자원을 낭비하게 될 것이다. 경험에 비춰볼 때 데이터 스튜디오는 시각화라는 가장 적합한 역할에만 집중하고 변환, 조인 등은 다른 사람에게 맡기는 것이 가장 좋다.

GA4를 사용하면 데이터 스튜디오의 데이터 소스로 데이터 API나 빅쿼리 GA4 원시 데이터 내보내기의 두 가지 옵션이 있다. 데이터 API는 설정이 더 빠르고 표준 보고서에서 사용되는 것과 동일한 데이터에 대한 액세스를 제공하지만 퍼널 및 세분화와 같은 고급 보고서를 생성하기가 더 어렵다. 빅쿼리는 필요한 모든 데이터에 액세스할 수 있지만 데이터를 가져오는 데 복잡한 SQL이 포함될 수 있다.

데이터 스튜디오를 가장 잘 사용하는 것은 분석 도구로 사용하는 것이다. 분석 도구는 여러분이 만든 사전 정의된 대시보드가 없어도 분석가가 스스로 작업할 수 있을 만큼 쉽다. 템플릿으로 시작할 수 있겠지만 데이터 스튜디오의 주목적은 시간을 보내는 거의 모든 사용자가 간단한 라인 차트나 플롯을 상대적으로 빠르게 얻을 수 있어야 한다는 것이다. 예를 들어 마이크로소프트 오피스 제품군 사용에 필적하는 기술이 있는 경우다. 이를 가능한 한 쉽게 만들고자 해당 분석가는 데이터 엔지니어링의 초점이 돼야 하는 정확하고 깔끔하며 유용한 집계 테이블에 연결할 수 있어야 한다. 다른 사용자들이 자신만의 개인화된 분석을 구축할 수 있도록 이러한 테이블을 최대한 유용하게 만드는 작업은 모든 사용자를 위한 완벽한 대시보드를 만드는 것보다 더 나은 가치를 가져올 수 있다.

데이터 스튜디오에 연결할 때 두 가지 옵션이 있는데, 데이터 API를 사용하는 다이렉트 구글 애널리틱스 커넥터와 GA4의 원시 데이터 내보내기를 사용하는 빅쿼리 커넥터가 있다. 데이터 스튜디오 내에서 '리소스^{Resource}' 메뉴를 클릭한 다음 '보고서에 데이터 추가^{Add data to report}'를 클릭하면 그림 6-21과 같이 가능한 데이터 소스 목록이 표시된다.

그림 6-21. 왼쪽 상단의 구글 애널리틱스 커넥터를 사용해서 API를 통해 연결할 수 있다. 또는 GA4 빅쿼리 데이터 내보내기가 라이브로 있는 경우(나는 이걸 권장한다), 오른쪽 중간의 빅쿼리 커넥터를 통해 연결할 수도 있다.

두 가지 모두 필요한 측정 항목을 더 쉽게 표시할 수 있게 지원하며 최상위 수준에서 동일하다. 이를 확인하고자 그림 6-22에서 이벤트 이름과 이벤트 수의 두 테이블을 비교한 결과, 한 테이블은 구글 애널리틱스 커넥터에서 가져오고 다른 테이블은 빅쿼리에서 가져온 것임에도 동일한 숫자가 표시되는 것을 볼 수 있다.

GA4 Connector

	Event name	Event count ▾
1.	page_view	7,269
2.	fetch_user_data	4,856
3.	user_consent	4,713
4.	article_read	4,250
5.	session_start	3,934
6.	r_viewer	3,567
7.	user_engagement	3,131
8.	CLS	2,905
9.	LCP	2,822
10.	first_visit	2,176
11.	scroll	1,853
12.	gtm_viewer	1,736
13.	googleanalytics_viewer	1,613
14.	docker_viewer	1,557
15.	FID	1,524
16.	bigquery_viewer	1,039
17.	click	595
18.	two_pageviews	339
19.	optimize_personalization_impression	116
20.	r_package_loaded	111

1 - 20 / 20 ⟨ ⟩

GA4 BigQuery

	Event Name	Event Count ▾
1.	page_view	7,269
2.	fetch_user_data	4,847
3.	user_consent	4,714
4.	article_read	4,250
5.	session_start	3,934
6.	r_viewer	3,567
7.	user_engagement	3,132
8.	CLS	2,906
9.	LCP	2,823
10.	first_visit	2,176
11.	scroll	1,853
12.	gtm_viewer	1,736
13.	googleanalytics_viewer	1,613
14.	docker_viewer	1,557
15.	FID	1,526
16.	bigquery_viewer	1,039
17.	two_pageviews	809
18.	click	595
19.	optimize_personalization_impression	116
20.	r_package_loaded	111

1 - 20 / 20 ⟨ ⟩

그림 6-22. 구글 애널리틱스 커넥터와 빅쿼리 테이블을 통해 데이터 스튜디오 연결

데이터 스튜디오는 널리 사용되기 때문에 GA4용 데이터 스튜디오 갤러리에는 이미 자신만의 디자인을 사용하거나 기반으로 할 수 있는 많은 템플릿이 있다. 예를 들어 그림 6-23에 표시된 데이터 블루^{Data Bloo}의 대시보드를 사용하면 GA4와 유니버설 애널리틱스 간에 전환할 수 있으며, 예제 구글 머천다이즈 스토어의 데이터가 표시된다.

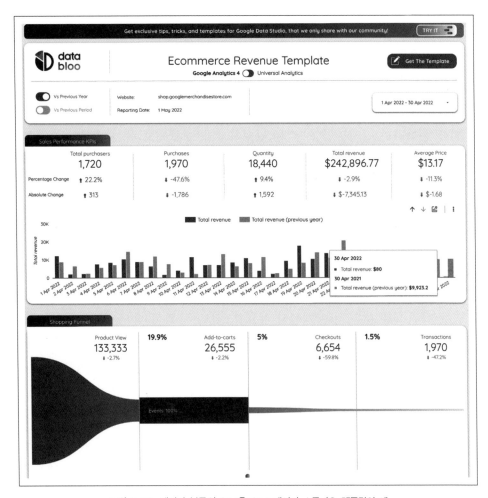

그림 6–23. 데이터 블루의 GA4용 GA4 데이터 스튜디오 템플릿의 예

데이터 스튜디오는 무료이고 강력하며 GA4 및 구글 제품군 내부 및 외부의 기타 커넥터와 기본적으로 통합되기 때문에 많은 사람에게 최고의 옵션이다. 그러나 좀 더 복잡한 데이터 변환, 사용자 관리 또는 다른 데이터 서비스와의 상호작용을 원한다면 한계를 느낄 수 있다. 이 경우 데이터 처리 퍼널을 관리하는 솔루션이 필요할 수 있다. 루커^{Looker}가 옵션 중 하나인데, 다음 절에서 살펴본다.

루커

루커는 단순한 시각화 도구가 아니라 좀 더 일반적인 비즈니스 인텔리전스[BI, Business Intelligence] 도구로 알려져 있다. 루커는 모든 데이터 세트에서 데이터 정의를 관리하고 자체 비즈니스 로직을 사용해 진정한 단일 소스 아래에서 데이터 정의를 통합하려고 시도한다. 이를 달성하고자 자체 SQL 유사 언어인 LookML과 함께 제공된다. 즉, 데이터 엔지니어가 LookML과 함께 작업해서 데이터 세트를 통합하고 해당 데이터를 정리한 다음 앱, 시각화, 데이터 스튜디오 가져오기 등을 비롯한 루커 애플리케이션을 통해 다운스트림에 노출될 수 있는 명명 규칙을 설정한다.

루커는 원시 데이터나 모델을 비즈니스 사용자를 위해 준비된 데이터 세트로 전환할 수 있으므로 데이터 활성화 측면에서 훨씬 더 어려운 작업을 수행한다. 루커는 빅쿼리와 같은 기존 데이터 세트를 '검토[looks]'하며 다른 서비스와 결합할 수 있다. 해당 서비스는 구글 외부의 다른 클라우드 제공업체나 자체 온프레미스 데이터베이스에 있는 경우에도 마찬가지다. 루커는 이러한 서비스를 사용해서 사용자 대신 SQL을 실행하고 모든 비즈니스 로직을 위한 중앙 집중식 공간을 추가한다. SQL 루커 실행은 최종 사용자에게 노출될 필요가 없으므로 루커의 드래그 앤 드롭 인터페이스를 통해 여러 데이터 세트에서 집계 및 조인과 같은 복잡한 쿼리를 수행할 수 있다. 그러나 이 모든 것은 비용이 들기 때문에 루커는 데이터 스튜디오에 비해 엔터프라이즈 도구로 간주돼야 한다.

비즈니스 규칙을 적용한 후 데이터 스튜디오를 루커 데이터 세트에 연결할 수 있는 데이터 스튜디오와 루커 간의 통합 기능이 있다. 이는 루커가 제공하는 데이터 거버넌스를 유지할 수 있을 뿐만 아니라 사용자가 직접 해당 데이터를 분석하고 데이터 스튜디오를 통해 관리되지 않는 데이터와 쉽게 결합할 수 있기 때문에 유용하다. 따라서 셀프 서비스 데이터 스튜디오를 통해 데이터 분석을 민주적이고 사용하기 쉽게 유지하면서도 데이터에 대한 표준을 유지해 비즈니스 성과에 영향을 줄 수 있는 잘못된 결론을 피할 수 있는 두 가지 장점을 모두 누릴 수 있다.

루커는 유니버설 애널리틱스의 많은 기능 등을 반영하는 GA4와의 기존 통합 기능을 갖추고 있다. 루커는 LookML 비즈니스 로직 언어를 제공하므로 원시 빅쿼리 GA4 내보내기에서 퍼널, 세션, 트렌드를 생성하는 데 필요한 때때로 복잡한 SQL을 엔지니어링하는 데 사용할 수 있다. 그림 6-24에서 생성할 수 있는 일부 보고서를 볼 수 있으며 루커 마켓플레이스(https://oreil.ly/1aqNQ)를 통해 루커와 GA4의 통합을 자세히 살펴볼 수 있다.

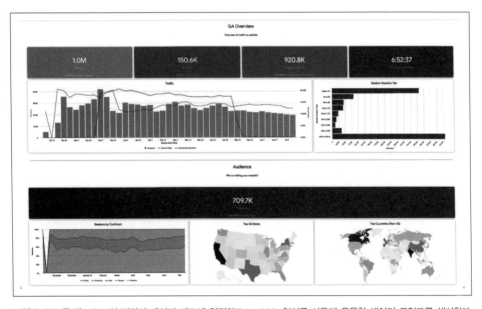

그림 6-24. 루커는 GA4의 빅쿼리 데이터 세트에 연결하고 LookML 언어를 사용해 유용한 데이터 포인트를 생성한다.

루커의 시각화를 사용하지 않더라도 '루커 블록'을 통해 기존 모델링에 연결하는 것이 도움이 될 수 있다. 자세한 개요는 루커의 깃허브 프로필(https://oreil.ly/XD9rk)에서 찾을 수 있다.

이렇게 하면 원시 GA4 내보내기에서 집계된 테이블이 생성되며 동일한 테이블을 다시 생성하는 많은 작업을 줄일 수 있다. 예를 들어 방문/종료 페이지와 사용자 세션이 속한 디지털 채널을 계산하고 빅쿼리 ML(이전의 '빅쿼리 ML' 절 참고)을 활용해 일부 구매 성향 모델링을 생성한다. 그러나 GA4 데이터의 크기를 효과적으로 두 배로 늘리는 추가 테이블을 생성해서 관련 비용을 두 배로 늘린다는 점을 명심해야 한다.

루커를 사용하는 경우 연결하려는 다른 데이터 세트가 있을 가능성이 높으므로 GA4의 userId나 다른 사용자 정의 필드에서 해당 데이터 세트를 조인하는 것이 유용할 수 있다.

구글은 데이터 스튜디오와 루커를 소유하고 있지만 다음 절에서 볼 수 있듯이 시각화 도구에 대해 사용할 수 있는 유일한 옵션은 아니다.

기타 타사 시각화 도구

구글 기반이 아닌 다른 많은 시각화 도구가 있으므로 원하는 경우 사용할 수 있다. 다른 시각화 도구를 고려한다면 다음 사항을 고려해야 한다.

- 대시보드는 데이터 API, 빅쿼리 GA4 내보내기 또는 수동 데이터 업로드를 통해 연결되는가? 간단한 보고서나 실시간 보고서에는 데이터 API를, 퍼널링^{funneling}과 같은 좀 더 복잡한 보고서에는 빅쿼리 내보내기를 선호하지만 이러한 보고서를 모델링하고자 SQL을 생성하는 기술 비용이 만만치 않을 수 있다는 점을 염두에 둬야 한다. 수동 데이터 내보내기에 의존할 이유가 거의 없다.

- 이미 다른 비즈니스 기능을 위해 시각화 도구를 사용하고 있는가? 이것은 또 다른 새로운 도구를 고집하기보다 모두가 이미 학습한 기존 도구로 가져오는 강력한 이유가 될 수 있다.

- 시각화 도구가 구글 사용자 관리 및 보고서 배포를 잘 다루고 있는가?

모든 시각화 도구 중에서 가장 일반적인 타사 도구는 태블로^{Tableau}와 파워 BI^{Power BI}다. 둘 다 확실한 선택이며 기존 데이터 스택에서 다른 시각화 작업에 이미 사용하고 있다면 계속 사용해도 좋다. 그러나 새로 시작하려는 경우 서비스 간의 통합이 긴밀하기 때문에 구글 스택에 모든 것을 포함하는 것이 가장 쉽다(예, 빅쿼리 인터페이스에서 데이터 스튜디오의 빅쿼리 테이블을 탐색할 수 있음).

어떤 시각화 도구를 사용하든 연결할 수 있는 훌륭하고 깨끗한 데이터 세트가 있으면 사용자가 작업을 10배 더 쉽게 할 수 있다. 이는 다음 절에서 살펴본다.

데이터 기반 의사 결정을 가져오는 집계 테이블

4장에서 설명한 대로 대시보드 사용자가 연결할 수 있는 깔끔한 집계 테이블이 있으면 비즈니스에 더 많은 셀프 서비스 분석이 가능하며 데이터 기반 비즈니스가 되기 위한 진정한 단계가 된다. 원시 데이터 내보내기를 넘어 사용하기 쉬운 데이터 원본을 만드는 것이 일상 업무에서 데이터의 영향력을 확대하는 첫 번째 단계가 돼야 한다. 낮은 진입 장벽으로 분석 프로세스를 가능한 한 쉽게 만드는 것은 데이터 시각화 도구가 제공하는 꿈 중 하나지만 그 꿈은 직원들이 작업하는 데이터의 품질에 따라 달라질 수 있다.

5장에서 설명한 기술 중 일부를 사용해 깨끗한 테이블을 만들고자 원시 데이터로 더 많이 작업할수록 데이터 인사이트 퍼널의 병목 현상이 줄어든다. 데이터 활성화를 위한 성공적인 데이터 시각화 스트림에는 다음이 포함된다.

- 사용 준비가 완료된 기존 및 새로운 집계, 정리, 조인, 필터링된 테이블로 수행할 수 있는 사용 사례 목록이 계속 확장되고 있다.

- 대부분의 직원이 셀프 서비스 맞춤형 분석을 수행할 수 있을 정도로 충분한 교육을 받은 분석 및 시각화 도구다. 핵심 분석 구성원에게 병목 현상이 발생하지 않도록 모든 구성원이 최소한의 역량을 갖추는 것을 목표로 한다.

- 데이터 요구 사항을 논의하는 정기적인 부서 간 회의와 기존 시각화,

사용 가능한 데이터 세트, 달성한 결과에 대한 검색 가능한 아카이브가 필요하다.

- 고급 사용자로 구성된 특별한 핵심이 더 많은 잠재 고객에게 적합한 좀 더 일반적인 시각화를 만든다.

- 신뢰할 수 있고 투명한 출처를 가진 데이터가 필요하다. 데이터 오류를 방지하고자 정기적인 QA, 모니터링과 점검을 통합하고 파이프라인이 중단될 때 커뮤니케이션을 수행한다.

- 내부 커뮤니케이션에서 정기적으로 사용되는 도구의 데이터 시각화, 심지어는 회사 전체의 쿼리에 대한 답을 얻고자 대시보드의 특정 뷰로 연결되는 링크까지 제공한다.

성공적인 데이터 시각화를 위해서는 데이터가 데이터 시각화 도구에 도달하기 전에 데이터를 잘 관리해야 한다. 사용자가 작업할 데이터의 형태와 크기 외에도 데이터 캐싱 및 비용과 같은 인프라 문제도 고려해야 한다.

캐싱과 비용 관리

연결된 개념은 데이터 캐싱과 데이터 시각화와 관련된 비용이다. 대시보드가 성공적으로 작동한다면 데이터 웨어하우스에 대한 많은 호출을 생성할 것이다. 이러한 도구의 대부분은 결과를 캐시에 저장하므로 동일한 정보를 반복적으로 호출해도 데이터베이스에 대한 호출 비용이 부과되지 않고 대신 캐시에서 읽게 되므로 속도와 비용 면에서 이점이 있다. 그러나 모든 대시보드에 적용되는 것은 아니다. 예를 들어 실시간 대시보드는 항상 새로운 정보가 필요하므로 데이터를 캐시해서는 안 된다.

이와 관련해 데이터 시각화 도구에서 호출하는 테이블 유형을 신중하게 고려해야 한다. 예를 들어 테이블의 모든 열에 대해 SELECT *를 수행하는 뷰를 호출하는 경우 사용자당 하루에 여러 번 수행하면 비용이 매우 많이 든다. 대신 대시보드가 동일한 데이터로 매일 아침 생성되는 테이블에 연결되면 이 비용을 거의 없앨 수 있다. 이 작업 중 일부는 4장에서 설명한 대로 테이블을 만들기 위한 데이터 파이프라인을 만들어야 하며, 일부 도구에는 도움이 되는 구성 옵션이 있을 수 있다. 예를 들어 빅쿼리에는 이러한 유형의 쿼리에 도움이 되는 캐시를 제공하는 BI 엔진(https://oreil.ly/5QoCA)이 있으며, 새로운 데이터를 점진적으로 추가하는 구체화된 뷰를 사용하는 것도 고려할 수 있다.[1]

지금까지 가장 일반적인 데이터 활성화, 즉 구글 마케팅 스위트^{Google Marketing Suite} 제품 내에서 내보낼 잠재 고객 생성과 시각화 생성을 살펴봤다. 그러나 가장 영향력 있는(그러나 덜 일반적인) 데이터 활성화는 지금까지 설명한 방법을 향상시키고 잠재적으로 더 많은 애플리케이션을 잠금 해제할 수 있는 다양한 서비스에 API를 통해 데이터를 보내는 것이다. 다음 절에서 이것을 만드는 방법을 살펴본다.

마케팅 API 생성

마케팅 API는 지금까지 설명한 방법(예, 시각화 및 GA4 잠재 고객)에 속하지 않는 프로그래밍 코드를 통해 데이터를 사용할 수 있게 하는 데이터 활성화에 사용하는 용어다. 이 두 가지 방법 모두 API를 사용해 서비스 간에 데이터를 전송하므로 한 단계 더 깊이 들어가서 어떤 데이터를 어디로 전송할 수 있는지에 대한 제어를 강화하고자 한다. API는 다양한 코딩 언어와 다양한 유형의 앱에서 광범위한 프로그래밍 애플리케이션에 걸쳐 데이터를 전송하는 표준 방식이다. GA4의 데이터 API를 호출하는 것처럼 일반적으로 JSON 데이터 패킷 응답으로 데이터 요청에 응답하는 API 엔드포인트를 자체 비즈니스에 맞게 사용자 정의하는 방법을 모색하고 있다.

---

1. 빅쿼리 설명서(https://oreil.ly/ypkiy)에서 구체화된 뷰에 대한 자세한 내용을 읽을 수 있다.

마이크로서비스 생성

구글 마케팅 스위트 및 구글 클라우드에는 마케팅 API를 쉽게 만들고 확장하고, 모니터링할 수 있게 도와주는 다양한 도구가 있다. 이러한 도구를 사용해 API에 **userId**를 보내면 사용자의 구독 수를 반환하는 등 비즈니스에 관심 있는 특정 데이터 애플리케이션을 대상으로 하는 맞춤형 데이터 서비스를 만들 수 있다. 이러한 서비스를 일반적으로 마이크로서비스^{Microservices}라고 부르는데, 여러 개의 독립적인 서비스를 사용할 수 있으므로 필요한 서비스를 쉽게 조합해서 사용할 수 있기 때문이다.

GTM SS의 프레임 중 하나는 GTM SS를 마이크로서비스 생성을 위한 플랫폼으로 사용하는 디지털 마케팅 API 개발 키트라고 할 수 있다. 인터페이스 내의 클라이언트는 사용자가 사용할 수 있는 URL 엔드포인트를 효과적으로 생성하고 웹UI는 이러한 클라이언트가 트리거되는 방식과 처리하는 데이터에 대한 제어 메커니즘을 제공한다. 마지막으로 GTM SS 내의 템플릿과 태그를 사용하면 해당 데이터를 전송할 수 있다. 첫 번째 패스는 일반적으로 GA4와 관련이 있지만 자체 마이크로서비스를 위한 API 엔드포인트를 만드는 데 방해가 되는 것은 없다. 예를 들어 GTM SS는 사용자 정보가 상주할 수 있는 파이어스토어에 연결할 수 있다. /user-info?userid=12345와 같이 URL 엔드포인트에 사용자 ID를 보낼 때 사용자 정보를 반환하는 마이크로서비스를 생성하는 클라이언트, 트리거, 태그를 만들 수 있다. 다른 시스템에 비해 GTM SS를 사용하면 웹 분석 데이터 스트림과 동일한 수준의 제어를 더 쉽게 적용할 수 있고, 해당 데이터를 사용하는 디지털 마케터에게 익숙한 인터페이스를 사용할 수 있다는 이점이 있다.

구글 클라우드에는 API 생성을 위한 몇 가지 다른 서비스가 있다.

클라우드 펑션

클라우드 펑션은 HTTP 트리거를 통해 호출할 수 있다. 즉, HTTP 호출에 대한 응답으로 코드를 실행하고, 계산하고, 데이터를 다시 전송할 수 있다. 지원되는 언어로 코드를 업로드하고 게시를 누르기만 하면 되기 때문에 가장 쉽게 시작할 수 있는 방법이기도 하다.

클라우드 런

클라우드 런은 더 유연하지만 도커 컨테이너를 실행하기 때문에 클라우드 펑션보다 약간 더 많은 작업이 필요하다. 즉, 지원되는 언어에서만 실행되는 클라우드 펑션과 달리 거의 모든 코드와 환경에서 실행할 수 있다.

앱 엔진

앱 엔진은 클라우드 펑션이나 클라우드 런보다 더 복잡한 단계지만 코드 전용 서버 리소스를 더 잘 제어할 수 있다. 비용 및 자동 확장을 더 잘 제어하려는 경우 더 나은 옵션일 수 있다. 또한 앱 엔진은 훨씬 더 오래 사용됐기 때문에 다른 GCP 서비스와 더 많이 통합된다.

클라우드 엔드포인트

이것은 코드를 실행하지 않지만 API 앞의 프록시이므로 인증, API 키, 모니터링 또는 로깅과 같은 일반적인 API 관리 기능이 필요할 때 유용하다.

파이어스토어

API에 데이터를 채울 때 가장 일반적으로 빅쿼리가 아닌 파이어스토어 인스턴스에서 데이터를 가져온다. 이는 파이어스토어가 데이터를 빠르게 반환하는 데 훨씬 더 효과적이기 때문이다.

마이크로서비스는 디지털 분석 기술 스택을 더 나은 성능으로 업그레이드하는 비결이 될 수 있다. 일단 마이크로서비스를 구축하면 독립적인 특성으로 인해 재사용이 매우 용이하며 여러 사용 사례에 걸쳐 확장할 수 있다. 과거에 마이크로서비스를 사용한 예로는 검색 트렌드 데이터의 예측을 출력하고, 캠페인이 목표에 도달할지 여부를 예측하고, 특정 사용자가 속한 잠재 고객 세그먼트를 반환하는 것 등이 있다. 또한 범용 HTTP 표준을 통해 실행되므로 어떤 언어나

스프레드시트를 통해서든 호출할 수 있다.

지금까지 살펴본 활성화는 대부분 데이터를 읽는 것에 의존했지만 어떻게 하면 데이터가 수신되는 데이터에 반응하게 할 수 있을까? 이를 위해서는 이벤트 기반 트리거를 고려해야 하는데, 다음 절에서 설명하는 것처럼 GA4는 새로운 데이터 모델에 매우 적합하다.

이벤트 트리거

GA4는 측정 시스템에 이벤트를 사용하기 때문에 측정 외에도 다양한 용도로 트리거를 활용할 수 있다. 예를 들어 앞부분의 그림 6-2에 표시된 것처럼 페이지 뷰, 일반 클릭 이벤트, 구매, 액션을 기반으로 이벤트를 실행할 수 있으며, 사용자가 잠재 고객에 진입하는 경우에도 이벤트를 실행할 수 있다. 이렇게 하면 사용자의 데이터를 구글 마케팅 스위트뿐만 아니라 다양한 활성화 플랫폼으로 전송할 수 있으므로 강력한 데이터 활성화 기술을 사용할 수 있다.

다음 절에서는 이를 구현하는 방법의 예를 제공한다.

GTM SS를 사용해 GA4 이벤트를 Pub/Sub로 스트리밍

이 예에서는 웹 사이트에서 GTM SS로 `send_email` 이벤트를 전송한 다음 이전의 'Pub/Sub' 절에서 설명한 이벤트 메시징 시스템인 Pub/Sub로 해당 이벤트를 전송한다. Pub/Sub는 특정 서비스와 분리돼 있기 때문에 Pub/Sub를 사용하면 메시지에 반응할 다른 애플리케이션을 지정해 자산의 사용 사례에 맞게 빠르게 조정할 수 있다.

먼저 GTM 이벤트를 HTTP 서비스로 전송할 태그가 필요하다. 예제 6-1의 코드는 제어하는 모든 URL을 제공할 수 있을 만큼 충분히 일반적이다.

예제 6-1. GTM 이벤트를 HTTP 요청으로 전환하는 GTM SS 태그 코드다. 코드 예제는 단순하다. 프로덕션을 위해 로깅 정보를 확장하거나 개인키를 HTTP 요청에 추가할 수 있다.

```
const getAllEventData = require('getAllEventData');
const log = require("logToConsole");
const JSON = require("JSON");
const sendHttpRequest = require('sendHttpRequest');

log(JSON.stringify(data));

const postBody = JSON.stringify(getAllEventData());

log('postBody parsed to:', postBody);

const url = data.endpoint + '/' + data.topic_path;

log('Sending event data to:' + url);

const options = {method: 'POST',
    headers: {'Content-Type':'application/json'}};

// POST 요청을 보낸다.
sendHttpRequest(url, (statusCode) => {
  if (statusCode >= 200 && statusCode < 300) {
    data.gtmOnSuccess();
  } else {
    data.gtmOnFailure();
  }
}, options, postBody);
```

GTM 태그는 두 개의 데이터 필드를 추가해야 한다.

data.endpoint

이것은 배포 후 제공되는 배포된 클라우드 펑션의 URL이며, https://europe-west3-project-id.cloudfunctions.net/http-to-pubsub와 같은 형태다.

data.topic_path

이것은 생성할 Pub/Sub 토픽의 이름이다.

일단 구현되면 템플릿에서 그림 6-25와 같은 태그를 생성할 수 있어야 한다. 스크린샷은 이 태그가 **form_submit_trigger**에서 트리거되게 설정됐음을 보여주지만 이 트리거는 GTM의 일반 규칙에 따라 원하는 모든 것이 될 수 있다.

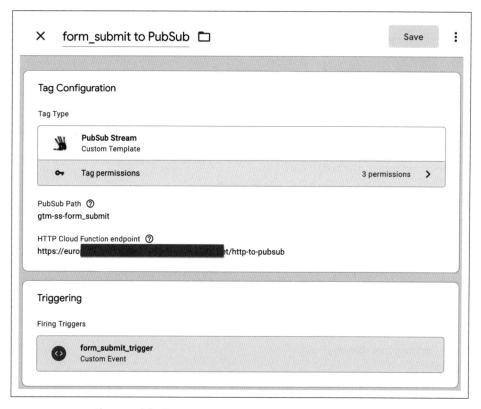

그림 6-25. 이벤트를 HTTP 엔드포인트로 전달하기 위한 GTM SS 내의 태그

전달하려는 URL은 예제 6-2에 표시된 코드를 실행하는 클라우드 펑션일 수 있다.

338

예제 6-2. GA4 데이터와 함께 HTTP 요청을 수신하고 이를 Pub/Sub 토픽으로 전송하기 위한 클라우드 펑션 내의 파이썬 코드다. 데이터양이 많을 경우 print() 로그는 상당한 비용을 초래할 수 있으므로 제거할 수 있다.

```python
import os, json
from google.cloud import pubsub_v1 # google-cloud-pubsub==2.8.0

def http_to_pubsub(request):
    request_json = request.get_json()

    print('Request json: {}'.format(request_json))

    if request_json:
        res = trigger(json.dumps(request_json).encode('utf-8'), request.path)
        return res
    else:
        return 'No data found', 204

def trigger(data, topic_name):
    publisher = pubsub_v1.PublisherClient()

    topic_name = 'projects/{project_id}/topics{topic}'.format(
        project_id=os.getenv('GCP_PROJECT'),
        topic=topic_name,
    )

    print ('Publishing message to topic {}'.format(topic_name))

    # 필요한 경우 토픽 생성
    try:
        future = publisher.publish(topic_name, data)
        future_return = future.result()
        print('Published message {}'.format(future_return))

        return future_return

    except Exception as e:
        print('Topic {} does not exist? Attempting to create it'.format(topic_name))
```

```
    print('Error: {}'.format(e))

    publisher.create_topic(name=topic_name)
    print ('Topic created ' + topic_name)

    return 'Topic Created', 201
```

다음을 통해 코드를 배포한다.

```
gcloud functions deploy http-to-pubsub \
    --entry-point=http_to_pubsub \
    --runtime=python37 \
    --region=europe-west3 \
    --trigger-http \
    --allow-unauthenticated
```

배포되면 그림 6-25에서 본 GTM SS 트리거에 넣을 수 있는 생성된 URL이 표시돼야 한다.

이 두 가지 일반 코드 배포를 통해 원하는 대로 Pub/Sub 토픽으로 스트리밍되는 GA4 이벤트를 선택할 수 있으며, 이는 매우 강력하다. 스크립트는 필요한 곳으로 데이터를 푸시하는 작업을 처리하지만 이벤트가 데이터를 읽게 하려면 다음 절에서 다룰 파이어스토어를 사용하는 것이 좋다.

파이어스토어 통합

파이어스토어는 데이터를 저장할 키가 있을 때 데이터를 반환하는 성능이 뛰어나므로 마케팅 API의 백엔드로 사용하기에 이상적이다. 파이어스토어의 특성은 일반적으로 ID를 제공하면 해당 ID 아래의 모든 데이터를 반환할 수 있다는 것이다.

340

데이터를 파이어스토어로 가져오는 방법은 데이터의 소스에 따라 다르다. CRM 시스템에서는 사용자 ID 수준 데이터를 가져올 수 있다. 이 경우 파이어스토어 데이터베이스를 채우도록 예약 가져오기를 설정해야 한다. 제품 정보와 같은 다른 데이터 가져오기는 데이터 파이프라인을 생성해야 하는 다른 시스템에 있을 수 있다.

채울 수 있는 데이터의 예는 그림 6-26에 나와 있다.

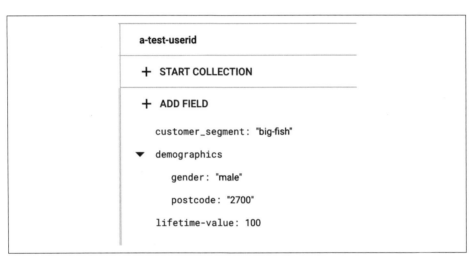

그림 6-26. 파이어스토어 인스턴스 내 데이터의 예

마케팅 API용 애플리케이션 코드는 일반적으로 다음을 처리해야 한다.

1. userId가 포함된 엔드포인트에서 HTTP 호출을 수신한다(예, https://myendpoint. com/getdata?userid=a-test-userid).

2. userId를 구문 분석하고 이를 사용해 파이어스토어에서 문서를 가져온다. 파이썬에서는 doc_ref = db.collection(u'my-crmdata').document (u'a-test-user-id').get()을 사용해서 이 작업을 수행한다.

3. HTTP 응답 본문^{body}에 파이어스토어 데이터를 반환한다.

GTM SS 내에서 사용 가능한 기본 변수 목록에 있는 파이어스토어 룩업^{Firestore Lookup} 변수를 통해 파이어스토어와 원활하게 통합할 수 있다. 이 변수를 사용해서 태그와 클라이언트에 파이어스토어 문서를 직접 삽입할 수 있다. 그림 6-27에 표시된 것처럼 GTM SS 템플릿 API는 파이어스토어 데이터베이스에 대한 쓰기 기능도 지원한다.

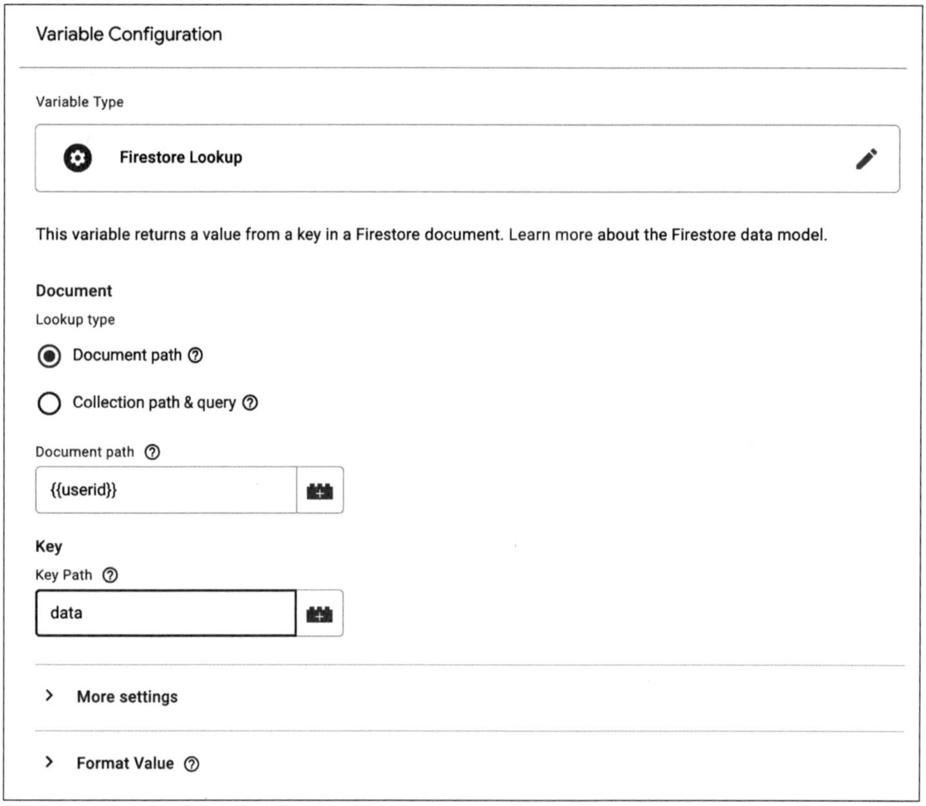

그림 6-27. GTM SS의 파이어스토어 룩업 변수

마케팅 포트폴리오에 파이어스토어를 추가하면 많은 멋진 애플리케이션을 사용할 수 있으며, GTM SS는 이러한 애플리케이션을 활용할 수 있는 친숙한 게이트웨이를 제공한다. 다음 절에서는 이 데이터 파이프라인을 달성하는 데 사용할 수 있는 기술을 살펴본다.

342

마케팅 포트폴리오에 파이어스토어를 추가하면 멋진 애플리케이션을 많이 사용할 수 있으며, GTM SS는 이를 활용할 수 있는 친숙한 게이트웨이를 제공한다. 빅쿼리 내에서 파이어스토어에도 표시하고 싶은 데이터가 있을 수 있다. 다음 절에서는 이 데이터 파이프라인을 달성하는 데 사용할 수 있는 기술을 살펴본다.

파이어스토어로 빅쿼리 가져오기

데이터 분석 및 모델링 기능으로 빅쿼리를, 데이터 액세스 속도와 구조화되지 않은 중첩 데이터로 작업할 수 있는 기능으로 파이어스토어에 대해 많이 얘기했다. 일반적인 요구 사항은 빅쿼리 테이블의 결과를 파이어스토어로 내보내는 것이다.

파이어스토어와 빅쿼리는 데이터 저장에 대한 접근 방식이 다르지만 빅쿼리 테이블 내에서 어떤 열을 파이어스토어의 키로 사용할지 선택할 수 있다면 내보내기를 생성할 수 있다. userId는 일반적인 선택이다. 예제 6-3에 표시된 솔루션은 데이터플로^{Dataflow} 작업을 트리거하는 클라우드 컴포저 DAG를 제공한다. 데이터플로 작업은 모두 도커 내에 자체 포함돼 있으므로 세부 정보를 알 필요가 없다. 대신 빅쿼리 열에서 파이어스토어 키를 매핑할 적절한 열을 전달하고 이전 단계에서 생성했을 가능성이 가장 높은 빅쿼리 테이블에 전달한다.[2]

예제 6-3. 클라우드 컴포저 DAG는 빅쿼리 테이블을 만들고 데이터플로를 통해 파이어스토어로 전송한다. 이 경우 userId가 포함된 하나의 열이 있는 빅쿼리 테이블을 생성하기 위한 빅쿼리 SQL은 ./create_segment_table.sql이라는 파일에 있다고 가정한다.

```python
```python
import datetime
from airflow import DAG
```

---

2. 원본 데이터플로 코드는 유 이시카와(Yu Ishikawa)가 만들었으며 그의 깃허브 프로필에서 볼 수 있다.
```

```python
from airflow.utils.dates import days_ago
from airflow.contrib.operators.bigquery_operator import BigQueryOperator
from airflow.contrib.operators.gcp_container_operator import GKEPodOperator

default_args = {
    'start_date': days_ago(1),
    'email_on_failure': False,
    'email_on_retry': False,
    'email': 'my@email.com',
    # 작업이 실패하면 5분 이상 기다린 후 한 번 다시 시도한다.
    'retries': 0,
    'execution_timeout': datetime.timedelta(minutes=240),
    'retry_delay': datetime.timedelta(minutes=1),
    'project_id': 'your-project'
}

PROJECTID='your-project'
DATASETID='api_tests'
SOURCE_TABLEID='your-crm-data'
DESTINATION_TABLEID='your-firestore-data'
TEMP_BUCKET='gs://my-bucket/bq_to_ds/'

dag = DAG('bq-to-ds-data-name),
          default_args=default_args,
          schedule_interval='30 07 * * *')

# 프로덕션 SQL에서 날짜 파티션도 필터링해야 한다(예, {{ ds_nodash }}).
create_segment_table = BigQueryOperator(
    task_id='create_segment_table',
    use_legacy_sql=False,
    write_disposition="WRITE_TRUNCATE",
    create_disposition='CREATE_IF_NEEDED',
    allow_large_results=True,
    destination_dataset_table='{}.{}.{}'.format(PROJECTID,
                                      DATASETID, DESTINATION_TABLEID),
    sql='./create_segment_table.sql',
```

344

```
    params={
        'project_id': PROJECTID,
        'dataset_id': DATASETID,
        'table_id': SOURCE_TABLEID
    },
    dag=dag
)

submit_bq_to_ds_job = GKEPodOperator(
    task_id='submit_bq_to_ds_job',
    name='bq-to-ds',
    image='gcr.io/your-project/data-activation',
    arguments=['--project=%s' % PROJECTID,
            '--inputBigQueryDataset=%s' % DATASETID,
            '--inputBigQueryTable=%s' % DESTINATION_TABLEID,
            '--keyColumn=%s' % 'userId', # BigQuery ID여야 한다(대소문자 구분).
            '--outputDatastoreNamespace=%s' % DESTINATION_TABLEID,
            '--outputDatastoreKind=DataActivation',
            '--tempLocation=%s' % TEMP_BUCKET,
            '--gcpTempLocation=%s' % TEMP_BUCKET,
            '--runner=DataflowRunner',
            '--numWorkers=1'],
    dag=dag
)

create_segment_table >> submit_bq_to_ds_job
```
```

앞의 예제는 클라우드 컴포저와 같은 유료 에어플로 서버에서만 작동하므로
빅쿼리에서 파이어스토어로 가져오는 다른 방법이 있다. 크리스얀 올데캄프
Krisjan Oldekamp는 구글 워크플로를 사용하는 접근 방식을 보여주며, 스택토닉Stacktonic
사이트(https://oreil.ly/gnG12)에서 읽어볼 수 있다. 디지털 마케팅 파이프라인이 나
아가야 할 유용한 방향이기 때문에 더 직접적인 방법도 나타날 것이라고 확신
한다.
```

요약

6장에서는 데이터를 수집, 저장, 모델링한 후 GA4 데이터를 활성화하는 몇 가지 방법을 살펴봤다. GA4에는 구글 마케팅 스위트 내의 다양한 다른 제품으로 내보낼 수 있는 잠재 고객 기능과 GA4의 웹UI에 포함된 시각화 및 분석 도구 등 빠른 결과를 얻을 수 있는 다양한 기능이 내장돼 있다. 하지만 여기서 그치지 않고 이벤트 구조가 다른 시스템과의 통합을 그 어느 때보다 쉽게 만들어주기 때문에 빅쿼리를 통해 데이터를 전송하거나 GTM을 통해 실시간 스트림을 전송할 수 있다. 이를 통해 거의 모든 다른 데이터 활성화 제품을 사용할 수 있다. 6장의 주요 교훈은 사용 사례를 공식화할 때 데이터 활성화를 최우선적으로 고려하고, 나중에 고려하는 것으로 간주하지 말아야 한다는 것이다. 이를 제대로 수행하면 동료에게 자랑할 수 있는 가시적인 결과를 얻을 수 있고 향후 프로젝트에서 더 많은 예산을 확보하는 데 도움이 될 것이다.

지금까지의 장에서는 필요한 사항에 대한 이론을 많이 다뤘지만 실제로 활용해야만 진정으로 이해할 수 있다. 7장에서는 사용 사례의 예를 살펴보면서 이전 장에서 설명한 몇 가지 기술을 실제로 적용해본다.

사용 사례: 구매 예측

7장의 사용 사례는 이후 장에서 살펴볼 더 복잡한 사용 사례와 공유하는 구조에 익숙해지기 위한 간단한 예시다. 여기서는 GA4라는 하나의 플랫폼만 사용한다. 그러나 나중에 더 복잡한 사용 사례에도 동일한 데이터 역할이 적용되며 필요에 따라 데이터 역할을 교체할 수 있음을 보여줄 것이다.

이 시나리오에서는 멋진 새 가이드를 구글 애널리틱스에 광고하고자 하는 출판사를 가정해본다. 고객이 검색하는 도서의 카테고리가 기록되고 수천 건의 거래에서 발생한 구매 행동을 사용할 수 있는 사용자 정의 GA4 설정이 있다. 또한 각 카테고리에 맞게 맞춤 설정된 많은 구글 애즈 검색 캠페인을 실행하고 있지만 마케팅 대상이 광범위하기 때문에 일반적인 정보를 검색하는 고객에게 많은 노출이 발생하고 있다. 따라서 잠재 고객을 타깃팅하지 않는 캠페인에 비용을 지출하고 있으므로 원하는 것보다 더 많은 비용이 발생한다. 또한 어차피 책을 구매할 가능성이 있는 사람들에게 광고비를 지출하고 있으며, 이러한 고객에 대한 광고를 억제해서 이 책이 정말 자신에게 맞는 책이라는 설득이 필요한 고객을 위한 노출에 더 많은 예산을 지출할 수 있는지 알아본다. GA4를 사용해 구매 확률이 90% 이상인 사용자를 대상으로 오디언스를 설정하고 이들에 대한 광고를 억제해 전체 캠페인의 효율성을 높일 수 있게 하겠다.

이 시나리오에서 여러분이 구글 애널리틱스에 대한 훌륭한 새 가이드를 광고하려는 출판사라고 가정해본다. 고객이 탐색하는 도서 카테고리가 기록되고 수천 건의 거래에서 발생한 구매 행동을 사용할 수 있는 사용자 정의 GA4 설정이 있다. 또한 각 카테고리에 맞게 맞춤 설정된 많은 구글 애즈 검색 캠페인을 실행하고 있지만 마케팅 대상이 광범위하기 때문에 일반적인 정보를 검색하는 고객에게 많은 노출이 발생하고 있다. 따라서 잠재 고객을 타깃팅하지 않는 캠페인에 비용을 지출하고 있으므로 원하는 것보다 더 많은 비용이 발생한다. 또한 어차피 책을 구매할 가능성이 있는 사람들에게 광고비를 지출하고 있으며, 이러한 고객에 대한 광고를 억제해 이 책이 정말 자신에게 맞는 책이라는 설득이 필요한 고객을 위한 노출에 더 많은 예산을 지출할 수 있는지 알아보고 싶다. GA4를 사용해 구매 확률이 90% 이상인 사용자를 대상으로 잠재 고객을 설정하고 이들에 대한 광고를 억제해 전체 캠페인의 효율성을 높일 것이다.

희망을 품고 상사에게 이러한 계획을 실행에 옮길 수 있는 리소스를 승인해줄지 문의한다. 더 야심찬 미래 계획에 대한 승인을 받을 수 있게 최소한의 리소스로 빠르게 성과를 내고자 하는 것이다. 상사는 다음 절에서 다룰 비즈니스 사례를 요청할 것이다.

비즈니스 사례 생성

구매 예측은 모델링을 사용해 사용자가 향후 구매할지 여부를 예측한다. 이를 통해 해당 사용자를 대한 사이트 콘텐츠나 광고 전략을 변경할 수 있다. 예를 들어 사용자가 90% 이상의 확률로 구매할 것이 확실하다면 구매를 설득하는 작업은 이미 완료됐으므로 해당 사용자에 대한 마케팅을 억제할 수 있다. 반대로 사용자가 향후 7일 이내에 이탈할 것으로 예상되는 경우 해당 사용자를 포기할 수 있다. 이러한 정책을 시행하면 구매 가능성이 있거나 구매하지 않을 가능성이 있는 사용자만 타깃팅하도록 예산 할당을 조정할 수 있다. 이렇게 하면

ROI를 높이고 판매 수익을 높일 수 있다. 이는 일반적인 설명이지만 비즈니스 사례에 따라 실제 수치를 추정해야 한다. 이러한 가치 평가는 사용 사례의 가치를 보여주는 중요한 첫 단계다.

가치 평가

먼저 예측 전환을 사용하려는 구글 애즈 캠페인의 가상 매출을 살펴본다. 현재 순위는 예제 7-1에 나와 있다.

예제 7-1. 이 사용 사례에 대한 구글 애즈의 회계 수치

```
구글 애즈 월 예산: 10,000달러
클릭당 비용: 0.50달러
월 클릭수 20,000
전환율: 10%
평균 주문 금액: 500달러
주문 수: 2000건

월 수익: 주문 2000건 * 500달러 = 1,000,000달러
월 ROI: 1,000,000달러 / 10,000달러 = 100
```

전환율이 90% 이상인 사용자에게 광고를 하지 않아도 동일한 전환을 달성할 수 있다고 제안한다. 광고가 구매를 결정한 사용자의 행동을 바꾸지 않는다고 가정한다. 이는 프로젝트의 결과를 살펴볼 때 확인해야 할 가정이다.

전환율이 90% 미만인 나머지 사용자들에게 10,000달러의 예산을 집중하고 싶다. 이러한 사용자에 대해 더 높은 입찰가를 제시할 수 있다면 클릭수가 10% 증가할 것으로 예상한다.

전환율과 평균 주문 금액이 동일하다고 가정하면 예제 7-2와 같이 동일한 구글 애즈 비용으로 월 90,000달러의 수익이 증가해 월별 ROI가 109가 된다.

예제 7-2. 사용 사례가 활성화된 경우 회계 수치

```
구글 애즈 월 예산: 10,000달러
클릭당 비용: 0.50달러
월 클릭수 20,000
전환율: 10%
평균 주문 금액: 500달러
주문 수: 200(어차피 구매하는 상위 10%) + (1800 * 10% 상승) = 2180건

월 수익: 주문 2180건 * 500달러 = 1,090,000달러
월 ROI: 1,090,000달러 / 10,000달러 = 109

예상 상승: 월 $90,000
```

이렇게 하면 달성하고자 하는 상승비용의 가치를 알 수 있으며, 이제 이를 수행하는 데 드는 비용에서 이를 차감해 그 가치가 있는지 확인해야 한다.

리소스 추정

GA4 내에서 기본 통합을 사용하므로 필요한 총 리소스는 최소화된다. GA4를 구성하고 잠재 고객을 구글 애즈로 내보내려면 구성 시간이 필요하지만 타사 서비스가 필요하지 않으며 GCP 운영비용도 없다. 이는 사용 사례에 잘 맞는 경우 기본 GA4 통합을 실행하는 데 큰 이점이 된다.

전자상거래 추적을 위해 GA4를 구성해야 하며 동의하지 않은 사용자를 타깃팅하지 않도록 동의 선택 사항을 수집해야 한다. 이 작업은 GA4의 초기 분석 구현을 통해 이미 수행됐다고 가정한다. 예측 잠재 고객을 만들고 구글 애즈로 내보내는 작업은 유사한 프로젝트 작업에 익숙한 기존 디지털 분석가라면 충분히 수행할 수 있는 범위여야 한다.

데이터 아키텍처

여기서는 GA4와 구글 애즈만 필요하므로 데이터 흐름은 기본이다(그림 7-1 참고). 다이어그램은 간단하지만 더 많은 데이터 소스가 관련되면 금방 더 복잡해질 것이다.

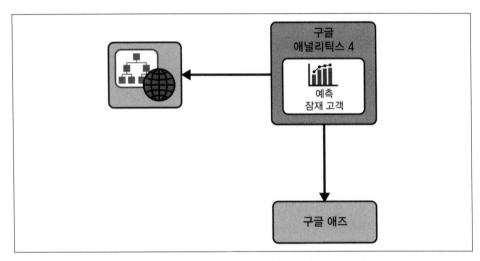

그림 7-1. 예측 잠재 고객 사용 사례의 데이터 아키텍처: 웹 사이트 데이터는 GA4로 전송되며, GA4는 예측 잠재 고객(Predictive Audiences)을 생성한 다음 구글 애즈로 내보낸다.

GA4 내의 기본 통합을 활용하는 사용 사례는 분석 구현에 있어 가장 쉽게 얻을 수 있는 결과일 것이다. 가능하면 이 모든 기능을 활성화하는 것이 좋다. 이렇게 하면 나중에 고급 사용 사례로 확장할 수 있는 좋은 상태가 된다. 이 기본 수준에는 구글 애즈, 구글 옵티마이즈, 서치 애즈 360과 같은 모든 구글 마케팅 스위트 서비스에 대한 잠재 고객 매칭이 포함된다.

이 사용 사례를 다루려면 먼저 GA4 스트림이 데이터 수집 요구 사항을 충족했는지 확인한다.

데이터 수집: GA4 구성

이 절에서는 3장에 설명한 고려 사항과 함께 성공적인 사용 사례를 위해 어떤 데이터를 활성화해야 하는지 살펴본다. 이 간단한 사례의 경우 GA4 구성에 대해서만 걱정하면 된다. 다음 단락에서 예측 잠재 고객^{Predictive Audiences}과 관련된 몇 가지 추가 요구 사항을 다룬다.

예측 잠재 고객을 사용하려면 GA4 데이터 스트림에서 작업할 예측 측정 항목이 필요하다. 구글 도움말 파일(https://oreil.ly/JCBRA)에는 이를 활성화하는 방법이 설명돼 있다.

가장 중요한 요구 사항은 다음과 같다.

- 모델을 트리거하려면 충분한 구매자가 필요하다. 이를 위해서는 최소 1,000회의 전환과 지난 7일 동안 전환하지 않은 최소 1,000명의 방문자가 필요하며, 이러한 사용자는 재방문자여야 한다.

- 구매 이벤트 또는 모바일 앱의 **in_app_purchase**를 포함해 전자상거래 추천 이벤트(이전의 '추천 이벤트' 절 참고)를 전송해야 한다.

- GA4 내에서 데이터 공유 벤치마크 설정을 활성화해야 모델이 다른 속성의 공유 집계 및 익명 데이터의 이점을 얻을 수 있다(반대로, 익명 데이터의 이점도 얻을 수 있음).

- GA4 속성 내에서 가능한 한 많은 GA 권장 이벤트를 사용해야 한다. 정확도를 개선하려고 모델에 포함될 수 있기 때문이다.

- GA4 계정에 구글 애즈를 연결해야 한다. 이는 구글 애즈 팀에서 사용할 잠재 고객을 내보내고 맞춤 광고를 활성화하는 데 필요하다.

- GA4와 구글 애즈 간에 사용자 데이터를 연결하려면 GA4 설정에서 구글 신호 데이터(이전의 '구글 신호 데이터' 절 참고)를 활성화해야 한다.

타깃팅 데이터로 작업하고 있으므로 사용자 개인정보 보호도 고려해야 한다. 또한 사용자의 데이터를 리마케팅 캠페인에 사용할 수 있다는 동의, 즉 통계적 사용에 대한 추가 동의를 얻어야 할 수도 있다. 이 경우 잠재 고객을 구축하려면 예측 측정 항목과 데이터를 구글 애즈로 내보내는 데 동의한 사용자를 구별하는 방법이 필요하다.

사용자의 현재 동의 선택을 추적하는 **user_property**를 설정해서 이를 수행할 수 있다. 이를 설정하는 방법에 대한 지침은 이전의 '사용자 속성' 절을 참고한다.

완료되면 user_consent 및 event_consent 차원을 사용해 대상을 검증할 수 있다.

데이터 수집 요구 사항을 확인하거나 활성화해야 할 수도 있지만 표준 전자상거래를 구현하고 있고 거래량이 충분하다면 이미 적용을 받고 있을 수도 있다. 그렇다면 다행이다. 다음 데이터 역할인 데이터 스토리지로 넘어간다. 그렇지 않은 경우에는 데이터 수집을 활성화하고자 구성 프로젝트의 범위를 정해야 한다. 이 작업의 부작용은 다른 많은 사용 사례에 사용할 수 있게 GA4 데이터 수집을 성숙시키는 것이므로 사용 사례 중심 접근 방식이 매번 하나의 비즈니스 사례에만 도움이 된다는 것을 의미하지는 않는다는 것을 보여준다. 점점 더 많은 사용 사례를 진행하다 보면 요구 사항이 이미 충족되는 경우가 점점 더 많아지고, 이를 신속하게 확인하고 다른 데이터 역할로 이동할 수 있다.

데이터 스토리지와 개인정보 보호 설계

이제 4장에서 설명한 고려 사항을 살펴본다.

이 사용 사례의 데이터 스토리지는 GA4 내에 있거나 구글 마케팅 스위트를 통해 내보낼 수 있다. 이는 기본 통합을 사용할 때의 또 다른 큰 장점이다. 다른 애플리케이션에 이벤트가 필요한 경우 빅쿼리 GA4 내보내기 및 데이터 API에서도 사용할 수 있다. 그러나 GA4 기본값만 사용하는 경우에도 사용자 개인정보 보호를 고려해야 할 수 있다.

자체 시스템 내에 데이터를 저장하지는 않더라도 구글 애널리틱스로 전송하는 사용자 데이터에 유의하는 것이 중요하다. 필요한 데이터는 재방문 사용자이므로 쿠키가 중요한 요소가 되기 때문에 일부 지역에서는 최소한 쿠키 동의가 필요하다. 전송되는 데이터는 cookieId에 연결된 가명 특성을 가진다. 최근 유럽의 판결에 따르면 유럽 시민의 경우 IP 주소나 기타 식별 가능한 데이터를 미국으로 전송하지 않게 해야 할 수도 있으며, 미국 법률에 따라 동의를 받는 등 다른 개인정보 보호 요건이 요구될 수도 있다. 데이터 프라이버시는 지속적으로 진화하는 문제이므로 향후 법적 위험을 피하려면 사용 사례 설계 시 이를 고려해야 한다.

애플리케이션에 타깃팅이 포함돼 있으므로 데이터를 처리하려면 마케팅 동의가 필요할 수 있다. 잠재 고객이 이 동의를 했는지 확인하려면 사용자 이벤트에서 이 동의를 수집해 잠재 고객에 포함시켜야 한다.

모델을 개선하고자 벤치마킹을 사용 설정하는 경우 익명 데이터가 공유되지만 EU에서 미국으로의 지역 간 데이터에 대한 법적 권한이 적용되는지 여부도 고려해야 할 수 있다.

사용자 개인정보 보호 설계에 익숙해졌다면 이제 데이터 모델링 단계로 사용자 데이터를 전송할 수 있다.

데이터 모델링: 잠재 고객을 구글 애즈로 내보내기

이제 5장에서 설명한 데이터 프로세스를 살펴본다.

이 예제의 데이터 모델링은 모두 GA4의 예측 측정값 기능에 의해 처리되며, 사용자가 예측에 영향을 미칠 수 있는 방법이 거의 없다는 점에서 대개 불투명하다. 편의성에서 얻는 것은 구성에서 잃는 것이다.

다른 데이터 소스를 사용하거나 다른 플랫폼으로 출력하는 것과 같이 더 많은 사용자 정의 요구 사항이 있는 경우 이 역할을 교체해야 한다. 일반적으로 데이터 모델링은 기본값 이상으로 개선하기 위한 시작점이다.

GA4 디버그 계정 보유

예측 측정은 구글 애즈로 보내기 전에는 아무것도 변경하지 않으므로 기본 GA4 속성에서 어떻게 표시되는지 테스트할 수 있다. 다른 사용 사례의 경우 먼저 데이터를 디버그 GA4 속성으로 보내야 할 수 있으며, 테스트 및 품질 보증을 위해 이 용도로 사용할 수 있는 계정을 준비하는 것이 좋다.

이 사용 사례에서는 사용 가능한 구성이 적은 GA4의 기존 예측 잠재 고객 기능을 사용한다.

예측 잠재 고객에 대한 권한이 있으면 잠재 고객 메뉴에 나타나기 시작한다. 대상을 선택하면 사용자 동의 상태와 같은 추가 기준을 추가할 수 있는 구성 화면으로 이동한다(그림 7-2 참고). 여기서는 '예상 7일 이내 구매' 잠재 고객을 사용하는 기반에서 시작한다.

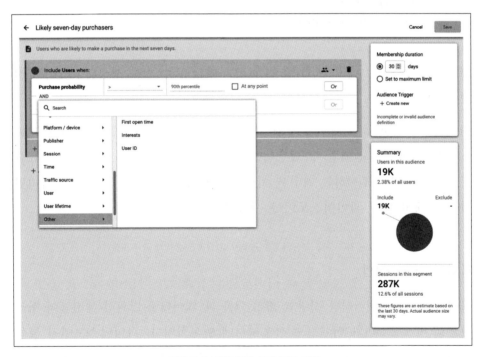

그림 7-2. 예측 잠재 고객 맞춤 설정

예측을 구성하고자 클릭하면 사용 사례 설계에서 가져올 수 있는 임곗값을 설정할 수 있다. 임곗값이 서로 다른 몇 개의 잠재 고객을 만들어 80% 이상과 95% 이상 중 어떤 것이 가장 좋은 결과를 가져오는지 실험해볼 수 있다. 지난 28일 동안 게시됐다면 얼마나 많은 사용자에게 영향을 미쳤을지 추정할 수 있으며, 이는 효과를 판단하는 데 도움이 될 수 있다. 그림 7-3의 예는 약 32,000명의 구매자가 광고를 표시하지 않으려는 그룹에 속한다는 것을 보여준다.

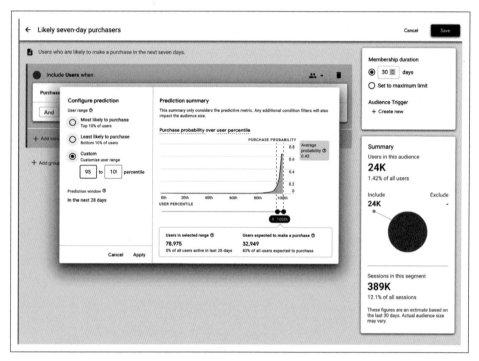

그림 7-3. 향후 7일 이내에 구매할 가능성이 있는 잠재 고객 구성

사용자가 세그먼트에 진입할 때 이벤트를 생성해 다른 시스템에서 반응할 수 있게 할 수도 있다. 예를 들어 빅쿼리에서는 향후 7일 이내에 구매할 가능성이 있는 모든 사용자를 세그먼트화해서 해당 목록을 내보내고 CRM 시스템에 연결한 후 로열티 프로그램과 같은 이메일을 보낼 수 있다.

이제 24시간 이내에 연결된 모든 구글 애즈 계정으로 내보낼 잠재 고객을 생성하고 활성화할 준비를 마쳤다.

데이터 활성화: 성능 테스트

이제 6장에서 다룬 프로젝트의 최종 데이터 활성화 단계로 넘어간다. 이 단계에서는 프로젝트 범위 설정에 참여해 실행에 가장 도움이 될 잠재 고객을 정의하는 데 도움을 준 구글 애즈 팀에 프로젝트를 넘길 수 있다.

예측 잠재 고객을 구글 애즈로 내보내면 모든 구글 애즈 전문가가 이를 사용해 관련 캠페인을 만들고 해당 잠재 고객(또는 현재 구글 애즈에서 참조할 수 있는 데이터 세그먼트)을 사용할 수 있다.

파일럿 단계에서는 캠페인을 A/B 테스트해 상대적인 상승이 있는지 측정하는 것이 좋다. 고객이 유효하지 않을 수 있는 광고에 노출됐을 때의 고객 행동에 대한 몇 가지 가정이 사용 사례에 나와 있다.

효과가 없다고 해서 완전히 실패한 것은 아니다. 예를 들어 상위 10%의 전환자가 최종 구매로 이어지고자 광고에 의존한다는 사실을 입증할 수 있는 등 이 자료는 고객이 웹 사이트와 어떻게 상호작용하는지에 대한 귀중한 정보다.

비즈니스 지표에 미치는 영향(이 경우 ROI)을 보고해 예상한 목표에 도달했는지 확인해보자. 그렇지 않다면 설정한 목표의 어떤 가정이 유효하지 않았는지 살펴본다.

예제 7-3에서 프로젝트 이전의 기대치와 비교해보자. 상위 10%가 여전히 구매할 것이라는 가정이 완전히 정확하지는 않다는 것을 알았다. 10% 감소가 있었고 예측 지표를 사용해 예상했던 10%가 아닌 '90% 이하' 세그먼트에서 예산을 타깃팅해 5% 상승에 그쳤다. 이로 인해 실제 증가액은 한 달에 90,000달러에서 35,000달러로 떨어졌다.

예제 7-3. 사용 사례가 활성화된 경우 회계 수치(실제)

```
구글 애즈 월 예산: 10,000달러
클릭당 비용: 0.50달러
월 클릭수 20,000
전환율: 10%
평균 주문 금액: 500달러
주문 수 180(어차피 구매하는 상위 9%) + (1800 * 5% 상승) = 2070건

월 수익: 2070건 * 500달러 = 1,035,000달러
월 ROI: 1,035,000달러 / 10.000달러 = 103.5

실제 상승: 월 35,000달러
```

예상되는 90,000달러가 아닌 한 달에 35,000달러의 추가 수입을 창출하는 것은 재앙으로 간주될 수 있지만 현재의 접근 방식에 실제 숫자가 있다는 사실은 동일한 작업을 수행하지 않았거나 더 나쁜 경우 동일한 작업을 수행하지만 정확하게 측정하지 않는 경쟁업체에 비해 뚜렷한 이점을 제공한다. 이제 향후 사용 사례에 대해 더 나은 예측을 내리고 향후 어떤 사용 사례를 추구할 가치가 있는지 파악할 수 있는 경험을 갖게 됐다. 또한 활동에서 예상치 못한 부작용을 발견할 수도 있다. 웹 개발자가 충성도 높은 사용자를 대상으로 웹 사이트 카피를 A/B 테스트하는 데 예측 잠재 고객 세그먼트가 유용하게 사용될 수 있다.

조사를 통해 얻은 한 가지 결론은 예측 제외에 대한 백분율 범위를 변경해야 한다는 것일 수 있다. 예를 들어 50%에서 99%가 더 나은 범위일 수 있다. 또한 현재 GA4에서 가져오는 데이터만으로는 정확한 예측을 하기에는 충분하지 않다는 결론을 내릴 수 있으며, 모델에 추가 데이터를 가져오기 위한 비즈니스 사례를 구축해야 할 수도 있다. 여기서 중요한 점은 미래를 위해 구축할 수 있는 무언가를 배웠으며, 이는 동일한 실험을 실행하지 않은 다른 비즈니스에 비해 경쟁 우위를 나타낸다는 것이다.

요약

예측 잠재 고객 및 측정 항목은 특정 기준에 도달하고 GA4에 있는 데이터를 사용하는 경우에만 사용할 수 있다. 자사 데이터와 같은 더 많은 데이터 요소를 포함해 모델링을 개선할 수 있다. 다음 사용 사례 장인 8장에서 이를 다룬다.

프로세스의 모델링 부분을 더 많이 제어하고 싶을 수도 있다. 이 경우 데이터 내보내기 및 자체 모델 생성(빅쿼리 ML 또는 기타)을 고려해야 하지만 자체 모델링을 생성할 때 이 사용 사례에서 동일한 데이터 수집 및 활성화를 사용할 수 있다. 이를 위해 후속 사용 사례 범위에는 데이터를 모델링하고 저장하는 방법이 포함돼야 하지만 처음부터 시작하는 경우보다 훨씬 더 많은 정보가 있어야 한다.

예를 들어 모델에 EU 지역에 있어야 하는 자사 데이터를 더 많이 사용하려는 경우 개인정보 보호 측면에서 자체 모델을 사용하는 것이 더 나을 수 있다. 구글 클라우드에서는 데이터가 처리되는 위치를 지정할 수 있지만 GA4에서는 지정할 수 없으므로 모델 데이터를 로컬에서 처리하는 것이 더 나을 수 있다.

또 다른 대안은 데이터 활성화 방법을 변경하는 것이다. 대신 잠재 고객을 구글 옵티마이즈로 내보내고 구매가 예상되는 사용자와 구매하지 않을 것으로 예상되는 사용자의 웹 사이트 콘텐츠를 변경할 수 있다. 이 경우 동일한 데이터 수집, 저장, 모델링 프로세스를 모두 유지하고 잠재 고객을 다른 타사 서비스에 복제해 웹 사이트 안팎에서 해당 사용자에게 일관된 메시지를 제공할 수 있다.

이러한 방식으로 사용 사례를 통해 시간이 지남에 따라 사용 사례에 대한 디지털 성숙도를 추적할 수 있다. 프로젝트에서 얻을 수 있는 가장 좋은 교훈은 다음 프로젝트를 위해 어떤 격차를 극복할 수 있는지 발견하는 것이다. 이렇게 하면 표준 구현을 뛰어넘어 경쟁 우위를 확보할 수 있다.

이제 일반적인 워크플로를 정립했으니 8장에서는 이를 기반으로 더 많은 데이터 소스를 사용하는 더 복잡한 예제를 살펴본다.

## 8장

사용 사례: 잠재 고객 세분화

이 사용 사례는 7장에서 소개한 예측 잠재 고객 GA4 기능과 동일한 형식을 따르지만 더 복잡한 예로 확장된다.

이 시나리오에서 출판사가 예측 잠재 고객을 사용해 큰 성공을 거뒀고 그 결과 수익이 증가했으며, 이제 더 지능적인 타깃팅이 비즈니스에 도움이 될지 알아보고자 예산 제안서를 작성해 달라는 요청을 받았다고 가정해본다. 이를 위해 가입 시 제공된 고객의 직업과 함께 대규모 구매 이력이 있는 내부 CRM 데이터베이스에 액세스할 수 있다. 이 추가 데이터를 사용해 고객에게 표시되는 도서 광고의 관련성을 개선할 수 있는지 알아보고자 한다. 예를 들어 고객이 의사라면 의학 서적에 대한 광고를 더 좋아하고 더 자주 전환할 것으로 예상된다. 여러 직종에 대해 이러한 개인화를 반복하면 전반적으로 전환이 증가해 출판사의 수익이 증가할 것으로 예상된다.

이 사용 사례에서는 CRM 데이터를 사용해 사용자 세분화를 생성한 후 스트리밍되는 GA4 이벤트 데이터에 이를 사용할 수 있게 한다. 데이터를 GCP에 저장하고, 빅쿼리를 사용해 데이터를 조인하고, 파이어스토어와 GTM SS를 사용해 관련성이 있는 경우 데이터를 GA4 이벤트와 병합한 다음, 구글 마케팅 스위트 내에서 사용할 수 있도록 GA4 잠재 고객을 생성해 활성화할 것이다. 하지만 항상 그렇듯이 먼저 프로젝트를 정당화하기 위해 비즈니스 사례부터 시작한다.

비즈니스 사례 생성

전반적인 목표는 고객을 세분화해 고객에게 더 나은 경험을 제공하는 것이다. 데이터 활성화 채널이 될 구글 애즈 비용의 효율성을 높이고자 한다. 향후 계획은 구글 옵티마이즈와 같은 다른 채널에도 동일한 세그먼트를 사용하는 것이다. 우리의 비즈니스 사례는 고객에게 더욱 긴밀하게 메시지를 맞춤화함으로써 비용을 절감하고 전환율을 높여 더 높은 매출을 달성하는 것이다.

가치 평가

가치를 평가하는 것은 7장의 '가치 평가' 절에서 수행한 것과 유사하며, 예제 8-1에 표시된 수익 및 비용으로 해당 장을 마무리했음을 상기해본다.

예제 8-1. 예측 대상 사용 사례가 활성화된 경우 회계 수치(실제)

```
구글 애즈 월 예산: 10,000달러
클릭당 비용: 0.50달러
월 클릭수 20,000
전환율: 10%
평균 주문 금액: 500달러

주문 수 180(어차피 구매하는 상위 9%) + (1800 * 5% 상승) = 2070건
월 수익: 2070건 * 500달러 = 1,035,000달러
월 ROI: 1,035,000달러 / 10.000달러 = 103.5

실제 상승 효과: 월 35,000달러
```

그러나 이번에는 고객 평생 가치 및 직업과 같은 각 고객과 관련된 추가 차원을 살펴본다. 그런 다음 해당 데이터를 사용해 더 많은 세그먼트를 만들고 7장에서 만든 예측 잠재 고객을 하위 집합으로 만든다. 그 후 잠재 고객을 생성해 의사, 교사, 건축업자, 작가 등을 생성할 수 있으며, 해당 고객을 대상으로 하는 좀 더 세분화된 광고에 사용할 수 있다.

362

7장에서의 예측 잠재 고객에 대한 경험을 감안할 때 잠재적인 결과에 대해 더 잘 알아야 한다. 전에는 10% 향상을 예상했지만 실제로는 4%만 얻었다. 예제 8-2에서 볼 수 있듯이 예측 잠재 고객을 시도했을 때의 향상 추정치가 덜 야심 차다고 가정해본다. 이는 한 달에 51,500달러의 예상 증분 수익 증가로 해석된다.

예제 8-2. 세분화 사용 사례에 대한 예상 회계 수치

```
구글 애즈 월 예산: 10,000달러
클릭당 비용: 0.50달러
월 클릭수 20,000
전환율: 10%
평균 주문 금액: 500달러
주문 수: 2070건 * 세분화로 인한 5% 상승 = 2173건

월 매출: 2173건 * 500달러 = 1,086,500달러
월 ROI: 1,035,000달러 / 10.000달러 = 108.65

예상 상승: (예상: 1,086,500달러 - 현재: 1,035,000달러) = 월 51,500달러
```

이를 통해 이제 프로젝트의 증분 가치를 추정할 수 있다. 우리는 이러한 향상을 만드는 데 리소스를 사용할 것이다. 그만한 가치가 있을까? 추정치에 도달하면 예측 잠재 고객 외에 월 51,500달러의 추가 수익이 발생해야 하지만 클라우드 비용(https://oreil.ly/YinMM)이 더 많이 들게 된다. 실제 비용은 모델 학습 빈도, 사용하는 서비스, 보유한 데이터 양, 사람들이 수행해야 하는 지속적인 관리 작업에 따라 달라진다.

구현 비용도 발생한다. 그 효과를 판단하는 방법으로 투자를 회수하고자 비용 대비 시간의 선행 투자를 보는 것이 일반적이다. 예를 들어 구현 비용이 200,000달러인 경우 월 51,500달러의 추가 비용은 이를 회수하는 데 4개월밖에 걸리지 않는다는 것을 의미하며, 이는 일반적으로 수용 가능하다. 그러나 자체 솔루션을 구현할 때 항상 약간의 기술 부채를 부담하게 되므로 이를 유지 관리

하는 데 매월, 일 또는 시간 단위로 운영비용 자체를 고려해야 한다. 요약하면 이 모든 것은 솔루션이 3개월/6개월/1년 내에 가치 있는 증분 혜택을 회수해야 하는 엄격한 비용 제한으로 결합될 수 있다. 예를 들어 1년 이내에 이익을 기대한다면 51,500달러 × 12개월 = 618,000달러 이상의 비용이 들지 않아야 한다.

그것이 가치가 없더라도 이는 귀중한 정보다. 그리고 나서 프로젝트 가치를 높이는 데 필요한 비율 향상(예, 20%) 또는 향후 사용 사례를 적절하게 평가하기 위한 구현 비용 제한을 계산할 수 있다. 지출할 수 있는 대략적인 수치를 염두에 두고 어떤 클라우드 리소스를 사용할 것인지 살펴본다.

리소스 추정

어떤 리소스가 필요한지 알려면 관련된 기술의 다양한 측면에 대한 경험이 필요하며, 이것이 이 책의 목표 중 하나다. 그럼에도 기능과 비용을 비교하는 것은 결코 쉬운 일이 아니다. 먼저 자신이 만든 범위 내에서 간단하게 작동하는 것을 설계하고 너무 빨리 과도하게 최적화하지 않는 것이 좋다. 또한 가능한 한 이동해야 하는 부분을 적게 사용하게 한다. 즉, 기술의 수를 적게 유지하는 것이다. 실행 중인 솔루션이 있으면 비용과 기능을 최적화하는 방법을 살펴볼 수 있다. 이 책의 앞부분에 설명된 리소스를 사용해 제안된 솔루션으로 바로 시작해본다.

GA4

웹 활동을 빅쿼리 CRM 가져오기에 연결하기 위한 `userId`를 제공하도록 GA4를 구성해야 한다. 일반적으로 (동의후) 두 데이터 소스를 연결할 수 있는 로그인 화면이나 양식을 통해 이 작업을 수행한다. 이 예에서는 사용자가 로그인할 때 CRM 및 GA4가 웹 사이트 콘텐츠 관리 시스템CMS, Content Management System에서 생성된 공통 `userId`를 캡처한다고 가정한다. 예제 데이터에는 'CRM12345' 형식이 있다. 또한 로그인이 필수인 경우 구매를 위해 로그인하는 사용자의 비율이 높다고 가정한다.

CRM에 연결할 GA4 userId

로그인 영역을 통한 사용자 ID를 웹 사이트에서 사용할 수 없는 경우 이러한 데이터 세트를 육성하려면 완전히 새로운 웹 사이트 전략이 필요할 수 있다. 현대에는 쿠키 제한과 사용자 개인정보 보호가 중요하므로 신뢰할 수 있는 사용자 프로필 데이터의 가치는 항상 증가하고 있다. 사용자로부터 해당 데이터를 얻으려면 사용자가 자신의 데이터를 제공하게 장려하는 인센티브와 함께 신뢰할 수 있는 브랜드를 구축해야 한다.

빅쿼리

빅쿼리(이전의 '빅쿼리' 절 참고)를 GA4 속성에 연결해야 한다. 여기에는 GA4 빅쿼리 내보내기와 다른 시스템에서 가져온 추가 CRM 데이터베이스가 포함된다. 이 사용 사례의 주요 요구 사항 중 하나는 CRM의 사용자 데이터를 GA4의 웹 분석 데이터와 연결하는 방법이다. 이 작업을 수행할 때 고려해야 할 사항은 이전의 '데이터 세트 연결' 절을 참고한다. 빅쿼리 내에서 사용 사례를 확장해 빅쿼리 ML을 사용해서 예측 평생 가치 또는 이탈 가능성과 같은 일부 머신러닝 측정 항목을 데이터에 추가할 수 있다.

CRM을 빅쿼리로 가져오기

내보내기를 만들고 빅쿼리로 가져오기를 스케줄링하려면 내부 CRM 시스템에 익숙한 사람이 필요하다. 역할을 쉽게 하고자 GCS(이전의 'GCS' 절 참고)로 내보내기만 담당하게 할 수 있다. 반면 클라우드 엔지니어 역할은 해당 데이터를 빅쿼리로 가져오는 역할을 맡게 할 수 있다. 내보내기가 적합한지 확인하려면 이러한 역할 간에 원활한 통신이 필요하다.

클라우드 컴포저

조인된 GA4 데이터 및 CRM 데이터의 빅쿼리 테이블을 생성하기 위한 SQL 이 있으면 클라우드 컴포저(이전의 '클라우드 컴포저' 절 참고)를 사용해 일일 업데이트를 예약한다. 이는 빅쿼리 내에서 예약된 쿼리로 교체될 수 있지만 다음 단계에서 클라우드 컴포저를 사용해 데이터를 파이어스토어로 보낼 것이므로 둘 다 동일한 시스템 내에서 유지하는 것이 더 편리하다.

파이어스토어

사용자가 웹 사이트를 탐색할 때 실시간으로 빅쿼리를 사용하고자 빅쿼리 데이터를 파이어스토어로 이동시켜 즉시 사용할 수 있게 한다. 데이터 변경 빈도에 따라 매일, 매주 또는 매시간 실행되게 설정할 수 있다. 이 예에서는 매일이 좋을 것이다.

GTM SS

파이어스토어 커넥터를 사용하면 사용자가 웹 사이트를 탐색할 때 GTM SS 를 사용해 모델 데이터로 GA4 데이터 스트림을 보강할 수 있다. 이렇게 하면 현재 파이어스토어 내에 있는 CRM 데이터가 추가되고, 7장에서 수행한 것처럼 GA4 잠재 고객을 통해 내보낼 준비가 된 GA4 UI로 전송된다.

전반적으로 클라우드 운영비용은 다음과 같이 추정된다.

- **빅쿼리 일일 쿼리:** 월 100달러(데이터양에 따라 다름)

- **파이어스토어 읽기/쓰기 업데이트:** 월 100달러(호출 및 업데이트 횟수에 따라 다름)

- **GTM SS:** 월 120달러(표준 앱 엔진 설정 가정)

- **클라우드 컴포저:** 월 350달러(다른 프로젝트에 재사용 가능)

전체적으로 이 예에서 데이터 볼륨의 경우 한 달에 약 670달러가 된다. 이는 비즈니스에 따라 다르지만 한 달에 500달러에서 1,000달러의 예산을 책정해야 한다. 예제 8-2에서 계산한 51,500달러의 예상 증가액을 다시 참조하면 설정 비용과 솔루션 관리를 위한 직원 역할을 추가하더라도 프로젝트에 대해 전반적으로 긍정적인 수익 영향을 미칠 것이라는 점에 만족한다.

시스템 간에 얼마나 정확한 데이터양이 전달되는지 알 수 없으므로 이 단계에 서는 가능한 한 상향 조정하려고 노력한다. 이러한 클라우드 비용이 엄청나게 높은 경우는 드물며, 결과를 측정한 후에는 클라우드 서비스를 다시 꺼야 할 수도 있다. 이러한 상황에 대비해야 하며, 이러한 수치는 이러한 결정을 내리는 데 도움이 될 것이다. 여기서 주의할 점은 데이터를 GCP 외부(예, AWS)로 이동해야 하는 경우 이러한 비용이 상당히 커질 수 있다는 점이다. 또한 클라우드 로깅 비용이 월 수백 달러에 달할 수 있으므로 솔루션 개발 단계 이후에는 이 기능을 해제하는 것이 좋다.

이제 프로젝트의 비용과 가치에 대한 대략적인 아이디어를 얻었으므로 내가 가장 좋아하는 부분인 모든 조각을 모으는 단계로 넘어가보자.

데이터 아키텍처

이 절에서는 서로 다른 GCP 서비스가 서로 어떻게 상호작용하는지를 다루며, 정확히 무엇을 해야 하는지 명확히 하고 다른 이해관계자에게 작업 내용을 보고하는 데 도움이 된다. 이러한 데이터 아키텍처 다이어그램은 서비스에 대한 문서화를 위한 첫 번째 호출 지점 역할을 하며, 향후 시스템 유지 관리를 다른 사람에게 넘길 계획이라면 필수적이다. 그림 8-1의 데이터 아키텍처 다이어그램은 8장을 작성하면서 내가 쓰고자 하는 사용 사례와 기술을 고려하면서 시스템을 세 번 또는 네 번 반복한 것이다. 여러분도 자신의 비즈니스에 적용할 수 있는 솔루션을 브레인스토밍할 때 같은 경험을 하게 될 것이다.

데이터 아키텍처가 마련됐으므로 이제 우리가 할 일은 기본적으로 구성을 생성하고 다이어그램 내의 노드와 에지를 활성화하게 설정하는 것이다. 가장 우선순위는 GA4와 CRM 시스템을 통해 데이터가 유입되는 방식이다.

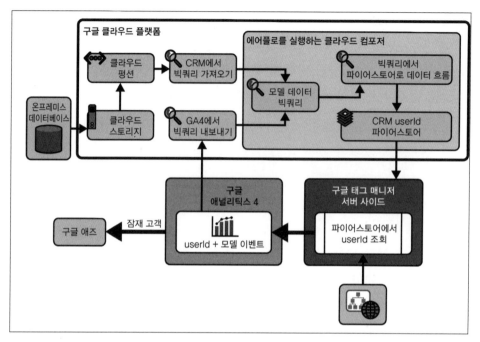

그림 8-1. 사용자 세분화 사용 사례를 위한 데이터 아키텍처

데이터 수집

이제 두 시스템 간에 조인을 수행할 것이므로 GA4 데이터와 CRM 데이터가 빅쿼리에서 최종적으로 어떻게 될지 구성해본다. 이제 GA4 인터페이스를 사용하지 않으므로 첫 번째 단계 중 하나는 GA4의 데이터 수집을 구성하고 올바른 데이터가 GA4의 빅쿼리 내보내기에 표시되게 하는 것이다.

GA4 데이터 캡처 구성

이 사용 사례에서는 개별 사용자 여정에 대해 작업할 것이므로 CRM 데이터와 웹 사이트 사용자의 활동을 연결할 수 있는 방법이 필요하다. 즉, userId를 통해

368

연결해야 하며, GA4 빅쿼리 내보내기가 제공하는 세분화된 수준의 데이터가 있어야 한다.

 현재 가명 데이터와 식별 가능한 사용자 데이터로 작업하고 있으므로 개인정보 보호 규정을 준수해야 한다. 시스템 간의 연결을 허용하고 개인의 ID와 데이터를 사용하려면 데이터를 사용해서 좀 더 관련성 높은 콘텐츠로 대상을 지정할 수 있도록 명시적인 사용자 동의를 받는 것이 좋다.

이 시나리오에서는 상당수의 사용자가 향상된 웹 사이트 기능을 위해 사용하는 사용자 로그인 영역이 있다고 가정한다. 이렇게 하면 GA4 데이터 세트 내에서 user_id 변수를 쉽게 사용할 수 있다. 또한 동의 상태와 같은 몇 가지 추가 user_properties가 있을 수 있으며, 이 사용 사례의 결과를 GA4로 다시 가져올 때 직업 속성을 통해 추가할 것이다. 3장의 '사용자 속성' 절에서 사용자 속성을 추가해 GA4로 작업하는 방법을 설명했다.

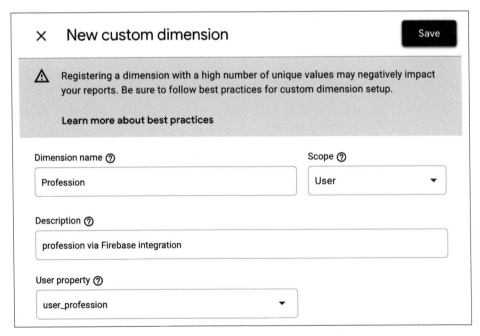

그림 8-2. GA4에서 사용자 직업을 유지하기 위한 맞춤 필드 구성

GA4 보고서에서 추가 사용자 직업을 확인하려면 그림 8-2에서 볼 수 있듯이 사용자 수준 범위에서 사용자 정의를 구성해야 하며, 이 정의는 GA4로 전환할 때 GTM 내에서 채워진다.

표준 user_id를 채우려면 예제 8-3에 표시된 것처럼 웹 사이트에서 gtag.js 또는 태그 매니저 데이터레이어^{Tag Manager dataLayer} 푸시를 통해 데이터를 전송해야 한다. 여기서는 사용자 ID 전송에 대한 구글 문서(https://oreil.ly/Lg249)의 코드 예제에서 가져온 GA4 추적을 구현하는 권장 방법인 후자를 보여준다.

예제 8-3. 사용자가 웹 양식을 통해 웹 사이트에 로그인할 때 일반적으로 채워지는 CRM ID를 사용해서 GA4로 데이터를 전송하는 데이터레이어 푸시

```
dataLayer.push({
    'user_id': 'USER_ID',
    'crm_id': 'USER_ID'
});
```

나중에 GTM SS를 통해 맞춤 user_profession 필드를 채울 것이다.

userId와 가져오려는 추가 데이터의 사용자 정의 필드를 제자리에 배치하면 향상된 데이터를 수집하기에 충분한 GA4 구성이 완료된다. 프로젝트 데이터 활성화 단계의 후반부에 다시 GA4 구성으로 돌아와 잠재 고객을 만들 것이다.

이제 빅쿼리로 데이터를 내보내는 부분을 살펴본다.

GA4 빅쿼리 내보내기

GA4 데이터 내보내기가 이미 설정돼 있어야 하지만 그렇지 않은 경우 이전의 '빅쿼리와 GA4 연결' 절을 참고해 설정한다.

이 사용 사례에서는 세분화를 위해 CRM 데이터와 연결할 수 있는 사용자 데이터를 추출한다. CRM 데이터를 내보내고 정기적으로 GCS에서 사용할 수 있다

고 가정하므로 이전의 'GCS를 통한 CRM 데이터베이스 가져오기' 절에서 설명한 대로 클라우드 펑션을 사용해 파일을 사용할 수 있게 되면 빅쿼리 내에서 해당 데이터를 로드할 수 있다. 업로드된 데이터는 예제 8-4에 따라 클라우드 펑션을 트리거하는 구성 파일이 있는 해당 예제와 유사하다. 이 가짜 CRM 데이터는 경우에 따라 구글 머천다이즈 스토어의 데모 GA4 데이터와 일치하도록 생성됐으므로 GA4의 빅쿼리 user_pseudo_id와 겹치는 cid를 포함한다.

예제 8-4. 3장에 명시된 빅쿼리 가져오기 클라우드 펑션에 클라우드 스토리지와 함께 사용하기 위한 YAML 구성 파일

```
project: learning-ga4
datasetid: crm_imports_us
schema:
  fake_crm_transactions:
    fields:
    - name: name
      type: STRING
    - name: job
      type: STRING
    - name: created
      type: STRING
    - name: transactions
      type: STRING
    - name: revenue
      type: STRING
    - name: permission
      type: STRING
    - name: crm_id
      type: STRING
    - name: cid
      type: STRING
```

그런 다음 실제 CRM 내보내기와 마찬가지로 CSV 파일을 생성하고 클라우드 펑션 트리거가 가져오도록 구성된 클라우드 스토리지 버킷 내에 파일을 배치했다. 그림 8-3과 같이 데이터를 가져와 빅쿼리 테이블 `learning-ga4:crm_imports_us.fake_crm_transactions` 내에서 사용할 수 있게 했다.

Row	name	job	created	transactions	revenue	permission	crm_id	cid
1	Jannette Walsh DVM	Sub	2010-11-23 00:14:58	73	9425.59	TRUE	CRM000040	54318914.1826922613
2	Esther Schmitt	Sub	2007-07-30 20:57:12	167	10036.49	TRUE	CRM000372	6473678.0978223839
3	Stevan Kertzmann	Sub	2010-10-14 17:06:29	65	9286.62	TRUE	CRM001727	45682856.7032608942
4	Mr. Hoy Rosenbaum	Sub	2009-08-17 14:17:20	71	7995.74	TRUE	CRM001920	27591007.2215776243
5	Lainey Schneider-Bailey	Sub	2018-04-23 13:28:43	103	2851.85	TRUE	CRM002273	3681170.7474480108
6	Dr. Jovany Hilll DDS	Sub	2007-04-24 08:18:01	414	5004.34	TRUE	CRM003647	59175216.1880512930
7	Adele Larkin-Murazik	Sub	2011-04-06 06:56:14	384	17003.58	TRUE	CRM004028	70205933.0713603324
8	Sal Blanda	Sub	2011-03-07 00:37:33	70	8854.83	TRUE	CRM004645	49495289.2240771945

그림 8-3. 구글 머천다이즈 스토어 쿠키 ID와 겹치게 생성된 빅쿼리 내의 가짜 CRM 데이터

이 데이터 세트의 **cid** 값이 해당 사용자가 로그인할 때 웹 사이트에서 온 것으로 가정한다. GA4 쿠키의 **cid** 값은 HTML 양식에서 읽혀지고 숨겨진 양식 항목으로 추가되며, 이는 CRM 시스템에서 읽힌다.

사용자가 쿠키를 지우거나 다른 브라우저를 사용하는 경우 사용자가 많은 **cid** 값과 연결될 가능성이 있다. 웹 데이터의 특성은 슬프게도 일반적으로 매우 지저분하다는 것이다. 이는 데이터 세트의 일부 오류를 나타내지만 문제의 정도는 사용자가 로그인하는 빈도와 개인정보 보호 제어 수준에 따라 다르다.

실제 사례에서 이 단계가 끝나면 빅쿼리 내에 두 개의 데이터 세트가 있어야한다. 동일한 데이터가 없더라도 이 사용 사례를 직접 살펴볼 수 있도록 GA4용 공개 빅쿼리 예제 데이터 세트를 사용해 이 책의 공개 데이터 세트를 만들었다.

- 사례에서 `analytics_123456`과 같은 이름의 GA4 데이터 내보내기 데이터 세트는 `bigquery-public-data.ga4_obfuscated_sample_ecommerce.events_*`에서 구글 머천다이즈 스토어의 공개 GA4 데이터 세트를 통해 시뮬레이션된다.

- 예를 들어 `crm_data`라는 데이터 세트에서 CRM 데이터 가져오기를 위해 샘플 데이터와 겹치는 쿠키 ID가 있는 예제 데이터 세트를 만들었다. 모든 이름과 직업은 무작위로 생성되며(R에서는 샬러탄^{charlatan}(https://oreil.ly/Ojih9) 패키지를 통해) `learning-ga4.crm_imports_us.fake_crm_transactions`를 통해 쿼리할 수 있다.

데이터를 사용할 준비가 됐다고 가정하고(또는 샘플 데이터 세트를 사용할 준비가 됐다고 가정하고) 다음 단계인 데이터를 저장하는 방법을 살펴본다.

데이터 스토리지: 데이터 세트의 변환

지금쯤이면 GA4의 원시 데이터와 CRM 데이터 세트를 빅쿼리로 가져와야 하지만 이 데이터는 아직 유용한 형태가 아닌 경우가 많다. 이전의 '빅쿼리' 절에서 설명한 대로 깔끔하고 집계된 형태의 데이터를 만드는 것이 유용하며, 이러한 데이터는 추후 파생되는 데이터 흐름에 대한 '진실의 출처' 역할을 할 것이다.

이 사용 사례에서는 파이어스토어로 내보내기에 적합한 데이터 세트를 생성하려고 한다. 이렇게 하면 `userId`에 대한 CRM 데이터와 GA4 데이터가 병합돼 각 `userId`가 테이블에 온라인 및 오프라인 필드 행을 모두 갖게 된다. 데이터 세트 내에서 필드를 포함하고 버릴 때 약간의 앞뒤 작업이 있을 수 있으므로 빅쿼리의 웹UI가 제공하는 빠르게 반복할 수 있는 작업 환경이 유용하다.

나는 보통 GA4 전자상거래 데이터만으로 집계된 테이블을 만드는 것부터 시작했다. 쿼리 예제 8-5는 이러한 테이블을 채우고자 매일 실행할 수 있는 예를 보여준다. 이 작은 예를 사용하면 나중에 조인 내에서 직접 호출되는지 여부는 중요하지 않지만 데이터가 많은 실제 사용 사례의 경우 이 쿼리가 중간 테이블을 채우게 해서 비용을 절감할 수 있다.

예제 8-5. 빅쿼리의 데모 GA4 데이터 세트에서 트랜잭션 데이터를 가져오는 SQL

```
SELECT
    event_date,
    user_pseudo_id AS cid,
    traffic_source.medium,
    ecommerce.transaction_id,
    SUM(ecommerce.total_item_quantity) AS quantity,
    SUM(ecommerce.purchase_revenue_in_usd) AS web_revenue
FROM
    `bigquery-public-data.ga4_obfuscated_sample_ecommerce.events_*`
WHERE
    _table_suffix BETWEEN '20201101' AND '20210131'
GROUP BY
    event_date,
    user_pseudo_id,
    medium,
    transaction_id
HAVING web_revenue > 0
```

쿼리는 공개 데이터를 사용하므로 자체 빅쿼리 콘솔에서 실행할 수 있어야 한다. 실행되면 그림 8-4와 유사한 결과가 표시된다.

조인할 준비가 된 두 개의 데이터 세트가 있으면 조인을 만들고 파이어스토어용으로 데이터를 내보낼 수 있다.

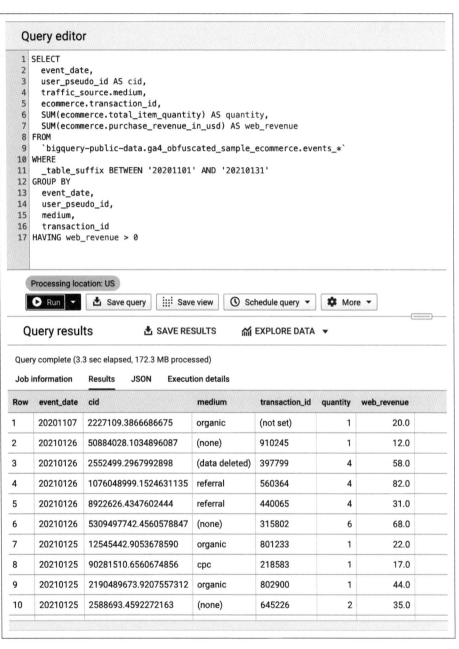

```
Query editor

1  SELECT
2    event_date,
3    user_pseudo_id AS cid,
4    traffic_source.medium,
5    ecommerce.transaction_id,
6    SUM(ecommerce.total_item_quantity) AS quantity,
7    SUM(ecommerce.purchase_revenue_in_usd) AS web_revenue
8  FROM
9    `bigquery-public-data.ga4_obfuscated_sample_ecommerce.events_*`
10 WHERE
11   _table_suffix BETWEEN '20201101' AND '20210131'
12 GROUP BY
13   event_date,
14   user_pseudo_id,
15   medium,
16   transaction_id
17 HAVING web_revenue > 0
```

Processing location: US

▶ Run ▼ 📤 Save query ⋮⋮⋮ Save view 🕐 Schedule query ▼ ⚙ More ▼

Query results   📤 SAVE RESULTS   📊 EXPLORE DATA ▼

Query complete (3.3 sec elapsed, 172.3 MB processed)

Job information   **Results**   JSON   Execution details

Row	event_date	cid	medium	transaction_id	quantity	web_revenue
1	20201107	2227109.3866686675	organic	(not set)	1	20.0
2	20210126	50884028.1034896087	(none)	910245	1	12.0
3	20210126	2552499.2967992898	(data deleted)	397799	4	58.0
4	20210126	1076048999.1524631135	referral	560364	4	82.0
5	20210126	8922626.4347602444	referral	440065	4	31.0
6	20210126	5309497742.4560578847	(none)	315802	6	68.0
7	20210125	12545442.9053678590	organic	801233	1	22.0
8	20210125	90281510.6560674856	cpc	218583	1	17.0
9	20210125	2190489673.9207557312	organic	802900	1	44.0
10	20210125	2588693.4592272163	(none)	645226	2	35.0

그림 8-4. 공개 GA4 데이터에 대한 트랜잭션 쿼리 결과

데이터 모델링

이제 5장에서 다룬 데이터 프로젝트의 세 번째 단계로 넘어간다. 이 사용 사례의 경우 모델링은 두 데이터 세트 간의 간단한 조인이 될 것이다. 이는 단순하지만 이러한 종류의 데이터 세트 연결이 종종 강력하다는 것을 입증하는 데 도움이 된다. 또한 빅쿼리 내에서 빅쿼리 ML을 사용해 데이터 위에 예상 평생 가치와 같은 머신러닝 측정 항목을 추가할 수 있으므로 다른 목표로 사용 사례를 쉽게 확장할 수 있다.

이 목적을 위해 CRM 시스템에서 가져온 직업 차원을 추가하고 최신 GA4 **cid** 값에 연결해야 한다. 이 조인이 어떻게 작동하는지에 대한 예는 예제 8-6에 나와 있다.

예제 8-6. 빅쿼리에 있는 데모 GA4 데이터세트의 트랜잭션 데이터를 이 책을 위해 만든 가짜 CRM 데이터와 병합하는 SQL

```
SELECT crm_id, user_pseudo_id as web_cid, name, job
FROM
  `learning-ga4.crm_imports_us.fake_crm_transactions`
  AS A
INNER JOIN (
  SELECT
    user_pseudo_id
  FROM
    `bigquery-public-data.ga4_obfuscated_sample_ecommerce.events_*`
  WHERE
    _table_suffix BETWEEN '20201101'
    AND '20210131'
  GROUP BY
    user_pseudo_id) AS B
ON
  A.cid = B.user_pseudo_id
ORDER BY name
```

쿼리를 실행하면 그림 8-5와 유사한 결과가 나타난다.

그림 8-5. GA4 및 CRM의 데모 데이터 세트를 결합한 결과를 보여주는 예

그러나 이 데이터는 아직 준비되지 않았다. 어떻게든 GA4로 가져와야 하기 때문에 파이어스토어로 수행할 것이다.

데이터 활성화

이제 현재 빅쿼리에 있는 조인된 데이터를 활성화하는 단계를 살펴본다.

필요한 곳에서 CRM 데이터를 얻고 GA4로 전송되는 GA4 데이터 스트림을 보강하려면 사용자가 웹 사이트를 탐색할 때 GA4 호출을 가로채야 한다. GTM SS는 파이어스토어 변수를 통해 이 기능을 제공한다. GTM에서 읽을 수 있게 먼저 데이터를 파이어스토어로 가져와야 한다.

빅쿼리 테이블은 파이어스토어의 키로 사용할 **crm_id**(그림 8-5 참고)와 함께 내보냈다.

예제 8-6에 설명된 쿼리는 클라우드 컴포저가 시작 작업에 대한 입력으로 사용할 로컬 파일 ./join-ga4-crm.sql에 저장된다. 그런 다음 이 테이블은 예제 8-7에 자세히 설명된 대로 파이어스토어 클라우드 컴포저 DAG에 대한 빅쿼리를 사용해 파이어스토어로 전달된다.

예제 8-7. 클라우드 컴포저 DAG는 빅쿼리 테이블을 만들고 데이터플로를 통해 파이어스토어로 보낸다. 이 경우 userId가 포함된 하나의 열이 있는 빅쿼리 테이블을 생성하는 빅쿼리 SQL은 ./join-ga4-crm.sql이라는 파일에 있다고 가정한다.

```python
```python
import datetime
from airflow import DAG
from airflow.utils.dates import days_ago
from airflow.contrib.operators.bigquery_operator import BigQueryOperator
from airflow.contrib.operators.gcp_container_operator import GKEPodOperator
```
```

```python
default_args = {
    'start_date': days_ago(1),
    'email_on_failure': False,
    'email_on_retry': False,
    'email': 'my@email.com',

    # 작업이 실패하면 5분 이상 기다린 후 한 번 다시 시도한다.
    'retries': 0,
    'execution_timeout': datetime.timedelta(minutes=240),
    'retry_delay': datetime.timedelta(minutes=1),
    'project_id': 'your-project'
}

PROJECTID='learning-ga4'
DATASETID='api_tests'
SOURCE_TABLEID='your-crm-data'
DESTINATION_TABLEID='your-firestore-data'
TEMP_BUCKET='gs://my-bucket/bq_to_ds/'

dag = DAG('bq-to-ds-data-name'),
    default_args=default_args,
    schedule_interval='30 07 * * *')

# 프로덕션 SQL에서도 날짜 파티션으로 필터링해야 한다(예, {{ ds_nodash }}).
create_segment_table = BigQueryOperator(
    task_id='create_segment_table',
    use_legacy_sql=False,
    write_disposition="WRITE_TRUNCATE",
    create_disposition='CREATE_IF_NEEDED',
    allow_large_results=True,
    destination_dataset_table='{}.{}.{}'.format(PROJECTID,
                                        DATASETID, DESTINATION_TABLEID),
    sql='./join-ga4-crm.sql',
    params={
        'project_id': PROJECTID,
        'dataset_id': DATASETID,
```

```
      'table_id': SOURCE_TABLEID
   },
   dag=dag
)

submit_bq_to_ds_job = GKEPodOperator(
   task_id='submit_bq_to_ds_job',
   name='bq-to-ds',
   image='gcr.io/your-project/data-activation',
   arguments=['--project=%s' % PROJECTID,
      '--inputBigQueryDataset=%s' % DATASETID,
      '--inputBigQueryTable=%s' % DESTINATION_TABLEID,
      '--keyColumn=%s' % 'userId', # BigQuery ID여야 한다(대소문자 구분).
      '--outputDatastoreNamespace=%s' % DESTINATION_TABLEID,
      '--outputDatastoreKind=DataActivation',
      '--tempLocation=%s' % TEMP_BUCKET,
      '--gcpTempLocation=%s' % TEMP_BUCKET,
      '--runner=DataflowRunner',
      '--numWorkers=1'],
   dag=dag
)

create_segment_table >> submit_bq_to_ds_job
```
```

프로덕션 환경에서는 매일 데이터를 가져와 업데이트된 값을 덮어쓰거나 필요
에 따라 새 필드를 생성하도록 예약돼 있다. 그런 다음 사용자가 웹 사이트를
탐색할 때 이 데이터를 실시간 스트림에 사용할 수 있으며 GA4 히트를 전송한
다. 빅쿼리 CRM 데이터를 파이어스토어로 가져오면 그림 8-6과 같이 CRM 키
가 있는 데이터를 볼 수 있다.
```

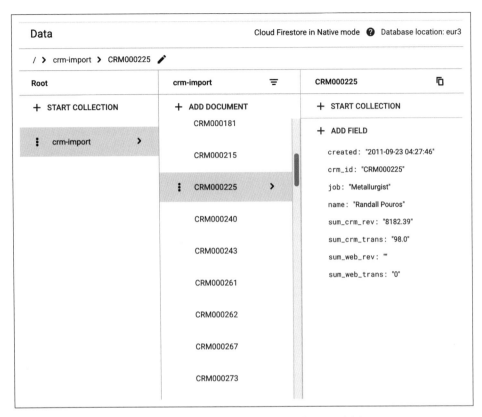

그림 8-6. 빅쿼리에서 파이어스토어로 가져온 CRM 데이터

이제 파이어스토어로 내보낸 CRM 데이터와 매일 업데이트되는 빅쿼리 조인이 있다. 마지막 남은 단계는 인식된 cid가 있는 사용자가 웹 사이트를 방문할 때 해당 데이터를 GA4 웹 스트림과 병합하는 것이다. 이 작업은 GTM SS로 수행할 것이다.

GTM SS를 통해 GA4 가져오기 설정

이제 파이어스토어에서 데이터를 가져와 GA4 스트림에 추가하도록 GTM SS 인스턴스를 설정하는 방법을 살펴본다. 이전의 'GTM 서버 사이드' 절에서 자세히 설명한 대로 GTM SS를 설정하는 방법은 다루지 않겠지만 클라우드 비용으로 한 달에 약 120달러의 비용이 드는 표준 앱 엔진 인스턴스라고 가정한다. 여기서는 GA4를 사용하지만 이 예를 확장해 동일한 이벤트에서 다른 디지털 마케팅 서비스로 데이터를 보낼 수도 있다.

이 단계에서 데이터 가져오기(https://oreil.ly/PGpml) 서비스를 통해 GA4로 데이터를 가져오는 것도 한 가지 옵션이 될 수 있지만, 실제 그렇게 하려고 해도 이 글을 쓰는 현재로서는 수동 프로세스로만 가능하다. API 또는 빅쿼리 커넥터를 통해 사용할 수 있게 되면 더 쉬운 옵션이 될 수 있다.

그러나 데이터 가져오기를 사용할 수 없고 더 많은 실시간 애플리케이션을 고려하고 싶기 때문에 대신 빅쿼리에서 파이어스토어, GTM SS로 이동한다. 이것은 실시간 특성으로 인해 더 많은 잠재적 애플리케이션이 있다.

이 워크플로는 새로운 파이어스토어 변수에 의해 촉진되며 이 워크플로는 이전보다 훨씬 쉬워졌다. GTM SS 내에서 파이어스토어 변수를 지정한 다음 해당 데이터로 GA4 서버 사이드 태그를 채우기만 하면 된다.

이전의 '데이터 수집' 절에서의 GA4 구성을 다시 참조해 user_id 필드를 문서 이름으로 사용해 user_profession이라는 사용자 속성을 GA4 태그에 추가해야 한다.

GTM SS를 사용하는 경우 웹 컨테이너는 GA4 이벤트를 자체 URL(예, https://gtm.example.com)로 보내게 설정된다. 이러한 GA4 이벤트에는 user_id를 포함해서 웹 GA4 태그에 구성된 모든 필드가 포함된다. 파이어스토어에서 가져올 문서 이름으로 사용할 수 있게 먼저 GTM 변수에서 이를 추출해야 한다. 해당 구성은 그림 8-7에 나와 있다.

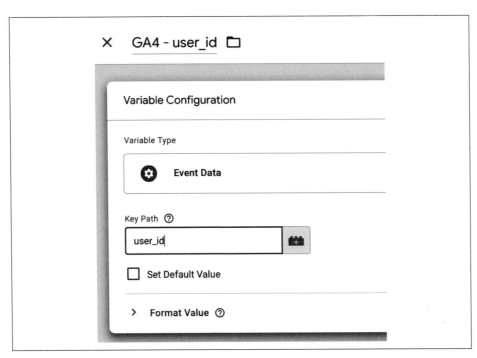

그림 8-7. 파이어스토어에서 데이터를 가져오고자 문서 이름으로 사용할 user_id를 추출하기 위한 맞춤 이벤트 설정

다음으로 해당 user_id 변수({{GA4 - user_id}}를 통해 액세스)를 파이어스토어의 문서 경로로 사용하도록 파이어스토어 룩업 변수를 설정한다. 문서 경로는 {firestore-collection-name}/{firestore-document} 형식이다. 이때 firestore-collection-name은 파이어스토어를 설정할 때 호출한 이름이 되고, firestore-document는 업로드한 그림 8-6에서 볼 수 있는 CRM ID가 된다. 또한 파이어스토어 문서 내의 필드 이름이기 때문에 해당 문서 내에서 key가 "job"이라는 것을 알 수 있다. 이 구성의 예는 그림 8-8을 참고한다.

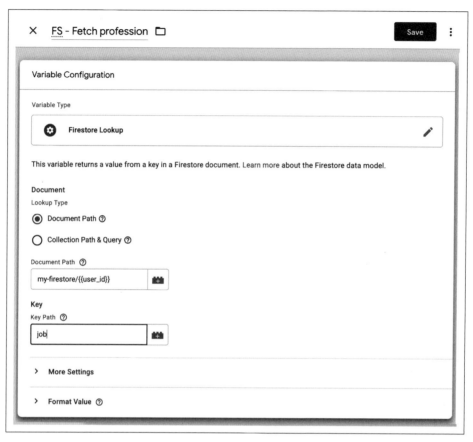

그림 8-8. user_id를 문서 참조로 사용해 CRM 데이터가 포함된 파이어스토어
컬렉션을 호출하도록 GTM SS 파이어스토어 룩업 변수 구성

파이어스토어 내의 다른 데이터에 도달하려면 프로세스를 반복해서 "name" 또는 "crm_web_rev"와 같은 다른 값에 도달한다. 중첩 레코드를 가져올 수도 있다.

마지막으로 GA4 계정으로 보낼 GA4 이벤트를 채울 GA4 태그를 생성한다. 그림 8-9를 참고한다. 로그인 추천 이벤트와 같이 user_id를 보낼 때 GA4 이벤트에서 실행되게 구성해야 한다.

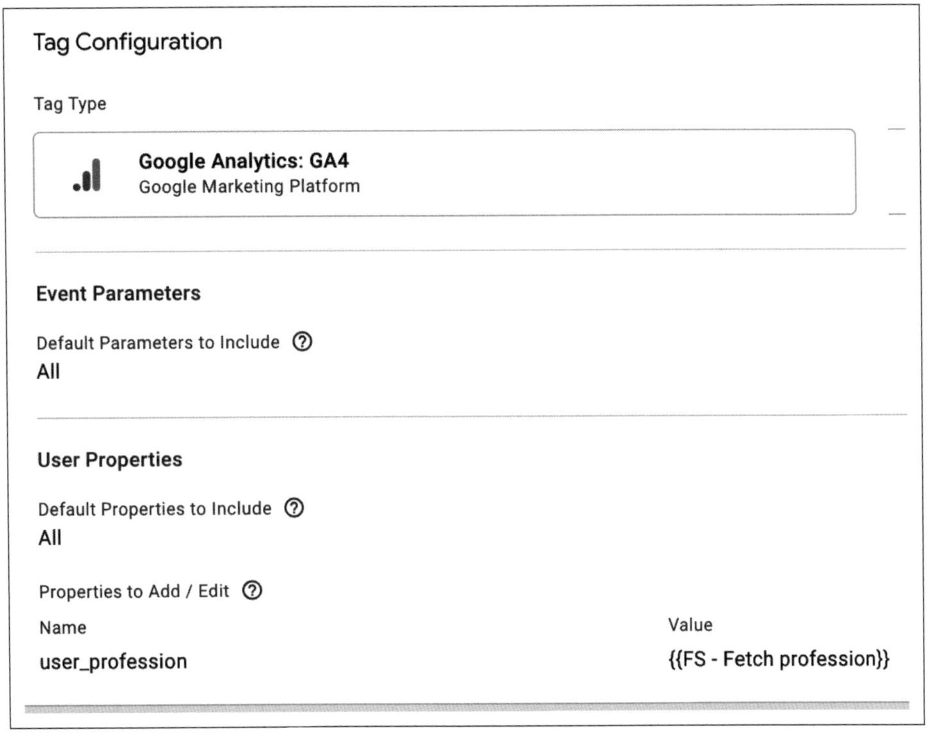

Tag Configuration

Tag Type

| | **Google Analytics: GA4**
Google Marketing Platform |

Event Parameters

Default Parameters to Include ⑦
All

User Properties

Default Properties to Include ⑦
All

Properties to Add / Edit ⑦

Name   Value
user_profession   **{{FS - Fetch profession}}**

그림 8-9. 파이어스토어 값을 추가하는 사용자 속성으로 GA4 GTM SS 이벤트 태그 구성

user_profession 매개변수는 그림 8-2를 통해 이전에 구성한 맞춤 필드^{Custom} ^{Field}와 일치해야 한다. 이 이벤트 매개변수는 GA4 맞춤 측정 기준을 채우고 잠 재 고객에 사용할 수 있게 하는 데 참조될 것이다.

모든 것이 게시되고 테스트된 후 인식된 사용자가 빅쿼리에 업로드된 것과 동 일한 CRM ID로 로그인하면 GA4 맞춤 측정 기준이 데이터로 채워지기 시작하 는 것을 볼 수 있다. 사용자 ID, 일정, 매칭이 적절한지 확인하고 구성 품질을 확인하려면 몇 주간의 테스트가 필요할 것이다. 모든 것이 순조롭게 진행되고 몇 주 후에 자신의 직업을 공유한 고객과 작업을 시작할 수 있는 데이터를 사용 할 수 있게 되며, 예측 잠재 고객 내에서 이전 사용 사례와 유사한 방식으로 활성화할 수 있다.

GA4에서 잠재 고객 내보내기

GA4 데이터 내에서 사용자 직업을 볼 수 있으면 탐색 및 실시간 보고서와 같은 모든 보고서에서 이를 사용할 수 있다. 또한 잠재 고객에서도 사용할 수 있다.

이 예에서는 7장에서 생성한 예측 잠재 고객을 기반으로 구축하려고 한다. 이번에는 특정 직업을 대상으로 하는 더 많은 하위 잠재 고객을 생성할 것이다. 의사, 교사, 건축업자가 핵심 직업이라는 것을 알고 있으므로 이들부터 시작하지만 실제로는 이 목록이 훨씬 더 많을 것이다. 그런 다음 '향후 7일 내에 구매할 가능성이 있는 의사', '향후 7일 내에 구매할 가능성이 있는 교사', '향후 7일 내에 구매할 가능성이 있는 건축업자'의 잠재 고객을 만드는 것을 목표로 한다. 그림 8-10에 예가 나와 있다.

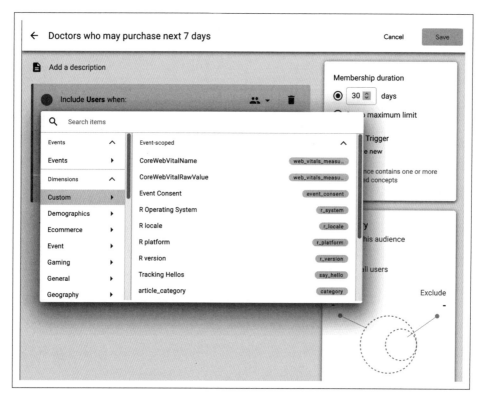

그림 8-10. 기존 예측 잠재 고객과 결합할 잠재 고객 정의에 새 맞춤 측정 기준 추가

이 잠재 고객은 그림 8-11에서 다시 볼 수 있듯이 예측 잠재 고객과 결합된다.

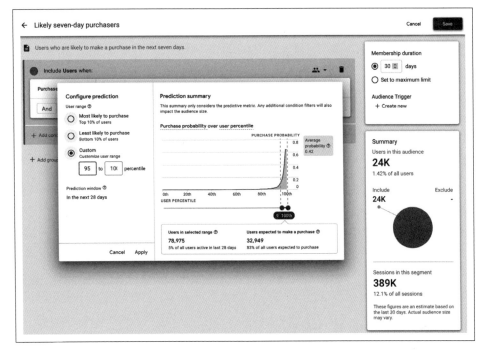

그림 8-11. 향후 7일 이내에 구매할 가능성이 있는 잠재 고객 구성

하위 잠재 고객이 구성되면 시간이 지남에 따라 사용자가 누적되며, 이전에 설명한 대로 이러한 잠재 고객을 구글 애즈 및 구글 마케팅 스위트 내의 기타 서비스로 내보낼 수 있다. 그런 다음 이러한 잠재 고객을 구글 애즈 마케팅 팀에 넘기면 해당 팀에서 타깃팅 광고 문구를 작성하거나 캠페인을 억제하거나 맞춤 설정할 수 있다.

성능 테스트

이전의 '데이터 활성화: 성능 테스트' 절에 언급된 일반 원칙이 여기에도 적용된다. 즉, 기준선보다 점진적으로 증가하도록 잠재 고객을 A/B 테스트하는 것이 일반적으로 데이터 프로젝트의 가치를 입증하는 가장 강력한 방법이 될 수 있다.

또한 사용 사례의 비즈니스 사례에 초점을 맞추는 것이 프로젝트를 전달하는 가장 좋은 방법이지만 몇 번 구현을 진행하면 부수적인 많은 이점을 누릴 수 있다는 점도 언급해야 한다. 이 사용 사례의 기술 스택만으로도 다른 많은 사용 사례를 위한 견고한 시작 플랫폼을 제공하며, 이 사용 사례에 필요한 기술의 매몰 비용(예, 클라우드 컴포저, GTM SS, 파이어스토어 데이터베이스)이 이미 지불됐기 때문에 신속하게 온라인으로 전환하기가 더 쉬울 것이다.

잠재 고객이 많을수록 성능 테스트 중에 훨씬 더 많은 액션과 인사이트를 발견할 수 있으며 1년 동안의 후속 사용 사례가 나올 수 있다. 예를 들어 의사가 건축업자보다 타깃팅에 반응이 적은 이유는 무엇일까? 의사보다 교사의 전환 예측이 더 신뢰할 수 있을까? 등등.

요약

자연스럽게 다음 단계를 조사할 것이다.

- 비즈니스/고객에게 도움이 될 것으로 생각되는 CRM 데이터의 다른 측정 기준을 추가할 수 있는가?

- 빅쿼리 ML을 사용해 빅쿼리 단계에서 일부 예측이나 모델링을 추가해서 좀 더 지능적인 세그먼트를 만들 수 있는가?(예, 향후 7일 동안의 가치뿐만 아니라 예측된 평생 가치)

- 전환을 돕고자 웹 사이트 콘텐츠를 변경하도록 구글 옵티마이즈 내에서 잠재 고객을 활성화할 수 있는가?

- 이메일과 같은 다른 채널에서 사용하고자 GA4에서 CRM 데이터베이스로 측정 항목을 내보낼 수도 있는가? 고객의 더 다양한 옴니채널 경험(이메일, 구글 애즈, 배너)을 위해 모든 채널에서 동일한 제안을 받을 수 있는가?

이러한 확장의 대부분은 사용 사례에서 구현한 기존 기술 스택에 대한 구성 업데이트를 포함한다.

8장이 이 책의 나머지 부분에서 다룬 많은 개념을 한데 모으는 데 도움이 됐기 바란다. 사용 사례를 전략화 및 정당화하고, GA4 및 CRM 시스템에서 데이터를 수집하고, 빅쿼리에서 데이터와 모델링을 변환한 다음 파이어스토어 및 GTM SS를 통해 구글 마케팅 스위트로 활성화할 수 있게 만드는 방법을 다뤘다.

앞서 설명한 프로젝트는 내 커리어에서 수행한 여러 프로젝트와 유사하며, 직접적인 금전적 가치와 디지털 혁신 및 회사에 추가되는 에너지 측면에서 모두 큰 이점을 봤다. 앞서 언급했듯이 모든 비즈니스가 다르기 때문에 정확히 모방하기는 어렵겠지만 일반적인 구성 요소를 통해 자신만의 창의력을 발휘하고 상황에 맞게 적용하는 데 도움이 되길 바란다.

이 사용 사례는 구글 애즈의 활성화 채널에서 작동했지만 9장에서는 실시간 환경의 또 다른 활성화 채널인 GA4 데이터에서 실시간 대시보드를 만드는 방법을 살펴본다.

## 9장

사용 사례: 실시간 예측

이 사용 사례는 실시간 데이터 흐름으로 이동하므로, 실시간 GA4 API를 활용하는 방법을 살펴본다. 또한 8장에서 구글 옵티마이즈를 통해 생성한 잠재 고객을 사용해 웹 사이트에서 일부 실시간 작업을 포함할 것이다.

이 시나리오에서는 출판사가 이전 장들에서 만든 세분화된 예측 잠재 고객을 6개월 동안 사용해본 결과, 관련성을 높이는 데 유용하다는 것을 알게 돼 특정 분야에서 전환이 증가했다고 가정해본다. 소셜 미디어 마케팅 팀은 내부 프레젠테이션에서 이 사실을 알게 됐고 동일한 세그먼트를 사용해 브랜드 소셜 미디어 계정에 프로모션 콘텐츠를 게시하는 일상적인 활동을 개선할 수 있는지 문의해왔다. 소셜 미디어 팀이 콘텐츠의 실시간 효과와 어떤 잠재 고객이 공감하는지 확인할 수 있다면 동일한 성격의 후속 콘텐츠로 신속하게 대응할 수 있을 것이라고 제안했다. 화제성 있는 뉴스 콘텐츠를 게시하는 경우가 많기 때문에 다음날 분석을 기다리면 데이터에 대한 조치를 취하기에는 너무 늦을 수 있다.

콘텐츠 팀이 어떤 콘텐츠가 인기 있는지 미리 알 수 있다면 참여 트렌드를 예측해서 어떤 콘텐츠가 '인기 있는지, 아닌지'를 예측하는 데 가장 큰 도움이 될 것이다. 또한 사용자가 소셜 미디어 캠페인에서 본 콘텐츠가 웹 사이트에서도 사용자의 직업에 맞게 맞춤화돼 표시되는 프로세스를 설정하고 싶을 것이다.

팀에서는 이 콘텐츠를 쉽게 업데이트할 수 있는 방법이 필요하며 페이지 상단에 트리거되는 구글 옵티마이즈 배너(이전의 '구글 옵티마이즈' 절 참고)를 통해 이를 수행하기로 결정했다.

비즈니스 사례 생성

소셜 미디어 콘텐츠 피드의 관련성을 높여 웹 사이트 트래픽을 늘리고, 각 소셜 미디어 캠페인과 연결된 프로모션 페이지로 바로 연결되는 배너를 표시해서 전환을 늘리고자 한다. 콘텐츠의 현재 트렌드를 예측하면 이 배너의 우선순위를 정할 콘텐츠를 파악하는 데 도움이 된다.

소셜 미디어 활동은 대부분의 사용자가 즉시 전환하지 않는다는 점에서 '상위 퍼널'로 간주되지만 고객이 나중에 구매를 고려할 때 출판사 브랜드를 염두에 두는 데 도움이 된다. 소셜 미디어 팀의 KPI는 주로 게시물의 노출 수와 참여도를 기반으로 하며, 대시보드의 트렌드를 모니터링해서 이러한 지표를 높이려고 한다.

웹 사이트에 도달하면 배너는 관련 랜딩 페이지로 바로 연결되는 탐색 경로를 제공하므로 전환율을 높이는 데 직접적인 도움이 된다. 결과적으로 더 많은 전환을 기대할 수 있다. 예를 들어 COVID-19 장기 환자를 돕기 위한 특정 의료 절차가 전 세계의 헤드라인을 장식하고 있다면 바이러스학 서적과 관련된 콘텐츠가 더 관련성이 높고 계절에 맞지 않는 트래픽을 유도할 수 있다. 이러한 트렌드를 파악하면 바이러스학 서적을 홍보하는 콘텐츠의 우선순위를 정할 수 있다. 잠재 고객에서 식별한 대로 의료진이 웹 사이트를 방문하면 해당 의료진이 찾고 있을 가능성이 높은 특정 도서가 배너에서 강조 표시될 수 있다.

필요한 리소스

이전의 '대시보드 활용' 절에서 강조한 것처럼 대시보드를 사용할 때 충분한 조치가 이뤄지게 해야 한다. 이렇게 하면 데이터 흐름에 사람의 역할이 삽입되며 데이터에 반응하고 해당 정보를 기반으로 의사 결정을 내리는 것이 사람의 임무가 된다. 실시간으로 의사 결정을 내릴 수 없다면 실시간 대시보드는 아무런 의미가 없다.

주요 결정 범위는 다음과 같다.

- 어떤 소셜 미디어 콘텐츠를 우선적으로 게시해야 하는가?

- 웹 사이트에 방문한 각 잠재 고객에게 어떤 콘텐츠를 배너로 표시해야 하는가?

이 역할은 배너를 만드는 도구가 될 구글 옵티마이즈를 운영할 수 있어야 하며, HTML 프런트엔드 기술이 있으면 도움이 될 것이다. 구글 옵티마이즈 배너를 선택하는 이유는 설정한 콘텐츠를 변경하는 속도와 사용 편의성 때문이다.

이를 위해 가장 중요한 부분은 이 역할에 적합한 인재를 확보하는 것이지만 이러한 기술을 활용해 인재를 지원할 수 있다.

GA4

GA4 설정에는 8장에서 설명했던 것처럼 각 직업에 대해 이전에 생성된 잠재 고객이 포함된다. 실시간 API에서 이벤트 이름과 잠재 고객 이름을 가져올 것이다.

R 샤이니

R은 예측 모델링, GA4 실시간 API 호출 및 대화형 프레젠테이션 계층도 처리할 수 있으므로 대시보드 역할을 하며 GCP로 호스팅된다. 이 역할은 예측 기능이 있는 다른 대시보드 시스템에 할당할 수 있다.

구글 옵티마이즈

구글 옵티마이즈는 웹 사이트에서 HTML 배너를 만드는 데 사용되는 플랫폼이다. GA4에 연결돼 있어 사용자의 직업이 인식되는 경우 가져온 각 잠재 고객에 맞게 각 배너를 맞춤 설정할 수 있다.

이러한 모든 구성 요소가 식별됐으므로 다음 절에서 살펴본다.

데이터 아키텍처

이 솔루션의 데이터 아키텍처에는 사람이라는 특이한 구성 요소가 포함돼 있다. 이는 사람만이 제공할 수 있고 자동화된 시스템으로는 (아직) 복제할 수 없는 의사 결정의 핵심적인 중요성을 강조한다. 주요 의사 결정 분기점은 그림 9-1에 강조 표시돼 있으며, 출판사의 소셜 미디어에서 어떤 콘텐츠를 홍보할지, 어떤 콘텐츠를 구글 옵티마이즈에 추가할지 결정한다.

향후 이 역할에 반복 가능한 작업이 포함돼 있음을 발견하면 후속 프로젝트에서 더 많은 작업을 자동화할 수 있다. 이전의 '머신러닝 API' 절에서 설명한 머신러닝 API 중 일부를 사용하는 것도 한 가지 방법이 될 수 있다.

계획을 세웠으니 이제 아키텍처의 점들을 어떻게 연결할지 살펴본다.

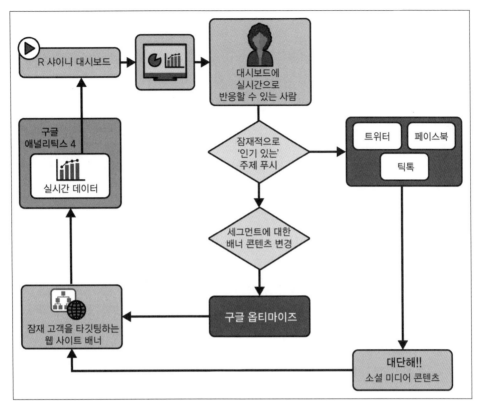

그림 9-1. GA4에서 실시간 데이터를 가져오고, 구글 옵티마이즈를 통해
소셜 미디어 및 사이트 배너의 콘텐츠 우선순위를 지정하는 데 도움이 되는 예측이 생성된다.

데이터 수집

가장 먼저 고려해야 할 사항은 3장에서 다룬 것처럼 데이터가 시스템에 입력되는 방법이다. 이 사용 사례의 경우 GA4 실시간 스트림이 대시보드에 필요한 모든 정보를 보유하는지 확인하는 것을 의미한다.

GA4 구성

실시간으로 가져오려는 데이터는 GA4의 실시간 API 측정 기준 및 측정 항목 (https://oreil.ly/w2rw6)에 나열돼야 한다. 이는 일반 API를 통해 얻을 수 있는 측정 기준의 제한된 하위 집합이다. 기본적으로 웹 사이트에서 최근 30분 동안의 이벤트 데이터를 가져오거나 유료 GA360 라이선스로 최근 60분 동안의 이벤트 데이터를 얻을 수 있다.

목적을 위해 생성한 잠재 고객으로부터 웹 사이트에 얼마나 많은 사용자가 있는지 그리고 그들이 웹 사이트의 어느 섹션에 있는지 확인하고자 한다. 이를 통해 생성한 잠재 고객 세그먼트 내에서 어떤 콘텐츠가 가장 큰 반향을 일으키고 있는지 확인할 수 있다. 실시간 API^{Real-Time API}를 참조하면 audienceName 및 unifiedScreenName 필드가 필요한 데이터를 식별할 수 있음을 알 수 있다. 예측을 하려면 시계열 트렌드도 필요하므로 minutesAgo를 사용해서 사용자 활동을 정렬하고 예측 트렌드를 추정한다.

그러나 실시간 API에는 함께 쿼리할 수 있는 측정 기준과 측정 항목을 제한하는 추가 제약 사항이 있다. 여기에는 audienceName과 unifiedScreenName(예, 페이지 URL)을 함께 쿼리하려는 시도가 포함된다. 이는 사용자 기반 지표를 이벤트 기반 지표에 연결하려는 시도와 관련이 있다. GA4의 기본 데이터 스키마인 event_name 및 event_count는 언제든지 쿼리할 수 있으므로 원하는 데이터를 가능한 한 쉽게 추출하려면 원하는 사용자 상호작용을 기록하는 이벤트가 있는 것이 좋다. 이전의 '사용자 속성' 절에서 설명한 대로 사용자 범위가 지정된 맞춤 측정 기준(이벤트 범위가 아님)을 쿼리할 수도 있다.

예를 들어 의료 콘텐츠를 읽는 의사를 확인하고자 audienceName과 unifiedScreen Name을 함께 쿼리할 수는 없지만 페이지 이름 특성을 사용해 잠재 고객을 정의할 수 있다.

이 사용 사례에 대한 설정 예는 그림 9-2에 나와 있다. 사용자 직업이 모니터링하려는 콘텐츠와 일치할 때 채워지는 잠재 고객, 즉 의료 콘텐츠를 읽는 의사를 만들었다.

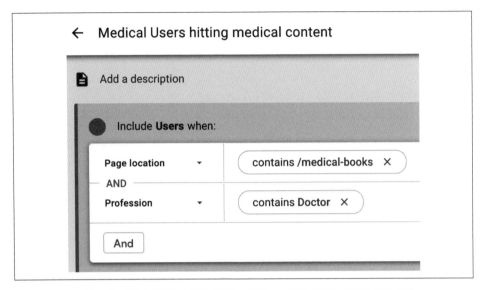

그림 9-2. 의사인 사용자와 의학 서적을 매칭하는 실시간 API에서 쿼리할 대상 생성

사용자가 이 잠재 고객에 도달하면 쿼리할 수 있는 이벤트도 트리거되므로 이 이벤트도 실시간 API에서 쿼리할 대상이 될 수 있다. 예를 들어 그림 9-3에서와 같이 doctor-seeing-medical-content라는 이벤트를 설정할 수 있다.

GA4 사용자에게 친숙함을 유지하고자 이 마지막 옵션을 사용하려고 한다. 실시간 대시보드에는 GA4에서 구성된 잠재 고객이 반영된다. 이는 사용자가 실시간 피드에서 데이터를 추가하거나 제거할 수 있는 가장 쉬운 방법을 제공한다.

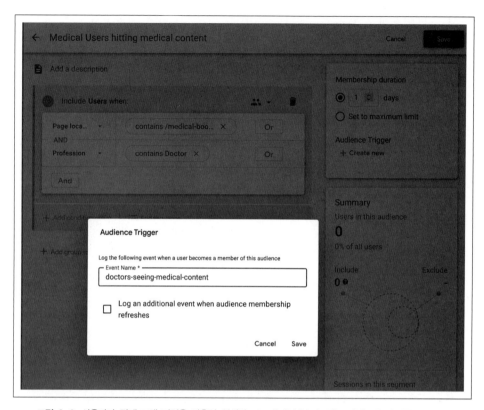

그림 9-3. 사용자가 잠재 고객 자격을 갖추면 실시간 API 내에서 볼 수 있는 이벤트를 시작할 수 있다.

대시보드의 기반이 될 데이터를 R에서 가져오는 예제는 예제 9-1과 같이 샤이니 앱에 표시된다.

예제 9-1. R 라이브러리 googleAnalyticsR을 사용해 실시간 API에서 가져오기

```r
library(googleAnalyticsR)
ga_auth()
ga_id <- 1234567 # GA4 속성ID(propertyId)

# 실시간 잠재 고객 데이터 가져오기
ga_data(ga_id,
  metrics = "activeUsers",
  dimensions = c("minutesAgo", "audienceName"),
```

398

```
   realtime = TRUE)
#i 2022-06-17 12:47:40 > 실시간 보고서 요청
#i 2022-06-17 12:47:41 > 총 [ 60 ] 행 중 [ 60 ] 다운로드됨
# A tibble: 60 × 3
#    minutesAgo  audienceName                   activeUsers
#    <chr>       <chr>                          <dbl>
# 1  22          All Users                      335
# 2  13          All Users                      332
# 3  07          doctors-seeing-medical-content 29
# 4  09          doctors-seeing-medical-content 27
```

이 단계에서는 실시간 API를 통해 실시간으로 쿼리하려는 GA4 이벤트를 사용할 수 있어야 한다. 이제 데이터를 캡처하고 다운로드한 후 해당 데이터로 무엇을 할 것인지 살펴본다.

데이터 스토리지

GA4 데이터 API를 직접 사용하고 있으므로 GA4 자체가 대부분의 데이터를 위한 데이터 저장소 역할을 하게 된다. 대시보드 데이터는 그것을 표시하는 샤이니 앱의 메모리에 들어갈 만큼 충분히 작기 때문에 샤이니 앱을 호스팅할 서버를 결정하는 것 외에 데이터 저장과 관련해 할 일이 별로 없다. 다음 절에서 이를 다룬다.

클라우드 런에서 샤이니 앱 호스팅

샤이니 앱을 호스팅하는 데는 많은 옵션이 있지만 사용자 수가 적은 경우(10명 미만) 서버를 관리할 필요가 없는 서버리스 옵션을 선호한다. 클라우드에서 도커 이미지를 실행한다는 점을 제외하면 클라우드 펑션과 매우 유사한 서비스인 클라우드 런을 사용해 GCP에서 이 작업을 수행할 수 있다. R 샤이니 앱을 도커 이미지에 넣을 수 있는 경우 다른 HTTP 웹 사이트처럼 클라우드 런에서 서비스할 수 있다.

예를 들어 예제 9-2에 표시된 도커파일을 사용해 클라우드 런에서 샤이니를 실행할 도커 이미지를 만들 수 있다.

예제 9-2. googleAnalyticsR로 샤이니를 설치하는 도커파일의 예

```
FROM rocker/shiny

# R 패키지 종속성 설치
RUN apt-get update && apt-get install -y \
    libcurl4-openssl-dev libssl-dev
## CRAN에서 추가 패키지 설치
RUN install2.r --error googleAnalyticsR
# 샤이니 앱을 샤이니 서버 폴더에 복사한다.
COPY . /srv/shiny-server/

EXPOSE 8080

USER shiny

CMD ["/usr/bin/shiny-server"]
```

이 도커파일은 인증 목적을 위한 클라이언트(client.json)와 같이 앱에 필요한 다른 구성 파일과 함께 샤이니 앱(기본적으로 app.R이라고 함)과 동일한 폴더에 배치할 수 있다.

```
|
|- app.R
|- Dockerfile
|- client.json
```

클라우드 런에서 이 앱을 호스팅하려면 먼저 자체 구글 프로젝트 내에서 도커 이미지를 만들어야 한다. 클라우드 빌드를 통해 이 작업을 수행할 수 있다. 이 전의 '깃허브로 클라우드 빌드 CI/CD 설정' 절에서 다뤘으며, 컨테이너 빌드에 사용할 수 있는 일부 구글 문서(https://oreil.ly/n6WEG)도 있다.

클라우드 런에서 호출할 수 있게 도커 이미지를 호스팅해야 한다. 이미지는 빌드된 다음 도커 이미지를 호스팅하기 위한 GCP 서비스인 GCP의 아티팩트 레지스트리^{Artifact Registry} 서비스(https://oreil.ly/w6QWW) 위치에 저장된다.

도커 이미지를 빌드하는 경우 도커파일이 있으면 무엇을 해야 하는지 알 수 있을 만큼 충분히 일반적인 작업이기 때문에 작업을 구성하고자 cloudbuild.yaml 파일이 필요하지 않다. 이 경우 도커 이미지를 푸시할 위치(아티팩트 레지스트리의 위치)를 지정하고자 --tag 플래그만 지정하면 된다. 동일한 폴더에서 gcloud 명령 gcloud builds submit --tag eu-docker.pkg.dev/learning-ga4/shiny/googleanalyticsr --timeout=20m을 통해 클라우드 빌드 작업을 제출한다.

이는 시간이 꽤 오래 걸리는 클라우드 빌드 작업을 제출해야 한다. 이것이 --timeout 플래그로 제한 시간이 증가하는 이유다.

아티팩트 레지스트리에 빌드되면 그림 9-4에 표시된 설정 화면에서 볼 수 있듯이 해당 도커 이미지를 가져와 클라우드 런에서 실행할 수 있다.

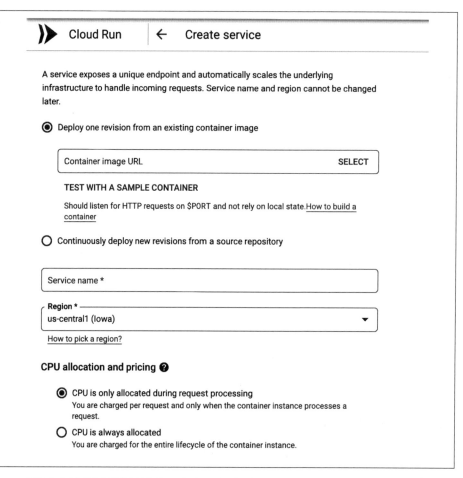

그림 9-4. 컨테이너 이미지 URL은 eu-docker.pkg.dev/learning-ga4/shiny/googleanalyticsr과 같이 로컬 도커 빌드에 대해 지정한 URL이다.

대시보드를 만들고자 많은 양의 데이터를 보관할 필요가 없기 때문에 여기서는 매우 '작은' 데이터를 다루고 있다(아마도 총 1,000개의 데이터 포인트). 대시보드에는 사람이 볼 수 있는 데이터 요소만 필요하고 사람이 소화할 수 있는 데이터의 양이 한정 돼 있기 때문에 GB 단위의 데이터가 거의 필요하지 않다. 따라서 대시보드를 실행하는 인스턴스의 저장 공간은 크게 필요하지 않으며, 대개 기본값으로도 충분하다.

그러나 작업의 핵심은 어떤 데이터를 표시하고 원시 GA4 데이터를 인사이트로 전환하는 방법이며, 이 애플리케이션에서는 샤이니 대시보드 내의 예측이 될 것이다. 이를 표시하는 코드는 데이터 모델링 단계로 넘어가면서 다음 절에 나와 있다.

데이터 모델링

앞에서 샤이니 서버를 호스팅하는 방법을 설명했지만 애초에 샤이니를 사용하는 이유는 브라우저에 결과를 표시할 수 있는 R 코드를 실행하기 위해서다. 이제 GA4 실시간 데이터에서 R 코드를 사용해 예측을 생성하는 단계로 이동한다.

이 예측에서는 조지 아타나소풀로스^{George Athanasopoulos}와 함께 예측에 대한 온라인 책인 『Forecasting: Principles and Practice』(https://otexts.com/fpp2/)를 공동 집필한 롭 하인드먼^{Rob Hyndman}이 관리하는 **forecast** 패키지(https://oreil.ly/f6AEB)를 사용한다. 이 것은 훌륭한 자료다. R 패키지가 예측을 생성하는 방법을 자세히 알고 싶다면 이 책에서 그 이면의 원칙을 설명하며 모델 정확도를 개선하는 방법을 연구하기에 가장 적합하다.

목적을 위해 R 코드는 다음을 수행해야 한다.

1. 실시간 API에서 GA4 데이터 입력

2. 예측 라이브러리 내에서 사용할 수 있는 형식으로 변환(예, 정렬된 시계열 객체)

3. 예측에 대한 계절성 및 기타 구성 옵션을 설정

4. 시계열을 예측 함수로 전송해 예측 간격뿐만 아니라 포인트의 순방향 예측을 생성

5. 예측을 플롯으로 표시

예제 9-1에 따라 데이터를 가져온다고 가정하면 처리할 R data.frame이 준비돼 있어야 한다. 예제 9-3에는 예측을 만들기 위한 몇 가지 제안 코드가 나와 있다. 스크립트 자체도 이 책의 주요 주제, 즉 데이터 수집, 정리, 모델링, 활성화를 위한 출력 만들기를 따른다는 점에 유의하자.

예제 9-3. library(forecast)와 library(googleAnalyticsR)를 사용해 GA4 실시간 데이터 예측

```r
library(googleAnalyticsR)
library(dplyr)
library(tidyr)
library(forecast)

# 실시간 잠재 고객 데이터 가져오기
get_ga_rt <- function(ga_id){
  now <- Sys.time()

  rt_df <- ga_data(ga_id,
      metrics = "activeUsers",
      dimensions = c("minutesAgo",
                "audienceName"),
      realtime = TRUE,
      limit = 10000)
  # 타임스탬프 생성 (지금부터 - minutesAgo)
  rt_df$timestamp <- now -
      as.difftime(as.numeric(rt_df$minutesAgo),
      units = "mins")
  rt_df
}

# 각 잠재 고객을 자체 열로 만들어 데이터를 정리한다.
tidy_rt <- function(my_df){

  my_df |>
    pivot_wider(names_from = "audienceName",
                values_from = "activeUsers",
                values_fill = 0) |>
```

```
      arrange(minutesAgo)
}

# 각 잠재 고객 활성 사용자(activeUsers) 예측
forecast_rt <- function(rt){

    # 예측할 수 없는 열 제거
    rt$minutesAgo <- NULL
    rt$timestamp <- NULL

    # 시계열 객체 생성
    rt_xts <- ts(rt, frequency = 60)

    # 열별로 반복하고 다음 15분에 대한 예측 목록을 만든다.
    forecasts <- lapply(rt_xts, function(x) forecast(x, h = 15))
    setNames(forecasts, names(rt))
}

# GA4 속성 ID로 변경
ga_id <- 123456

# 위의 함수를 사용해 잠재 고객별 예측 목록을 만든다.
forecasts <- get_ga_rt(ga_id) |> tidy_rt() |> forecast_rt()

# 예측을 검토하고자 플로팅
lapply(forecasts, autoplot)
```

기본적으로 실시간 API는 과거 30분, GA360에서는 과거 60분만 가져온다. 예측이 더 많은 데이터와 함께 작동하게 하고자 API의 과거 데이터를 유지하고 최신 가져오기에 추가해 하루 동안 합리적인 이력을 구축할 수 있다. 예제 9-4의 코드는 이렇게 해서 앱 내에서 예측을 위한 데이터를 천천히 구축하는 방법을 보여준다. 다시 말하지만 여기서는 몇 시간 분량의 데이터를 보관하더라도 적은 양의 데이터만 처리하므로 샤이니 앱이 데이터양을 쉽게 처리할 수 있다(몇 주 동안 계속 늘어나지 않게 제한해야 할 수도 있음). 이 경우 예를 들어 최대 48시간까지 저장할 수 있으며, 이는 2880 rows * (number of Audiences) 양을 나타낸다.

예제 9-4. 예측에 대한 과거 트렌드를 생성할 수 있게 실시간 API 가져오기를 추가하는 코드

```r
library(googleAnalyticsR)
library(dplyr)
library(tidyr)

get_ga_rt <- function(ga_id){
  # 실시간 잠재 고객 데이터 가져오기
  now <- Sys.time()
  rt_df <- ga_data(ga_id,
                   metrics = "activeUsers",
                   dimensions = c("minutesAgo", "audienceName"),
                   realtime = TRUE,
                   limit = 10000)
  rt_df$timestamp <- now - as.difftime(as.numeric(rt_df$minutesAgo), units = "mins")

  rt_df

}

tidy_rt <- function(my_df){

  my_df %>%
    pivot_wider(names_from = "audienceName",
                values_from = "activeUsers",
                values_fill = 0) %>%
    arrange(minutesAgo) |>
    filter(minutesAgo != "00") |>
    mutate(timemin = format(timestamp, format = "%d%H%M")) |>
    select(-minutesAgo)
}

append_df <- function(old, new){

  # 추가할 것이 없으면 아무것도 하지 않음
  if(is.null(old)) return(new)
```

```
    if(is.null(new)) return(old)

    # 이전 항목에는 있지만 새 항목에는 없는 행
    history <- anti_join(old, new, by = "timemin")

    if(nrow(history) == 0) return(new)

    # 과거 데이터를 추가하고 유효하지 않은 minutesAgo을 제거한다.
    rbind(new, history) |>
    head(2880) # 상위 48시간만 유지(60*24*2)
}

# 여러분의 ga_id로 대체
ga_id <- 123456

# 다음과 같이 사용
first_api <- get_ga_rt(ga_id) |> tidy_rt()

# 1분 이상 기다렸다가 다시 가져온다.
second_api <- get_ga_rt(ga_id) |> tidy_rt()

# second_api에 없는 first_api의 행을 추가한다.
append_df(first_api, second_api)

# 일정에 따라 반복
```

이제 실시간 데이터를 처리하고 일부 예측 및 회귀를 생성할 수 있는 R 스크립트가 있지만, 최종 사용자가 R을 몰라도 이 데이터를 기반으로 반응하고 의사결정을 내릴 수 있도록 이 프로세스를 활성화해야 한다. 이를 위해 데이터를 사용해 대시보드를 만들어야 한다.

데이터 활성화: 실시간 대시보드

앞 절에서 R 스크립트를 사용해 동료들을 위해 데이터로 실시간 대시보드를 만드는 데이터 활성화를 살펴봤다. 여기에는 이전의 '데이터 모델링' 절에서 독립 실행형 R 스크립트를 가져와 이전의 '데이터 스토리지' 절에서 샤이니 서버 내에 호스팅하는 것이 포함된다.

'실시간'에 대해 얘기할 때 그 의미를 정확히 고려해야 한다. 앞서 실시간 대시보드가 유용하려면 실시간 의사 결정이 필요하다고 말했는데, 이러한 의사 결정이 얼마나 세분화될 수 있을까? '실시간'은 1초 이내에 응답하는 것을 의미할까? 아니면 10분마다도 '실시간'으로 충분한가?

실시간 API의 세부 단위는 분 단위이므로, 실질적으로 말하면 1분 미만의 시간 프레임 내에 데이터에 반응해야 하는 특별한 이유가 없다면 60초마다 가져오는 것만으로도 충분히 실시간이 된다. 이는 API 쿼터에도 영향을 미치므로 10초마다 가져오면 1분마다 가져오는 것보다 쿼터를 6배나 빨리 소진해서 이득이 없을 수 있다. API 쿼터 페이지(https://oreil.ly/ueVEM)를 확인해 자신의 애플리케이션에 어떻게 적용되는지 확인해야 한다.

결론적으로 대시보드의 정보를 업데이트하고자 매 분마다 데이터를 가져오기 때문에 '실시간' 대시보드의 응답 속도는 실제로 60초라는 사실을 정당화할 수 있다.

실시간 샤이니 앱용 R 코드

R에서 만든 애플리케이션을 다른 대시보드 시스템이나 파이썬 등의 웹 앱을 통해 대체할 수도 있지만 나는 R에서 가장 빠르다고 생각한다.

이전 절의 R 함수에서 가져온 모델링된 데이터를 보완하고자 내가 가장 좋아하는 시각화 자바스크립트 라이브러리인 highcharts(https://www.highcharts.com)도 사용할 것이다. 이 라이브러리를 사용하면 모든 브라우저에 표시할 수 있는 대화형 시각화를 만들 수 있다. 또한 샤이니 내에는 조슈아 쿤스트^{Joshua Kunst}가 작성한 highcharter(https://oreil.ly/JfbSv)라는 훌륭한 R 라이브러리가 있어 쉽게 사용할 수 있다. 이 라이브러리는 R 객체를 가져와 대화형 자바스크립트 플롯으로 변환한다. 최종 사용자가 데이터를 갖고 놀 수 있도록 데이터 프레젠테이션에 약간의 대화형 기능을 추가하는 것은 항상 좋은 일이다. 이 라이브러리는 앞서 만든 형식적인 플롯에 약간의 재미를 더한다. 예제 9-5의 코드는 예제 9-3의 예측 객체를 가져와 highcharts 버전으로 변환한다.

예제 9-5. 원시 데이터와 예측 데이터를 가져와 highcharts 플롯으로 변환하는 몇 가지 예제 코드

```
library(highcharter)

highcharter_plot <- function(raw,
                             forecast,
                             column = "All Users"){
  ## 예측 값 객체
  fc <- forecast[[column]]

  ## 원본 데이터
  raw_data <- ts(raw[,column], frequency = 60)

  raw_x_date <- as.numeric(raw$timestamp) * 1000

  ## 올바른 X축 타임스탬프 생성
  forecast_times <- as.numeric(
    seq(max(rt$timestamp),
    by=60,
    length.out = length(fc$mean))
  ) * 1000

  forecast_values <- as.numeric(fc$mean)

  # 하이차트 플롯 객체 생성
  highchart() |>
```

```
  hc_chart(zoomType = "x") |>
  hc_xAxis(type = "datetime") |>
  hc_yAxis(title = column) |>
  hc_title(
    text = paste("Real-time forecast for", column)
  ) |>
  hc_add_series(
    type = "line",
    name = "data",
    data = list_parse2(data.frame(date = raw_x_date,
                       value = raw_data))) |>
  hc_add_series(
    type = "arearange",
    name = "80%",
    fillOpacity = 0.3,
    data = list_parse2(
      data.frame(date = forecast_times,
                   upper = as.numeric(fc$upper[,1]),
                   lower = as.numeric(fc$lower[,1])))) |>
  hc_add_series(
    type = "arearange",
    name = "95%",
    fillOpacity = 0.3,
    data = list_parse2(
      data.frame(date = forecast_times,
                   upper = as.numeric(fc$upper[,2]),
                   lower = as.numeric(fc$lower[,2])))) |>
  hc_add_series(
    type = "line",
    name = "forecast",
    data = list_parse2(
      data.frame(date = forecast_times,
                   value = forecast_values)))
}
```

그림 9-5에서 출력의 예를 볼 수 있다.

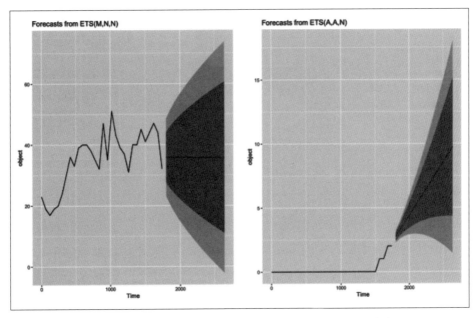

그림 9-5. R 예측 객체를 highcharts 플롯으로 변환하는 스크립트의 출력

서비스 계정으로 GA4 인증

앱 내에서 GA4 데이터에 액세스할 수 있게 설정하는 가장 쉽고 안전한 방법은 GCP 서비스키를 만든 다음 해당 키 뷰어에 GA4 데이터에 대한 액세스 권한을 부여하는 것이다. 그런 다음 이 서비스키를 앱과 함께 업로드할 수 있다. 그러나 서비스키가 유출될 경우 수천 달러의 비용이 발생할 수 있으므로 서비스키에 비용이 드는 클라우드 리소스(예, 빅쿼리)에 대한 액세스 권한이 있는 경우에는 이 방법을 권장하지 않는다.

그림 9-6과 같이 구글 클라우드 콘솔(https://oreil.ly/6N8Ur) 내에서 서비스키를 생성할 수 있다. 키에 클라우드 역할을 할당하지 말아야 한다. 이 키를 'fetch-ga'라고 하며 {name}@{project-id}.iam.gserviceaccount.com 형식의 이메일을 생성

한다(예, fetch-ga@learning-ga4.iam.gserviceaccount.com).

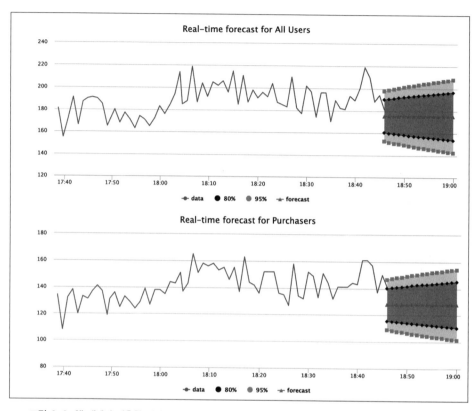

그림 9-6. 앱 내에서 사용할 서비스키를 생성한다. 역할을 부여하지 않으면 손상될 경우 클라우드 요금이
부과될 것을 걱정할 필요 없이 GA4에서 안전하게 사용할 수 있다.

JSON 파일에 포함된 서비스 이메일은 GA4 사용자 관리 콘솔을 통해 추가해서
GA4에 액세스하려는 본인이나 다른 사람의 이메일을 취급하는 것과 동일하게
취급할 수 있다. 하지만 그 전에 앱 자체를 인증할 수 있는 방법이 필요하며,
이는 서비스 계정과 연결된 JSON 키를 통해 수행된다. 이 키는 그림 9-7에 표시
된 것처럼 동일한 GCP 콘솔에서 생성되며, 컴퓨터에 다운로드할 수 있는 JSON
파일을 생성한다. 이 파일을 안전하게 보관하고 애플리케이션이 접근할 수 있
는 곳에 보관한다.

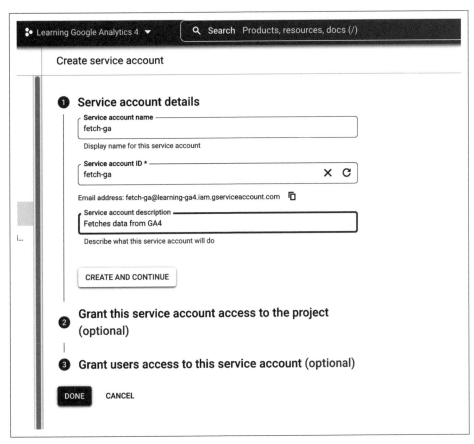

그림 9-7. 서비스 계정을 생성한 후에는 애플리케이션 내에서 사용할 JSON 키를 다운로드한다.
이 키는 데이터에 대한 액세스 권한을 부여하므로 잘 보관해야 한다.

남은 작업은 그림 9-8과 같이 GA4 관리자 내에서 사용자에게 이메일을 추가하는 것이다. 뷰어 역할은 이 애플리케이션에 완벽하게 적합하다.

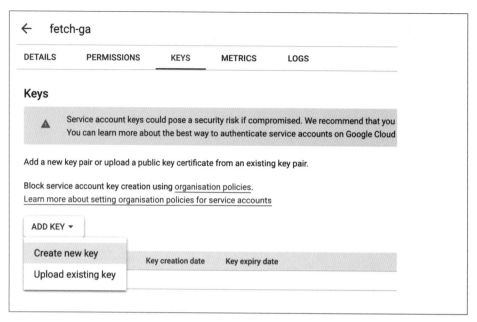

그림 9-8. 스크립트 내에서 사용할 수 있게 GA4 인터페이스에 사용자로 서비스 이메일 추가하기

이러한 절차는 GA4 API 가져오기를 코딩하는 모든 언어에 적용된다. 특히 googleAnalyticsR의 경우 예제 9-6과 같이 파일에서 **ga_auth()** 함수를 지정해 이 키로 인증할 수 있다.

예제 9-6. googleAnalyticsR에서 JSON 서비스키를 사용해 GA4 인증

```
library(googleAnalyticsR)

# GA4 계정에 액세스하고자 설정된 json 파일을 통한 인증
ga_auth(json_file = "learning-ga4.json")
#> i fetch-ga@learning-ga4.iam.gserviceaccount.com을 사용해서 인증

# 계정을 나열해서 인증 테스트
ga_account_list("ga4")
#># A tibble: 2 × 4
#> account_name accountId property_name propertyId
#> <chr> <chr> <chr> <chr>
```

```
#> 1 MarkEdmondson 47480439 GA4 Mark Blog 206670707
```

샤이니 앱에 모든 것을 통합

예제 9-7의 샤이니 앱을 자신의 목적에 맞게 조정해서 9장에 있는 모든 R 함수를 가져올 수 있다.

예제 9-7. 샤이니 앱 내에서 9장의 R 함수 사용하기

```
library(shiny)                 # R 웹 앱
library(googleAnalyticsR)      # GA4 데이터 가져오기
library(tidyr)                 # 데이터 정리하기
library(forecast)              # 데이터 모델링
library(dplyr)                 # 데이터 정리
library(shinythemes)           # 웹 앱 스타일링
library(DT)                    # 인터랙티브 HTML 테이블
library(highcharter)           # 인터랙티브 플롯

# 앱의 HTML UI
ui <- fluidPage(theme = shinytheme("sandstone"),
    titlePanel(title=div(img(src="green-hand-small.png", width = 30),
              "Real-Time GA4"), windowTitle = "Real-Time GA4"),
    sidebarLayout(
      sidebarPanel(
        p("This app pulls in GA4 data via the Real-Time API using
        googleAnalyticsR::ga_data(),
        creates a forecast using forecast::forecast()
        and displays it in an interactive plot
        via highcharter::highcharts()"),
        textOutput("last_check")
      ),
      mainPanel(
        tabsetPanel(
```

```
                    tabPanel("Realtime hits forecast",
                            highchartOutput("forecast_allusers"),
                            highchartOutput("forecast_purchasers"),
                    ),
                    tabPanel("Table",
                            dataTableOutput("table")
                    )
                )
            )
        )
    )
)
```

9장의 함수는 모두 스크립트에 포함돼 있으며 예제 9-8에 수집돼 있다.

예제 9-8. 샤이니 애플리케이션용 함수

```
library(shiny)                      # R 웹 앱
library(googleAnalyticsR)           # GA4 데이터 가져오기
library(tidyr)                      # 데이터 정리하기
library(forecast)                   # 데이터 모델링
library(dplyr)                      # 데이터 정리
library(shinythemes)                # 웹 앱 스타일링
library(DT)                         # 인터랙티브 HTML 테이블
library(highcharter)                # 인터랙티브 플롯

get_ga_rt <- function(ga_id){
  # 실시간 잠재 고객 데이터 가져오기
  now <- Sys.time()
  rt_df <- ga_data(ga_id,
      metrics = "activeUsers",
      dimensions = c("minutesAgo", "audienceName"),
      realtime = TRUE,
      limit = 10000)
  rt_df$timestamp <- now - as.difftime(as.numeric(rt_df$minutesAgo),
      units = "mins")
```

```r
  rt_df

}

tidy_rt <- function(my_df){

  my_df |>
    pivot_wider(names_from = "audienceName",
                values_from = "activeUsers",
                values_fill = 0) |>
    arrange(desc(minutesAgo)) |>
    mutate(timemin = format(timestamp, format = "%d%H%M")) |>
    filter(minutesAgo != "00") |>
    select(-minutesAgo)
}

append_df <- function(old, new){

  if(is.null(old) || nrow(old) == 0) return(new)
  if(is.null(new) || nrow(new) == 0) return(old)

  # 이전 항목에는 있지만 새 항목에는 없는 행
  history <- anti_join(old, new, by = "timemin")

  if(nrow(history) == 0) return(new)

  # 과거 데이터 추가
  rbind(history, new) |>
      head(2880) # 상위 48시간만 유지(60*24*2)
}

forecast_rt <- function(rt){

  rt$timestamp <- NULL
  rt$timemin <- NULL

  # ## 타임스탬프별 조회수
  rt_xts <- ts(rt, frequency = 60)
```

```r
  do_forecast <- function(x, h = 30){
    tryCatch(
      forecast::forecast(x, h = h),
      error = function(e){
        warning("Could not forecast series - ", e$message)
      }
    )

  }

  forecasts <- lapply(rt_xts, do_forecast)
}

highcharter_plot <- function(rt, forecast, column = "All Users"){
  ## 예측 값 객체
  fc <- forecast[[column]]

  ## 원본 데이터
  raw_data <- ts(rt[,column], frequency = 60)

  raw_x_date <- as.numeric(rt$timestamp) * 1000

  ## 매분
  forecast_times <- as.numeric(
    seq(max(rt$timestamp), by=60, length.out = length(fc$mean))) * 1000

  forecast_values <- as.numeric(fc$mean)

  highchart() |>
    hc_chart(zoomType = "x") |>
    hc_xAxis(type = "datetime") |>
    hc_yAxis(title = column) |>
    hc_title(
      text = paste("Real-time forecast for", column)
    ) |>
  hc_add_series(
    type = "line",
```

```
        name = "data",
        data = list_parse2(data.frame(date = raw_x_date,
                              value = raw_data))) |>
      hc_add_series(
        type = "arearange",
        name = "80%",
        fillOpacity = 0.3,
        data = list_parse2(
          data.frame(date = forecast_times,
                     upper = as.numeric(fc$upper[,1]),
                     lower = as.numeric(fc$lower[,1])))) |>
      hc_add_series(
        type = "arearange",
        name = "95%",
        fillOpacity = 0.3,
        data = list_parse2(
          data.frame(date = forecast_times,
                     upper = as.numeric(fc$upper[,2]),
                     lower = as.numeric(fc$lower[,2])))) |>
      hc_add_series(
        type = "line",
        name = "forecast",
        data = list_parse2(
          data.frame(date = forecast_times,
                     value = forecast_values)))
}
```

서버 함수는 샤이니 앱의 백엔드 역할을 하며 예제 9-7에 정의된 대로 출력을 채운다. 백엔드 함수는 예제 9-8에 정의된 대로 함수를 호출한다. 이는 예제 9-9와 같이 반응형 R 코드를 실행하는 코드다.

예제 9-9. 프런트엔드 내용 데이터를 채우는 함수를 호출하는 애플리케이션의 백엔드 서버 함수

```r
# 히스토그램을 그리는 데 필요한 서버 로직을 정의한다.
server <- function(input, output, session) {

  # GA4 속성 ID로 대체
  ga_id <- 1234567

  historic_df <- reactiveVal(data.frame())

  get_ga_audience <- function(){
    # JSON 파일을 통한 인증
    ga_auth(json_file = "learning-ga4.json")

    # 데이터 가져와서 정리
    get_ga_rt(ga_id) %>% tidy_rt()
  }

  # 실시간 API 호출을 강제하고자 항상 다르다.
  check_ga <- function(){
    Sys.time()
  }
  # 31초마다 변경 사항 확인
  realtime_data <- reactivePoll(31000,
            session,
            checkFunc = check_ga,
            valueFunc = get_ga_audience)
  # 과거 기록을 구축한다.
  historic_data <- reactive({
    req(realtime_data())

    # 기록에 새 데이터 추가
    new_historic <- append_df(historic_df(),
                        realtime_data())

    # reactiveVal에 새 값 쓰기
    historic_df(new_historic)
```

```
    new_historic
})

# 예측 데이터 객체를 생성한다.
forecast_data <- reactive({
  req(historic_data())
  rt <- historic_data()
  message("forecast_data()")

  #
  forecast_rt(rt)
})

# 마지막 API 호출의 타임스탬프를 출력한다.
output$last_check <- renderText({
  req(historic_data())

  last_update <- tail(historic_data()$timestamp, 1)

  paste("Last update: ", last_update)

})

# 원시 데이터 테이블
output$table <- renderDataTable({
  req(historic_data())
  historic_data()
})

# 잠재 고객별로 하나씩 생성
## 모든 사용자
output$forecast_allusers <- renderHighchart({
  req(forecast_data())
  highcharter_plot(historic_data(),
                   forecast_data(),
                   "All Users")
})
```

```
## 구매자
output$forecast_purchasers <- renderHighchart({
  req(forecast_data())

  highcharter_plot(historic_data(),
                   forecast_data(),
                   "Purchasers")
})

  ## 더 많은 잠재 고객 플롯이 여기에 있는가?
}

# 애플리케이션 실행
shinyApp(ui, server = server)
```

모든 것이 순조롭게 진행되면 그림 9-9에 표시된 것과 유사한 앱이 60초마다 최신 데이터로 업데이트되는 것을 볼 수 있다.

로컬에서 작동하면 예제 9-2에서 설명한 대로 R 패키지와 샤이니 앱 및 인증 JSON 키가 모두 설치된 도커파일을 사용해 배포할 수 있다.

자신의 목적에 맞게 수정할 경로에는 추적하려는 대상(예, 9장 시작 부분의 의학 서적 대상)을 선택하고 조직에 더 적합하게 앱의 모양을 테마로 지정하는 것이 포함된다.

대시보드가 제대로 작동한다면 매일 대시보드를 사용하려는 최종 사용자로부터 피드백을 받는 것이 중요하다. 최종 사용자는 개선해야 할 사항에 대한 피드백을 제공할 것이 분명하며, 피드백을 받는 것은 사용자가 데이터에 만족하고 계속 참여하게 하기 위한 지속적인 작업으로 간주돼야 한다.

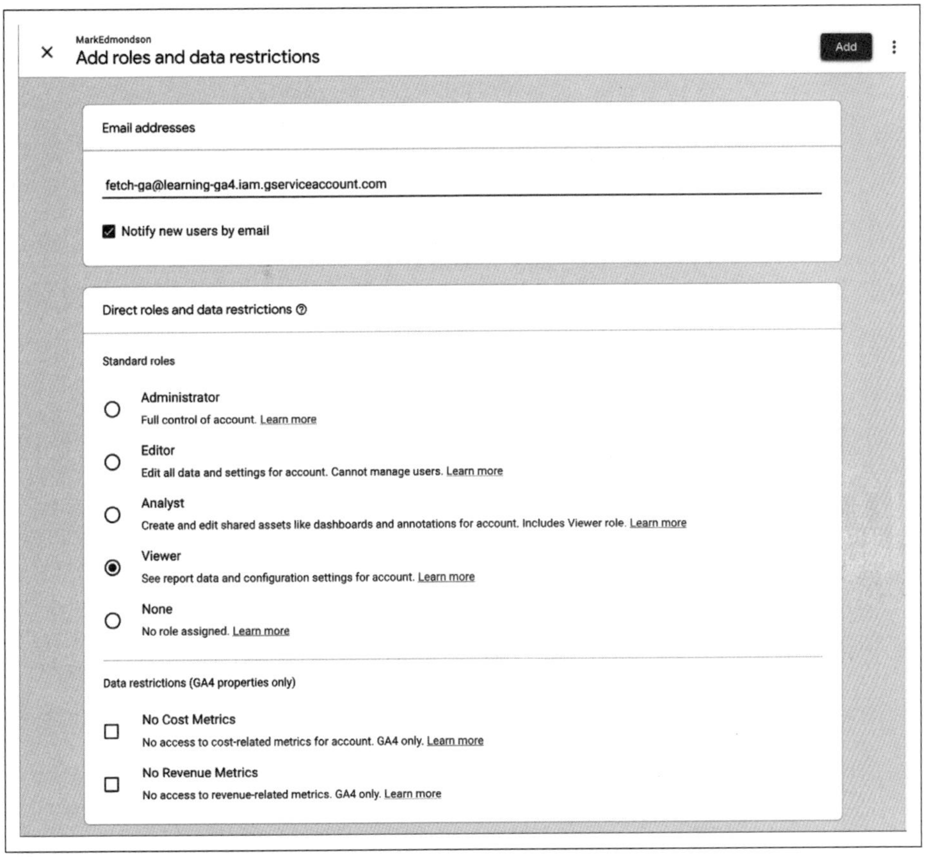

그림 9-9. 실시간 GA4 데이터 및 예측이 포함된 실행 중인 샤이니 앱
(www.highcharts.com이라는 highcharter 패키지에서 제공하는 highcharts 시각화)

요약

9장에서는 실시간 대시보드의 비즈니스 사례를 만드는 방법, 대시보드의 기능 범위를 정하는 데 필요한 리소스, 실시간 API에서 사용할 수 있게 GA4 잠재 고객을 구성하는 방법, 대시보드 웹 앱 솔루션으로 클라우드 런 내에서 샤이니 애플리케이션을 호스팅하는 방법, 인증을 올바르게 구성하는 방법, R의 예측 패키지를 사용해 예측 모델링을 만드는 방법, GA4의 실시간 API에서 데이터를

가져와 예측하고 highcharts 시각화 라이브러리를 통해 표시하는 모든 요소를 조합하는 방법을 살펴봤다.

제시된 모든 사용 사례와 마찬가지로 애플리케이션이 필요에 정확히 부합할지 알 수 없으므로 도움이 된다고 생각되는 다양한 시나리오와 기술을 최대한 많이 다뤄 혼합해서 사용할 수 있게 노력했다. 경험이 쌓이면 매번 새로운 요소로 더 많은 사용 사례를 경험하게 될 것이다. 이렇게 하면 향후 새로운 상황에 적용할 수 있는 자신만의 기술 카탈로그를 쌓을 수 있다. 이 책에서는 내 경험에서 본 사용 사례를 통해 여러분과 시작하려고 했지만, 여러분의 상황은 반드시 다를 것이다. 가장 중요한 교훈은 효율적인 학습을 위해 구조화된 프레임워크를 갖추는 것이다. 구글 클라우드와 GA4는 프레임워크를 적용할 수 있는 새로운 혁신이 항상 출시되기 때문에 출시되는 내용을 최신 상태로 유지하면 가능한 모든 것을 파악하는 데 특히 도움이 된다.

이 책에 설명된 기술은 개인적으로 여러 출처에서 수집한 기술이며, 10장에서는 수년 동안 나에게 도움이 된 몇 가지 리소스를 사용해 필요한 기술을 수집하는 방법을 살펴본다.

다음 단계

10장에서는 이 책에서 얻은 영감을 바탕으로 활용할 수 있는 리소스를 제공하는 것을 목표로 한다. 또한 10장에는 이 책을 읽는 동안 자신이 부족하다고 느꼈을 때 복습용으로 사용할 수 있는 몇 가지 리소스가 포함돼 있어 유용할 수 있다.

앞서 강조했듯이 비즈니스에 필요한 모든 고유한 솔루션을 포괄적으로 다루는 책을 쓰는 것은 불가능하지만, 이제 여러분이 직접 개발할 수 있는 도구를 갖췄기를 바란다. 내 경험에 비춰 다양한 측면을 다루고자 사용 사례를 작성했지만 여러분의 비즈니스와 경험은 다를 것이다. 나는 많은 사용 사례를 통해 작업했고 그때마다 이전에 시도하지 않았던 코드나 서비스 또는 새로운 접근 방식 등 새로운 요소를 도입하는 것을 목표로 했다. 따라서 GA4 프로젝트를 진행할 때 이 책에서 이전에는 몰랐지만 이제 추가할 수 있는 요소를 찾을 수 있을 것이다.

이 책에서 다루는 솔루션 중 하나라도 구현해보지 않았다면 그중 하나라도 시도해보고 발생할 수 있는 문제를 직접 경험해보기 바란다. 책과 예제는 이상적으로 만들어졌으므로 내가 만들 때 오타, 잊어버린 링크, 실수 등을 수정하는 과정은 다루지 않았다.

10장에서는 이 책을 쓰고자 내가 지식을 수집한 방법을 공유할 것이다. 이 지식의 대부분은 커뮤니티와 디지털 온라인 커뮤니티 내에서 발견한 내용에 대해 블로그, 트윗 또는 직접 채팅한 낯선 사람들의 친절함에서 나온 것이다.

동기 부여: 이 책의 내용을 알게 된 계기

교육의 많은 부분은 동기 부여이므로 내면에서 동기를 찾는 것은 미래의 성공을 위한 기본 단계다. 나는 스스로 동기를 부여하는 방법에 대해 글을 쓸 적임자가 아니지만(이 책을 읽고 있다면 적어도 어느 정도는 동기 부여를 하고 있는 것 같다), 내게 동기를 부여한 것이 무엇인지 말할 수 있다.

나는 새로운 것을 만들고 혁신적인 솔루션을 찾는 것을 좋아한다. 내가 작업하는 모든 프로젝트에서 그 안에 새로운 것을 포함하려고 노력한다. 그것이 실패해서 검증된 방법으로 대체돼야 할지라도 귀중한 학습 경험이다. 다음에 무엇을 사용하는 것이 가장 좋은지 더 잘 알거나 지난번보다 더 나은 작업 솔루션을 얻게 되기 때문에 매번 윈윈이다.

또한 몇 년에 한 번씩 현재 작업 중인 것 이상의 메타레벨로 초점을 이동하면 발전하는 느낌을 받을 수 있다는 것도 알게 됐다. 즉, 내가 지금 알고 있는 것의 경계를 넓혀 더 일반적으로 적용할 수 있게 노력한다는 의미다. 예를 들어 나는 웹 사이트를 다루는 SEO에서 시작해서 SEO 노력을 측정하는 방법에 관심을 가지면서 웹 분석으로 나아갔고, 웹 분석 솔루션을 확장하는 방법으로 이동해서 클라우드로 나아갔다. 지금 내가 알고 있는 지식의 지평을 넓히고자 노력하면서 동기 부여가 계속 높아지고 있다.

동기를 유지하는 또 다른 방법은 매일 일할 때 이상적인 솔루션을 염두에 두는 것이다. 이 이상적인 설정은 모든 완벽한 기능을 구현하고 리소스, 기술 또는 정치적 문제가 없다고 가정하는 설정이다(때로는 상상하기 어렵다).

이러한 이상을 염두에 두고 최첨단 사고로 최신 정보를 유지하면 항상 목표를 향해 나아가게 될 것이다. 이 책의 아이디어 중 일부는 이러한 이상을 실현하는 데 도움이 될 것이다. 목표를 향해 노력하면서 결코 도달하지 못할 수도 있지만 그 과정에서 유용한 것을 만들 수 있기 때문에 여정을 즐겨야 한다.

내가 생각하는 이상적인 설정은 다음과 같다.

- CEO가 정의한 일반적인 비즈니스 목표는 GA4 내에서 그리고 비즈니스 전반에 걸쳐 측정된 주요 KPI에 반영된다. 이러한 KPI에 대한 지원 웹 사이트 지표는 모든 이해관계자가 이해하고 동의할 수 있어야 한다.

- 회사의 모든 사람이 사용할 수 있는 범용 명명 규칙 및 스키마를 사용해서 모든 사람이 해당 지표를 동일한 이름으로 부르고 이를 KPI와 연결할 수 있다.

- 필요에 따라 업데이트할 준비가 된 민첩한 마케팅 IT 팀과 함께 모든 태그에 필요한 모든 웹 사이트 지표를 보유하는 GTM 데이터 레이어를 갖는다.

- 디지털 분석 데이터 품질에 대한 합격/불합격을 포함해 웹 사이트 릴리스의 QA 및 테스트한다.

- 사용자 데이터에 대한 쿠키 및 데이터 거버넌스에 대한 명확하고 윤리적인 개인정보 보호 정책, 사용자의 존중과 신뢰 유지를 핵심 목표로 삼는다. 사용자가 여러분 회사와 타사 파트너에게 전달되는 데이터를 재검토하고 쉽게 취소/옵트인할 수 있는 기능을 갖는다.

- 사용자가 웹 사이트를 신뢰하면 중앙에서 생성돼 해당 고객의 모든 비즈니스 거래(크로스 채널, 전화, 오프라인 등)에 사용되는 하나의 강력한 사용자 ID로 로그인할 수 있는 기능을 갖는다.

- 타깃팅에 옵트인하지 않은 사용자에게는 익명의 통계 추적이 허용된다.

- 모든 디지털 마케터가 애드혹 분석을 위한 셀프 서비스 구성 및 데이터

포인트를 사용할 수 있는 기능을 갖는다.

- 활성화 채널을 통해 데이터를 활성화하고자 전송된 모든 GA4 이벤트를 기반으로 워크플로를 트리거하는 기능을 갖는다.

- 웹 사이트에서 GA4 태그만 트리거하고 모든 이벤트 데이터를 GTM SS 구현으로 전송한다.

- GCP의 모든 내부 데이터 시스템은 데이터 웨어하우스의 기반으로 빅쿼리를 사용하며 필요에 따라 클라우드 런, 클라우드 펑션, 클라우드 빌드 등과 같은 기타 서비스도 사용한다.

- 백엔드 시스템에 연결된 파이어스토어 조회를 통해 GA4 이벤트 스트림을 강화한다.

- 구글 마케팅 플랫폼을 통해 활성화하는 데 사용되는 백엔드 데이터로 보강된 GA4 내의 잠재 고객을 찾는다.

- GA4와 내부 시스템의 집계가 모두 포함된 깔끔하고 정돈된 데이터 세트가 빅쿼리 내에 있으며, 애드혹 분석을 위해 비즈니스 내에서 배포할 수 있게 루커 BI 도구에 연결한다.

- **분석 시스템에 대한 계층형 액세스:** 분석 개발자만 GA4 웹 콘솔에 액세스할 수 있으며, 빅쿼리의 GA4 내보내기를 통해 루커나 데이터 스튜디오로 전달된 데이터를 보고한다.

- 사용자 활동에 관한 내부 이벤트는 Pub/Sub를 통해 발생하며, 선택적으로 GA4로 전송해 분석을 개선하고 데이터 활성화 사용 사례에 사용할 수 있다.

- 종속성 및 리소스가 모두 매핑된 사용 사례의 우선순위 목록이 포함된 2개년 개발 계획을 가진다.

여러분은 다를 수 있다. 하지만 이러한 요구 사항을 모두 충족하는 시스템을 구축한다면 새로운 도전 과제를 찾아야 할 수도 있다.

학습 리소스

이 책의 내용은 수년 동안 많은 사람, 특히 코펜하겐에 있는 IIH 노르딕^{Nordic}의 유능한 직장 동료들과 함께 일하면서 얻은 결과물이다. 훌륭한 사람들을 위해 일하는 동안 훌륭한 팀이 주변에 있다는 것은 엄청난 도움이 됐다. 하지만 나는 하루의 대부분을 온라인 커뮤니티의 다른 구성원이 제공하는 콘텐츠를 소비하는 데 보내고 있으며, 다음은 가장 유용한 몇 가지를 선별한 목록이다. 아직 들어보지 못한 콘텐츠가 있다면 꼭 확인해보기 바란다.

구글 개발 문서

가장 당연한 것일 수도 있지만 실제로 구글에서 작성한 문서(https://oreil.ly/27q8O)를 읽지 않는 사람이 얼마나 많은지 알면 놀랄 것이다. 오류나 불명확한 내용을 발견하면 피드백 버튼을 사용해서 시간이 지남에 따라 개선되게 한다. 많은 일반적인 질문을 해결할 수 있고 질문에 답변할 때 항상 신뢰할 수 있는 링크를 보내주기 때문에 모든 문서를 한 번 이상 읽어보길 권장한다.

시모 아하바^{Simo Ahava}

나는 시모 아하바가 GTM 및 디지털 전략의 대명사가 되기 전부터 함께 일해왔기 때문에 그가 대중에게 알려진 것처럼 도움이 되고, 신뢰할 수 있으며 친근한 사람이라는 것을 알고 있다. 그는 성공할 자격이 충분하며, GTM과 디지털 개인정보 보호 및 자바스크립트 기본 사항에 대한 그의 관심사를 이해하고 싶다면 그의 회사 심머^{Simmer}를 통해 그의 강좌에 등록하기 바란다.

- 주로 GTM 및 GA에 대한 시모의 블로그(https://oreil.ly/FeKCh)
- 심머 온라인 학습 과정(https://oreil.ly/0Zqjt)

- @SimoAhava(https://oreil.ly/wyYsd)

크리스타 세이든 Krista Seiden

크리스타는 구글에서 GA 에반젤리스트 Evangelist 로 일한 적이 있어 실제로 GA 자체를 형성하는 데 도움을 줬다. 지금은 독립적으로 일하며 GA4로의 전환을 돕기 위한 콘텐츠를 제작하고 있으며, 특히 유니버설 애널리틱스와 비교할 때 GA4를 빠르게 사용하는 데 도움이 되는 많은 리소스를 보유하고 있다.

- 크리스타의 컨설팅 회사인 KS Digital(https://ksdigital.co/)
- 크리스타의 블로그(https://oreil.ly/kULC0)
- @kristaseiden(https://oreil.ly/aLFGP)

찰스 파리나 Charles Farina

찰스는 종종 GA 릴리스의 선두에 있으며 #measure Slack 채널, 트위터 또는 자신의 블로그에 정기적으로 기여하고 있다. 미국 최대 GMP 컨설팅 회사 중 하나인 애드스워브 Adswerve 의 혁신 책임자다.

- 찰스 파리나의 블로그(https://oreil.ly/VO8Uc)
- @CharlesFarina(https://oreil.ly/WRXc4)

메저 슬랙 Measure Slack

16,000명 이상의 디지털 마케터와 소통하고 싶다면 #measure Slack 커뮤니티에 등록한다. GA, 데이터 과학, 데이터베이스 등을 위한 전용 채널이 있으며 온라인에서 가장 큰 디지털 마케팅 커뮤니티로 자리 잡았다. 또한 애플리케이션 전용(https://www.measure.chat/)이므로 전문성이 높고 품질이 매우 우수하다.

율리우스 페도로비치우스 Julius Fedorovicius

율리우스는 디지털 분석 커뮤니티에 비교적 최근에 합류했지만 자신의 웹사이트인 애널리틱스 매니아 Analytics Mania(https://oreil.ly/tHWXF)에서 비디오 튜토리얼을 비롯해 GA4를 시작하는 방법에 대한 수많은 유용한 정보를 빠르게 제공하는 사람이 됐다.

켄 윌리엄스^{Ken Williams}

켄은 GA4와 유니버설 애널리틱스 전환과 관련된 주요 질문에 대해 활발하게 블로그(https://ken-williams.com/)를 운영하고 있으며, 전환 모델링 방법과 같은 개념에 대한 설명과 기술 구현 가이드를 작성하고 있다.

크리스잔 올데캄프^{Krisjan Oldekamp}

디지털 애널리틱스 퍼블리싱에 비교적 최근에 입문한 또 다른 전문가인 크리스잔은 이 책에서도 집중적으로 다루고 있는 구글 클라우드와 GA의 교차점에 대한 훌륭한 튜토리얼을 제공해 왔다. 스택토닉^{Stacktonic}(https://stacktonic.com/)에는 내가 작성하고 싶었지만 크리스잔이 작성한 클라우드 통합 관련 게시물이 많다.

매트 클라크^{Matt Clarke}

매트 클라크의 게시물은 GA를 포함한 디지털 마케팅 데이터를 사용해 실용적인 데이터 과학을 수행하는 방법에 대한 많은 튜토리얼이 포함돼 있다. 나의 오랜 비밀 보석과도 같은 글이다. 또한 내가 만든 R 기반 패키지와 유사한 GA4 데이터를 다운로드할 수 있는 파이썬 패키지를 만들었다.

- 실용적인 데이터 과학 블로그(https://oreil.ly/RpQJ4)
- gapandas4, GA4 라이브러리를 판다스로 가져오기(https://oreil.ly/JE73r)

요한 반 데 베르켄^{Johan van de Werken}

요한은 GA4 빅쿼리 내보내기로 작업하는 방법에 대해 최초로 글을 쓴 사람 중 한 명으로, 이 글은 시모의 심머 웹 사이트에서 강좌를 제공하는 것으로 발전했다. 요한의 GA4BigQuery 웹 사이트(https://www.ga4bigquery.com/)는 내가 일부 구문을 잊어버렸을 때 여전히 확인하는 훌륭한 리소스며, 빠르게 시작하고 실행할 수 있는 몇 가지 SQL 예제가 있다.

데이비드 발레호^{David Vallejo}

데이비드는 GTM 및 GA4 조각 내에서 실제 자바스크립트 호출을 사용하고 맞춤 설정하는 방법과 GA4의 측정 프로토콜에 대한 폭넓은 경험으로 빠르게 권위자가 됐다. 커스터마이징 및 고급 추적 설정에 대해 알아보고 있다면 먼저 데이비드의 블로그를 확인해보기 바란다.

- 데이비드 발레호의 웹 사이트(https://oreil.ly/f6AcC)
- GA4 측정 프로토콜 치트 시트(https://oreil.ly/obEG2)

구글 애널리틱스 4(GA4) 및 빅쿼리 ML을 사용하는 게임 개발자를 위한 이탈 예측

구글 직원 포롱 린[Polong Lin]과 민하즈 카지[Minhaz Kazi]가 제작한 이 훌륭한 유튜브 튜토리얼(https://oreil.ly/jK8Tv)은 GA4 데이터를 빅쿼리 ML과 결합해 게임 앱의 이탈을 줄이는 데 집중하는 방법을 보여준다.

데이터 과학을 위한 R

R을 시작하고 싶다면 해들리 위컴[Hadley Wickham]과 개럿 그로레문트[Garrett Grolemund]의 『R을 활용한 데이터 과학』(인사이트, 2019)(https://r4ds.had.co.nz/)을 추천한다.

예측: 원칙과 실습

예측을 시작하려면 이 온라인 책이 매우 유용하다. 이 책은 R 예측 패키지의 저자 롭 J. 하인드먼[Rob J. Hyndman]과 조지 아타나소풀로스[George Athanasopoulos]가 저술했다. 『Forecasting: Principles and Practice』(https://otexts.com/fpp2/)에는 R을 사용한 예제가 포함돼 있지만 일반 텍스트로도 유용하다.

R 및 데이터 과학 커뮤니티

커뮤니티에서는 항상 다양하고 유용한 통계 기법을 게시하고 있다. 시작하기 좋은 곳은 RWeekly.org(https://rweekly.org/) 뉴스레터다. 데이터 과학 블로그 <데이터 과학을 향해서[Towards Data Science]>(https://towardsdatascience.com/)에는 통계 주제에 대한 다양한 기사가 포함돼 있다.

이것만으로도 학습 리소스를 충분히 확보할 수 있다. 하지만 세상의 모든 리소스가 있더라도 도움이 필요할 수 있다. 이는 다음 절에서 다룬다.

도움 요청

예시를 그대로 따르더라도 발생하는 문제에 대해서는 자가 진단이 필요할 것으로 예상된다. 올바른 질문을 하는 것은 답을 찾는 것만큼이나 어렵고 경험이 적을수록 정확히 무엇이 잘못됐는지 파악하는 것이 더 어려워지기 때문에 이것은 가장 어려운 장벽 중 하나다. 올바른 질문을 하는 것은 정답을 아는 것만큼이나 중요한 기술이다. 다음은 문제를 해결하는 데 도움이 될 수 있는 몇 가지 팁이다.

- 오류 메시지를 읽고 이해가 되지 않는 부분이 있으면 온라인에서 검색해 본다(경솔하게 들릴지 모르지만 의외로 많은 온라인 질문은 오류 메시지 자체에서 해결된다).

- 문제를 일으키는 라인이나 서비스로 정확히 제한해서 테스트한다. 임의의 코드 블록을 주석 처리하는 것은 유효한 전략이다.

- 스택 오버플로^{Stack Overflow}(https://stackoverflow.com/)는 나를 여러 번 구해준 Q&A 웹 사이트다.

- 헤매고 있다면 지금 하고 있는 일에 로깅을 더 추가한다. 예상되는 변수를 출력해 예상과 일치하는지 확인한다.

- 프로세스 초기에 테스트 체계를 설정한다. 항상 비교할 수 있는 테스트 데이터가 있으면 진행 속도를 높일 수 있으며, 나중에 좌절감을 덜고자 시간을 투자할 가치가 있다.

- 수행 중인 작업의 정확한 파이프라인을 파악하고 각 노드를 검사해서 브라우저의 HTTP 요청, GTM의 GA4 태그가 처리하는 데이터, GA4의 디버그 뷰에 있는 데이터 등 예상한 내용을 담고 있는지 확인한다.

- 간헐적 오류는 요청의 환경이나 특수한 상황과 관련이 있을 가능성이 높기 때문에 추적하기가 가장 어렵다.

자체 프로젝트에 대한 경험이 어느 정도 쌓이고 이러한 리소스를 통해 학습한 후에는 인증을 받아 자신과 다른 사람들이 특정 표준에 도달했음을 알 수 있게 하는 것이 좋다.

자격증

자격증은 자신과 고용주에게 여러분이 능력이 있고 전문 분야에서 인정받을 만큼 충분히 일했다는 신호를 보내는 데 도움이 될 수 있다. 일자리를 찾고 있다면 잠재적 고용주에게 보여줄 수 있는 자격증을 최소한 몇 개는 취득하는 것이 좋다. 이 경우 자격증 외에 배운 내용을 오픈소스 프로젝트에 적용할 수 있다는 것을 보여줄 수 있는 몇 가지 데모를 보여주는 것이 가장 좋다.

많은 디지털 마케팅 자격증이 있지만 유용하고 다른 사람들에게 도움이 될 것으로 생각되는 몇 가지를 골라보면 다음과 같다.

- GA4 교육 프로그램(https://oreil.ly/OkKbh)에는 50문항으로 구성된 자체 시험이 있는데, 이 시험은 GA4에 대해 잘 알고 있는지 확인할 수 있는 첫 번째 기준이 될 것이다. 이 시험에 합격하는 데 필요한 모든 자료는 이 책에서 찾을 수 있다.

- 시모 아하바는 '구글 태그 매니저용 심머^{Simmer for Google Tag Manager}'(https://www.teamsimmer.com/) 인증 프로세스를 제공한다.

- 크리스타 세이든은 GA4 과정(https://academy.ksdigital.co/)을 제공한다.

- GCP는 코세라^{Coursera}에 많은 강좌를 제공하고 있으며, 전문 데이터 엔지니어^{Professional Data Engineer}(https://oreil.ly/BikZr)는 모든 관련 데이터 서비스에 대해 배울 때 유용했다.

- R 프로그래밍 코세라 과정(https://oreil.ly/9fA3l)은 나의 R 여정에 도움이 됐다.

이런 과정들은 내가 일상 업무에서 사용하는 기술, 즉 내가 다루는 도구를 다루기 때문에 유용하다. 전문적으로 다루고 싶은 도구를 선택했다면 그 도구를 마스터하는 것이 좋다. 그렇게 할 때 가장 큰 직업적 만족감을 느낄 수 있다.

마지막 생각

멋진 GA4 통합을 만드는 여정에 행운이 함께하길 기원한다. 나에게는 흥미로운 여정이었고 운이 좋게도 대중적인 성공을 누릴 수 있었다. 이 책의 내용을 통해 내가 가진 행운과 경험을 여러분에게 전수해서 여러분도 혜택을 받을 수 있다면 이 책을 쓴 보람이 있을 것이다. 마지막으로 한 가지 말하고 싶은 것이 있다면 나를 지탱해준 커뮤니티에 보답하고자 블로그와 오픈소스를 통해 커뮤니티에 콘텐츠를 게시하기로 결정한 것이 내 성공의 많은 부분을 차지한다는 것이다. 우리가 직면한 문제와 이슈에 대해 결코 혼자가 아니라는 것을 알게 됐고, 솔루션을 공유함으로써 다른 사람들의 피드백과 기여로 10배의 보답을 받았다. 이 책이 여러분에게 어떤 피드백과 이야기를 불러일으킬 수 있을지 기대하며, 원한다면 내 공개 채널을 통해 연락해주기 바란다.

찾아보기

ㅇ

ㅈ

구글 애널리틱스

GA4 데이터를 통합하는 방법

발 행 | 2023년 8월 25일

옮긴이 | 유 동 하
지은이 | 마크 에드먼슨

펴낸이 | 권 성 준
편집장 | 황 영 주
편 집 | 김 진 아
　　　　임 지 원
디자인 | 윤 서 빈

에이콘출판주식회사
서울특별시 양천구 국회대로 287 (목동)
전화 02-2653-7600, 팩스 02-2653-0433
www.acornpub.co.kr / editor@acornpub.co.kr

한국어판 ⓒ 에이콘출판주식회사, 2023, Printed in Korea.
ISBN 979-11-6175-776-6
http://www.acornpub.co.kr/book/ga4-google-analytics

책값은 뒤표지에 있습니다.